LEY ORGÁNICA DE AMPARO SOBRE DERECHOS Y GARANTÍAS CONSTITUCIONALES

COLECCIÓN TEXTOS LEGISLATIVOS

Títulos publicados

1. *Ley Orgánica de Procedimientos Administrativos*, con Estudios de Allan R. Brewer-Carías, Hildegard Rondón de Sansó, Gustavo Urdaneta Troconis, y José Ignacio Hernández 15ta Ed., 2da Reimpresión, Caracas 2010, 293 pp.

2. *Ley Orgánica de Salvaguarda del Patrimonio Público*, con Estudios de Alberto Arteaga S., Allan R. Brewer-Carías, Humberto Njaim y Manuel Rachadell, 3ra Ed., Caracas 1989, 256 pp.

3. *Ley Orgánica para la Ordenación del Territorio*, con Estudios de Allan R. Brewer-Carías, 3ra Ed. Caracas 1991,144 pp.

4. *La Constitución y sus Enmiendas*, con Estudios de Allan R. Brewer-Carías, 3ra Ed. actualizada, Caracas 1991, 218 pp.

5. *Ley Orgánica de Amparo sobre Derechos y Garantías Constitucionales*, con Estudios de Allan R. Brewer-Carías y Carlos M. Ayala Corao, 5ta Ed., Caracas 1996, 217 pp., 6ta Ed., Caracas 2007, 241 pp.

6. *Ley Orgánica de Ordenación Urbanística*, con Estudios de Allan R. Brewer-Carías, Cecilia Sosa Gómez, Carlos M. Ayala Corao y Humberto Romero-Muci, 3ra Ed., Caracas 1989, 280 pp.

7. *Ley Orgánica del Régimen Municipal*, con introducción general de Allan R. Brewer-Carías, Caracas 1988, 256 pp.

8. *Ley Orgánica de la Corte Suprema de Justicia*, con Estudios de Allan R. Brewer-Carías, y Josefina Calcaño de Temeltas, 3 ra Ed. Actualizada, Caracas 1994, 359 pp.

9. *Ley de Mercado de Capitales*, con Estudio de Hugo Nemirovsky, Caracas 1989, 690 pp.

10. *Ley Orgánica de Régimen Municipal 1989*, con Estudios de Allan R. Brewer-Carías, Hildegard Rondón de Sansó y Carlos M. Ayala Corao, 2da Ed. ampliada, Caracas 1994, 379 pp.

11. *Leyes y Reglamentos para la Descentralización Política de la Federación*, con Estudios de Allan R. Brewer-Carías, Carlos Ayala Corao, Jorge Sánchez Melean, Gustavo José Linares Benzo y Humberto Romero-Muci, 3ra Ed. actualizada, Caracas 1995, 445 pp.

12. *Código de Derechos Humanos*, Compilación y Estudio preliminar de Pedro Nikken, 1ra Ed., Caracas 1991, 632 pp., 2da Ed., Caracas 2006, 646 pp, 2da Ed., 1ra reimpresión, Caracas 2008, 646 pp.

13. *Ley Orgánica del Sufragio*, con Estudio de Allan R. Brewer-Carías, Caracas 1993, 241 pp.

14. *Ley para Promover y Proteger el Ejercicio de la Libre Competencia*, con Estudios de Allan R. Brewer-Carías, Gustavo Linares Benzo, Luis A. Ortiz Álvarez y Faustino Flamarique Riera, Caracas 1996, 250 pp.

15. *Ley Orgánica de la Justicia de Paz*, Victorino, Márquez F., Julio C. Fernández T., Marcos R. Carrillo P., Eva Josko de Güeron, Julio Andrés, Borges, Carlos E., Ponce S. María Elena, Sandia de Segnini, 1ra Ed., Caracas 1996, 329 pp.

16. *Legislación sobre Derecho de Autor y Derechos Conexos*, Ricardo Antequera P. y Gileni, Gómez Muci, 1ra Ed., Caracas 1998, 464 pp.

17. *Comentarios analíticos al Código Orgánico Tributario*, José Andrés, Octavio, 1ra Edición, Caracas 1998, 413 pp.

18. *Legislación sobre propiedad industrial*, Gileni Gómez Muci y Ricardo Antequera Parilli, Caracas 1999, 346 pp.

19. *Código Penal de Venezuela*, Belén Pérez Chiriboga, Caracas 2000, 936 pp.

20. *La Constitución de 1999*, Allan R. Brewer-Carías, 1ra Edición, Caracas 2000, 429 pp., 2da Ed., Caracas 2000, 505 pp., 3ra. Ed., (reimpresión), Caracas 2001, 505 pp., 4ta. Ed., Caracas 2004, 1190 pp.

21. *Régimen Legal de las Concesiones Públicas aspectos Jurídicos, Financieros y Técnicos*, Alfredo Romero Mendoza (coordinador), Jesús Caballero Ortiz, Manuel Rachadell, Víctor R. Hernández-Mendible, Chris Brown, Christian C.D. Petersen, Andrés Germán Otero L., José Gómez Oriol, Antonio Vives Llabres y Prólogo de Allan R. Brewer-Carías, Caracas 2000, 241 pp.

22. *El Régimen Legal de las ofertas públicas de adquisición de acciones y de tomas de control de empresas,* Allan R. Brewer-Carías, Caracas 2000, 150 pp.

23. *Leyes sobre los servicios públicos domiciliarios agua, electricidad, gas,* María Elena Sandia de Segnini, José Araujo-Juárez, Oscar A. Rodríguez Pacanins y Jorge A. Neher, Caracas 2001, 266 pp.

24. *Ley Orgánica de la Administración Pública,* por Allan R. Brewer-Carías, Rafael Chavero Gazdik y Jesús María Alvarado Andrade, 4ta Edición, Caracas 2009, 329 pp.

25. *Ley Orgánica para la prestación de los servicios de agua potable y de saneamiento,* María Elena Sandia de Segnini, Caracas 2002, 129 pp.

26. *Ley de Expropiación por causa de utilidad pública o social,* Allan R. Brewer-Carías, Gustavo Linares Benzo, Dolores Aguerrevere Valero y Caterina Balasso Tejera, Caracas, 2002, 201 pp.

27. *Ley del Estatuto de la Función Pública,* Gustavo Briceño Vivas y Joaquín Bracho Dos Santos, 1ra Ed., 3ra Reimpresión, Caracas 2006, 139 pp. 4ta Reimpresión, Caracas 2008, 139 pp.

28. *Ley Orgánica del Tribunal Supremo de Justicia,* Allan R. Brewer-Carías, 3ra Ed. corregida y aumentada, 4ta Reimpresión, Caracas 2008, 375 pp.

29. *Estudio del Código Orgánico Procesal Penal reformado el 14-11-2001,* Belén Pérez Chiriboga, Caracas 2004, 844 pp.

30. *Leyes Orgánicas del Poder Ciudadano,* Allan R. Brewer-Carías, Roxana Orihuela, María Alejandra Correa, Gustavo Briceño Vivas y José Ignacio Hernández, 1ra Edición, 1ra Reimpresión, Caracas 2006, 401 pp.

31. *Régimen Legal de Nacionalidad, Ciudadanía y Extranjería,* Allan R. Brewer-Carías, Caracas 2005, 136 pp.

32. *Ley sobre Medidas de Salvaguardia,* Duilio David Matheus Rodríguez, Caracas 2005, 174 pp.

33. *Ley de Protección al Consumidor y al Usuario,* José Ignacio Hernández, David Quiroz Rendón, Faustino Flamerique y Rafael de Lemos Matheus, Caracas 2005, 229 pp.

34. *Ley Orgánica del Poder Público Municipal,* Allan R. Brewer-Carías, Fortunato González Cruz, José Ignacio Hernández, Luis Fraga Pittaluga, Manuel Rachadell, Adriana Vigilanza, Daniela Urosa Maggi, Belén Pérez Chiriboga, 3ra Edición corregida y aumentada, Caracas 2007, 793 pp.

35. *Ley de Responsabilidad Social en Radio y Televisión (Ley Resorte),* Asdrúbal Aguiar, José Ignacio Hernández, Margarita Escudero, Ana Cristina Núñez Machado, Juan Manuel Raffalli A., Carlos Urdaneta Sandoval, Allan R. Brewer-Carías, Juan Cristóbal Carmona Borjas, Caracas 2005, 304 pp.

36. *Manual Jurídico sobre Comunicación Social,* Belén Pérez Chiriboga, Caracas 2006, 384 pp.

37. *Ley contra los Ilícitos Cambiarios,* José Ignacio Hernández G., Andrés Troconis, Gustavo Muci Facchín, Vicente Villavicencio, 1ª Edición, Caracas 2006, 184 pp.

38. *Régimen Jurídico de Seguridad Social (Estudio constitucional y legal del Derecho a la Seguridad Social y del Sistema de Seguridad Social),* Freddy Alberto Mora Bastidas, Caracas 2007, 576 pp.

39. *Manual Didáctico sobre el Análisis e Interpretación de los Estados Financieros,* José Félix Ruíz Montero, Caracas, 2007, 285 pp.

40. *Ley Orgánica de Prevención, Condiciones y Medio Ambiente de Trabajo (Reglamento Parcial),* Juan Carlos Pró Rísquez, Gabriel Calleja Angulo y José Ignacio Hernández, Caracas 2007, 264 pp.

41. *Ley de Aguas,* Allan R. Brewer-Carías, Caracas 2007, pp. 139.

42. *Hacia la consolidación de un Estado socialista, centralizado, policial y militarista,* Allan R. Brewer-Carías, Caracas 2007, 160 pp.

43. *La Reforma Constitucional de 2007. Comentarios al proyecto inconstitucionalmente sancionado por la Asamblea Nacional el 2 de noviembre de 2007,* Allan R. Brewer-Carías, Caracas 2007, 225 pp.

44. *Ley de Contrataciones Públicas,* Allan R. Brewer-Carías, Carlos García Soto, Gustavo Linares Benzo, Víctor Hernández Mendible, José Ignacio Hernández G., Luis Alfonso Herrera Orellana, Miguel Mónaco, Manuel Rojas Pérez y Mauricio Subero Mujica, Caracas 2008, pp. 295; Segunda Edición, actualizada y aumentada, Allan R. Brewer-Carías, Víctor Hernández Mendible, Miguel Mónaco, Aurilivi Linares Martínez, José Ignacio Hernández G., Carlos García Soto, Mauricio Subero Mujica, Alejandro Canónigo Sarabia, Gustavo Linares Benzo, Manuel Rojas Pérez, Luis Alfonso Herrera Orellana, y Víctor Raúl Díaz Chirino, Caracas 2009, 466 pp.

5

45. *Leyes sobre Distrito Capital y del Área Metropolitana de Caracas*, Allan R. Brewer-Carías, Manuel Rachadell, Nelson Socorro, Enrique Sánchez Falcón, Tulio Álvarez y Juan Carmona, Caracas 2009, 210 pp.

46. *Ley Orgánica de los Consejos Comunales*, Allan R. Brewer-Carías, Caracas 2010, 100 pp.

47. *Ley Orgánica de la Jurisdicción Contencioso Administrativa*, Allan R. Brewer-Carías, Víctor Hernández Mendible, Caracas 2010, 330 pp.

48. *Ley Orgánica del Tribunal Supremo de Justicia*, Allan R. Brewer-Carías, Víctor Hernández Mendible, Caracas 2010, 304 pp.

49. *Ley Orgánica de Procesos Electorales*, Manuel Rachadell, Juan Miguel Matheus, Ricardo Antela Garrido, Pedro Afonso del Pino, Jesús María Alvarado Andrade, Luis Izquiel, José Ignacio Hernández con prólogo de Allan Brewer-Carías, Caracas, 2010, 304 pp.

50. *Leyes Orgánicas sobre el Poder Popular (Los Consejos Comunales, las Comunas, la Sociedad Socialista y el Sistema Económico Comunal)*, Allan Brewer-Carías, Claudia Nikken, Luis A. Herrera Orellana, Jesús María Alvarado Andrade, José Ignacio Hernández y Adriana Vigilanza), Caracas, 2011, 721 pp.

51. *La Constitución de 1999 y la Enmienda Constitucional N° 1 de 2009*, Allan Brewer-Carías, Caracas 2011, pp. 619

52. *Documentos Constitucionales de la Independencia 1811 / Constitutional Documents of the Independence of Venezuela 1811*, Allan R. Brewer-Carías, Caracas 2012, pp. 664.

53. *Ley costos y precios justos*, Claudia Nikken (Coordinadora), estudios por: Carlos García Soto, Marianela Zubillaga, Claudia Nikken, María Alejandra Correa Martín, María Giovanna Mascetti, Allan R. Brewer-Carías, Andrea Santacruz, José Ignacio Hernández G. Alejandra Cerviño y Leonardo Palacios Márquez, Caracas 2012, 504 páginas.

54. *Ley Orgánica del Trabajo, los trabajadores y las trabajadoras (LOTTT) y su Reglamento Parcial sobre el tiempo de trabajo*, Cesar Augusto Carballo Mena, Caracas 2013, 423 páginas.

55. *Código de Derecho Administrativo*, Introducción General por Allan R. Brewer-Carías, Caracas 2013, 503 páginas.

56. *Manual para conocer la Ley de arrendamiento inmobiliario para uso comercial*, Irma Lovera, Caracas 2015, 114 páginas.

LEY ORGÁNICA DE AMPARO SOBRE DERECHOS Y GARANTÍAS CONSTITUCIONALES

Estudios por:

ALLAN R. BREWER-CARÍAS
CARLOS AYALA CORAO
RAFAEL J. CHAVERO GAZDIK

COLECCIÓN TEXTOS
LEGISLATIVOS

N° 5

**SÉPTIMA EDICIÓN
CORREGIDA, AUMENTADA
Y ACTUALIZADA**

Editorial Jurídica Venezolana
Caracas/2016

©   Allan R. Brewer-Carías (Coordinador)
Email: abrewer@bblegal.com
www.allanbrewercarias.com

Hecho el Depósito de Ley
Depósito Legal: lf54020143402465
ISBN: 978-980-365-265-4

Editorial Jurídica Venezolana
Avda. Francisco Solano López, Torre Oasis, P.B., Local 4, Sabana Grande,
Apartado 17.598 - Caracas, 1015, Venezuela
Teléfono 762-25-53 / 762-38-42/ Fax. 763-52-39
Email fejv@cantv.net
http://www.editorialjuridicavenezolana.com.ve

Impreso por: Lightning Source, an INGRAM Content company,
para Editorial Jurídica Venezolana International Inc.
Panamá, República de Panamá.
Email: editorialjuridicainternational@gmail.com

Diagramación, composición y montaje por: Francis Gil, en letra
Time New Romana 11, Interlineado Exacto 12, Mancha 21 x 12.5
Séptima Edición, 2016

INTRODUCCIÓN GENERAL AL RÉGIMEN DEL DERECHO DE AMPARO A LOS DERECHOS Y GARANTÍAS CONSTITUCIONALES (EL PROCESO DE AMPARO)

Por: Allan R. Brewer-Carías

Profesor de la Universidad Central de Venezuela
Adjunct Professor of Law, Columbia Law School,
New York (2006-2008)

INTRODUCCIÓN

El artículo 27 de la Constitución de 1999, siguiendo la orientación de la norma que inicialmente se incorporó en la Constitución de 1961 (art. 49), garantiza a toda persona el "derecho a ser amparada por los tribunales en el goce y ejercicio de los derechos y garantías constitucionales, aun de aquellos inherentes a la persona que no figuren expresamente en esta Constitución o en los instrumentos internacionales sobre derechos humanos."

Se estableció así en Venezuela el "derecho de amparo," como una de las vías para materializar el ejercicio de la justicia constitucional a cargo de los tribunales de la jurisdicción ordinaria[1] destinada a proteger los derechos y garantías establecidos en la Constitución, en los tratados e instrumentos internacionales sobre derechos humanos, o que sean inherentes al ser humano aun cuando no figuren expresamente es esos textos; ante cualquier violación o amenaza de violación por parte de las au-

---

1   Véase en general sobre las formas de ejercicio de la justicia constitucional, Allan R. Brewer-Carías, *La Justicia Constitucional (Procesos y Procedimientos Constitucionales),* Editorial Porrúa/ Instituto Mexicano de Derecho procesal Constitucional, México 2007; *Derecho Procesal Constitucional. Instrumentos para la Justicia Constitucional,* Tercera Edición, Centro de Derecho Procesal Constitucional, Universidad Monteávila, Editorial Jurídica Venezolana, Caracas 2014.

toridades públicas o de los particulares. En el proceso constitucional de amparo, además, los jueces competentes, cuando sea necesario pueden aplicar para decidir el caso el método difuso de control de constitucionalidad de las leyes y demás actos normativos desaplicándolas cuando las juzgue inconstitucionales al decidir el caso concreto (artículo 334 de la Constitución).[2]

La consagración con rango constitucional de los derechos de las personas, en efecto, no tendría efectividad alguna si no se estableciera en el propio texto constitucional la mencionada garantía judicial específica de dichos derechos, que en Venezuela no se redujo a ser una única "garantía judicial" o acción o recurso de amparo sino a regular *el derecho de todas las personas a ser amparadas por los tribunales* en el goce y ejercicio de los propios derechos constitucionales; garantía que se puede ejercer, por supuesto, mediante el ejercicio de una acción autónoma de amparo regulada en la Ley Orgánica de Amparo sobre Derechos y Garantías Constitucionales de 1988,[3] pero también, como se regula en la Ley Orgánica, mediante la formulación de una pretensión de amparo conjuntamente con otras vías judiciales idóneas y efectivas para la protección constitucional, es decir, para enervar las lesiones constitucionales aducidas, como son la acción de inconstitucionalidad de las leyes, la acción contencioso administrativa de anulación contra los actos administrativos, y las acciones y recursos ordinarios, de apelación o casación e incluso solicitudes judiciales como por ejemplo las de nulidad absoluta por violación de garantías

---

2   Véase Allan R. Brewer-Carías, "El método difuso de control de constitucionalidad de las leyes en el derecho venezolano", en Víctor Bazán (coord.), Derecho Procesal Constitucional Americano y Europeo, Edit. Abeledo-Perrot, dos tomos, Buenos Aires, Rep. Argentina, 2010, Tomo I, pp. 671-690

3   Véase en *Gaceta Oficial* de la República de Venezuela número 34.060 del 27 de septiembre de 1988. Véase sobre la Ley nuestros estudios anteriores: "Introducción General al régimen del derecho de amparo a los derechos y garantías constitucionales (El proceso de amparo)," en Allan R. Brewer-Carías, Carlos Ayala Corao y Rafael J. Chavero Gazdik, *Ley Orgánica de Amparo sobre Derechos y Garantías Constitucionales*, Colección Textos Legislativos N° 5, Editorial Jurídica Venezolana (primera edición, 1988), Sexta edición corregida, aumentada y actualizada, Caracas 2007, pp. 9-149. La Ley fue reformada mediante Ley sancionada por la Asamblea Nacional en 2014, pero la reforma nunca fue promulgada ni publicada, a pesar de que incluso la Sala Constitucional del Tribunal Supremo declaró la constitucionalidad de su carácter orgánico conforme con la Constitución. Véase sobre dicha fallida reforma véase Allan R. Brewer-Carías, "Sobre las diversas formas de ejercicio del derecho constitucional de amparo en Venezuela: Comentarios a la fallida reforma de la Ley Orgánica de Amparo de 1988, sancionada en 2014," en *El proceso constitucional de amparo. Balance y Reforma*, del Centro de Estudios Constitucionales, Lima 2015.

constitucionales en materia penal ("amparo penal"). Precisamente por ello, la Constitución en Venezuela, al contrario de lo que sucede en la mayoría de los países de América Latina,[4] no reguló una única y sola "acción de amparo," sino el derecho de todos a ser amparados, es decir, el "derecho de amparo," siendo este uno de los signos distintivos del amparo venezolano cuando se lo compara con la misma institución en América Latina.[5]

Precisamente pero ello, en Venezuela, al regular la Constitución este derecho de todos a ser amparados (art. 29) en sus derechos, la acción de amparo no agota el ejercicio de dicho derecho, en el sentido de que como lo observó la Sala Constitucional del Tribunal Supremo de Justicia en sentencia N° 1215 de 25 de julio de 2011, adicionalmente, "el ejercicio de la tutela constitucional por parte de todos los jueces de la República, a través de cualquiera de los canales procesales dispuestos por el ordenamiento jurídico, *es una característica inmanente al sistema judicial venezolano*";[6] razón por la cual, como se dijo, el derecho de amparo se puede ejercer, además de mediante la acción de amparo, a través de otros medios o vía procesales idóneas y efectivas para la protección constitucional.

Por supuesto, la vía procesal por excelencia para dicha protección constitucional de los derechos y garantías constitucionales, es la acción

---

4   Véase en general, nuestros trabajos comparativos: *Judicial Review in Comparative Law,* Cambridge Studies in International and Comparative Law. New Series, Cambridge University Press, Cambridge 1989; *Constitutional Protection of Human Rights In Latin America. A Comparative Study of the Amparo Proceedings,* Cambridge University Press, New York 2008; *El proceso de amparo en América Latina,* Instituto Iberoamericano de Derecho Procesal Constitucional, Ed. Porrúa, México 2016; "El amparo a los derechos y libertades constitucionales y la acción de tutela a los derechos fundamentales en Colombia: una aproximación comparativa", en Manuel José Cepeda (editor), *La Carta de derechos. Su interpretación y sus implicaciones,* Editorial Temis, Bogotá 1993, pp. 21-81, y en *La protección jurídica del ciudadano. Estudios en Homenaje al Profesor Jesús González Pérez,* Tomo 3, Editorial Civitas, Madrid 1993, pp. 2.695-2.748; *El amparo a los derechos y libertades constitucionales. Una aproximación comparativa,* Cuadernos de la Cátedra Allan R. Brewer-Carías de Derecho Público, N° 1, Universidad Católica del Táchira, San Cristóbal 1993, 138 pp., también publicado por el Instituto Interamericano de Derechos Humanos (Curso Interdisciplinario), San José, Costa Rica, 1993, (mimeo), 120 pp.

5   Véase Allan R. Brewer-Carías, "El derecho de amparo y la acción de amparo", en *Revista de Derecho Público,* N° 22, Editorial Jurídica Venezolana, Caracas, abril-junio 1985, pp. 51-61.

6   Véase la sentencia N° 1215 de 25-7-2011, en *Revista de Derecho Público,* N° 127, Editorial Jurídica Venezolana, Caracas 2011, pp. 174-176.

de amparo, que ha sido definida por la Sala Constitucional del Tribunal Supremo de Justicia, como:

> "una garantía de restablecimiento de la lesión actual o inminente a una ventaja esencial, producto de un acto, actuación u omisión antijurídica, en tanto contraria a un postulado en cuyo seno se encuentre reconocido un derecho fundamental".[7]

Por ello, dicha acción de amparo, que siempre origina el ejercicio de la justicia constitucional, se desarrolla, en principio, ante cualquier juez de primera instancia de la jurisdicción ordinaria, es decir, ante los tribunales civiles, mercantiles, laborales, penales, de menores, agrarios o de cualquier otra materia, y de los tribunales de la jurisdicción contencioso administrativa; o ante cualquier juez de la localidad si no hubiere uno de primera instancia.

La misma Sala Constitucional del Tribunal Supremo señaló en sentencia N° 1229 de 5 de abril de 2013, que si bien "la acción de amparo constitucional es un medio judicial breve y expedito, a través del cual se protegen los derechos fundamentales que la Constitución reconoce [...] cuando se puede acudir a la vía procesal ordinaria, sin que la lesión a la situación jurídica se haga irreparable, es precisamente el trámite o el medio procesal ordinario, el instrumento para reparar la lesión y no la acción de amparo y, por tanto, no habría posibilidad de interponer la acción de amparo si estuviese prevista otra acción o un recurso para dilucidar la misma cuestión."[8] De allí el carácter extraordinario de la acción de amparo, conforme a lo cual, de acuerdo a lo expresado por la misma Sala Constitucional del Tribunal Supremo, en sentencia N° 1189 de 30 de septiembre de 2009, estando concebida la acción de amparo:

> "como una acción destinada al restablecimiento de un derecho o una garantía constitucional lesionados, sólo es admisible como una medida extraordinaria destinada a evitar que el orden jurídico quede lesionado, ante la inexistencia de una vía idónea que, por su rapidez y eficacia, impida la lesión de un derecho constitucional. La admisibilidad de la acción de amparo surge cuando los medios ordinarios son insuficientes para restablecer la situación infringida, o cuando su procedimiento, dada la naturaleza de la lesión alegada, no cumple con la finalidad de lograr la protección de inmediato o, en todo caso, sus efectos vienen a ser retardados o diferidos, de modo

---

7   Véase sentencia N° 460 de 6–4–2001 (Caso: *Only One Import, C.A. vs. Guardia Nacional*), en *Revista de Derecho Público*, N° 85–88, Editorial Jurídica Venezolana (EJV), Caracas 2001, p. 437.

8   Véase la sentencia N° 1229 de 5-4-2013, en *Revista de Derecho Público*, N° 134, Editorial Jurídica Venezolana, Caracas 2013, pp. 149-152.

que no permiten reparar el daño sufrido, cuando el derecho constitucional está conculcado."[9]

En todo caso, tratándose de un proceso constitucional que se puede iniciar mediante una acción autónoma de amparo, o mediante una petición de amparo formulada conjuntamente con otras acciones, solicitudes o recursos judiciales, además de ser una de las garantías constitucionales, es un derecho constitucional en sí mismo: el derecho de amparo o el derecho a ser amparado.[10]

I. EL RÉGIMEN NORMATIVO DEL PROCESO DE AMPARO

1. *La regulación constitucional*

Como se ha dicho, el artículo 27 de la Constitución de 1999,[11] siguiendo la orientación del artículo 49 de la Constitución de 1961, reguló el proceso de amparo constitucional *como la vía procesal para el ejercicio de un derecho constitucional*, es decir, *el derecho de toda persona a ser amparado judicialmente en sus derechos y garantías constitucionales,*[12] el cual como se ha explicado se puede ejercer a través de múltiples medios o recursos judiciales de protección, incluyendo la acción de amparo. A tal efecto, el artículo 27 de la Constitución dispone:

---

9   Véase la sentencia N° 1189 de 30-9-2009, en *Revista de Derecho Público*, N° 119, Editorial Jurídica Venezolana, Caracas 2009, pp. 135-137.

10 Véase Allan R. Brewer–Carías, *El Derecho y la Acción de Amparo*, Tomo V, *Instituciones Políticas y Constitucionales,* Editorial Jurídica Venezolana, Universidad Católica del Táchira, Caracas–San Cristóbal, 1998; y antes: "El derecho de amparo y la acción de amparo," en *Revista de Derecho Público*, N° 22, Editorial Jurídica Venezolana, Caracas, abril-junio 1985, pp. 51-61.

11 Véase en general, Hildegard Rondón de Sansó, "La acción de amparo constitucional a raíz de la vigencia de la Constitución de 1999", en *Revista de la Facultad de Ciencias Jurídicas y Políticas de la UCV*, N° 119, Caracas, 2000, pp. 147–172; Richard D. Henríquez Larrazábal, "El problema de la procedencia del amparo constitucional en el Derecho venezolano", en *Bases y principios del sistema constitucional venezolano (Ponencias del VII Congreso Venezolano de Derecho Constitucional realizado en San Cristóbal del 21 al 23 de Noviembre de 2001)*, Volumen II, pp. 403–475; Víctor R. Hernández–Mendible, "El amparo constitucional desde la perspectiva cautelar", en *El Derecho Público a comienzos del siglo XXI. Estudios homenaje al Profesor Allan R. Brewer–Carías*, Tomo I, Edit. Civitas, Madrid, 2003, pp. 1219–1301.

12 Véase en general Hildegard Rondón de Sansó, *La acción de amparo contra los Poderes Públicos*, Editorial Arte, Caracas 1994; Hildegard Rondón de Sansó, *Amparo constitucional*, Editorial Arte, Caracas 1998; Gustavo Linares Benzo, *El proceso de amparo*, Universidad central de Venezuela, Caracas 1999; Rafael J. Chavero Gazdik, *El nuevo régimen del amparo constitucional en Venezuela*, Edit. Sherwood, Caracas 2001.

"*Artículo 27*: Toda persona tiene derecho a ser amparada por los tribunales en el goce y ejercicio de los derechos y garantías constitucionales, aun de aquellos inherentes a la persona que no figuren expresamente en esta Constitución o en los instrumentos internacionales sobre derechos humanos.

El procedimiento de la acción de amparo constitucional será oral, público, breve, gratuito y no sujeto a formalidad, y la autoridad judicial competente tendrá potestad para restablecer inmediatamente la situación jurídica infringida o la situación que más se asemeje a ella. Todo tiempo será hábil y el tribunal lo tramitará con preferencia a cualquier otro asunto.

La acción de amparo a la libertad o seguridad podrá ser interpuesta por cualquier persona, y el detenido o detenida será puesto bajo la custodia del tribunal de manera inmediata, sin dilación alguna.

El ejercicio de este derecho no puede ser afectado, en modo alguno, por la declaración del estado de excepción o de la restricción de garantías constitucionales".

Las reformas más importantes que introdujo esta norma respecto de lo que se estableció en el artículo 49 de la Constitución de 1961,[13] fueron las siguientes:

En *primer lugar*, en forma expresa se estableció el amparo como un "*derecho*" constitucional de toda persona, "a ser amparada por los tribunales en el goce y ejercicio de los derechos y garantías constitucionales".

En segundo lugar, se trata de un derecho que corresponde a "toda persona" en el sentido de toda persona natural que se encuentre en el territorio nacional o de toda persona jurídica domiciliada o que tenga intereses en el mismo.

En tercer *lugar*, en cuanto a los derechos amparables, se estableció que no sólo son los que la Constitución establece, sino aquellos inherentes a la persona que no figuren expresamente, no sólo en la Constitución sino en los instrumentos internacionales (tratados, pactos, convenciones suscritos y ratificados por la República) sobre derechos humanos, los cuales, además, conforme a la propia Constitución, tienen rango constitucional y prevalecen incluso sobre el orden interno si contienen regulaciones más favorables (artículo 23). Por tanto, todos los derechos constitucionales y fundamentales son justiciables por la vía del amparo.

---

13 El artículo 49 de la Constitución de 1961 dispuso: "Los Tribunales ampararán a todo habitante de la República en el goce y ejercicio de los derechos y garantías que la Constitución establece, en conformidad con la ley. / El procedimiento será breve y sumario, y el juez competente tendrá potestad para restablecer inmediatamente la situación jurídica infringida.

En cuarto lugar, es un derecho, el de ser amparado, que puede ejercerse para buscar protección judicial contra cualquier violación o amenaza de violación de esos derechos o garantías constitucionales, provengan de actos, hechos u omisiones de funcionarios, órganos o entidades públicas o de otros particulares.

En quinto lugar, para que proceda el ejercicio del derecho a ser amparado ante los tribunales, se requiere que el derecho o garantía constitucional sea directamente lesionado en su goce o ejercicio, sea que con ello se viole directamente la Constitución, los instrumentos internacionales o las leyes que conforme a la Constitución regulan o garantizan el derecho.

En sexto lugar, la Constitución atribuye competencia judicial para conocer de las pretensiones de amparo a "los tribunales," con lo cual la Constitución expresamente se apartó de los sistemas que regulan el amparo como un medio adjetivo único que debe ejercerse ante un solo órgano jurisdiccional (Tribunal Constitucional). Además la protección del amparo puede pedirse, ya sea conjuntamente con el ejercicio de las acciones o recursos ordinarios o extraordinarios previstos en el ordenamiento procesal que sean idóneos y efectivos para la protección constitucional, o mediante una acción autónoma de amparo. Adicionalmente, se establece que todo tiempo es hábil y el tribunal debe tramitar el amparo con preferencia a cualquier otro asunto.

En *séptimo lugar,* en cuanto al procedimiento, en lugar de establecer sólo que debía ser "breve y sumario" como lo hacía la Constitución de 1961, se indica que debe ser "oral, público, breve, gratuito y no sujeto a formalidad", y agregando, además, que "todo tiempo será hábil y el tribunal lo tramitará con preferencia a cualquier otro asunto", a lo que debe agregarse que sea efectivo, "para restablecer inmediatamente la situación jurídica infringida o la situación que más se le asemeje".

Y en *octavo lugar* se precisó expresamente que "el ejercicio de este *derecho* no puede ser afectado, en modo alguno, por la declaración del estado de excepción o de la restricción de garantías constitucionales".

Como puede observarse de dicha norma dela artículo 27 de la Constitución, en ella no sólo se recogieron todos los principios fundamentales en materia de amparo que la Constitución de 1961 había establecido, sino los que se habían desarrollado jurisprudencialmente antes y después de la sanción de la Ley Orgánica de Amparo sobre Derechos y Garantías Constitucionales de 1988,[14] estableciéndose por tanto, no sólo una acción de amparo sino en forma más amplia, el derecho constitucional a ser amparado; principios que se complementa con las previsiones de los instrumentos internacionales en materia de derechos humanos.

2. *El derecho de amparo en la Declaración Universal de Derechos Humanos de las Naciones Unidas y en el Pacto Internacional de Derechos Civiles y Políticos de Naciones Unidas*

El Pacto Internacional de Derechos Civiles y Políticos de Naciones Unidas, que fue sancionado en Venezuela mediante Ley aprobatoria de 1978,[15] en efecto, en nuestro criterio estableció el derecho de amparo, siendo su antecedente inmediato, la Declaración Universal de los Derechos Humanos adoptada por la Asamblea General de las Naciones Unidas el 10 de diciembre de 1948. Dicha Declaración, además de establecer la garantía del debido proceso (Art. 12), puede decirse que consagró también como derecho de todas las personas, el derecho de amparo a los derechos fundamentales, en los siguientes términos:

"*Artículo 8.* Toda persona tiene derecho a un recurso efectivo, ante los tribunales nacionales competentes, que la ampare contra actos que violen sus derechos fundamentales reconocidos por la constitución o la ley".

Este derecho fundamental establecido en la Declaración se puede considerar como un derecho que tiene toda persona a disponer de un recurso efectivo para la protección judicial de sus derechos fundamentales, es decir, que estos puedan ser amparados judicialmente mediante un recurso efectivo, lo que en el mundo contemporáneo ha dado lugar al desarrollo de la acción o recurso de amparo, consagrado incluso después de la segunda post guerra en Alemania y en España. Como se dijo, dicho derecho se estableció separado del derecho al debido proceso que el artículo 12 de la Declaración consagró en los siguientes términos:

"*Artículo 12.* Toda persona tiene derecho, en condiciones de plena igualdad, a ser oída públicamente y con justicia por el tribunal independiente e imparcial, para la determinación de sus derechos y obligaciones o para el examen de cualquier acusación contra ella en materia penal".

---

14   Véase Allan R. Brewer-Carías, "La reciente evolución jurisprudencial en relación a la admisibilidad del recurso de amparo", en *Revista de Derecho Público*, N° 19, EJV, Caracas, julio-septiembre 1984, pp. 207-217; y "El derecho de amparo y la acción de amparo", en *Revista de Derecho Público*, N° 22, Editorial Jurídica Venezolana, Caracas, abril-junio 1985, pp. 51-61.

15   Véase en *Gaceta Oficial* N° 2146 Extra de 29 de enero de 1978.

El derecho de amparo puede decirse que también se recogió en la "Carta de los Derechos Fundamentales de la Unión" presentado como anexo al Proyecto de la Constitución Europea de 2003 (art. II,47, párrafo primero), en forma separada respecto del derecho fundamental que tiene toda persona en el ejercicio de sus derechos e intereses legítimos, a que se le asegure el acceso a la justicia y a obtener una tutela judicial efectiva por parte de los jueces, con garantía del debido proceso y del derecho a la defensa (art. II,47, párrafos segundo y tercero).[16]

Entre uno y otro derecho podría establecerse una relación de género a especie: el derecho a la tutela judicial efectiva general sería el género, vinculado al derecho al debido proceso y a la defensa en relación con todos los derechos (y no sólo los fundamentales) e intereses legítimos de las personas; y el derecho de amparo o a la tutela judicial efectiva individual, se refiere en concreto al derecho de las personas a disponer específicamente de "un recurso efectivo" ante los tribunales, que las amparen contra actos que particularmente violen sus derechos fundamentales reconocidos no sólo en la Constitución sino en las leyes. Se trata, sin duda, del derecho de amparo que se traduce en el derecho a un recurso efectivo para la específica protección de los derechos fundamentales.

Casi 20 años después de adoptada la Declaración Universal, en el mencionado Pacto Internacional de Derechos Civiles y Políticos adoptado en el seno de las Naciones Unidas el 19 de diciembre de 1966, también se estableció como un compromiso de los Estados Partes en el Pacto, además de garantizar el derecho al debido proceso en una detallada norma (Art. 14), el garantizar que:

> *"Art. 2.3.a.* Toda persona cuyos derechos y libertades reconocidos en el presente Pacto hayan sido violados podrá interponer un recurso efectivo, aún cuando tal violación hubiera sido cometida por personas que actuaban en ejercicio de sus funciones oficiales;
>
> b) La autoridad competente, judicial, administrativa o legislativa, o cualquiera otra autoridad competente prevista por el sistema legal del Estado, decidirá sobre los derechos de toda persona que interponga tal recurso, y a desarrollar las posibilidades de recurso judicial;

---

16   Véase Allan R. Brewer-Carías, "El derecho al debido proceso y el derecho de amparo en el proyecto de Constitución Europea", en Juan Pérez Royo, Joaquín Pablo Urías Martínez, Manuel Carrasco Durán, Editores), *Derecho Constitucional para el Siglo XXI. Actas del Congreso Iberoamericano de Derecho Constitucional,* Tomo I, Thomson-Aranzadi, Madrid 2006, pp. 2151-2162. Véase el Proyecto en https://www.pfizer.es/docs/pdf/salud/Proyecto_de_Constitucion_de_la_UE.pdf.

c) Las autoridades competentes cumplirán toda decisión en que se haya estimado procedente el recurso".

En esta norma del Pacto, en la misma línea de la Declaración Universal, de nuevo se garantizó internacionalmente el derecho de amparo de los derechos fundamentales y no sólo el derecho al debido proceso o a la tutela judicial en general, perfeccionándose incluso su consagración, al otorgarse a toda persona el derecho de interponer un recurso efectivo cualquiera que sea la causa de la violación a los derechos y libertades reconocidos en el Pacto, y no sólo ante las violaciones provenientes de "actos", como señalaba la Declaración Universal. Además, se precisó que dicho recurso procede contra cualquiera que sea el agraviante o sujeto activo de la violación, incluso si se tratase de funcionarios públicos o, en general, de personas que actúan en ejercicio de sus funciones oficiales. El derecho de amparo que consagró el Pacto Internacional, sin embargo, sólo se refiere a la protección de los derechos y libertades reconocidos en el mismo, sin hacer alusión a los que se establecen en las Constituciones y leyes de los Estados.

Ahora, ateniéndonos a las regulaciones contenidas en la Declaración Universal de los Derechos Humanos y en el Pacto Internacional de los Derechos Civiles y Políticos, como se ha dicho, en esos instrumentos internacionales, independientemente del derecho a la tutela judicial efectiva, se ha establecido el derecho de toda persona a un recurso efectivo ante los jueces o tribunales nacionales competentes para que la amparen contra las violaciones a sus derechos y libertades fundamentales reconocidos en las respectivas Constituciones, en las leyes y en la propia Declaración Universal y en el Pacto Internacional.

De estas normas internacionales puede decirse que se derivan los contornos de lo que debería ser este derecho de amparo de los derechos fundamentales en el derecho interno de los países, delineados, por lo demás, en forma mucho más amplia de la que existe en los sistemas alemán y español, y que podrían identificarse con base en los siguientes principios:

En *primer lugar,* tanto la Declaración Universal como el Pacto Internacional conciben el amparo como un derecho fundamental. Estimamos que ello deriva de la indicación de que toda persona "tiene derecho" a un recurso efectivo o a un derecho a interponer un "recurso efectivo" para obtener el amparo judicial a sus derechos; de lo que resulta, incluso, que no sólo se trata de que toda persona tenga una garantía adjetiva concretizada en un solo recurso o a una acción específica de amparo, tutela o protección, sino que toda persona tiene derecho a la protección o al amparo judicial de sus derechos constitucionales.

En *segundo lugar,* conforme a la Declaración Universal y al Pacto Internacional, el derecho de amparo que en ellos se regula se le debe garantizar a "toda persona" sin distingo de ningún tipo, por lo que corresponde a las personas naturales y a las personas jurídicas o morales; a las personas nacionales y a las extranjeras; a las hábiles y no hábiles; a las personas de derecho público y a las de derecho privado. Es decir, corresponde a toda persona en el sentido más universal.

En *tercer lugar,* el "recurso efectivo" de protección de los derechos y libertades fundamentales de carácter judicial a los que se refieren tanto la Declaración Universal como el Pacto Internacional, puede ser de cualquier clase. Por ello, en realidad, consideramos que puede tratarse de cualquier medio judicial de protección efectivo, y no necesariamente de una sola y única específica "acción de amparo." Es decir, ni la Declaración Universal ni el Pacto Internacional necesariamente se refieren a un solo medio adjetivo de protección, sino que puede y debe tratarse de un conjunto de medios de protección siempre que sean idóneos para la protección constitucional, lo que puede implicar, incluso, la posibilidad de utilizar los medios judiciales ordinarios si estos garantizan la efectividad de la protección constitucional.

Por tanto, no se trata de que cualquier medio judicial pueda asegurar derecho de amparo, sino que por sobre todo tiene que tratarse de un recurso idóneo y "efectivo," es decir, que permita obtener la protección constitucional al derecho violado en forma rápida y con el resultado protectivo deseado, o que enerve las lesiones constitucionales.

En *cuarto lugar*, la Declaración Universal y el Pacto Internacional señalan que el recurso judicial de protección o amparo puede interponerse ante los tribunales nacionales competentes, de lo que resulta que la intención de las regulaciones es que no sólo se trate de un solo y único tribunal competente, como sucede en el caso alemán y español, o en América Latina, de Costa Rica, donde la competencia para conocer de la acción de amparo se atribuye al Tribunal Constitucional o a la Corte Suprema. Ello, por supuesto, se puede regular en el ordenamiento constitucional interno, pero el fundamento de la regulación de la Declaración Universal y del Pacto Internacional es que ésta sea esencialmente la función del Poder Judicial.

En *quinto lugar,* conforme a la Declaración Universal y al Pacto Internacional este derecho a un recurso efectivo de protección ante los tribunales, se establece para la protección de todos los derechos y libertades fundamentales que estén en la Constitución, en la ley o en los propios instrumentos internacionales, los cuales se denominan derechos fundamentales o constitucionales; y no sólo de ciertos derechos constitucionales, como los específicamente denominados "derechos fundamentales" o libertades individuales en Constituciones como las de Alemania y España, y en América Latina, de Colombia.

En *sexto lugar*, la protección que regula el Pacto Internacional es contra cualquier violación o amenaza de violación a los derechos fundamentales, la cual puede provenir de cualquier acto, omisión, hecho o actuación que viole los derechos y libertades y, por supuesto, también que amenace violarlos, porque no tendría sentido esperar que la violación se produzca para poder acudir a interponer el recurso efectivo de protección. Es decir, este recuro efectivo para obtener amparo o protección tiene que poder interponerse antes de que la violación se produzca, frente a la amenaza efectiva de la violación y, por supuesto, frente a toda violación o amenaza de violación provenga de quien sea.

En *séptimo lugar*, el recurso efectivo que regula tanto la Declaración Universal como el Pacto Internacional se puede interponer contra cualquiera que sea el sujeto activo de la violación, por lo que no puede ni debe haber acto ni actuación alguna excluidas de la protección del amparo, así emane de los particulares o de los órganos y entes del Estado y de sus poderes públicos. Por ello, la aclaratoria que formula el Pacto Internacional de que el recurso efectivo de protección o amparo también se puede intentar cuando la violación a los derechos y libertades hubiera sido cometida por personas que actúen en ejercicio de sus funciones oficiales, es decir, por funcionarios públicos, lo que hace es dejar por sentado que la acción de amparo también puede interponerse contra particulares, lo cual sin embargo está excluido en muchos países como Alemania y España.

Por último, en *octavo lugar*, en los casos de violaciones que sean cometidas por personas que actúan en ejercicio de sus funciones oficiales, ni la Declaración Universal ni el Pacto Internacional indican específicamente en ejercicio de cuál Poder Público aquellos actúan, por lo que el recurso efectivo de protección o amparo podría interponerse contra cualquier acto que emane de cualquier funcionario público o persona actuando en ejercicio de poderes estatales, sea una ley, un acto administrativo, una sentencia judicial, una vía de hecho, en fin, contra cualquier actuación u omisión realizada en ejercicio de la función pública.

Esto implica, por otra parte, que la acción o pretensión de amparo se podría interponer directamente contra el acto lesivo, sin que se tengan que agotar otras vías judiciales, es decir, sin que tenga que tener un carácter subsidiario como sucede en Alemania y en España, donde en definitiva el recurso siempre se tiene que interponer contra la decisión judicial que agote las vías ordinarias previas.

Ese es, en realidad, el marco que establecen la Declaración Universal y el Pacto Internacional de Naciones Unidas, y es ese el que debería prevalecer en los derechos internos de los países que han ratificado esos instrumentos. Ese parámetro, por otra parte, quizás fue el tomado en cuenta para la consagración en el Proyecto de Constitución Europea de 2003 de este derecho de amparo, más allá del derecho a la tutela judicial efectiva general.

3. *El derecho de amparo en la Convención Americana sobre Derechos Humanos y el control de convencionalidad*

En la misma línea de regulación del Pacto Internacional de Derechos Civiles y Políticos debe mencionarse el texto de la Convención Americana sobre Derechos Humanos adoptada por la Conferencia Especializada sobre Derechos Humanos el 22 de noviembre de 1969, aprobado por Ley en Venezuela en 1977,[17] la cual también estableció tanto el derecho al debido proceso con todas sus garantías judiciales en una detalladísima norma (Art. 8), como el derecho de amparo; este último, delineándolo con mayor precisión incluso como institución latinoamericana, establecida como la garantía judicial por excelencia de los derechos humanos, tanto de los regulados en las Constituciones y otras normas del derecho interno, como de los enumerados en los instrumentos internacionales.[18] En tal sentido, el artículo 25 de la Convención Americana establece:

---

17 Véase en *Gaceta Oficial* N° 31256 de 14 de junio de 1977. Venezuela que fue Estado Miembro de la Convención desde los años noventa, la denunció en 2012, contrariando la Constitución. Véase Carlos Ayala Corao, "Inconstitucionalidad de la denuncia de la Convención Americana sobre Derechos Humanos por Venezuela" en *Revista Europea de Derechos Fundamentales*, Instituto de Derecho Público, Valencia, España, N° 20/2° semestre 2012; en *Estudios Constitucionales*, Centro de Estudios Constitucionales de Chile, Universidad de Talca, año 10, N° 2, Chile, 2012; en la *Revista Iberoamericana de Derecho Procesal Constitucional*, Instituto Iberoamericano de Derecho Procesal Constitucional y Editorial Porrúa, N° 18, Julio-Diciembre, 2012; en la *Revista de Derecho Público*, N° 131, Caracas, julio-septiembre 2012; en el *Anuario de Derecho Constitucional Latinoamericano 2013*, Anuario 2013, Konrad Adenauer Stiftung: Programa Estado de Derecho para Latinoamérica y Universidad del Rosario, Bogotá 2013.

18 Véase Allan R. Brewer–Carías, "El amparo en América Latina: La universalización del régimen de la Convención Americana sobre los Derechos Humanos y la necesidad de superar las restricciones nacionales" en *Ética y Jurisprudencia*, 1/2003, Ene-

"Art. 25,1. Toda persona tiene derecho a un recurso sencillo y rápido o a cualquier otro recurso efectivo ante los jueces o tribunales competentes, que la ampare contra los actos que violen sus derechos fundamentales reconocidos por la Constitución, la ley o la presente Convención, aun cuando tal violación sea cometida por personas que actúen en ejercicio de sus funciones oficiales".

Esta consagración del derecho de amparo en la Convención Americana, a pesar de que Venezuela haya denunciado la Convención en 2012,[19] es importante destacarla pues conforma una doctrina enriquecedora de la institución del amparo como derecho tal como se ha consagrado la Constitución de 1999, pudiéndose decir, incluso que la institución venezolana del derecho de amparo, en comparación con el resto de los países de América latina, es la más parecida a la regulación de la Convención Americana en la materia.

En efecto, de la norma del artículo 25.1 de la Convención, resulta que el derecho de amparo que encuentra su fundamento en la misma, no sólo es un derecho aplicable en todos los Estados miembros, sino que del mismo resulta la obligación internacional que les ha sido impuesta a los mismos con el objeto de asegurarle a todas las personas, no sólo la existencia sino la efectividad de ese recurso efectivo, sencillo y rápido para la protección de sus derechos. Para ello, la propia Convención dispuso que los Estados Partes se comprometen "a garantizar que la autoridad competente prevista por el sistema legal del Estado decidirá sobre los derechos de toda persona que interponga tal recurso" (artículo 25.2.a). Ello lo puntualizó la Corte Interamericana en innumerables sentencias al recordar:

"El deber general del Estado de adecuar su derecho interno a las disposiciones de dicha Convención para garantizar los derechos en ella consagrados, establecido en el artículo 2, incluye la expedición de normas y el desarrollo de prácticas conducentes a la observancia efectiva de los derechos y libertades consagrados en la misma, así como la adopción de medidas para suprimir las normas y prácticas de cualquier naturaleza que entrañen una violación a las garantías previstas en la Convención. Este deber general del Estado Parte implica que las medidas de derecho interno han de ser efecti-

---

ro–Diciembre, Universidad Valle del Momboy, Facultad de Ciencias Jurídicas y Políticas, Centro de Estudios Jurídicos "Cristóbal Mendoza", Valera, Estado Trujillo, 2004, pp. 9–34.

19   La denuncia de la Convención se materializó por comunicación dirigida por el entonces Ministro de Relaciones Exteriores al Secretario General de la OEA, en fecha 6 de septiembre de 2012.

vas (principio del *effet utile*), para lo cual el Estado debe adaptar su actuación a la normativa de protección de la Convención."[20]

Ahora bien, es bien sabido que la Corte Interamericana de Derechos Humanos desde sus primeras Opiniones Consultivas identificó el recurso previsto en el artículo 25.1 de la Convención con la institución latinoamericana del amparo. Así lo expuso en su Opinión Consultiva OC-8/87 del 30 de enero de 1987, *El habeas corpus bajo suspensión de garantías (arts. 27.2, 25.1 y 7.6 Convención Americana sobre Derechos Humanos)*, en la cual señaló que el artículo 25.1 de la Convención era "una disposición de carácter general que recoge la institución del amparo, entendido como el procedimiento judicial sencillo y breve que tiene por objeto la tutela de todos los derechos reconocidos por las constituciones y las leyes de los Estados partes y por la Convención."[21] Y también en la Opinión Consultiva OC-9/87 del 6 de octubre de 1987, *Garantías judiciales en estados de emergencia (arts. 27.2, 25 y 8, Convención Americana sobre Derechos Humanos)*, donde la Corte precisó que "para que tal recurso exista, no basta con que esté previsto por la Constitución o la ley o con que sea formalmente admisible, sino que se requiere que sea realmente idóneo para establecer si se ha incurrido en una violación a los derechos humanos y proveer lo necesario para remediarla;" al punto de establecer que su falta de consagración en el derecho interno, es decir, "la inexistencia de un recurso efectivo contra las violaciones a los derechos reconocidos por la Convención constituye una transgresión de la misma por el Estado Parte en el cual semejante situación tenga lugar."[22]

Es bien sabido igualmente que en sus decisiones posteriores y luego de una larga evolución, la Corte Interamericana ha variado su interpretación, indicando que el artículo 25.1, al consagrar el derecho al recurso efectivo como derecho de amparo, lo hace en el sentido más amplio, de derecho humano a la "protección judicial" efectiva, incluyendo el derecho de acceso a la justicia, siguiendo la orientación fijada inicialmente por el juez Antonio Cançado Trindade en su Voto al caso *Genie Lacayo Vs. Nicaragua* de 29 de enero de 1997 cuando consideró que la norma

---

20   Véase sentencia en el caso *Yatama Vs. Nicaragua* de 23 de Junio de 2005, (Párr. 170), en http://www.corteidh.or.cr/docs/casos/articulos/seriec_127_esp.pdf.

21   Véase Opinión Consultiva OC-8/87, del 30 de enero de 1987, *El habeas corpus bajo suspensión de garantías (arts. 27.2, 25.1 y 7.6 Convención Americana sobre Derechos Humanos*, en http://www.corteidh.or.cr/docs/opiniones/seriea_08_esp.pdf

22   Véase Opinión Consultiva OC-9/87 del 6 de octubre de 1987, *Garantías judiciales en estados de emergencia (arts. 27.2, 25 y 8, Convención Americana sobre Derechos Humanos* (Párr. 24), en http://www.corteidh.or.cr/docs/opiniones/seriea_09_esp.pdf

era, no sólo uno de los pilares básicos de la Convención, sino "de todo el Estado de derecho en una sociedad democrática según el sentido de la Convención;"[23] concepto que se reiteró con posterioridad en la jurisprudencia de la Corte Interamericana a partir de la sentencia del caso *Castillo Páez vs. Perú* de 3 de noviembre de mismo año.[24]

En este contexto, por supuesto más amplio, el derecho de amparo no es más que una de las piezas de ese pilar básico de la democracia que es el derecho humano a la protección judicial, y no lo agota; de manera que la acción de amparo se subsume en dicho sistema de recursos judiciales rápidos, sencillos y eficaces (con el signo en este caso de la inmediatez de la protección por tratarse de derechos humanos) a los cuales las personas tienen derecho de acceder (acceso a la justicia) con las garantías del debido proceso que derivan del artículo 25.1 en conexión con el artículo 8 sobre garantías judiciales, los cuales en conjunto son los que constituyen el pilar de la democracia.[25] Como lo dijo la Corte Interamericana en la sentencia del caso de *La Masacre de las Dos Erres vs. Guatemala* de 24 de noviembre de 2009, luego de expresar que "el recurso de amparo por su naturaleza es el procedimiento judicial sencillo y breve que tiene por objeto la tutela de todos los derechos reconocidos por las constituciones y leyes de los Estados partes y por la Convención;" que "tal recurso *entra* en el ámbito del art. 25 de la Convención Americana, por lo cual tiene que cumplir con varias exigencias, entre las cuales se encuentra la idoneidad y la efectividad."[26]

---

23   Voto Disidente de Antonio Augusto Cançado Trindade en la sentencia del Caso *Genie Lacayo vs. Nicaragua* (*Solicitud de Revisión de la Sentencia de Fondo, Reparaciones y Costas*) de 13 de septiembre de 1997 (Párr. 18), en http://www.corteidh.or.cr/docs/casos/articulos/seriec_21_esp.pdf

24   Véase sentencia del caso *Castillo Páez vs. Perú* de 3 de noviembre de 1997 (Párr. 82), en http://www.corteidh.or.cr/docs/casos/articulos/seriec_34_esp.pdf.

25   Por ello, Anamari Garro Vargas considera que "no es lo mismo afirmar que el sistema de recursos judiciales eficaces es uno de los pilares de la Convención y del Estado de Derecho en un sistema democrático, que sostener que uno de esos pilares es un recurso sencillo y eficaz para proteger los derechos fundamentales." Véase Anamari Garro Vargas, *La improcedencia del recurso de amparo contra las resoluciones y actuaciones jurisdiccionales del Poder Judicial a la luz de la Constitución costarricense y del artículo 25 de la Convención Americana sobre Derechos Humanos*, Tesis para optar al grado de Doctor en Derecho, Universidad de los Andes, Santiago de Chile 2012 (Versión mimeografiada), p. 213.

26   Véase la sentencia del caso *La Masacre de las Dos Erres vs. Guatemala* de 24 de noviembre de 2009 C211/2009 (Párr. 107) en http://www.corteidh.or.cr/docs/casos/articulos/seriec_211_esp.pdf

La consecuencia de ello es que independientemente de que el artículo 25.1 de la Convención no se agote en una única acción de amparo, ni se lo considere ahora por la jurisprudencia de la Corte Interamericana solamente como la consagración de un recurso de amparo, lo cierto es que dicha norma al establecer el "derecho de amparo" como derecho humano, ha fijado los parámetros mínimos conforme a los cuales los Estados miembros deben cumplir la obligación de asegurarle a todas las personas no sólo la existencia sino la efectividad de ese o esos recursos efectivos, sencillos y rápidos para la protección de sus derechos, lo que debe asegurarse en particular cuando regulen y establezcan la "acción de amparo" para la protección de los derechos previstos en la Constitución y en la propia Convención.

Ese artículo 25.1 es, por tanto, en nuestro criterio, el marco que establece la Convención Americana conforme al cual tanto la Corte Interamericana como los jueces y tribunales nacionales, deben ejercer el control de convencionalidad[27] en relación con los actos y decisiones de los Estados para asegurar el derecho de amparo para la protección de los derechos humanos, con el objeto de superar las restricciones nacionales a la institución del amparo que todavía persisten en muchos países. Así se deriva por ejemplo, de lo que la Corte Interamericana consideró como "el sentido de la protección otorgada por el artículo 25 de la Convención" consistente en:

> "la posibilidad real de acceder a un recurso judicial para que la autoridad competente y capaz de emitir una decisión vinculante determine si ha habido o no una violación a algún derecho que la persona que reclama estima

---

27 Véase sobre el control de convencionalidad lo que hemos expuesto en el libro: Allan R. Brewer-Carías y Jaime Orlando Santofimio, *Control de Convencionalidad y Responsabilidad del Estado*, Universidad Externado de Colombia, Bogotá, 2013. Véase además, Ernesto Rey Cantor, *Control de Convencionalidad de las Leyes y Derechos Humanos*, México, Editorial Porrúa-Instituto Mexicano de Derecho Procesal Constitucional, 2008; Juan Carlos Hitters, "Control de constitucionalidad y control de convencionalidad. Comparación," en *Estudios Constitucionales*, Centro de Estudios Constitucionales de Chile, Universidad de Talca, Año 7, N° 2, 2009, pp. 109-128; Susana Albanese (Coordinadora), El control de convencionalidad, Buenos Aireas, Ed. Ediar, 2008; Eduardo Ferrer Mac-Gregor, "El control difuso de convencionalidad en el Estado constitucional", en Fix-Zamudio, Héctor, y Valadés, Diego (Coordinadores), *Formación y perspectiva del Estado mexicano,* México, El Colegio Nacional-UNAM, 2010, pp. 151-188; Eduardo Ferrer Mac-Gregor, "Interpretación conforme y control difuso de convencionalidad el nuevo paradigma para el juez mexicano," en *Derechos Humanos: Un nuevo modelo constitucional*, México, UNAM-IIJ, 2011, pp. 339-429; Carlos Ayala Corao, *Del diálogo jurisprudencial al control de convencionalidad*, Editorial Jurídica Venezolana, Caracas 2013, pp. 123 ss.

tener y que, en caso de ser encontrada una violación, el recurso sea útil para restituir al interesado en el goce de su derecho y repararlo."[28]

Por ello hemos sostenido que de dicha norma de la Convención, al consagrar el "derecho de amparo," no permite que se puedan establecer restricciones al mismo, lo que es particularmente importante cuando se trata de regular en el ámbito interno una "acción de amparo" para precisamente asegurar la protección de los derechos humanos, de cuyo ámbito, por tanto, no pueden quedar excluidos de protección determinados derechos, ni pueden determinados actos estatales quedar excluidos de control, ni pueden quedar personas que no estén protegidas, ni pueden quedar agraviantes que no puedan ser juzgados por sus violaciones mediante el recurso sencillo rápido y eficaz. Otra cosa, por supuesto, es que la regulación que exista en el derecho interno sobre el proceso de amparo, cuando se establece con una amplitud inusitada, convierta a la institución llamada a proteger los derechos humanos en una técnica procesal que en la práctica impida asegurar la protección efectiva, sencilla y rápida de los derechos.

Debe destacarse que la Corte Interamericana, en este aspecto, ha ejercido un importante control de convencionalidad en la sentencia del caso de *La Masacre de las Dos Erres vs. Guatemala* de 24 de noviembre de 2009, en la cual, a pesar de que estimó que en Guatemala el recurso de amparo era "adecuado para tutelar los derechos humanos de los individuos,"[29] observó sin embargo, que su "uso indebido," su "estructura actual" y las "disposiciones que lo regulaban," aunado a "la falta de debida diligencia y la tolerancia por parte de los tribunales al momento de tramitarlo, así como la falta de tutela judicial efectiva, han permitido el uso abusivo del amparo como práctica dilatoria en el proceso,"[30] de manera que "su uso indebido ha impedido su verdadera efectividad, al no haber permitido que produzca el resultado para el cual fue concebido."[31] La Corte, en dicho caso, constató además, que si bien al momento de dictar la sentencia el Estado había informado que estaba en curso de discusión una reforma a la Ley de Amparo, consideró que "aún no han sido remo-

---

28 Véase la sentencia en el caso *Jorge Castañeda Gutman vs. México* de 6 de agosto de 2008 (Párr. 100) en http://www.corteidh.or.cr/docs/casos/articulos/seriec_184_esp.pdf

29 Véase la sentencia del caso *La Masacre de las Dos Erres vs. Guatemala* de 24 de noviembre de 2009 C211/2009 (Párr. 121) en http://www.corteidh.or.cr/docs/casos/articulos/se-riec_211_esp.pdf

30 *Ídem*. Párr. 120

31 *Ídem*, Párr. 121

vidos los obstáculos para que el amparo cumpla con los objetivos para los cuales ha sido creado."[32] De lo anterior, la Corte Interamericana concluyó su control de convencionalidad indicando que:

> "De acuerdo a lo expuesto la Corte considera que, en el marco de la legislación vigente en Guatemala, en el presente caso el recurso de amparo se ha transformado en un medio para dilatar y entorpecer el proceso judicial y en un factor para la impunidad. En consecuencia, este Tribunal considera que en el presente caso el Estado violó los derechos a las garantías judiciales y a la protección judicial, que configuran el acceso a la justicia de las víctimas, reconocidos en los artículos 8.1 y 25.1 de la Convención, e incumplió con las disposiciones contenidas en los artículos 1.1 y 2 de la misma."[33] (Párr. 124)

En consecuencia, no sólo la deficiente regulación del amparo cuando es restrictiva, sino también cuando es excesivamente permisiva pueden hacer inefectiva, complicada y lenta la protección judicial, de lo cual en este caso de *La Masacre de las Dos Erres vs. Guatemala* la Corte consideró que en Guatemala el Estado también tenía el deber general de "adecuar su derecho interno a las disposiciones de la Convención Americana para garantizar los derechos en ella consagrados," considerando que precisamente en materia del recurso de amparo, "la expedición de normas y el desarrollo de prácticas conducentes a la efectiva observancia de dichas garantías"[34] de manera que en el caso, incluso, las partes habían "coincidido en considerar abusivo el uso del recurso de amparo como práctica dilatoria."[35]

Pero regular adjetivamente la acción de amparo para hacerla real y efectivamente un medio rápido y sencillo de protección judicial de los derechos humanos, tarea que corresponde a los Estados en el marco de la regulación del artículo 25.1 de la Convención Americana, no puede conducir a restringir o limitar los aspectos sustantivos del instrumento de protección. Por ello no compartimos la expresión utilizada por la Corte Interamericana en otra sentencia dictada en el caso *Jorge Castañeda Gutman vs. México* de 6 de agosto de 2008, al aceptar que los Estados pueden establecer límites a la admisibilidad del "recurso de amparo," y

---

32 *Ídem.* Párr. 123
33 *Ídem.* Párr. 124
34 *Ídem.* Párr. 122
35 *Ídem.* Párr. 122

estimar "que no es en sí mismo incompatible con la Convención que un Estado limite el recurso de amparo a algunas materias."[36]

Ante todo, debe observarse que excluir del recurso de amparo en "algunas materias" no puede considerarse como un tema de "admisibilidad," pues no es un tema adjetivo. Excluir el derecho de amparo, por ejemplo, la protección de un derecho o el control de determinados actos estadales, son aspectos sustantivos que no admiten exclusión conforme al artículo 25.1 de la Convención Americana. Otra cosa distinta es la legitimidad que puedan tener los Estados para establecer condiciones adjetivas de admisibilidad de las acciones judiciales. Como lo ha dicho la Corte Interamericana en el caso *Trabajadores Cesados del Congreso (Aguado Alfaro y otros) v. Perú* de 24 de noviembre de 2006, en el orden interno de los Estados, "pueden y deben establecerse presupuestos y criterios de admisibilidad de los recursos internos, de carácter judicial o de cualquier otra índole."[37] Sin embargo, ello no puede nunca significar la negación del propio derecho a la protección judicial o específicamente al amparo respecto de determinados derechos humanos o actos estatales que los violen.

En todo caso, la afirmación de la Corte Interamericana, aún cuando se refiera a límites a un "recurso de amparo," por ser formulada en relación con una norma de la Convención que lo que regula es el "derecho de amparo," la consideramos esencialmente contraria a la Convención; lo que por otro lado se confirma con la "aclaratoria" que la misma Corte hizo en la misma sentencia, a renglón seguido de esa frase, indicando que la restricción que se pudiera establecer por los Estados no sería incompatible con la Convención "siempre y cuando provea otro recurso de similar naturaleza e igual alcance para aquellos derechos humanos que no sean de conocimiento de la autoridad judicial por medio del amparo."[38] Ello, lo que confirma es que no es posible restringir el derecho de amparo, pues si no está garantizado en las normas procesales que regulan una específica "acción de amparo" debe estar garantizado en otras normas

---

36 Véase sentencia en el caso *Jorge Castañeda Gutman vs. México* de 6 de agosto de 2008 (Párr. 92) en http://www.corteidh.or.cr/docs/casos/articulos/seriec_184_esp.pdf

37 Véase sentencia en el caso *Trabajadores Cesados del Congreso (Aguado Alfaro y otros) vs. Perú* de 24 de noviembre de 2006, Serie C N° 158, (Párr. 126), en http://www.corteidh.or.cr/docs/casos/articulos/seriec_158_esp.pdf.

38 Véase sentencia en el caso *Jorge Castañeda Gutman vs. México* de 6 de agosto de 2008 (Párr. 92) en http://www.corteidh.or.cr/docs/casos/articulos/seriec_184_esp.pdf

adjetivas relativas a otros recursos, los cuales, si son "de similar naturaleza e igual alcance," son medios judiciales de amparo.

La aclaratoria de la Corte, en todo caso, a lo que obliga, al realizar el control de convencionalidad, al igual que obliga a los jueces y tribunales nacionales, es a que tienen que hacer el escrutinio de todo el orden procesal para determinar si restringida en la ley nacional la admisibilidad de una específica "acción de amparo," en el ordenamiento procesal del Estado se establece "otro recurso de similar naturaleza e igual alcance" para la protección del derecho, es decir, otro medio judicial de amparo como vía procesal idónea y efectiva para enervar las lesiones constitucionales. Por ello, precisamente, en el caso *Jorge Castañeda Gutman vs. México* de 6 de agosto de 2008, la Corte interamericana concluyó, por ejemplo, que para la protección del derecho político a ser electo, "dado que el recurso de amparo no resulta procedente en materia electoral," no habiendo en México otro recurso efectivo para la protección, consideró que el Estado no ofreció a la víctima "un recurso idóneo para reclamar la alegada violación de su derecho político a ser elegido, y por tanto violó el artículo 25 de la CADH, en relación con el art. 1.1 del mismo instrumento."[39]

Le faltó a la Corte Interamericana en esta sentencia, sin embargo, completar el control de convencionalidad y ordenarle al Estado mexicano la reforma de la Ley de Amparo para que en ausencia de ese inexistente "otro recurso idóneo de protección" de los derechos electorales, procediera a eliminar la restricción de admisibilidad de la acción de amparo contra decisiones de autoridades en materia electoral. En esta materia la Corte Interamericana, en realidad, se limitó a recordar que "La obligación contenida en el artículo 2 de la Convención reconoce una norma consuetudinaria que prescribe que, cuando un Estado ha celebrado un convenio internacional, debe introducir en su derecho interno las modificaciones necesarias para asegurar la ejecución de las obligaciones internacionales asumidas."[40] Pero, sin embargo, se abstuvo en realidad de ejercer el control de convencionalidad.

Ahora bien, considerando entonces que el artículo 25 de la Convención Americana sobre Derechos Humanos, cuya redacción y lenguaje sigue los del Pacto Internacional de los Derechos Civiles y Políticos,[41]

---

39   *Ídem*, Par 131.

40   *Ídem*, Párr. 132.

41   Véase Allan R. Brewer-Carías, "El derecho al debido proceso y el derecho de amparo en el proyecto de Constitución Europea", en Juan Pérez Royo, Joaquín Pablo Urías Martínez, Manuel Carrasco Durán, Editores), en *Derecho Constitucional para el*

establece un derecho de amparo de los derechos humanos, sea mediante una acción de amparo o mediante otro recurso sencillo, idóneo, rápido y eficaz para la protección de los mismos, es posible derivar de dicho artículo los contornos fundamentales que debe tener la institución de la acción de amparo, de tutela o de protección de los derechos fundamentales en los derechos internos, cuyo sentido[42] se puede conformar por los siguientes elementos:

En *primer* lugar, la Convención Americana concibe al amparo como un derecho fundamental[43] en sí mismo y no sólo como una garantía adjetiva, en una concepción que, sin embargo, no se ha seguido generalmente en América Latina. En realidad sólo en Venezuela el amparo ha sido concebido en la Constitución como un derecho humano, más que como una sola garantía adjetiva.[44] Se indica en la Convención, en efecto, que toda persona "tiene derecho" a un recurso, lo que no significa que solamente tenga derecho a una específica garantía adjetiva que se concretiza en un solo recurso o en una acción de amparo, de tutela o de protección específica. El derecho se ha concebido más amplio, como derecho a la protección constitucional de los derechos o al amparo de los mismos. Por

Siglo XXI. Actas del Congreso Iberoamericano de Derecho Constitucional, Tomo I, Thomson-Aranzadi, Madrid 2006, pp. 2151-2162.

42 Véase Allan R. Brewer-Carías, *Mecanismos nacionales de protección de los derechos humanos (Garantías judiciales de los derechos humanos en el derecho constitucional comparado latinoamericano),* Instituto Interamericano de Derechos Humanos (IIDH), Costa Rica, San José 2005; *Constitutional Protection of Human Rights in Latin America. A Comparative Study of the Amparo Proceedings,* Cambridge University Press, New York, 2008; "El amparo en América Latina: La universalización del régimen de la Convención Americana sobre los Derechos Humanos y la necesidad de superar las restricciones nacionales", en *Ética y Jurisprudencia,* 1/2003, Enero-Diciembre, Universidad Valle del Momboy, Facultad de Ciencias Jurídicas y Políticas, Centro de Estudios Jurídicos "Cristóbal Mendoza", Valera, Estado Trujillo, 2004, pp. 9-34.

43 Véase en general, Héctor Fix-Zamudio, Ensayos sobre el derecho de amparo, Porrúa, México 2003; y Héctor Fix-Zamudio and Eduardo Ferrer Mac-Gregor (Coordinadores), *El derecho de amparo en el mundo,* Porrúa, México 2006

44 Véase Allan R. Brewer-Carías, "El derecho de amparo y la acción de amparo", en *Revista de Derecho Público,* N° 22, Editorial Jurídica Venezolana, Caracas, abril-junio 1985, pp. 51-61; e *Instituciones Políticas y Constitucionales,* Vol. V, Derecho y Acción de Amparo, Universidad Católica del Táchira - Editorial Jurídica Venezolana, Caracas - San Cristóbal 1998. Véase además, Héctor Fix Zamudio, "La teoría de Allan R. Brewer-Carías sobre el derecho de amparo latinoamericano y el juicio de amparo mexicano," en *El derecho público a comienzos del Siglo XXI. Estudios en homenaje al profesor Allan R. Brewer-Carías,* Ed. Civitas, Universidad Central de Venezuela, Madrid 2003, Tomo I, pp. 1125-1163.

eso, en realidad, estamos en presencia de un derecho fundamental de rango internacional y constitucional de las personas, a tener a su disposición medios judiciales efectivos, idóneos, rápidos y eficaces de protección. Y uno de ellos, es precisamente la acción de amparo, de tutela o de protección

Por ello, en *segundo* lugar, los mecanismos judiciales de protección de los derechos humanos a los que se refiere la Convención Americana pueden ser variados, y lo que deben ser es efectivos, idóneos, rápidos y sencillos. Pueden ser de cualquier clase, a través de cualquier medio judicial y no necesariamente una sola y única acción de protección o de amparo. Es decir, la Convención no necesariamente se refiere a un solo medio adjetivo de protección, sino que puede y debe tratarse de un conjunto de medios de protección, lo que puede implicar, incluso, la posibilidad de utilizar los medios judiciales ordinarios cuando sean efectivos como recursos rápidos y sencillos de protección.

En *tercer* lugar, debe destacarse que la Convención regula un derecho que se le debe garantizar a "toda persona" sin distingo de ningún tipo, por lo que en el derecho interno corresponde a las personas naturales y jurídicas o morales; nacionales y extranjeras; hábiles y no hábiles; de derecho público y derecho privado. Es decir, corresponde a toda persona en el sentido más universal.

En *cuarto* lugar, la Convención señala que el medio judicial de protección o amparo puede interponerse ante los tribunales competentes, de manera que no se trata de un solo y único tribunal competente, sino de una función que esencialmente corresponde al Poder Judicial o a los órganos que ejercen la Jurisdicción Constitucional aún ubicados fuera del Poder Judicial.

En *quinto* lugar, conforme a la Convención, este derecho a un medio efectivo de protección ante los tribunales se establece para la protección de todos los derechos humanos que estén en la Constitución, en la ley, en la propia Convención Americana o que sin estar en texto expreso, sean inherentes a la persona humana, por lo que también son protegibles aquellos establecidos en los instrumentos internacionales. Por ello, aquí adquieren todo su valor las cláusulas enunciativas de los derechos, que los protegen aún cuando no estén enumerados en los textos, pero que siendo inherentes al ser humano y a su dignidad, deban ser objeto de protección constitucional. La garantía del artículo 25.1 de la Convención, en todo caso, en el derecho interno, se refiere a la protección de los derechos constitucionales sin que quepa distinguir en estos, unos que sean "fundamentales" y otros que no lo son. La expresión "derechos fundamentales" en el artículo 25.1 de la Convención, en el ámbito interno, equivale a derechos constitucionales, o que integran el bloque de constitucionalidad.

En *sexto* lugar, la protección que regula la Convención es contra cualquier acto, omisión, hecho o actuación de cualquier funcionario, autoridad, órgano, ente o entidad estatal que viole los derechos y, por supuesto, también, que amenace violarlos, porque no hay que esperar que la violación se produzca para poder acudir al medio judicial de protección. Es decir, este medio de protección tiene que poder existir antes de que la violación se produzca, frente a la amenaza efectiva de la violación y, por supuesto, frente a toda violación o amenaza de violación que provenga del Estado y de sus autoridades. Es decir, no puede ni debe haber acto ni actuación pública alguna excluida del amparo, en cualquier forma, sea una ley, un acto administrativo, una sentencia, una vía de hecho, una actuación o una omisión.

Y en *séptimo* lugar, la protección que consagra la Convención es también contra cualquier acto, omisión, hecho o actuación de cualquier persona jurídica o natural, es decir, también, la de los individuos, instituciones, entidades o empresas de cualquier naturaleza, que violen o amenacen violar los derechos fundamentales.

Este es, en realidad, en nuestro criterio, el parámetro que establece la Convención Americana sobre el derecho de amparo, y es ese el que debería prevalecer en los derechos internos de los países cuando se establece la acción o recurso de amparo, como es el caso de Venezuela, a pesar de haber denunciado la Convención. En otros países de América Latina, en cambio, aún queda por realizar un importante esfuerzo de adaptación para superar el cuadro de restricciones constitucionales o legislativas que en algunos aspectos ha sufrido la institución del amparo; que teniendo una concepción tan amplia en el texto de la Convención Americana, en muchos casos ha sido restringida.

Por lo demás, no hay que olvidar que en la mayoría de los países latinoamericanos la Convención tiene rango constitucional o rango supra legal, e incluso, en algunos tiene rango supra constitucional[45], lo que

---

45 En relación a la clasificación de los sistemas constitucionales de acuerdo con el rango de los tratados internacionales, véase Rodolfo E. Piza R., *Derecho internacional de los derechos humanos: La Convención Americana*, San José 1989; Carlos Ayala Corao, "La jerarquía de los instrumentos internacionales sobre derechos humanos", en *El nuevo derecho constitucional latinoamericano*, IV Congreso venezolano de Derecho constitucional, Vol. II, Caracas, 1996 y *La jerarquía constitucional de los tratados sobre derechos humanos y sus consecuencias*, México, 2003; Florentín Meléndez, *Instrumentos internacionales sobre derechos humanos aplica-*

implica la necesidad jurídica de que la legislación interna se adapte a la misma. Además, la amplitud de la regulación de la Convención Americana sobre Derechos humanos, así como el proceso de constitucionalización de sus regulaciones que ha ocurrido en América Latina, plantean tanto a la propia Corte Interamericana como a los jueces y tribunales nacionales, en ejercicio del control de convencionalidad y en ausencia de reformas legales, el reto de procurar adaptar las previsiones de la legislación interna a las exigencias de la Convención, cuyo contenido constituye, en definitiva, un estándar mínimo común para todos los Estados.

4. *El contraste entre la universalidad del amparo en la Convención Americana y las regulaciones legales en los diversos países latinoamericanos*

Lo anterior implica, si nos adentramos en las regulaciones de derecho interno de muchos de nuestros países, la necesidad, por ejemplo, de que se amplíe la protección constitucional de manera que la pueda acordar cualquier juez o tribunal y no sólo un Tribunal Constitucional o Sala Constitucional del Tribunal Supremo; mediante el ejercicio de todas las vías judiciales y no sólo a través de un sólo recurso o acción de amparo como sucede en la gran mayoría de los países; en relación con todas las personas y para la protección de absolutamente todos los derechos constitucionales, y no sólo algunos; y contra todo acto u omisión provenga de quién provenga, incluyendo de particulares, superando las restricciones que en este aspecto existen en muchos de nuestros países.

El reto del control de convencionalidad en esta materia de amparo, en particular, se plantea, en particular en los siguientes aspectos en los cuales la Convención no establece distinción alguna, y que a pesar de que Venezuela se adapta a los principios derivados de la Convención, para reafirmar el alcance de la institución de nuestro derecho de amparo, aquí queremos analizar: en *primer lugar*, el tema del ámbito del derecho de amparo en los países latinoamericanos, en el sentido de asegurar que todos los derechos constitucionales o que integren el bloque de constitucionalidad encuentren protección; en *segundo lugar*, el tema del universo de las personas protegidas, de manera que el derecho de amparo proteja a

_____

bles a la administración de justicia. Estudio constitucional comparado, Cámara de Diputados, México 2004, pp. 26 ss.; y Humberto Henderson, "Los tratados internacionales de derechos humanos en el orden interno: la importancia del principio *pro homine*", en *Revista IIDH, Instituto Interamericano de Derechos Humanos*, N° 39, San José 2004, pp. 71 y ss. Véase también, Allan R. Brewer-Carías, *Mecanismos nacionales de protección de los derechos humanos, Instituto Internacional de Derechos Humanos*, San José, 2004, pp. 62 ss.

toda persona agraviada en sus derechos humanos; en *tercer lugar*, el tema del universo de los agraviantes, es decir, de las personas que causen la violación, de manera de asegurar que el derecho de amparo se pueda ejercer en contra de todos los agraviantes, así sean particulares; en *cuarto lugar*, el tema del control de los actos lesivos de los derechos, de manera de amparar o asegurar la protección de los derechos contra todo acto lesivo de los mismos, cualquiera sea su naturaleza, incluyendo todos los actos lesivos estatales.

A. *El derecho de amparo frente a todos los actos estatales*

Ahora bien, limitándonos a considerar ahora la protección judicial vía amparo contra los actos u omisiones de las autoridades públicas, uno de los aspectos que genera uno de los grandes retos para el control de convencionalidad en relación con el artículo 25.1 de la Convención Americana es asegurar que el derecho de amparo se pueda ejercer para la protección de los derechos establecidos en la Convención y en las Constituciones, contra todo acto u omisión lesivo de los mismos, cualquiera sea su naturaleza, materia en la cual la Convención no establece distinción alguna.

En efecto, en virtud de que originalmente la acción de amparo se estableció y desarrolló para la defensa de los derechos constitucionales frente a violaciones infringidas por el Estado y las autoridades, la parte agraviante más comúnmente regulada en las leyes relativas a amparo en Latinoamérica ha sido, desde luego, las autoridades públicas o los funcionarios públicos cuando sus actos u omisiones (sean legislativos, ejecutivos o judiciales) violen a amenacen violar los derechos. Por ello, la Convención Americana sobre de Derechos Humanos por ejemplo, al regular el amparo, como protección judicial, le da una configuración universal de manera que no indica acto alguno del Estado que escape del ámbito del amparo. Si el amparo es un medio judicial de protección de los derechos fundamentales constitucionales, ello es y tiene que serlo frente a cualquier acción de cualquier ente público o funcionario público; por lo que no se concibe que frente a esta característica universal del amparo, pueda haber determinadas actividades del Estado que puedan quedar excluidas del ámbito de la protección constitucional. Es decir, conforme a la Convención Americana, todos los actos, vías de hecho y omisiones de las autoridades públicas pueden ser objeto de la acción de amparo, cuando mediante ellos se violen o amenacen derechos constitucionales, sea que emanen de autoridades legislativas, ejecutivas o judiciales.

Es en este sentido que, por ejemplo, la Ley de Amparo de Guatemala dispone el principio general de universalidad indicando que "no hay ámbito que no sea susceptible de amparo" siendo admisible contra cualesquiera "actos, resoluciones, disposiciones o leyes de autoridad [que] lleven implícitos una amenaza, restricción o violación a los derechos que la Constitución y las leyes garantizan." (art. 8).

Estos son en general los mismos términos utilizados en la Ley Orgánica de Amparo de Venezuela la cual establece que la acción de amparo puede ser intentada contra amenazas o violaciones de derechos y garantías constitucionales infligidas "por hechos, actos u omisiones de los órganos, entes y misiones que ejercen el Poder Público; así como de las organizaciones del Poder Popular, personas naturales y jurídicas o grupos u organizaciones de cualquier naturaleza" (art. 2); lo que significa que la tutela constitucional puede ser incoada contra cualquier acción pública, es decir, cualquier acto formal del Estado, sus órganos, entidades o instituciones o cualquier actividad o vías de hecho; así como contra cualquier omisión de las entidades públicas. Es por esto también que los tribunales en Venezuela han decidido que "no puede existir ningún acto estatal que no sea susceptible de ser revisado por vía de amparo, entendiendo ésta, no como una forma de control jurisdiccional de la inconstitucionalidad de los actos estatales capaz de declarar su nulidad, sino –como se ha dicho– un remedio de protección de las libertades públicas cuyo objeto es restablecer su goce y disfrute, cuando alguna persona natural o jurídica, o grupo u organizaciones privadas, amenace vulnerarlas o las vulneren efectivamente" admitiendo, por lo tanto, que el recurso constitucional de amparo puede ser intentado aun contra actos excluidos del control constitucional cuando un daño o violación de derechos o garantías constitucionales haya sido alegado. [46]

---

46 Véase sentencia de la antigua Corte Suprema de Justicia del 31 de enero de 1.991, caso *Anselmo Natale*, en *Revista de Derecho Público*, N° 45, Editorial Jurídica Venezolana, Caracas 1991, p. 118; sentencia de la Corte Primera de lo Contencioso Administrativo de 18 de junio de 1992, en *Revista de Derecho Público*, N° 46, Editorial Jurídica Venezolana, Caracas 1991, p. 125. De acuerdo con las cortes venezolanas, este carácter universal del amparo respecto de los actos u omisiones de las autoridades públicas implica que La lectura del artículo 2 de la Ley Orgánica de Amparo evidencia que no hay prácticamente ningún tipo de conducta, independientemente de su naturaleza o carácter, así como de los sujetos de los cuales provenga, del cual pueda predicarse que está excluido *per se* de su revisión por los jueces de amparo, a los efectos de determinar si vulnera o no algún derecho o garantía constitucional"; Decisión de la Corte Primera de lo Contencioso-Administrativo del 11 de noviembre de 1993 en *Revista de Derecho Público*, N° 55-56, Editorial Jurídica Venezolana, Caracas, 1993, p. 284. En otra sentencia del 13 de febrero de 1992, la Cor-

No obstante este principio general de universalidad del amparo, pueden encontrarse una serie de excepciones en muchas leyes de amparo latinoamericanas[47] en relación con algunos actos particulares y específicos del Estado o actividades que están expresamente excluidas de los procedimientos de amparo, sean de naturaleza legislativa, ejecutiva, administrativa, electoral o judicial, lo cual al ser contrario a la Convención Americana, constituyen un campo propicio para el control de convencionalidad.

---

te Primera decidió: "Observa esta Corte que la característica esencial del régimen de amparo, tanto en la concepción constitucional como en su desarrollo legislativo, es su universalidad... por lo cual hace extensiva la protección que por tal medio otorga, a todos los sujetos (personas físicas o morales que se encuentran en el territorio de la nación) así como a todos los derechos constitucionalmente garantizados, e incluso aquéllos que sin estar expresamente previstos en el texto fundamental, son inherentes a la persona humana. Este es el punto de partida para entender el ámbito del amparo constitucional. Los únicos supuestos excluidos de su esfera son aquéllos que expresamente señala el artículo 6 de la Ley Orgánica de Amparo sobre Derechos y Garantías Constitucionales y, desde el punto de vista sustantivo, no hay limitaciones respecto a derechos o garantías específicas." Véase *Revista de Derecho Público*, N° 49, Editorial Jurídica Venezolana, Caracas 1992, pp. 120-121.

47 Las leyes de amparo en América latina, y a las cuales hacemos referencia en este libro, sólo mencionando el país son: **Argentina:** Ley 16.986. Acción de Amparo, 1966; **Bolivia:** Ley N° 254, Código Procesal Constitucional, 2012; **Brasil:** Lei N° 1.533. Mandado de Segurança, 1951; **Colombia:** Decretos Ley N° 2591, 306 y 1382. Acción de Tutela, 2000; **Costa Rica:** Ley N° 7135. Ley de la Jurisdicción Constitucional, 1989; **Chile:** Auto Acordado de la Corte Suprema de Justicia sobre tramitación del Recurso de Protección de Garantías Constitucionales, 1992- 2007; **Ecuador:** Ley Orgánica de Garantías Constitucionales y Control Constitucional, 2009; **El Salvador:** Ley de Procedimientos Constitucionales, 1960; **Guatemala:** Decreto N° 1-86. Ley de Amparo. Exhibición Personal y Constitucionalidad, 1986; **Honduras:** Ley sobre Justicia Constitucional, 2004; **México:** Ley de Amparo reglamentaria de los artículos 103 y 107 de la Constitución Política de los Estados Unidos Mexicanos, 2012; **Nicaragua:** Ley N° 49. Amparo, 1988 y reformas de 1995; PANAMÁ: Código Judicial, Libro Cuarto: Instituciones de Garantía, 1999; **Paraguay:** Ley N° 1337/88. Código Procesal Civil, Titulo II. El juicio de amparo, 1988; **Perú:** Ley N° 28237. Código Procesal Constitucional, 2005; **República Dominicana:** Ley Orgánica del Tribunal Constitucional y de los Procedimientos Constitucionales, 2011; **Uruguay:** Ley N° 16.011. Acción de Amparo, 1988; **Venezuela:** Ley Orgánica de Amparo sobre Derechos y Garantías Constitucionales, 1988. Véase el texto de dichas leyes en Allan R. Brewer-Carías, *Leyes de Amparo de América Latina*, primera edición: Guadalajara, México 2008; segunda edición: Caracas 2016.

B. *Amparo contra actos legislativos*

En efecto, la primera cuestión en esta materia se refiere a la posibilidad de intentar acciones de amparo contra actos u omisiones legislativas cuando causan daños a los derechos constitucionales de las personas. Las violaciones en estos casos pueden ser causadas por leyes o por otras decisiones tomadas, por ejemplo, por comisiones parlamentarias.

a. *El amparo contra decisiones de cuerpos parlamentarios y sus comisiones*

En relación con actos de los Congresos o Asambleas y de las comisiones parlamentarias (incluyendo los consejos legislativos regionales o municipales) cuando lesionan derechos y garantías constitucionales, en principio, es posible impugnarlos mediante la acción de amparo ante los tribunales competentes.[48] Esto es expresamente admitido, por ejemplo, en Argentina[49], Costa Rica[50] y Venezuela.[51]

---

48 En los Estados Unidos, los actos del Concejo Municipal pueden ser impugnados mediante *injunctions*. Véase *Stuab v. City of Baxley*, 355 U.S. 313 (1958), en M. Glenn Abernathy and Barbara A. Perry, *Civil Liberties under the Constitution*, University of South Carolina Press, 1993, pp. 12–13.

49 En Argentina fue el caso de las interpelaciones parlamentarias desarrolladas en 1.984 en relación con los hechos ocurridos durante el gobierno de facto anterior, en el cual una comisión parlamentaria ordenó allanar la oficina de una firma de abogados y confiscar documentos. En las decisiones de la Corte Suprema de Justicia en el caso Klein en 1984, sin cuestionar las facultades de las comisiones parlamentarias para hacer pesquisas, se sentenció que ellas no pueden, sin disposiciones legales formales, válidamente restringir los derechos individuales, en particular, allanar el domicilio personal de las personas y decomisar sus documentos personales. En el caso, por tanto, fue decidido que la orden solo podía tomarse basándose en disposiciones legales y no en la sola decisión de las comisiones y, eventualmente, fundados en una orden judicial. Véase los comentarios en la sentencia de Primera Instancia de 1.984 (1ª. InstCrimCorrFed, Juzg Nº 3, 10-9-84, ED 110-653), en Néstor Pedro Sagüés, *Derecho procesal Constitucional*, Vol. 3, *Acción de amparo*, Editorial Astrea Buenos Aires 1988, pp. 95–97; Joaquín Brague Camazano, *La Jurisdicción constitucional de la libertad (Teoría general, Argentina, México, Corte Interamericana de Derechos Humanos)*, Editorial Porrúa, México 2005, p. 98; José Luis Lazzarini, *El juicio de amparo*, Editorial La Ley, Buenos Aires 1987, pp. 216–216.

50 Véase Rubén Hernández Valle, *Derecho Procesal Constitucional*, Editorial Juricentro, San José 2001, pp. 211–214.

51 En Venezuela, similarmente, la Corte Suprema, aun reconociendo la existencia de atribuciones exclusivas de los cuerpos legislativos, los cuales de acuerdo con la constitución de 1.961 (art. 159) no estaban sujetos al control jurisdiccional, admitió la protección del amparo contra ellas para la inmediata restauración de los derechos constitucionales lesionados del accionante; y admitió la acción de amparo contra ac-

En contraste, en México, el artículo 73, VIII de la Ley de amparo expresamente excluye del recurso de amparo, las resoluciones y declaraciones del Congreso federal y sus Cámaras, así como las de los cuerpos legislativos estadales y sus comisiones respecto de la elección, suspensión o remoción de funcionarios públicos en casos donde las constituciones correspondientes les confieran el poder para resolver el asunto de una manera soberana o discrecional.[52] Las decisiones tomadas por la Cámara de Diputados o del Senado, en juicios políticos, que sean declaradas inatacables[53] (Constitución, art. 110) también están excluidas del recurso de amparo. Ello, sin duda, contraría la Convención Americana la cual no excluye acto lesivo alguno para asegurar la protección o amparo de los derechos humanos. Estas exclusiones por tanto, son campo propicio para el ejercicio de convencionalidad tanto por la Corte Interamericana como por los jueces y tribunales nacionales.

b. *El amparo contra las leyes*

Ahora bien, aparte de los actos de las comisiones o cuerpos legislativos, uno de los aspectos más importantes del procedimiento de amparo latinoamericano se refiere a la posibilidad de intentar la acción de amparo contra las leyes. Si bien es cierto que en algunos países está expresamente admitido como es el caso de Guatemala, Honduras y México; en la mayoría de los países latinoamericanos aún está expresamente excluido como es el caso en Argentina, Bolivia, Brasil, Colombia, Chile,[54] Costa Rica, República Dominicana, Ecuador, El Salvador,[55] Panamá, Perú, Paraguay, Nicaragua y Uruguay.

---

tos legislativos. Sentencia de 31 de enero de 1.991 (caso *Anselmo Natale*). Véase en *Revista de Derecho Público*, N° 45, Editorial Jurídica Venezolana, Caracas 1991, p. 118.

52 Véase Richard D. Baker, *Judicial Review in México. A Study of the Amparo Suit*, Texas University Press, Austin 1971, p. 98.

53 Véase Eduardo Ferrer Mac-Gregor, *La acción constitucional de amparo en México y España. Estudio de derecho comparado*, Editorial Porrúa, México 2002, p. 378.

54 Véase Humberto Nogueira Alcalá, "El derecho de amparo o protección de los derechos humanos, fundamentales o esenciales en Chile: evolución y perspectivas," en Humberto Nogueira Alcalá (Editor), *Acciones constitucionales de amparo y protección: realidad y perspectivas en Chile y América Latina*, Editorial Universidad de Talca, Talca 2000, p. 45.

55 Véase Edmundo Orellana, *La Justicia Constitucional en Honduras*, Universidad Nacional Autónoma de Honduras, Editorial Universitaria, Tegucigalpa 1993, p. 102, nota 26.

Con respecto a los países donde la acción de amparo es admitido contra las leyes, la interposición de la acción, por ejemplo en México, está limitada a solo las leyes de aplicación directa (las que pueden lesionar los derechos constitucionales sin necesidad de ningún otro acto del Estado que la ejecute o aplique), o a los solos actos que aplican la ley en particular, como lo interpretó la antigua Corte Suprema de Justicia en Venezuela. Solamente en Guatemala y Honduras, es que el recurso de amparo es admitido directamente contra las leyes.

En efecto, en México, el artículo 1,I de la Ley de amparo establece que el amparo puede intentarse contra leyes de aplicación directa o leyes auto-aplicables cuando causen un daño directo a las garantías constitucionales del accionante sin requerirse un acto judicial o administrativo adicional para su aplicación.[56] En tales casos, la acción se intenta directamente contra la ley dando lugar al control de constitucionalidad de la misma. Por ello el amparo contra las leyes en México está considerado como un medio judicial para el control constitucional directo de las mismas (aun cuando la acción no se intente en forma abstracta debido a que el accionante debe haber sido lesionado directamente y sin necesidad de otro acto adicional del Estado para la aplicación de la ley). Por el contrario, cuando la ley, por sí misma, no causa un daño directo y personal al accionante (porque no es de aplicación directa), la acción de amparo es inadmisible al menos que sea intentada contra los actos del Estado que aplican dicha ley a una persona especifica.[57]

---

56 Véase *Garza Flores Hnos., Sucs.* case, 28 S.J. 1208 (1930). Véase la referencia en Richard D. Baker, *Judicial Review in México. A Study of the Amparo Suit*, Texas University Press, Austin 1971, p. 167. En estos casos la acción debe ser intentada dentro de los treinta días siguientes a su ejecución. En dichos casos, los demandados son las instituciones supremas del estado que intervinieron en la redacción de la ley, es decir, el Congreso de la Unión o las legislaturas de los estados que sancionaron la ley, el presidente de la república o estado, gobernadores que ordenaron su ejecución y las secretarías ejecutivas que la sancionaron y ordenaron su promulgación.

57 Como se dispone expresamente en el artículo 73,VI, el juicio de amparo es inadmisible "contra leyes, tratados y reglamentos que, por su sola vigencia, no causen perjuicio al quejoso, sino que se necesite un acto posterior de aplicación para que se origine tal perjuicio." En estos casos de leyes que no son de aplicación directa, la acción de amparo debe ser interpuesta dentro de los quince días siguientes a la producción del primer acto que las ejecute o aplique. Véase Eduardo Ferrer Mac-Gregor, *La acción constitucional de amparo en México y España. Estudio de derecho comparado*, Editorial Porrúa, México, 2002, p, 387. El principal aspecto a resaltar, desde luego, es la distinción entre leyes que son de aplicación directa de las leyes que no lo son. Siguiendo la doctrina asentada en el caso de Villera de Orellana, María de los Ángeles et al., aquellas son las que obligan inmediatamente y en cuyas disposiciones las personas a quienes aplica son clara e inequívocamente identifica-

En Venezuela, dado el carácter universal del sistema de control de constitucionalidad establecido en la Constitución de 1961 y consolidado en la Constitución de 1999, debe recordarse que una de las más destacadas innovaciones de la Ley Orgánica de Amparo de 1988 fue la de haber establecido la acción directa de amparo contra las leyes y otros actos normativos, complementando el sistema general mixto de control constitucional.[58] Considerábamos que cuando se intentaba directamente la acción contra leyes, el propósito de la disposición legal era asegurar la inaplicabilidad de la ley al caso particular con efectos *inter partes.*[59]

Sin embargo, a pesar de las disposiciones de la Ley Orgánica de Amparo, lo cierto es que la jurisprudencia de la antigua Corte Suprema rechazó tales acciones imponiendo la necesidad de intentarlas solo contra los actos del Estado dictados para aplicar las leyes y no directamente en contra de las mismas.[60] La antigua Corte Suprema, en sus decisiones a partir de 1993, aun admitiendo la diferencia que existe entre las leyes de aplicación directa de aquellas que no lo son,[61] concluyó declarando la

---

das, siendo *ipso facto* sujetas a una obligación que implica el cumplimiento de actos no requeridos previamente, resultando en una modificación perjudicial de los derechos de la persona. Suprema Corte de Justicia, 123 S.J. 783 (1955). Véase comentarios en Richard D. Baker, *Judicial Review in México. A Study of the Amparo Suit*, Texas University Press, Austin 1971, p. 168–173.

58 De acuerdo con el artículo 3 de la ley de amparo, son dos las formas establecidas mediante las cuales puede conducirse una pretensión de amparo ante la corte competente: de una manera autónoma o ejercida en conjunto con la acción popular de inconstitucionalidad de las leyes. En el último caso, la pretensión de amparo está subordinada a la acción principal de control jurisdiccional, permitiendo a la corte solamente la posibilidad de suspender la aplicación de la ley mientras se resuelve la acción por inconstitucionalidad. Véase Allan R. Brewer-Carías, *Instituciones Políticas y Constitucionales*, Vol. V, *Derecho y Acción de Amparo*, Editorial Jurídica Venezolana, Caracas, 1998, pp. 227 ss.

59 Véase Allan R. Brewer-Carías, *Instituciones Políticas y Constitucionales*, Vol. V, *Derecho y Acción de Amparo*, Editorial Jurídica Venezolana, Caracas, 1998, pp. 224 ss., y "La acción de amparo contra leyes y demás actos normativos en el Derecho venezolano", en *Liber Amicorum. Héctor Fix-Zamudio*, Volumen I, Secretaría de la Corte Interamericana de Derechos Humanos. San José, Costa Rica 1998, pp. 481-501; y Rafael Chavero, *El nuevo régimen del amparo constitucional en Venezuela*, Editorial Sherwood, Caracas 2001, pp. 553 ss.

60 Véase decisión del 24 de mayo de 1.993, la Sala Político-Administrativa de la Corte Suprema de Justicia, en *Revista de Derecho Público*, N° 55-56, Editorial Jurídica Venezolana, Caracas 1993, pp. 287-288.

61 Sentenciando que las leyes de aplicación directa imponen, con su promulgación, una inmediata obligación a las personas para quienes se dicta; y, por el contrario, aquellas leyes que no son de aplicación directa requieren de un acto para su aplicación, en cuyos casos su sola promulgación no puede producir una violación constitucio-

imposibilidad de que un acto normativo pueda lesionar directa y efectivamente, por sí mismo, los derechos constitucionales de una persona. El tribunal también consideró que una Ley, a los efectos de la acción de amparo no podría ser una amenaza a derechos constitucionales, en razón de que para intentar una acción de amparo, esta tiene que ser "inminente, posible y realizable", condiciones que se considera no se dan respecto de las leyes.

Ahora bien, en contraste con esta orientación jurisprudencial, que se aparta de la doctrina de la Convención Americana la cual no excluye acto alguno de la protección o amparo; el amparo contra las leyes está previsto en Guatemala bajo la modalidad directa, estando la Corte de Constitucionalidad facultada "para que se declare en casos concretos que una ley, un reglamento, una resolución o acto de autoridad, no obligan al recurrente por contravenir o restringir cualesquiera de los derechos garantizados por la Constitución o reconocidos por cualquiera otra ley" (Ley de Amparo de Guatemala, art. 10.b). Esta misma facultad judicial, pero solo relativa a los reglamentos del poder ejecutivo, está establecida en Honduras (Ley sobre Justicia Constitucional, art. 41.b). En ambos casos, las sentencias en los procedimientos de amparo tienen el efecto de suspender la aplicación de la ley o reglamento del Ejecutivo respecto del recurrente y, si fuese pertinente, el restablecimiento de la situación jurídica lesionada o la cesación de la medida (Ley de amparo, art. 49,a).[62]

Aparte de estos casos de México, Guatemala y Honduras, como se ha dicho, en los otros países latinoamericanos el amparo contra las leyes está expresamente excluido, siendo este, sin duda, como se dijo, un campo propicio para el control de convencionalidad.

En efecto, en Argentina, aun contando con la larga tradición del control de constitucionalidad de las leyes mediante la aplicación del método difuso de control, el amparo contra las leyes no se admite.[63] Sin embargo, si en el ejercicio de una acción de amparo contra actos del estado, se considera inconstitucional la ley en la cual el acto impugnado esté basado, el

---

nal. Véase en *Revista de Derecho. Público*, N° 55-56, Editorial Jurídica Venezolana, Caracas 1993, p. 285

62 Véase Edmundo Orellana, *La justicia constitucional en Honduras*, Universidad Nacional Autónoma de Honduras, Tegucigalpa 1993, p. 102, nota 26.

63 Véase José Luis Lazzarini, *El juicio de amparo*, Editorial La Ley, Buenos Aires 1987, p. 214; Néstor Pedro Sagüés, *Derecho procesal Constitucional*, Vol. 3, "Acción de amparo," Editorial Astrea, Buenos Aires, 1988, p. 97.

juez de amparo, mediante el método difuso de control de constitucionalidad, podría decidir acerca de la inaplicabilidad de la ley en ese caso.[64]

En Brasil, el *mandado de segurança* también está excluido contra las leyes o disposiciones legales cuando éstas no han sido aplicadas a través de actos administrativos.[65]

En Uruguay, en sentido similar, aun siendo un país con un sistema concentrado de control constitucional, el amparo contra las leyes está excluido en relación con las leyes y actos del Estado de similar rango (Ley N° 16.011, art. 1,c). En Uruguay, en efecto, el único medio para lograr la declaratoria de la inconstitucionalidad de una ley, es mediante el ejercicio de un recurso ante la Corte Suprema, la cual sólo puede decidir sobre la inconstitucionalidad con efectos limitados al caso concreto. En el caso de una acción de amparo donde se plantee la cuestión de inconstitucionalidad de una ley, la decisión del juez competente sólo tendría efectos suspensivos respecto de la aplicación de la ley en relación con el recurrente, quedando sujeta a la decisión de la Corte Suprema en cuanto a la inconstitucionalidad de la ley.[66] Por su parte, la ley reguladora del amparo en el Paraguay también dispone que cuando para una decisión en un procedimiento de amparo sea necesario determinar la constitucionalidad o inconstitucionalidad de una ley, el tribunal debe enviar los expedientes a la Sala Constitucional de la Corte Suprema a fin de decidir sobre su inconstitucionalidad. Esta incidencia no suspendería el procedimiento en el tribunal inferior, el cual debe continuarlo hasta antes de su decisión (art. 582).

En Costa Rica, la Ley de la Jurisdicción Constitucional también dispone la inadmisibilidad de la acción de amparo contra las leyes o contra otras disposiciones reglamentarias, con la excepción de cuando son impugnadas junto con los actos que las aplican individualmente, o cuando

---

64   En este respecto, el artículo 2,d de la Ley de amparo dispuso que la acción de amparo no es admisible "cuando la determinación de la eventual invalidez del acto requiriese [...] la declaración de inconstitucionalidad de leyes [...]". Esto se ha tomado como no vigente porque contradice el artículo 31 de la constitución (ley suprema de la nación). Véase Néstor Pedro Sagüés, *Derecho procesal Constitucional*, Vol. 3, *Acción de amparo*, Editorial Astrea Buenos Aires, 1988, p. 243–258. Adicionalmente, el artículo 43 de la Constitución de 1.994, que ahora rige la acción de amparo, ha expresamente resuelto la situación disponiendo que "En el caso, el juez podrá declarar la inconstitucionalidad de la norma en que se funde el acto u omisión lesiva."

65   Véase José Luis Lazzarini, *El juicio de amparo*, La Ley, Buenos Aires 1987, pp. 213–214.

66   Véase Luis Alberto Viera, *Ley de Amparo*, Ediciones Idea, Montevideo 1993, pp. 23.

se relacionan con normas de aplicación directa o automática, sin necesidad de otras normas o actuaciones que las desarrollen o hagan aplicables al recurrente (Ley de la Jurisdicción Constitucional, art. 30,a). Sin embargo, en estos casos, el amparo contra una la ley de aplicación directa no es directamente resuelto por la Sala Constitucional, sino que debe ser convertido en una acción de inconstitucionalidad de la ley impugnada.[67] En dichos casos, el presidente de la Sala Constitucional debe suspender el procedimiento de amparo y dar al recurrente quince días para formalizar una acción directa de inconstitucionalidad contra la ley (Ley de la Jurisdicción Constitucional de Costa Rica, art. 48). Así que solo después que la ley es anulada por la Sala Constitucional, es que la acción de amparo debe ser decidida.

En el Perú, de manera similar a la solución argentina y después de discusiones que surgieron conforme a la legislación anterior,[68] el Código Procesal Constitucional dispone que cuando se invoque la amenaza o violación de actos que tienen como sustento la aplicación de una norma incompatible con la Constitución, la sentencia que declare fundada la demanda dispondrá, además, la inaplicabilidad de la citada norma (art. 3). En este caso también, para decidir, el tribunal debe utilizar sus facultades de control jurisdiccional a través del método difuso.

También en Colombia, la acción de tutela está excluida respecto de todos los "actos de carácter general, impersonal y abstracto" (art. 6,5); y en Nicaragua, la acción de amparo no es admisible "en contra del proceso de formación de la ley desde la introducción de la correspondiente iniciativa hasta la publicación del texto definitivo (Ley de Amparo, art. 7).

C. *El amparo contra las actuaciones ejecutivas y actos administrativos*

a. *El amparo contra actos del Poder Ejecutivo*

Con respecto a las autoridades del Poder Ejecutivo, el principio general es que la acción de amparo es admisible respecto de los actos administrativos, hechos u omisiones de los órganos e entidades públicas que integran la Administración Pública, en todos sus niveles (nacional, estadal y municipal), incluyendo las entidades descentralizadas, autónomas,

---

67 Véase Rubén Hernández, *Derecho Procesal Constitucional*, Editorial Juricentro, San José 2001, pp. 45, 208–209, 245, 223.

68 Particularmente y respecto de las acciones de amparo contra leyes de aplicación directa, Véase Samuel B. Abad Yupanqui, *El proceso constitucional de amparo*, Gaceta Jurídica, Lima 2004, pp. 352-374.

independientes y desconcentradas; y en el caso de Venezuela, incluso contra los actos, hechos y omisiones de las entidades del llamado "Poder Popular." La acción de amparo, por supuesto, también procede contra los actos dictados por la cabeza del poder ejecutivo, es decir, por el Presidente de la Republica.

No obstante, en relación con actos administrativos y en general del Poder Ejecutivo, algunas restricciones específicas se han establecido en América Latina, por ejemplo, en México, donde el acto presidencial específico de expulsión de un extranjero del territorio (art. 33) [69] que no puede ser impugnado por medio de la acción de amparo y, en Uruguay, contra los reglamentos del ejecutivo[70].

En relación con los actos administrativos, como se dijo antes, todos los países latinoamericanos admiten la posibilidad de la interposición de acciones de amparo contra dichos actos; y, aun en algunos países, como en Venezuela, la Ley Orgánica de Amparo (art. 14) dispone la posibilidad de ejercer el derecho de amparo de dos maneras: mediante los medios procesales ordinarios, que en este caso es el recurso contencioso de anulación; y sólo cuando este se haya agotado o no resulta adecuado para restituir o salvaguardar el derecho lesionado, excepcionalmente en forma autónoma cuando fuere procedente (art. 14).[71] La diferencia principal entre las dos vías está, primero, en la naturaleza del alegato: en el sentido de que en el segundo caso, la violación alegada respecto del derecho constitucional debe ser una violación directa, inmediata y flagrante; en el

---

69 Véase Eduardo Ferrer Mac-Gregor, *La acción constitucional de amparo en México y España. Estudio de derecho comparado*, Editorial Porrúa, México 2002, p. 377.

70 Véase Luis Alberto Viera, *Ley de Amparo*, Ediciones Idea, Montevideo, 1993, p. 99.

71 Cuando se formula la pretensión de amaro con el medio procesal existente que es el recurso contencioso de anulación, la antigua Corte Suprema de Justicia en sentencia de 10 de julio de 1.991 (caso *Tarjetas Banvenez*), aclaró que en dicho caso, la acción no es una acción principal sino subordinada a la acción principal al que se le ha adjuntado y está sujeta a la decisión final anulatoria de la decisión que tiene que ser dictada en la acción principal. Véase texto en la *Revista de Derecho Público*, N° 47, Editorial Jurídica Venezolana, Caracas, 1991, pp. 169–174 y comentarios en *Revista de Derecho Público*, N° 50, Editorial Jurídica Venezolana, Caracas 1992, pp. 183–184. Es por esto que en estos casos la pretensión del amparo (que debe estar fundamentada en una presunción grave de la violación del derecho constitucional) tiene un carácter preventivo y temporal que consiste en la suspensión de los efectos del acto administrativo impugnado mientras se produce la decisión final en el recurso de nulidad. Este carácter cautelar de la protección del amparo mientras se resuelve la acción está, por tanto, sujeto a la decisión final a ser dictada en el proceso contencioso-administrativo de nulidad contra el acto impugnado. Véase en *Revista de Derecho Público*, N° 47, Editorial Jurídica Venezolana, Caracas 1991, pp. 170–171.

primer caso, lo que tiene que ser probado es la existencia de una grave presunción de la violación del derecho constitucional. [72] Y, segundo, hay también una diferencia en cuanto al objetivo general del procedimiento: en el segundo caso, la sentencia pronunciada es una sentencia definitiva de tutela constitucional, de carácter restauradora; en el primer caso, la sentencia sólo tiene carácter cautelar de suspensión de los efectos del acto impugnado, que queda sujeta a la decisión de la causa principal de nulidad. [73]

De manera similar a la solución venezolana, el artículo 8 de la Ley de tutela colombiana establece la posibilidad de interponer "la tutela como mecanismo transitorio" contra actos administrativos en conjunción con el recurso contencioso-administrativo de nulidad.

b. *La acción de amparo y las cuestiones políticas*

Un tema importante en relación al amparo contra actos del Poder Ejecutivo, es el relacionado con los llamados actos políticos o las llamadas cuestiones políticas, lo cual, sin embargo, en materia de control judicial, en América Latina solo es relevante en Argentina y Perú.

En efecto, de acuerdo con la doctrina que se originó en los Estados Unidos con relación al control jurisdiccional de constitucionalidad, siempre se ha considerado como exentos de control judicial a los actos de naturaleza política, todo ello, en el marco de la "separación de los pode-

---

72　La principal diferencia entre ambos procedimientos según la Corte Suprema de Justicia es que, en el segundo caso del recurso autónomo de amparo contra actos administrativos, el recurrente debe alegar una violación directa, inmediata y flagrante del derecho constitucional, el cual por sí mismo evidencia la necesidad de la orden de amparo como medio definitivo para restaurar la situación jurídica lesionada. En el primer caso y dada la naturaleza suspensiva de la orden de amparo, la cual solo tiende a detener temporalmente los efectos del acto lesivo hasta que el recurso contencioso-administrativo que confirme o anule dicho acto sea decidido, las violaciones inconstitucionales alegadas de disposiciones constitucionales pueden ser formuladas junto con las violaciones de disposiciones legales, o correspondientes a una ley, que desarrollan disposiciones constitucionales; y porque es un recurso de control constitucional contra actos administrativos que persiguen la nulidad de éstos, pueden también dichos recursos fundamentarse en textos legales. Lo que la corte no puede hacer en estos casos de acciones conjuntas con el fin de suspender los efectos del acto administrativo impugnado, es fundamentar su decisión solamente en las alegadas violaciones de la ley porque esto significaría anticipar la decisión final en el recurso principal (de control constitucional de nulidad). *Ídem*, pp. 171–172.

73　*Ídem*, p. 172. Véase t. respecto de la nulidad del artículo 22 de la ley orgánica de amparo, la decisión de la anterior Corte Suprema del 21 de mayo de 1.996 en Allan R. Brewer-Carías, *Instituciones Políticas y Constitucionales*, Vol. V, *Derecho y Acción de Amparo*, Editorial Jurídica Venezolana, Caracas 1996, pp. 392 ss.

res" y de las relaciones que deben existir "entre la rama judicial y las agencias coordinadas del gobierno federal."[74] En estos casos se considera que la Corte Suprema ha considerado que la solución de las controversias constitucionales corresponde a las ramas políticas del gobierno, quedando excluidos de control judicial. Esas cuestiones políticas, en general, son las relativas a las relaciones exteriores que impliquen definición de "política general, consideraciones de extrema magnitud y, ciertamente, por entero fuera de la competencia de una corte de justicia."[75] En todos estos casos, desde luego, aun cuando pueda elaborarse una lista de "cuestiones políticas" que no sean justiciables, la responsabilidad última en determinarlas corresponde a la Corte Suprema.[76]

Siguiendo esta doctrina, e igualmente sin ninguna base constitucional expresa, la Corte Suprema en Argentina y el Tribunal Constitucional en Perú[77] también han desarrollado la misma eximente para el control judicial y para el ejercicio de las acciones de amparo en materias políticas.

---

74 Véase *Baker v. Carr,* 369 U.S. 186 (1962),en M. Glenn Abernathy and Barbara A. Perry, *Civil Liberties under the Constitution,* Sixth Edition, University of South Carolina Press, 1993, pp. 6–7.

75 Véase *Ware v. Hylton,* 3 Dallas, 199 (1796). Las decisiones sobre relaciones exteriores por lo tanto y como declaró el magistrado Jackson en *Chicago and Southern Air Lines v. Waterman Steamship Co.* (1948): "Están enteramente confinadas por nuestra constitución a los departamentos políticos del gobierno … Son decisiones de una naturaleza para la que el poder judicial no tiene aptitudes, facilidades ni responsabilidad y que, desde mucho tiempo, ha sido considerada pertenencia del dominio del poder político, no sujeto a la intromisión o cuestionamiento judicial." *Chicago and Southern Air Lines v. Waterman Steamship Co.,* 333 US 103 (1948), p. 111. Aunque desarrollada principalmente para materias de asuntos exteriores, la Corte Suprema también ha considerado como *cuestiones políticas* determinadas materias relacionadas con el manejo de los asuntos interiores, los cuales son por lo tanto no enjuiciables jurisdiccionalmente; como, por ejemplo, la decisión de si un estado debe tener una forma republicana de gobierno y la cual en Luther v. Borden (1849) fue considerada una "decisión vinculante para cada uno de los departamentos del gobierno y que no podía ser cuestionada en un tribunal judicial." *Luther v. Borden* 48 U.S. (7 Howard), 1, (1849). *Ídem,* pp. 6–7.

76 Como dijo la corte en *Baker v. Carr* 369 U.S. 186 (1962): "Decidir si una materia ha sido, en cualquier medida, atribuida por la constitución a otra rama del gobierno o si la acción de esa rama excede la autoridad cualquiera que se le haya atribuido -dijo la corte, es en sí mismo un ejercicio delicado de interpretación constitucional y es responsabilidad de esta corte decidirlo como intérprete último de la constitución." *Ídem,* p. 6-7.

77 Véase Samuel B. Abad Yupanqui, *El proceso constitucional de amparo,* Gaceta Jurídica, Lima 2004, pp. 128 ss.

La excepción argentina se refiere principalmente a los denominados "actos de gobierno" o "actos políticos" referidos, por ejemplo, a las declaraciones de guerra y de estados de sitio; a las intervenciones del gobierno central en las provincias, a la "conveniencia pública" con fines de expropiación, a la emergencia para aprobar determinados tributos impositivos directos; y a los actos relativos a las relaciones exteriores como son el reconocimiento de nuevos Estados o gobiernos extranjeros, o la expulsión de extranjeros.[78] Todos estos actos son considerados en Argentina como asuntos de carácter político, que son dictados por los órganos políticos del Estado de acuerdo con las atribuciones que les han sido atribuidas exclusiva y directamente en la Constitución; razón por la cual se los considera fuera del ámbito de la acción de amparo.

En esta materia, también debe mencionarse en argentina, la restricción establecida en la Ley de amparo, al establecer la inadmisibilidad de la acción de amparo contra actos dictados en aplicación expresa de la Ley de Defensa Nacional (Ley N° 16.970, art. 2,b).[79]

En el Perú, el tema de las cuestiones políticas en cierta forma se consideró en la sentencia de la Corte Interamericana donde se realizó el control de convencionalidad de la decisión adoptada por el Congreso en el Perú, mediante la cual se removió de sus cargos a los magistrados del Tribunal Constitucional, sin las debidas garantías de protección judicial. En efecto, en el conocido caso *Tribunal Constitucional vs. Perú*, de 31 de enero de 2001, la Corte Interamericana. luego de reiterar su criterio de que para que el Estado cumpla con lo dispuesto en el artículo 25.1 de la Convención, "no basta con que los recursos existan formalmente, sino que los mismos deben tener efectividad, es decir, debe brindarse a la persona la posibilidad real de interponer un recurso que sea sencillo y rápido,"[80] consideró que "la institución procesal del amparo reúne las características necesarias para la tutela efectiva de los derechos fundamentales,

---

78 Para que esta excepción sea aplicada, se ha considerado que el acto impugnado debe en forma clara y exacta basarse en las disposiciones de dicha ley. Véase José Luis Lazzarini, *El juicio de amparo*, La Ley, Buenos Aires 1987, p. 190 ss.; Néstor Pedro Sagüés, *Derecho procesal Constitucional*, Vol. 3, "Acción de amparo," Editorial Astrea, Buenos Aires 1988, pp. 270 ss.; Alí Joaquín Salgado, *Juicio de amparo y acción de inconstitucionalidad*, Astrea, Buenos Aires 1987, p. 23.

79 Véase caso *Diario El Mundo c/ Gobierno nacional*, CNFed, Sala 1 ContAdm, 30 de abril de 1974, JA, 23-1974-195. Véanse los comentarios en Néstor Pedro Sagüés, *Derecho procesal Constitucional,* Vol. 3, *Acción de amparo*, Editorial Astrea, Buenos Aires 1988, pp. 212–214.

80 Véase la sentencia en el caso *Tribunal Constitucional vs. Perú*, de 31 de enero de 2001 (Párr. 90) en http://www.corteidh.or.cr/docs/casos/articulos/Seriec_71_esp.pdf.

esto es, la de ser sencilla y breve[81]; pasando luego a explicar que "en lo que concierne al debido proceso legal," los actos del proceso de "destitución de los magistrados del Tribunal Constitucional seguido ante el Congreso, que se hallan sometidos a normas legales que deben ser puntualmente observadas," pueden ser recurribles en amparo, considerando sin embargo que el proceso de amparo "no implica valoración alguna sobre actos de carácter estrictamente político atribuidos por la Constitución al Poder Legislativo."[82]

La Corte Interamericana en el caso, analizó la decisión que había adoptado el propio Tribunal Constitucional peruano al decidir los recursos de amparo intentado por los magistrados destituidos considerando que "el ejercicio de la potestad de sanción, específicamente la de destitución de altos funcionarios, no puede ser abiertamente evaluada en sede jurisdiccional, pues constituye un acto privativo del Congreso de la República, equivalente a lo que en doctrina se denomina 'Political Questions' o cuestiones políticas no justiciables;"[83] destacando sin embargo, que el propio Tribunal había establecido que:

> "tal potestad no es ilimitada o absolutamente discrecional sino que se encuentra sometida a ciertos parámetros, uno de ellos y quizás el principal, el de su ejercicio conforme al principio de razonabilidad, pues no sería lógico ni menos justo, que la imposición de una medida de sanción, se adopte tras una situación de total incertidumbre o carencia de motivación. De allí que cuando existan casos en los que un acto de naturaleza política, como el que se cuestiona en la presente vía de amparo, denote una manifiesta transgresión de dicho principio y por extensión de otros como el del Estado Democrático de Derecho o el Debido Proceso Material, es un hecho inobjetable que este Colegiado sí puede evaluar su coherencia a la luz de la Constitución Política del Estado."[84]

En el caso, sin embargo, a pesar de que el Tribunal Constitucional estimó posible la revisión judicial de actos vinculados con un juicio político a efecto de evaluar si en aquéllos se había cumplido con las garantías propias del debido proceso legal, consideró que se habían respetado tales garantías, declarándose el recurso de amparo como infundado[85] la Corte Interamericana estimó "que el fracaso de los recursos interpuestos contra la decisión del Congreso que destituyó a los magistrados del Tribunal

---

81   *Idem*, Párr. 91.
82   *Idem*, Párr. 94.
83   *Idem*, Párr. 95.
84   *Idem*, Párr. 95.
85   *Idem*, Párr. 95.

Constitucional" se debió a apreciaciones "no estrictamente jurídicas" afirmando que "la decisión de los amparos en el caso en análisis no se reunieron las exigencias de imparcialidad por parte del Tribunal que conoció los citados amparos" violándose el derecho a la protección judicial, en perjuicio de las víctimas. [86]

En todos estos casos de exclusión de la acción de amparo respecto de las actuaciones del Poder Ejecutivo que se consideren como cuestiones políticas, sin duda contrarias a los parámetros fijados en el artículo 25.1 de la Convención Americana para el derecho a la protección o amparo judicial, es también campo propicio para el ejercicio del control de convencionalidad.

c. *La acción de amparo y el funcionamiento de los servicios públicos*

Finalmente y en relación con los actos administrativos, también en Argentina la Ley de amparo establece la inadmisibilidad de la acción de amparo en casos en los cuales la intervención judicial comprometa directa o indirectamente "la regularidad, continuidad y eficacia de la prestación de un servicio público, o el desenvolvimiento de actividades esenciales del Estado" (art. 2,c). La misma disposición se establece respecto de la acción de amparo en el Código de Procedimiento Civil de Paraguay (art. 565,c).

Dado la forma de redacción y la utilización de conceptos indeterminados (comprometer, directo, indirecto, regularidad, continuidad, eficacia, prestación, servicio público) y debido al hecho que cualquier actividad administrativa del Estado puede siempre relacionarse con un servicio público,[87] esta disposición ha sido altamente criticada en Argentina, considerando que con su aplicación materialmente sería difícil que un amparo se decida contra el Estado.[88] En todo caso la decisión final corresponde a los tribunales y si bien es verdad que en la práctica la excepción no ha sido casi nunca utilizada,[89] en algunas materias importantes sí se ha alegado.[90]

---

86 *Idem,* Párrs. 96, 97.

87 *Idem,* pp. 226 ss.

88 Véase José Luis Lazzarini, *El juicio de amparo*, La Ley, Buenos Aires 1987, p. 231.

89 *Idem,* p. 233; Néstor Pedro Sagüés, *Derecho procesal Constitucional*, Vol. 3, *Acción de amparo*, Editorial Astrea, Buenos Aires 1988, p. 228.

90 Pasó, por ejemplo, en las acciones de amparo interpuestas en 1.985 contra la decisión del Banco Central de la República suspendiendo, por algunos meses, el plazo

En todo caso, la exclusión de la acción de amparo en los mencionados casos de cuestiones políticas y de afectación de servicios públicos, en nuestro criterio, también resultan contrarias a lo dispuesto en el artículo 25.1 de la Convención Americana para el derecho a la protección o amparo judicial, constituyendo igualmente campo propicio para el ejercicio del control de convencionalidad.

D. *El amparo contra las sentencias y actos judiciales*

En contraste con la admisión general de la acción de amparo contra actos administrativos y en general, contra los actos del Poder Ejecutivo, lo mismo no puede decirse respecto de las decisiones judiciales, las cuales en muchos casos se han excluido del ámbito de la acción de amparo. En otras palabras, si bien la acción de amparo está admitido en muchos países de América Latina contra los actos judiciales, en la mayoría de los países han sido expresamente excluidos y considerados inadmisibles, específicamente cuando las decisiones judiciales son pronunciadas en ejercicio del poder jurisdiccional,[91] lo que sin duda también se configura como un campo propicio para el control de convencionalidad por contrariar lo dispuesto en el artículo 25.1 de la Convención Americana, el cual

---

de los pagos de depósitos en moneda extranjera. Aunque algunos tribunales rechazaron las acciones de amparo en el asunto (v. CFed *BBlanca* case, 13 de agosto de 1.985, ED, 116-116, en Alí Joaquín Salgado, *Juicio de amparo y acción de inconstitucionalidad*, Editorial Astrea 1987, p. 51, note 59), en el caso *Peso*, la Cámara Nacional de Apelaciones en lo Contencioso-Administrativo Federal de Buenos Aires decidió rechazar los argumentos que pedían el rechazo de la acción de amparo basados en el concepto de que el caso es uno relativo a un "servicio público", considerando que las actividades del Banco Central no posee los elementos para ser considerado un servicio público como tal. Véase CNFedConAdm, Sala IV, 13 de junio de 1.985, ED, 114-231in Alí Joaquín Salgado, *Juicio de amparo y acción de inconstitucionalidad*, Editorial Astrea 1987, p. 50, nota 56. Algunos años mas tarde y respecto de una decisión similar del Banco Central de Venezuela sobre los impagos de los depósitos en moneda extranjera, en los casos referidos como *Corralito*, no hubo alegato alguno que considerara esas decisiones del Banco Central (que fueron tomadas en un estado nacional de emergencia económica) como actividades correspondientes a un servicio público. En tales casos, las acciones de amparo fueron admitidas y declaradas con lugar, pero con múltiples incidentes judiciales. Véase, por ejemplo, los casos Smith y San Luis, 2.002, en Antonio María Hernández, *Las emergencias y el orden constitucional*, Universidad Nacional Autónoma de México, México, 2003, pp. 71 ss., 119 ss. En dichos casos, las leyes y decretos de emergencia económica fueron declarados inconstitucionales.

91 Por consiguiente, los actos administrativos dictados por los tribunales pueden ser impugnados mediante el amparo. Véase, por ejemplo, en relación con Argentina a Néstor Pedro Sagüés, *Derecho procesal Constitucional*, Vol. 3, *Acción de amparo*, Editorial Astrea, Buenos Aires 1988, pp. 197 ss.

no excluye acto estatal lesivo de derechos humanos alguno de la protección judicial.

Respecto de los países que admiten el recurso de amparo para la tutela de los derechos constitucionales contra decisiones judiciales, puede decirse que ello ha sido la tradición en México (el amparo casación);[92] admitiéndose además, en general, en Guatemala (art. 10,h), Honduras (art. 9,3 y 10,2,a), Panamá (art. 2.615),[93] Perú y Venezuela.

El principio general en estos casos, según lo dispone el Código Procesal Constitucional peruano, es que el amparo es admitido contra resoluciones judiciales firmes dictadas con manifiesto agravio a la tutela procesal efectiva, que comprende el acceso a la justicia y el debido proceso (art. 4).[94] En el caso de Venezuela, de manera similar a como estaba establecido en la legislación de Perú antes de la sanción del Código, el artículo 4 de la Ley Orgánica de Amparo dispone que la acción de amparo procede "cuando un Tribunal de la República, actuando fuera de su competencia, dicte una resolución o sentencia u ordene un acto que lesione un derecho constitucional" (art. 4). En estos casos, la acción de amparo debe interponerse por ante un tribunal superior al que emitió el pronunciamiento, el cual debe decidir en forma breve, sumaria y efectiva.

El caso de Colombia también debe mencionarse, especialmente debido al hecho que el artículo 40 del decreto N° 2.591 de 1.991 que reguló la acción de tutela apenas sancionada la Constitución, admitió la acción de tutela contra decisiones judiciales, lo que por lo demás, no estaba excluido en la Constitución. Por consiguiente, el Decreto expresamente estableció la posibilidad de intentar la acción de *tutela* contra actos judiciales cuando éstos infligieran daños directos a los derechos fundamentales. En esos casos, la *tutela* debía ser interpuesta *junto con el recurso apropiado*, es decir, el recurso de apelación. No obstante esta admisibilidad establecida por una ley de la tutela contra decisiones judiciales, en 1992 fue declarada inconstitucional por la Corte Constitucional, la cual

---

92 Véase Richard D. Baker, *Judicial Review in México. A Study of the Amparo Suit*, Texas University Press, Austin 1971, p. 98.

93 En este caso, sin ningún efecto suspensivo. Véase Boris Barrios González, *Derecho Procesal Constitucional*, Editorial Portobelo, Panamá 2002, p. 159.

94 Véase Samuel B. Abad Yupanqui, *El proceso constitucional de amparo*, Gaceta Jurídica, Lima 2004, p. 326.

anuló la norma considerándola contraria al principio de intangibilidad de los efectos de la cosa juzgada.[95]

En esa forma fue eliminada en Colombia la acción de *tutela* contra las decisiones judiciales, pero no por mucho tiempo. Un año después de la decisión anulatoria de la Corte Constitucional, y luego de numerosas decisiones judiciales, la misma Corte Constitucional readmitió la acción de *tutela* contra las decisiones judiciales cuando constituyeren vías de hecho,[96] es decir, cuando fuesen pronunciadas como consecuencia de un ejercicio arbitrario de la función judicial, violando los derechos constitucionales del demandante.[97] De manera que, de acuerdo con esta doctrina, la cual es aplicable a casi todos los casos en que la acción de amparo es incoada contra decisiones judiciales, éstas, para que sean impugnadas por vía de la acción de tutela deben haber sido pronunciadas en violación grave y flagrante de las garantías al debido proceso legal, constituyéndose en una decisión ilegítima o arbitraria sin soporte legal ninguno.

Aparte de los casos antes mencionados, sin embargo, puede decirse que la tendencia general en los países de América Latina, es el rechazo de la acción de amparo contra las decisiones judiciales, como es el caso en Argentina (art. 2,b),[98] Bolivia (art. 96,3), Brasil (art. 5,II), Costa Rica (art. 30,b),[99] Chile,[100] República Dominicana (art. 3,a),[101] Ecuador,[102] Nicaragua (art. 51,b) Paraguay (art. 2,a) y Uruguay (art. 2,a).[103]

---

95   Véase Decisión C-543 del 1 de octubre de 1.992 en Manuel José Cepeda Espinosa, *Derecho Constitucional jurisprudencial. Las grandes decisiones de la Corte Constitucional*, Legis, Bogotá 2001, pp. 1009 ss.

96   Véase Decisión S-231 del 13 de mayo de 1.994, *Idem*, pp. 1022 ss.

97   Véase Decisión US-1218 del 21 de noviembre de 2.001. Véase en Juan Carlos Esguerra, *La protección constitucional del ciudadano*, Legis, Bogotá 2004, p. 164. Véase Eduardo Cifuentes Muñoz, "Tutela contra sentencias (El caso colombiano)," en Humberto Nogueira Alcalá (Ed.), *Acciones constitucionales de amparo y protección: realidad y perspectivas en Chile y América Latina*, Editorial Universidad de Talca, Talca 2000, pp. 307 ss.

98   Véase Joaquín Brague Camazano, *La Jurisdicción constitucional de la libertad (Teoría general, Argentina, México, Corte Interamericana de Derechos Humanos)*, Editorial Porrúa, México 2005, p. 98. José Luis Lazzarini, *El juicio de amparo*, Editorial La Ley, Buenos Aires, 1987, pp. 218–223; Alí Joaquín Salgado, *Juicio de amparo y acción de inconstitucionalidad*, Astrea, Buenos Aires 1987, p. 46.

99   Véase Rubén Hernández Valle, *Derecho Procesal Constitucional*, Editorial Juricentro, San José 2001, pp. 45, 206, 223, 226. El único caso en el cual se ha planteado a nivel internacional la cuestión de la inconvencionalidad del artículo 31.b de la Ley de la Jurisdicción Constitucional costarricense fue declarado inadmisible por la Comisión Interamericana de Derechos Humanos porque el derecho que se había alegado como violado por el Estado no era un derecho establecido en la Convención

En El Salvador y Honduras la exclusión está limitada a los actos judiciales "puramente civiles, comerciales o laborales, y respecto de sentencias definitivas ejecutoriadas en materia penal." (El Salvador, art. 13; Honduras, art. 46.7). También, en Brasil el *mandado de segurança* está excluido contra decisiones judiciales cuando de acuerdo con las normas procesales, existe contra ellas un recurso judicial o cuando tales decisiones pueden ser modificadas por otros medios (art. 5,II).

El artículo 25.1 de la Convención Americana al garantizar el derecho de amparo o protección judicial lo estableció en forma general contra las violaciones por parte de los órganos del Estado de los derechos humanos, cualquiera que sea la fuente de la violación, amparo contra un específico acto estatal que viole los derechos, como son las sentencias y actos judiciales, sin duda, contraría la Convención, siendo igualmente campo propicio para el ejercicio del control de convencionalidad, por parte de la Corte Interamericana y de los jueces y tribunales nacionales.

Sin embargo, en esta materia, puede decirse que la Corte Interamericana dejó pasar la oportunidad de realizar el control de convencionalidad respecto de la inconvencional negación de la acción de amparo contra decisiones de los órganos judiciales en Ecuador. El tema se planteó es-

---

Americana sino de orden interno (derecho a jubilación de un funcionario público). Véase el Informe 85/98. caso 11.417, *Gilbert Bernard Little vs. Costa Rica*, punto resolutivo 2. Véase la referencia en Anamari Garro, *La improcedencia del recurso de amparo contra las resoluciones y actuaciones jurisdiccionales del Poder Judicial a la luz de la Constitución costarricense y del artículo 25 de la Convención Americana sobre Derechos Humanos*, Tesis para optar al grado de Doctor en Derecho, Universidad de los Andes, Santiago de Chile 2012 (Versión mimeografiada), p. 271, Nota 983.

100 Véase Juan Manuel Errazuriz G. y Jorge Miguel Otero A., *Aspectos procesales del recurso de protección*, Editorial Jurídica de Chile, Santiago, 1989, p. 103. No obstante, algunos autores consideran que el recurso de tutela es admisible contra decisiones judiciales cuando son pronunciadas en forma arbitraria y en violación de los derechos al debido proceso. Véase Humberto Nogueira Alcalá, "El derecho de amparo o protección de los derechos humanos, fundamentales o esenciales en Chile: evolución y perspectivas," en Humberto Nogueira Alcalá (Editor), *Acciones constitucionales de amparo y protección: realidad y perspectivas en Chile y América Latina*, Editorial Universidad de Talca, Talca 2000, p. 45.

101 Véase Eduardo Jorge Prats, *Derecho Constitucional*, Vol. II, Gaceta Judicial, Santo Domingo 2005, p. 391.

102 Véase Hernán Salgado Pesantes, *Manual de Justicia Constitucional Ecuatoriana*, Corporación Editora Nacional, Quito 2004, p. 84.

103 Véase Luis Alberto Viera, *Ley de Amparo*, Ediciones Idea, Montevideo 1993, pp. 50, 97.

pecíficamente en la sentencia del caso *Acosta Calderón vs. Ecuador* de 24 de junio de 2005, ante el alegato de los representantes de las víctimas de que en Ecuador, aún "con las reformas constitucionales de 1996 y 1998, el ejercicio de la garantía del amparo no se encuentra asegurado en concordancia con la norma del [artículo] 25 de la Convención, pues prohíbe de manera expresa que se interpongan acciones de amparo en contra de las providencias judiciales."[104] La Corte Interamericana, sin embargo, en lugar de entrar a realizar el control de convencionalidad en este importante aspecto, se limitó a señalar que no se pronunciaba sobre las alegaciones de los representantes pues "dichas reformas no se enmarcan dentro de los presupuestos del presente caso"[105]

El tema del amparo contra decisiones judiciales, en todo caso, requiere que el amparo esté configurado como un amparo difuso en el sentido de que los tribunales llamados a conocer de las acciones de amparo sean en general los de todo el orden judicial, de manera que el amparo se pueda intentar ante el juez superior a aquél que dicta el acto lesivo, como se regula en la Ley Orgánica de Venezuela (art. 4). En sistemas de amparo concentrado en un solo tribunal, como es el caso de la Sala Constitucional del Tribunal Supremo de Justicia de Costa Rica, que es la que tiene competencia exclusiva para conocer de las acciones de amparo, sería prácticamente imposible implementar el amparo contra decisiones judiciales (en la actualidad excluida en la Ley de la jurisdicción Constitucional), pues de hacerse sin descentralizar el amparo colapsaría completamente la Sala Constitucional.

E. *El amparo contra actos de otros órganos constitucionales*

Aparte de los actos de las ramas legislativa, ejecutiva y judicial, el principio de la separación de los poderes ha dado origen en el derecho constitucional latinoamericano contemporáneo a otros órganos del Estado independientes de dichas clásicas tres ramas del Poder Público. Este es el caso de los cuerpos u órganos electorales encargados de dirigir los procesos electorales; de las oficinas de Defensoría del Pueblo o de los Derechos Humanos; de las entidades fiscalizadoras o Contralorías Generales; y de los Consejos de la Judicatura o de la Magistratura establecidos para la dirección y administración de las cortes y tribunales.

---

104 Véase sentencia del caso *Acosta Calderón vs. Ecuador de 24 de junio de* 2005, Serie C 129 (Párr. 87.f), en http://www.corteidh.or.cr/docs/casos/articulos/seriec_129_esp1.pdf

105 *Ídem.* Párr. 98

Debido a que dichos órganos emanan actos estatales, los mismos, al igual que sus hechos y omisiones, pueden ser objeto de acciones de amparo cuando violen derechos constitucionales. No obstante, algunas excepciones también han sido establecidas para negar la admisibilidad de acciones de amparo, por ejemplo, contra los cuerpos electorales como sucede en Costa Rica (art. 30.d),[106] México (art. 73.VII),[107] Nicaragua (art. 51.5), Panamá (art. 2.615),[108] y Uruguay (art. 1.b). Esta exclusión, igualmente, es campo propicio para el ejercicio del control de convencionalidad, para adecuar estas normas a la Convención Americana.

Ello por lo demás, fue lo que ocurrió en el Perú, respecto del artículo 5.8 del Código Procesal Constitucional que excluía la acción de amparo contra las decisiones del Juzgado Nacional de Elecciones. Esta norma fue objeto de control de convencionalidad por parte del Tribunal Constitucional el cual la anuló invocando el carácter vinculante de la jurisprudencia de la Corte Interamericana, incluidas sus opiniones consultivas.[109]

Sin embargo, en el México y en el Perú subsiste otra exclusión respecto de los recursos de amparo cuando se ejerzan contra actos del Consejo de la Magistratura. En el Perú, respecto de los actos mediante los

---

106 Véase Rubén Hernández Valle, *Derecho Procesal Constitucional*, Editorial Juricentro, San José 2001, pp. 228–229. Otras materias decididas por el Tribunal Supremo de Elecciones como nacionalidad, capacidad o estado civil son materias sujetas al control jurisdiccional mediante el amparo. Véase José Miguel Villalobos, "El recurso de amparo en Costa Rica," en Humberto Nogueira Alcalá (Editor), *Acciones constitucionales de amparo y protección: realidad y perspectivas en Chile y América Latina*, Editorial Universidad de Talca, Talca 2000, pp. 222–223.

107 Véase Eduardo Ferrer Mac-Gregor, *La acción constitucional de amparo en México y España. Estudio de derecho comparado*, Editorial Porrúa, México 2002, p. 378; Véase Richard D. Baker, *Judicial Review in México. A Study of the Amparo Suit*, Texas University Press, Austin 1971, pp. 98, 152.

108 Véase Boris Barrios González, *Derecho Procesal Constitucional*, Editorial Portobelo, Panamá 2002, p. 161.

109 Véase sentencia del Tribunal Constitucional del Perú de 19 de junio de 2007 dictada en el caso *Colegio de Abogados del Callao vs. Congreso de la República*, (00007-2007-PI/TC-19); citada por Carlos Ayala Corao, "El diálogo jurisprudencial entre los Tribunales internacionales de derechos humanos y los Tribunales constitucionales," Boris Barrios González (Coordinador), *Temas de Derecho Procesal Constitucional Latinoamericano*, Memorias I Congreso panameño de Derecho Procesal Constitucional y III Congreso Internacional Proceso y Constitución, Panamá 2012, p. 176. Antes De la anulación, sin embargo, la acción de amparo se admitía si la decisión del *Jurado Nacional de Elecciones* no tenía una naturaleza jurisdiccional o, teniéndola, violaba la efectiva protección judicial (el debido proceso). Véase Samuel B. Abad Yupanqui, *El proceso constitucional de amparo*, Gaceta Jurídica, Lima 2004, pp. 128, 421, 447

cuales se destituya o ratifique a los jueces (art. 5,7) dictados en forma debidamente motivada y con previa audiencia del interesado.[110]

En esta materia, en todo caso, debe mencionarse el ejercicio del control de convencionalidad que ejerció la Corte Interamericana respecto de la exclusión del recurso de amparo o protección judicial efectiva contra actos de algunas autoridades electorales en Nicaragua. Se trata del caso *Yatama vs. Nicaragua* de 23 de junio de 2005, en el cual la Corte Interamericana, después de constatar que el Consejo Supremo Electoral de Nicaragua en un proceso electoral de 2000 no había respetado las garantías del debido proceso del partido Yatama al rechazarle la presentación de candidatos a las elecciones, afectando el derecho a la participación política de los candidatos (párr. 160-164), constató que el Estado había violado el derecho a la protección judicial o amparo establecido en el artículo 25.1 por impedirse en el orden interno la recurribilidad de los actos del Consejo Nacional Electoral. La Corte Interamericana consideró, en esencia, que "la inexistencia de recursos internos efectivos coloca a las personas en estado de indefensión" de manera que "la inexistencia de un recurso efectivo contra las violaciones de los derechos reconocidos por la Convención constituye una transgresión de la misma por el Estado Parte,"[111] para lo cual reiteró su doctrina de que la existencia de la garantía prevista en el artículo 25.1 de la Convención consistente en "la posibilidad real de interponer un recurso," en los términos de dicha norma, "constituye uno de los pilares básicos, no sólo de la Convención Americana, sino del propio Estado de Derecho en una sociedad democrática en el sentido de la Convención."[112]

Pasó luego la Corte Interamericana, al analizar la situación en Nicaragua, a constatar que de acuerdo con la Constitución Política, contra los actos del órgano de mayor jerarquía del Poder Electoral, el Consejo Supremo Electoral (artículo 129), "no habrá recurso alguno, ordinario ni extraordinario" (artículo 173.14), lo que recoge la Ley de Amparo al disponer que el recurso de amparo no procede "contra las resoluciones dictadas en materia electoral" (artículo 51.5), admitiéndose sólo conforme a la ley Electoral el recurso de amparo contra las "resoluciones definitivas que en materia de partidos políticos dicte el Consejo Supremo Elec-

110 Véase Samuel B. Abad Yupanqui, *El proceso constitucional de amparo*, Gaceta Jurídica, Lima 2004, p. 126.

111 Véase sentencia en el caso *Yatama Vs. Nicaragua* de 23 de Junio de 2005 (Párr. 167, 168), en http://www.corteidh.or.cr/docs/casos/articulos/seriec_127_esp.pdf.

112 *Idem*, Párr. 169

toral" (artículo 76).[113]Por tanto, intentado como fue el caso sometido a su conocimiento un recurso de amparo contra una decisión del Consejo Supremo Electoral, la Sala de lo Constitucional de Nicaragua resolvió declararlo "improcedente *in limine litis* con fundamento en que no tenía competencia para conocer en materia electoral."[114]

En esta situación la Corte Interamericana comenzó por afirmar que si bien la Constitución de Nicaragua establecía la irrecurribilidad de las resoluciones del Consejo Supremo Electoral en materia electoral, ello no puede significar "que dicho Consejo no deba estar sometido a controles judiciales, como lo están los otros poderes del Estado;" afirmando, con razón, que "las exigencias derivadas del principio de independencia de los poderes del Estado no son incompatibles con la necesidad de consagrar recursos o mecanismos para proteger los derechos humanos."[115] De manera que, puntualizó la Corte, "independientemente de la regulación que cada Estado haga respecto del órgano supremo electoral, éste debe estar sujeto a algún control jurisdiccional que permita determinar si sus actos han sido adoptados al amparo de los derechos y garantías mínimas previstos en la Convención Americana, así como las establecidos en su propia legislación, lo cual no es incompatible con el respeto a las funciones que son propias de dicho órgano en materia electoral." De la carencia en ese caso, del recurso sencillo y rápido, tomando en cuenta las particularidades del procedimiento electoral, concluyó la Corte "que el Estado violó el derecho a la protección judicial consagrado en el artículo 25.1 de la Convención Americana, en perjuicio de los candidatos propuestos por Yatama para participar en las elecciones municipales de 2000, en relación con los artículos 1.1 y 2 de la misma"[116]

El control de convencionalidad efectuado por la Corte Interamericana ante la irrecurribilidad mediante la acción de amparo de los actos del Consejo Supremo Electoral, lo que consideró como una violación del artículo 25.1 de la Convención, en relación con los artículos 1.1 y 2 de la misma, condujo a la Corte a requerir del Estado:

> "que adopte, dentro de un plazo razonable, las medidas legislativas necesarias para establecer un recurso judicial sencillo, rápido y efectivo que permita controlar las decisiones del Consejo Supremo Electoral que afecten derechos humanos, tales como los derechos políticos, con observancia de

---

113 *Idem*, Párr. 171

114 *Idem*, Párr. 172

115 *Idem*, Párr. 174

116 *Idem*, Párr. 175, 176.

las garantías legales y convencionales respectivas, y derogue las normas que impidan la interposición de ese recurso."[117]

Debe mencionarse que en este aspecto, el juez Alejandro Montiel Argüello en un Voto Disidente de la misma sentencia, materialmente se limitó a constatar que la inconvencional exclusión de los "recursos de amparo en cuestiones electorales" en el ordenamiento jurídico de Nicaragua, ocurría "al igual que lo hacen las legislaciones de muchos otros países y también son muchos los países que al igual que Nicaragua excluyen del recurso de amparo las resoluciones judiciales por considerar que los recursos ordinarios son suficientes para garantizar los derechos humanos."[118]

Ello, en lugar de legitimar la restricción nicaragüense lo que pone en evidencia es que en esos otros países la normativa también es violatoria de la Convención Americana, debiendo corregirse mediante el control de convencionalidad

De lo anterior resulta que entre todas las instituciones del derecho constitucional de América Latina, el derecho o la acción de amparo[119] puede considerarse como la más característica de todas, al punto de que bien se la puede calificar como una institución propiamente latinoamericana,[120] por lo demás, de origen mexicano,[121] la cual ha incluso influido en su adopción en otras latitudes.[122]

---

117 *Idem*, Párr. 254

118 *Idem*, Voto Disidente, Párr. 7

119 Entre las denominaciones empleadas para la regulación de la institución de amparo en los países de América latina, se destacan las siguientes: *Amparo* (Guatemala), *Juicio de amparo,* (México), *Proceso de amparo* (El Salvador, Perú), *Acción de amparo* (Argentina, República Dominicana, Ecuador, Honduras, Paraguay, Uruguay y Venezuela), *Recurso de amparo* (Bolivia, Costa Rica, Nicaragua, y Panamá), *Acción de tutela* (Colombia), *Recurso de protección* (Chile), *Mandado de segurança y mandado de injunçao* (Brasil).

120 Véase en general lo que hemos expuesto en Allan R. Brewer-Carías, *Constitucional Protection of Human Rights in Latin America. A Comparative Law Study on the Amparo Proceeding*, Cambridge University Press, New York, 2008.

121 Véase Héctor Fix-Zamudio, *Ensayos sobre el derecho de amparo*, Editorial Porrúa, México 2003; Francisco Fernández Segado, "Los orígenes del control de la constitucionalidad y del juicio de amparo en el constitucionalismo mexicano de la primera mitad del siglo XIX. El impacto del Voto particular de don mariano Otero", en *Revista Iberoamericana de Derecho Procesal Constitucional*, N° 5, Instituto Iberoamericano de Derecho Procesal Constitucional, Ed. Porrúa, México 2006, pp. 67 ss.

122 La más reciente, por ejemplo en Filipinas, en la resolución de la Corte Suprema de ese país, "The Rule of the Writ of Amparo" dictadas en 2007. Véase Allan R. Brew-

En la actualidad en los países latinoamericanos el amparo está regulado en expresas normas constitucionales; y en todos, excepto en Chile, el proceso de amparo está regulado en textos legislativos específicos.[123] Estas leyes, en algunos casos han sido específicamente sancionadas para regular la "acción de amparo" como sucede en Argentina, Brasil, Colombia, México, Nicaragua, Uruguay. En otros casos, la legislación dictada también contiene regulaciones en relación con otros medios judiciales de protección de la Constitución, como las acciones de inconstitucionalidad y las acciones de habeas corpus y habeas data, como es el caso Bolivia, Guatemala, Perú, Costa Rica, Ecuador, El Salvador, Honduras y República Dominicana, y en cierta forma de Venezuela. Sólo en Panamá y en Paraguay el proceso de amparo está regulado en un Capítulo especial en los respectivos Códigos de Procedimiento Civil o judicial.

Sin embargo, y a pesar de toda esta expansión legislativa y tradición constitucional, en muchos aspectos y en muchos países la institución del amparo, como hemos destacado, no se adapta a los parámetros del derecho humano a la protección judicial para amparar los derechos humanos tal como se recogió en el artículo 25.1 de la Convención Americana sobre derechos Humanos. El amparo, por tanto, siendo tan viejo casi como el mismo constitucionalismo latinoamericano,[124] todavía requiere de ajustes, los cuales se han venido realizando a nivel continental gracias precisamente al control de convencionalidad desarrollado por la Corte Interamericana de Derechos Humanos y por los jueces y tribunales nacionales en el orden interno con base a ese marco común que ha sido el citado artículo 25 de la Convención.

Hemos analizado la situación de la acción de amparo contra acciones u omisiones lesivas provenientes de autoridades y funcionarios, y si bien en la mayoría de los países se establece como un medio general de pro-

---

er-Carías, "The Latin American Amparo Proceeding and the Writ of Amparo in The Philippines," en *City University of Hong Kong Law Review,* Volume 1:1 October 2009, pp 73–90

123   Véase Allan R. Brewer-Carías, *Leyes de Amparo de América Latina* (Compilación y Estudio Preliminar), Instituto de Administración Pública de Jalisco y sus Municipios, Instituto de Administración Pública del Estado de México, Poder Judicial del Estado de México, Academia de Derecho Constitucional de la Confederación de Colegios y Asociaciones de Abogados de México, Jalisco, 2009. 2 Vols. 419 pp. y 405 pp.

124   Véase Allan R. Brewer-Carías, "Ensayo de síntesis comparativa sobre el régimen del amparo en la legislación latinoamericana", en *Revista Iberoamericana de Derecho Procesal Constitucional,* N° 9 enero-junio 2008, Editorial Porrúa, Instituto Iberoamericano de Derecho Procesal Constitucional, México 2008, pp. 311-321.

tección sin ningún tipo de distinciones como sucede en Bolivia, Colombia, El Salvador, Guatemala, Perú, Nicaragua, Uruguay y Venezuela; en México, se limita la posibilidad de intentarla sólo contra "autoridades responsables" que tengan el poder de decidir, de ejecutar o de imponer decisiones. En otros países se excluye la acción de amparo respecto de ciertas autoridades, como son los cuerpos electorales, tal como sucede en Costa Rica, México, Nicaragua, Panamá, Perú y Uruguay; o el Consejo de la Magistratura, como es el caso de Perú. En cuanto a la acción de amparo ejercida contra autoridades y funcionarios, el tratamiento de los actos estatales que pueden ser objeto de la acción de amparo tampoco es uniforme, en el sentido de que en muchos casos se establecen exclusiones puntuales, lo que también contraría el espíritu de universalidad del amparo. Por ejemplo, en cuanto a actos ejecutivos, en México se excluyen de la acción de amparo ciertos actos presidenciales, y en Uruguay se excluyen los reglamentos ejecutivos; en Argentina y Perú se excluyen de la acción de amparo los actos estatales en los cuales se decidan cuestiones políticas, y en Argentina, además, los actos relativos a la defensa nacional. Igualmente, en Argentina y en Paraguay se excluyen de la acción de amparo los actos que afecten el funcionamiento de los servicios públicos.

En cuanto a los actos legislativos, en México se excluyen de la acción de amparo ciertos actos del Congreso; y en cuanto al amparo contra leyes, la mayoría de los países lo excluyen, como sucede en Argentina, Bolivia, Brasil, Colombia, Costa Rica, Chile, Ecuador, El Salvador, Nicaragua, Perú, Panamá, Paraguay, Republica Dominicana y Uruguay. En realidad, el amparo contra leyes sólo se admite en Honduras, donde sólo se aplica el método concentrado de control de constitucionalidad de las leyes; y en Guatemala y México, que han adoptado el sistema mixto de control de constitucionalidad de las leyes.

En cuanto a los actos judiciales, también en la mayoría de los países de América Latina se excluye la acción de amparo contra los mismos, como es el caso de Argentina, Bolivia, Brasil, Costa Rica, Chile, Ecuador, El Salvador, Nicaragua, Paraguay, República Dominicana, y Uruguay. En otros países, sin embargo, se admite la acción de amparo contra sentencias, como sucede en Colombia, Guatemala, Honduras, México, Panamá, Perú y Venezuela; aun cuando en algunos de ellos se excluye expresamente respecto de decisiones de las Cortes Supremas (México, Panamá, Perú, Venezuela) o de las decisiones dictadas en los juicios de amparo (Honduras, México).

Todo este panorama lo que nos muestra es un campo muy amplio y propicio para el ejercicio del control de convencionalidad en nuestros países, para darle a la institución del amparo su dimensión universal, como en muchas sentencias lo ha venido realizando progresivamente la Corte Interamericana, y los propios jueces y tribunales nacionales. El camino está iniciado, como lo muestra el análisis que hemos efectuado, lo que no significa que no falte mucho por recorrer.

5. *El derecho de amparo y la acción de amparo en la Ley Orgánica de Amparo sobre Derechos y Garantías Constitucionales*

El derecho de amparo, como antes se dijo, fue establecido por primera vez en Venezuela en el artículo 49 de la Constitución de 1961, en el cual, como lo afirmó Héctor Fix-Zamudio, "consagró definitivamente el derecho de amparo como instrumento procesal para proteger todos los derechos fundamentales de la persona humana consagrados constitucionalmente", en lo que calificó como "uno de los aciertos más destacados en la avanzada Carta Fundamental de 1961"[125]. Como se ha dicho, esta orientación se acentuó en el texto de la Constitución de 1999.

En efecto, como antes hemos insistido, el gran aporte del texto constitucional con relación a la protección de los derechos fundamentales, fue la consagración del amparo como un derecho fundamental más, y no sólo como una garantía judicial específica. Ello resulta, además, de la configuración jurisprudencial del derecho del amparo, conforme a la cual puede sostenerse que la Constitución no consagró solamente una "acción de amparo" para proteger los derechos constitucionales, sino que lo que previó fue "un derecho fundamental al amparo" con la consecuente obligación de todos los tribunales de amparar a las personas en el goce y ejercicio de los derechos y garantías consagrados en la Constitución, o que sin estar enumerados en el texto, sean inherentes a la persona humana.[126]

---

125 Véase Héctor Fix Zamudio, "Algunos aspectos comparativos del derecho de amparo en México y Venezuela", *Libro Homenaje a la Memoria de Lorenzo Herrera Mendoza,* UCV, Caracas, 1970, Tomo II, pp. 333–390. Véase además, Héctor Fix Zamudio, "La teoría de Allan R. Brewer-Carías sobre el derecho de amparo Latinoamericano y el juicio de amparo mexicano", en *El derecho público a comienzos del siglo XXI. Estudios en homenaje al Profesor Allan R. Brewer-Carías,* Editorial Thomson Civitas, Madrid, 2002, Tomo I, pp. 1125 y ss.

126 Véase Allan R. Brewer–Carías, *Estado de derecho y Control Judicial,* Madrid 1987, pp. 587 a 657. Véase también el libro *El amparo constitucional en Venezuela,* Instituto de Estudios Jurídicos del Estado Lara, 2 Tomos, Barquisimeto, 1987, en los que se recogen una serie de artículos y estudios sobre el amparo constitucional y de decisiones judiciales sobre la admisibilidad del amparo en nuestro país. Véase además Gustavo J. Linares Benzo "El Proceso de Amparo en Venezuela", *Revista de la Fundación Procuraduría General de la República,* N° 2, 1987, pp. 27 a 110.

Con esa orientación se dictó la Ley Orgánica de Amparo sobre Derechos y Garantías Constitucionales en vigencia a partir del 22 de enero de 1988,[127] lo cual, sin duda, fue una de las leyes más importantes que se dictaron en el país después de la propia Constitución de 1961.[128]

Por eso la Sala Político Administrativa de la Corte Suprema de Justicia en sentencia de 31 de enero de 1991, al referirse al amparo como remedio judicial extraordinario para la defensa de los derechos y garantías constitucionales desarrollado en la Ley Orgánica, señaló que ello:

"Constituye un logro importante y trascendente para la plena vigencia del Estado de derecho existente en el país hace ya más de tres décadas, y se erige como un instituto fundamental, de rango superior sobre cualquier otra norma que pudiera oponérsele dentro del propio ordenamiento constitucional venezolano."[129].

Ahora bien, la Ley Orgánica de Amparo sobre Derechos y Garantías Constitucionales de 1988, al regular y consagrar la acción de amparo

---

127 Véase en *Gaceta Oficial* N° 33.891 de 22 de enero de 1988. La Ley Orgánica fue reformada en 27–9–88, publicada en *Gaceta Oficial* N° 34.060 de 27–9–88. Véase sobre el proyecto de dicha Ley Orgánica: Allan R. Brewer-Carías, "Observaciones críticas al Proyecto de Ley de la Acción de Amparo de los Derechos Fundamentales (1985), y "Proyecto de Ley Orgánica sobre el Derecho de Amparo (1987)" y "Propuestas de reforma al Proyecto de Ley Orgánica de Amparo sobre Derechos y Garantías Constitucionales (1987)", en Allan R. Brewer-Carías, *Estudios de Derecho Público, (Labor en el Senado 1985-1987),* Tomo III, Ediciones del Congreso de la República, Caracas 1989, pp. 71-186.; pp. 187-204. y pp. 205-229.

128 Véase los comentarios sobre la Ley Orgánica que hemos publicado en el exterior: "Comentarios a la Ley Orgánica de Amparo sobre Derechos y Garantías Constitucionales (1988) de Venezuela", en *Revista IIDH*, Instituto Interamericano de Derechos Humanos, n° 6, San José, julio-diciembre 1987, pp. 135-178; "Comentarios a la Ley Orgánica de Amparo sobre Derechos y Garantías Constitucionales (1988) de Venezuela", en *Boletín Mexicano de Derecho Comparado*, Año N° 63, Año XXI, Instituto de Investigaciones Jurídicas, Universidad Nacional Autónoma de México, México, septiembre-diciembre 1988, pp. 1.107-1.159; "Situación actual del derecho de amparo en Venezuela", en *Estudios en Homenaje al Dr. Héctor Fix-Zamudio*, Tomo III, Derecho Procesal, Universidad Nacional Autónoma de México, México 1988, pp. 1.703-1.759; "El poder judicial en Venezuela y la justicia constitucional: Control de la constitucionalidad y amparo a los derechos fundamentales", en *Elementos para una reforma de la Constitución*, Congreso Internacional sobre la Reforma de la Constitución, Consejo para la Consolidación de la Democracia, Buenos Aires, 1988, pp. 47-135; "El derecho de amparo en Venezuela", en *Revista de Derecho*, N° 1, año V, Facultad de Derecho, Universidad Central, Santiago de Chile 1991, pp. 151-178, y en *Garantías jurisdiccionales para la defensa de los derechos humanos en Iberoamérica*, Instituto de Investigaciones Jurídicas, Universidad Nacional Autónoma de México, México 1992, pp. 7-53.

129 Véase en *Revista de Derecho Público*, N° 45, EJV, Caracas, 1991, p. 117.

reconoció expresamente que el ejercicio del derecho de amparo no se agota ni se contrae exclusivamente a dicho medio procesal, sino que puede ejercerse también a través de otras acciones o recursos establecidos en el ordenamiento jurídico. Quedó así, definitivamente resuelta la discusión doctrinal sobre si el amparo que consagraba la Constitución de 1961 (como lo hace la de 1999) es en sí mismo un derecho fundamental o si sólo es una garantía adjetiva de los derechos fundamentales. La Ley de 1988 optó por la primera posición, pues si bien reguló la acción de amparo como un medio adjetivo autónomo de protección de los derechos fundamentales, sin embargo estableció expresamente que el derecho de amparo de dichos derechos puede ejercerse, también, mediante otras vías procesales consagradas en el ordenamiento jurídico. En palabras de la antigua Sala Constitucional:

> "Resulta así congruente con lo que se ha venido analizando, que la específica acción de amparo constitucional consagrada en el inciso segundo del artículo 27 de la Carta Magna, constituya un medio adicional a los ordinarios en la tarea de salvaguardar los derechos fundamentales. Al contrario de cómo ha venido siendo concebida, dicha acción no entraña un monopolio procesal en cuanto al trámite de denuncias respecto a violaciones a la regularidad constitucional –tal tesis la descarta el sistema de garantías procesales de que disponen los tribunales en el ejercicio ordinario de su función"[130].

Por ello, en el artículo 3° de la Ley Orgánica estableció la posibilidad de ejercer la acción de amparo contra leyes junto con la acción popular de inconstitucionalidad de las leyes ante la Sala Constitucional del Tribunal Supremo de Justicia; en el artículo 5° se estableció expresamente que la pretensión de amparo contra actos administrativos y contra las conductas omisivas de la Administración puede ejercerse conjuntamente con el recurso contencioso administrativo de anulación; y el artículo 6.5, al establecer las causales de inadmisibilidad de la acción de amparo, reconoció implícitamente que se puede formular la pretensión de amparo mediante otras "vías jurídicas ordinarias" o "medios judiciales preexistentes", en los cuales puede "alegarse la violación o amenaza de violación de un derecho o garantía constitucional".

Así lo reconoció la antigua Corte Suprema de Justicia en Sala Político Administrativa en sentencia de 10 de julio de 1991 (Caso: *Tarjetas Banvenez*), la cual al ser citada en sentencia de la misma Corte de 10 de junio de 1992, la llevó a señalar lo siguiente:

---

130 Véase en *Revista de Derecho Público*, N° 85–88, EJV, Caracas, 2001, p. 448.

"El texto de la Ley Orgánica de Amparo prevé fundamentalmente dos mecanismos procesales: la acción autónoma de amparo y la acumulación de ésta con otro tipo de acciones o recursos, modalidades que difieren sustancialmente en cuanto a su naturaleza y consecuencias jurídicas. Por lo que respecta a la segunda de las modalidades señaladas, es decir, la acción de amparo ejercida conjuntamente con otros medios procesales, la referida ley regula tres supuestos: a) la acción de amparo acumulada a la acción popular de inconstitucionalidad de las leyes y demás actos estatales normativos (artículo 3°); b) la acción de amparo acumulada al recurso contencioso administrativo de anulación contra actos administrativos de efectos particulares o contra las conductas omisivas de la Administración (artículo 5°); c) la acción de amparo acumulada con acciones ordinarias (artículo 6°, ordinal 5°)"[131].

La Sala sostuvo, además, "que la acción de amparo en ninguno de estos casos es una acción principal sino subordinada, accesoria a la acción o al recurso al cual se acumula, sometido al pronunciamiento jurisdiccional final que se emita en la acción acumulada. Tratándose de una acumulación de acciones, debe ser resuelta por el juez competente para conocer de la acción principal"[132].

Por tanto, como lo señaló el Informe de la Comisión de Política Interior del Senado de fecha 9 de diciembre de 1987, al estudiar el Proyecto de Ley Orgánica de Amparo sobre Derechos y garantías Constitucionales:

"el artículo 49 de la Constitución, más que un medio adjetivo procesal, consagra un derecho fundamental, el derecho a ser amparado. De manera que la Constitución no consagra una acción de amparo o un medio adjetivo, sino un derecho fundamental, el derecho a ser amparado... tan fundamental como aquéllos que van a ser objeto de amparo. Y ese derecho puede materializarse, sin duda, a través del ejercicio de múltiples acciones y recursos".

Sin embargo, estimó la misma Comisión que también "era necesario desarrollar el mandato constitucional en una Ley que consagre que la acción de amparo puede ser ejercida por todo habitante del país y ser resuelta de manera sumaria, breve y efectiva para evitar lesiones o daños y restablecer inmediatamente la situación jurídica infringida"[133], para lo cual precisamente, se sancionó la Ley Orgánica de Amparo.

---

131 Véase sentencia N° 140 del 10-06-1992, en *Revista de Derecho Público,* N° 50, EJV, Caracas, 1992, pp. 183–184.

132 *Idem.*

133 Véase el "Informe que presenta la Comisión Permanente de Política Interior del Senado referente al Proyecto de Ley Orgánica de Amparo sobre Derechos y Garant-

Como se ha dicho, al igual que la Constitución de 1961, la Constitución de 1999 no establece "una" sola y específica acción o recurso de amparo, como un particular medio de protección judicial, sino un "derecho de amparo" o "derecho a ser amparado." Este carácter del amparo, como un "derecho constitucional", en nuestro criterio es el elemento clave para identificar la institución venezolana;[134] derecho fundamental que se puede materializar y de hecho se materializa, a través de diversas acciones y recursos judiciales, incluso a través de una "acción autónoma de amparo" que regula la Ley Orgánica.

Sin embargo, no debe olvidarse que la no consideración constitucional del amparo como una sola acción o recurso, sino como un derecho, fue lo que justificó el cambio de criterio sentado por la Corte Suprema de Justicia en 1983, respecto de su tesis antes sustentada en 1970, sobre la posibilidad del ejercicio de la acción de amparo aun en ausencia de la ley reglamentaria prevista en la Constitución de 1961. Si la norma del artículo 49 hubiera consagrado exclusivamente "una acción o recurso" de amparo, el artículo 50 del texto constitucional de 1961 le hubiera sido inaplicable[135]; en cambio, como el artículo 49 de la Constitución de 1961, como el de la de 1999, consagra un derecho fundamental, como en efecto sucede, se aplicaba el texto de dicho artículo 50 de dicha Constitución al disponer que "la falta de ley reglamentaria" de los derechos constitucionales enunciados en el texto, no menoscaba el ejercicio de los mismos.[136]

ías Constitucionales", de 9–12–87, considerado en la sesión del Senado de 14–12–87. Véase nuestros estudios sobre el Proyecto de Ley en Allan R. Brewer–Carías, *Estudios de Derecho Público (Labor en el Senado 1985–1987),* Tomo III, Caracas, 1989, pp. 71 a 230.

134 Véase Allan R. Brewer–Carías, "El derecho de amparo y la acción de amparo", *Revista de Derecho Público, N° 22,* EJV, Caracas, 1985, pp. 51 y ss.

135 Como lo sostenía la Procuraduría General de la República en 1970: "el amparo, más que un derecho, constituye una garantía de protección de los derechos, y de acuerdo con la letra de la Ley sólo los derechos pueden ser ejercidos, aun antes de promulgada la Ley reglamentaria respectiva". Véase *Doctrina de la Procuraduría General de la República 1970,* Caracas, 1971. p. 35.

136 Este criterio del amparo como un derecho lo destacó en 1970, Jesús Ramón Quintero, cuando al comentar una decisión de la Corte Superior Cuarta en lo Penal en torno a un recurso de amparo de 22 de diciembre de 1969 señaló: Existe pues, según el fallo de la Corte. un derecho de los individuos, de amparo, y un deber u obligación de los Tribunales de concederlo cuando sea procedente. Tal derecho y tal obligación tienen una base en la propia Constitución la cual a su vez, y de un modo terminante que no admite ningún tipo de duda, establece que su solo texto es suficiente para que los Tribunales concedan el amparo, pues la falta de Ley reglamentaria de los derechos, aunque no deseable, no puede convertirse en un obstáculo para el cabal y completo goce y disfrute de esos derechos que la Constitución establece y aun de

Este es el criterio que ha sido el dominante de la jurisprudencia y, en nuestra opinión, el más importante elemento diferenciador de la institución de amparo en Venezuela que, además, fue recogido en la Ley Orgánica.

En efecto, en su artículo 1°, la Ley Orgánica de Amparo sobre Derechos y Garantías Constitucionales de 1988, estableció lo siguiente:

"Toda persona natural habitante de la República o persona jurídica domiciliada en ésta, podrá solicitar ante los Tribunales competentes el amparo previsto en el artículo 49 de la Constitución, para el goce y el ejercicio de los derechos y garantías constitucionales, aun de aquellos derechos fundamentales de la persona humana que no figuren expresamente en la Constitución, con el propósito de que se restablezca inmediatamente la situación jurídica infringida o la situación que más se asemeje a ella.

La garantía de la libertad personal que regula el hábeas corpus constitucional, se regirá por esta Ley".

La consecuencia de estas orientaciones conforme a la previsión de la Constitución (art. 49) fue entonces la necesidad que hubo de configurar en la Ley Orgánica de Amparo de 1988, conforme a la orientación del artículo 47 de la Constitución de 1961 (equivalente al artículo 27 de la Constitución de 1999), al amparo constitucional como el mencionado "derecho fundamental" y no sólo como una única "acción de amparo," lo que implicó la necesidad de conciliar el ejercicio del derecho de amparo con los medios judiciales existentes de protección constitucional, de manera que no quedasen éstos eliminados como tales, sino al contrario, reforzados. De allí las antes mencionadas previsiones de los artículos 3, 5 y 6,5 de la Ley Orgánica de 1988 que regularon expresamente la posibilidad de la formulación de pretensiones de amparo constitucional conjuntamente con las acciones de nulidad por inconstitucionalidad, con las acciones contencioso-administrativas de anulación y con las acciones judiciales ordinarias o extraordinarias; normas todas que propusimos en el proceso de formación de la Ley en la Cámara del Senado.[137] El sentido

---

aquellos que no están establecidos en forma expresa, pero que sean inherentes a la persona humana". Véase "Recurso de amparo. La cuestión central en dos sentencias y un voto salvado" en *Revista de la Facultad de Derecho*. Universidad Católica Andrés Bello, N° 9, Caracas, 1969–1970, pp. 161 y 162. En las páginas 166 y siguientes refuerza el mismo argumento. El texto de la sentencia que comenta y del voto salvado a la misma puede verse en pp. 180 a 206. Véase asimismo el texto del voto salvado en Otto Marín Gómez, *Protección procesal de las garantías constitucionales de Venezuela. Amparo y Hábeas Corpus*, Caracas, 1983, pp. 229–250.

137 Véase Allan R. Brewer–Carías, "Propuestas de reforma al Proyecto de Ley Orgánica de Amparo sobre Derechos y Garantías Constitucionales (1987)", *Estudios de dere-*

de las mismas, luego de múltiples vacilaciones jurisprudenciales fue el que quedó clarificado en la antes mencionada sentencia de la Sala Político Administrativa de la antigua Corte Suprema de 10 de julio de 1991 (Caso: *Tarjetas Banvenez*), cuando distinguió la acción de amparo que se denominó "autónoma," de la pretensión de amparo constitucional formulada con otras acciones o recursos que regula el ordenamiento procesal, con mero carácter cautelar.[138]

La consideración del amparo constitucional como un derecho fundamental a un medio de protección judicial, por tanto, trae como consecuencia, que el amparo no es, precisamente, ni una "acción" ni un "recurso", pues la Constitución no identifica el "derecho de amparo" con ninguna vía o medio judicial concreto, a pesar del que se regula en la Ley Orgánica. Por tanto, tal como está concebido tanto en la Constitución como en el artículo 1° de la Ley Orgánica, el amparo puede materializarse en un recurso, en sentido estricto, de revisión de decisiones administrativas o judiciales, o puede configurarse como un proceso o "una acción autónoma" que no consista necesariamente en la revisión de determinado acto jurídico. Por eso, el amparo puede indistintamente consistir en un "recurso" o en una "acción" autónoma. Depende del objeto de la protección y de la regulación legal.

Pero además, tal como lo concibe tanto el artículo 27 de la Constitución como el artículo 1° de la Ley Orgánica, el amparo no sólo se establece como un *derecho* de las personas a ser amparados en el goce y ejercicio de los derechos y garantías que la Constitución establece y que sean inherentes a la persona, sino que, en realidad, conforme al principio de alteridad, además se configura como un *deber* de los tribunales de amparar a las personas en el goce y ejercicio de tales derechos. Por ello el amparo, tal como está en el texto constitucional, no queda reducido a una acción única y autónoma, necesariamente independiente de todas las otras acciones o recursos judiciales previstos para la defensa de los derechos y garantías constitucionales, sino que la Constitución es lo suficientemente amplia y flexible como para permitir diversos sistemas judiciales de amparo de los derechos y garantías constitucionales, sea a través de acciones o recursos judiciales tradicionales o mediante la vía general de acción de amparo regulada en la Ley Orgánica.

---

cho público, *(Labor en el Senado 1985–1987)*, Tomo III, Ediciones del Congreso de la República, Caracas 1989, pp. 205–229.

138 Véase el texto de esta sentencia en *Revista de Derecho Público,* N° 47, EJV, Caracas, 1991, pp. 169–174.

Por tanto, puede haber y hay muchos medios judiciales de protección que permiten a los particulares ser amparados en el goce y ejercicio de sus derechos constitucionales, mediante un procedimiento breve y sumario, en el cual el juez tiene competencia para restablecer inmediatamente las situaciones jurídicas infringidas por cualquiera. En estos casos, no es que esas vías judiciales ya previstas sustituyan el derecho de amparo (o lo desmejoren), sino que sirven como medios judiciales de amparo.

Ahora bien, a pesar de la multiplicidad de vías de protección judicial de los derechos y garantías constitucionales que aseguran el "derecho de amparo" previsto en la Constitución, es indudable que dado el carácter omnicomprensivo de la protección que "en conformidad con la ley" establece el texto fundamental, para que aquél derecho de amparo sea realmente efectivo, como lo había delineado la jurisprudencia, resultó indispensable regular en la Ley Orgánica, una "acción de amparo", que procede sólo si el interesado no ha optado por recurrir a otros medios judiciales de protección y amparo de los derechos y garantías constitucionales legalmente previstos (art. 6.5) o cuando frente a actos administrativos o carencias de la Administración, los previstos formalmente en las leyes no sean suficientemente acordes con la protección jurisdiccional, es decir, no constituyan un medio breve, sumario y efectivo, acorde con la protección constitucional (art. 5).

Por ello, el artículo 6.5 de la Ley Orgánica establece como causal de inadmisibilidad de la acción de amparo, los casos en los cuales "el agraviado haya optado por recurrir a las vías judiciales ordinarias o hecho uso de los medios judiciales preexistentes," en cuyo caso al alegarse la violación o amenaza de violación de un derecho o garantía constitucional, el juez debe acogerse al procedimiento y a los lapsos previstos en la Ley Orgánica para la protección inmediata y ordenar la suspensión provisional de los efectos del acto cuestionado.

Asimismo, y en particular, tratándose del derecho de amparo frente a actos administrativos o conductas omisivas de la Administración, conforme al artículo 5 de la Ley, la acción autónoma de amparo no procede "cuando exista un medio procesal breve, sumario y eficaz, acorde con la protección constitucional" y éste es el que regula precisamente el mismo artículo 5 de la Ley, al establecer que el recurso contencioso administrativo de anulación es un medio breve, sumario y eficaz, y plantear que conjuntamente con el mismo puede formularse la pretensión de amparo, en cuyo caso, no sólo no es necesario agotar la vía administrativa, sino que el recurso puede intentarse en cualquier tiempo, pudiendo el juez, además, suspender los efectos del acto administrativo recurrido como garantía del derecho constitucional violado, mientras dure el juicio de nulidad, conforme al procedimiento establecido en la propia Ley Orgánica (Arts. 5 y 6.5).

Por tanto, si bien el "derecho de amparo" puede asegurarse a través de múltiples vías (acciones o recursos) judiciales preexistentes, en cuyo caso, el "derecho de amparo" no se identifica con ningún recurso o acción judicial concreto; en el caso de "la acción de amparo" que regula la Ley Orgánica, ésta procede en todo caso, salvo cuando se haya optado por otro medio de protección o de amparo previsto en el ordenamiento jurídico. En materia de amparo contra actos administrativos, la acción autónoma de amparo sólo procede cuando la vía contencioso administrativa no sea un medio efectivo acorde con la protección constitucional.

Pero el derecho de amparo que prevé el artículo 27 de la Constitución, y que regula la Ley Orgánica, como hemos indicado, también permite asegurar la protección de los derechos fundamentales infringidos por actos estatales, a través de la acción de inconstitucionalidad de las leyes (acción popular) o de la desaplicación de una ley por cualquier juez (el denominado control difuso de la constitucionalidad); a través del recurso de casación respecto de sentencias, y mediante el recurso contencioso administrativo de anulación de los actos administrativos. Asimismo, permite asegurar la protección de los derechos fundamentales vulnerados por otros particulares a través de las vías judiciales del proceso ordinario, como el "amparo penal" mediante la solicitud de nulidad de las actuaciones procesales violatorias de las garantías constitucionales..

Por supuesto, para que estas vías judiciales sirvan de medio de amparo constitucional, el legislador ha perfeccionado sus mecanismos de protección: por ejemplo, en el recurso de inconstitucionalidad de las leyes, cuando ésta se fundamente en la violación de un derecho o garantía constitucional, en virtud de la nulidad absoluta que ello implica, se ha provisto en la Ley Orgánica la potestad de la Corte Suprema de desaplicar los efectos de la ley impugnada *respecto del caso concreto* mientras se decide el recurso (art. 3°); en el recurso de casación, cuando la denuncia de la sentencia recurrida consista en el alegato de la violación por la misma de un derecho o garantía constitucional; en el recurso contencioso administrativo, cuando el motivo del mismo sea la violación de un derecho constitucional por el acto recurrido, se ha eliminado la exigencia de agotamiento de la vía administrativa y del lapso de caducidad, dada la nulidad absoluta alegada, y se permite al juez recurrir en forma más expedita a los procedimientos de urgencia y abreviación de lapsos, así como a la suspensión de efectos del acto recurrido (arts. 5 y 6.5); o en la solicitud de nulidad por violación de las garantías judiciales en los procesos penales, por ejemplo.

Pero además, hemos dicho, el derecho de amparo conforme a la Ley Orgánica permite lograr la adecuada protección de los derechos y garantías constitucionales a través de una "acción de amparo" autónoma, la cual, por supuesto, aparece en el ordenamiento como absolutamente diferenciada de la acción o recursos de inconstitucionalidad de las leyes, del recurso de casación, de las acciones contencioso administrativas y de otros medios judiciales.

Una de las características de esta acción judicial autónoma de amparo, es que *no presupone el que se hayan agotado vías judiciales previas para poder intentarse,* lo que hace que la institución de la acción de amparo en Venezuela se diferencie con el recurso de amparo que se ha desarrollado en Europa y, particularmente, en Alemania y España. En estos países, en realidad, el recurso de amparo es un auténtico "recurso extraordinario" que se intenta, en principio, contra decisiones judiciales. En Alemania, por ejemplo, el recurso de amparo constitucional que se intenta ante el Tribunal Constitucional Federal, exige el agotamiento previo de las vías judiciales ordinarias, por lo que, en definitiva, se traduce en un recurso contra una decisión judicial respectiva, aun cuando excepcionalmente procede la   acción directa de amparo en ciertos casos específicos y respecto a un número muy limitado de derechos constitucionales[139]. En España, el recurso de amparo que se intenta ante el Tribunal Constitucional, también exige el agotamiento previo de las vías judiciales y, particularmente, si se trata de un amparo en relación con actividades administrativas, en definitiva se requiere siempre el agotamiento previo a la vía judicial contencioso administrativa. Por eso, en España, el recurso de amparo se configura como un recurso revisor de sentencias de los Tribunales Contencioso Administrativos[140].

En el caso venezolano, en cambio, la acción autónoma de amparo *no exige el agotamiento previo de las vías judiciales* ni se configura, por tanto, como un recurso extraordinario contra sentencias judiciales. Se trata, sí, de una acción judicial autónoma que sólo procede cuando no se opte por otros recursos o acciones judiciales que permitan mediante procedimientos breves y sumarios, obtener amparo y protección de los derechos y el restablecimiento inmediato de los mismos (art. 6, ord. 5°) o en

---

139 Véase R. Schlaich, "Procedures et techniques de protection des droits fondamentaux. Tribunal Constitutionnel Fédéral Allemand" en L. Favoreu (ed.), *Cours constitutionnelles Européennes et Droits Fondamentaux,* Paris, 1982, pp. 105–164.

140 Véase J. L. García Ruiz, *Recurso de Amparo en el Derecho Español,* Madrid, 1980; F. Castedo Álvarez, "El recurso de amparo constitucional" en Instituto de Estudios Fiscales, *El Tribunal Constitucional,* Madrid, 1981 Tomo I, pp. 179–208.

materia de amparo contra actos administrativos o conductas omisivas de la Administración, cuando la vía contencioso administrativa no sea un medio efectivo de protección constitucional[141]. En estos casos, no es que la acción de amparo requiere el agotamiento previo del recurso contencioso administrativo de anulación, cuando la violación del derecho constitucional la produce un acto administrativo, sino que el recurso contencioso administrativo puede ser en sí mismo el medio de amparo. Por ello, en el caso de actos administrativos, cuando el recurso contencioso administrativo no sirva efectivamente como medio de amparo dadas las particulares circunstancias del caso concreto, es que la acción autónoma de amparo procede (art. 5°).

Por otra parte, debe señalarse que el derecho de amparo, de acuerdo a la Constitución y la Ley Orgánica, se puede ejercer ante "los tribunales" en conformidad con la Ley, por lo que de acuerdo a la organización del sistema judicial y procesal, no existe una única acción judicial ante un sólo tribunal, prevista para garantizar el ejercicio y goce de los derechos constitucionales. Hemos dicho que de acuerdo a la Constitución no se prevé el derecho de amparo como una sola acción o recurso, que se intenta ante un solo Tribunal, con el objeto de amparar el goce y ejercicio de los derechos constitucionales, por lo que el ordenamiento regula, a través de recursos y acciones tradicionales, sistemas de amparo de los derechos y garantías constitucionales, mediante procedimientos breves y sumarios con poderes para el juez, para restablecer en forma inmediata situaciones jurídicas subjetivas infringidas.

Por eso, insistimos, en Venezuela, el amparo de los derechos puede obtenerse a través de diversas acciones o recursos que regula el ordenamiento jurídico, por lo que, en definitiva, el derecho de amparo no se traduce en una sola acción o recurso, lo que diferencia nuestro amparo de los recursos de amparo europeos, particularmente el recurso de amparo en

---

141 Este carácter subsidiario que le habíamos atribuido a la acción autónoma de amparo en materia de amparo contra actos administrativos y que la jurisprudencia había confirmado, no significaba, como lo señaló H. Rondón de Sansó, que "sólo es admisible cuando hubiesen sido agotados todos los recursos ordinarios que para el caso específico el sistema jurídico prevé" (Véase en "El amparo constitucional en Venezuela", *Revista de Derecho Público*, N° 25, EJV, Caracas, 1986, p. 56). Al contrario, como ya lo habíamos explicado (Véase Allan R. Brewer–Carías, "El derecho de amparo y la acción de amparo, *Revista de Derecho Público*, N° 22, EJV, Caracas, 1985, pp. 53–54) la subsidiaridad de la acción autónoma de amparo contra actos administrativos derivaba de que procedía cuando el "recurso contencioso administrativo de anulación y amparo" no era un medio efectivo de protección. Véase además, Allan R. Brewer–Carías. *Estado de derecho y Control Judicial, cit.*, pp. 628 y ss.

Alemania y en España, donde el recurso de amparo es una sola acción que se intenta ante un solo Tribunal, y que sirve como mecanismo para la protección de algunos derechos y garantías constitucionales[142]. Al contrario, en el caso venezolano, el derecho de amparo se presenta, en realidad, como una vía judicial multiforme que se puede ejercer ante todos los Tribunales, conforme a la Ley, sea mediante las acciones o recursos preexistentes que pueden servir de amparo, siempre que se prevea un procedimiento breve y sumario con poderes para el juez para restablecer las situaciones jurídicas subjetivas infringidas; sea mediante la acción autónoma de amparo prevista en la Ley Orgánica.

II. LA COMPETENCIA JUDICIAL EN MATERIA DE AMPARO

De acuerdo con el artículo 27 de la Constitución, y en virtud de que el amparo está concebido como un derecho ciudadano a la tutela judicial efectiva de sus derechos constitucionales, más que como un solo medio procesal específico o garantía de los derechos, puede decirse que todos los jueces de la República pueden ser competentes para conocer de una acción o pretensión de amparo.

Ahora bien, en relación a la competencia judicial para conocer del amparo, conforme a la Ley Orgánica, la misma está condicionada por las dos modalidades de ejercicio del derecho de amparo: sea en forma conjunta con otra acción o recurso o como acción autónoma.

En el primer caso, de ejercicio conjunto de la pretensión de amparo junto con una acción de inconstitucionalidad, conforme al artículo 3 de la Ley Orgánica; con una acción contencioso administrativa, conforme al artículo 5 de la Ley Orgánica; o con cualquier otra acción o medio judicial, conforme al ordinal 5 del artículo 6º de la Ley Orgánica, el tribunal competente para conocer de la pretensión de amparo, sin duda, es el tribunal competente para conocer de la acción principal; es decir, en el caso del artículo 3 de la Ley Orgánica, la Sala Constitucional del Tribunal Supremo; en el caso del artículo 5º de la Ley Orgánica, el tribunal de la jurisdicción contencioso administrativa que sea competente para conocer de la nulidad del acto administrativo impugnado; y en el caso del ordinal 5º del artículo 6º de la Ley Orgánica, el tribunal competente para conocer de la acción o medio procesal al cual se acumule la pretensión de amparo.

En todos esos casos de pretensión de amparo acumulada a otras acciones o medios judiciales, por tanto, la competencia judicial para cono-

---

142   Véase H. Fix Zamudio, "El derecho de amparo en México y en España. Su influencia recíproca", *Revista de Estudios Políticos*, Nº 7, Madrid, 1979, pp. 254–255.

cer de la solicitud de amparo está resuelta en la propia Ley Orgánica. Es en los casos de ejercicio de la acción autónoma de amparo en los cuales, sin embargo, se han planteado diversas interpretaciones para definir la competencia judicial, en aplicación del artículo 7 de la Ley Orgánica.

1. *El principio legal de la competencia judicial: los tribunales de primera instancia*

El principio fundamental de la competencia judicial en materia de amparo está establecido en el artículo 7 de Ley Orgánica, que establece:

"*Artículo. 7*   Son competentes para conocer de la acción de amparo, los Tribunales de Primera Instancia que lo sean en la materia afín con la naturaleza del derecho o de las garantías constitucionales violados o amenazados de violación, en la jurisdicción correspondiente al lugar donde ocurriere el hecho, acto u omisión que motivaren la solicitud de amparo.

En caso de duda, se observarán, en lo pertinente, las normas sobre competencia en razón de la materia".

Se establece así, como principio rector para dilucidar la competencia, el criterio de *la afinidad entre la materia natural del juez y los derechos o garantías denunciados como lesionados.* Como lo ha señalado la Corte Suprema de Justicia:

"[...] de manera que el juez competente para conocer de la acción es el que se encuentre mayormente familiarizado o especializado con el contenido de esos derechos, con el fin de alcanzar así una mayor efectividad de la institución".[143]

En todo caso, es evidente que cuando el artículo 7 de la Ley Orgánica hace referencia a "los tribunales de primera instancia", no se está refiriendo formal y orgánicamente a aquellos que en su propia denominación se los califique expresamente como de "Primera Instancia", sino en general, además de a estos, a todos aquellos tribunales, cualquiera que sea su denominación, rango o jerarquía que conozcan en primera instancia dentro de su jurisdicción en la materia afín con la naturaleza del derecho o de la garantía constitucional violados o amenazados de violación, como

---

143   Véase la sentencia de la antigua Corte Suprema de Justicia, Sala Político Administrativa de 16–11–89 (Caso: *Copei–Julio Cesar Moreno*), *Revista de Derecho Público,* N° 40, EJV Caracas, 1989, p. 96, también citada en sentencia de la antigua Corte Suprema de Justicia, Sala Político Administrativa de 17-2-93 (Caso: *Aseguradora Nacional Agrícola*), *Revista de Derecho Público,* N° 53–54, EJV, Caracas, 1994, pp. 246–247; y en sentencia de la antigua Corte Suprema de Justicia, Sala Político Administrativa de 27–5–93, *Revista de Derecho Público,* N° 53–54, EJV, Caracas, 1994, p. 237.

es el caso de los Tribunales Superiores en lo Contencioso Administrativo o de la Corte Primera de lo Contencioso Administrativo en los casos en los cuales conozcan de asuntos en primera instancia. Por ello, en la sentencia de 16 de noviembre de 1989, la antigua Corte Suprema de Justicia señaló:

> "En efecto, si la idea fue la de que el amparo sea conocido por el juez idóneo, familiarizado y especialista en la materia objeto de la institución protectora: ¿por qué negar a sólo una categoría de esos jueces de primera instancia, por el hecho de no llevar la denominación "Tribunal de Primera Instancia", la competencia natural para conocer de los amparos que denuncien la violación de derechos y garantías integrados dentro de su esfera de competencia por la materia?; más aún y por otra parte, cuando este mismo tribunal actúa y conoce, con el máximo rango, en primera instancia dentro de su jurisdicción"[144].

Por tanto, si bien en materia de la acción autónoma de amparo son competentes todos los tribunales que conozcan de asuntos en primera instancia, en materias afines con los derechos o garantías violados o amenazados de violación, conforme al criterio de la afinidad entre la materia natural del juez y los derechos y garantías lesionados, el Legislador, en el mismo artículo 7 de la Ley Orgánica estableció expresamente la competencia de unos tribunales de primera instancia, con ese rango y denominación en relación al amparo a la *libertad y seguridad personales*, al señalar que "Del amparo de la libertad y seguridad personales conocerán los Tribunales de Primera Instancia en lo Penal, conforme al procedimiento establecido en esta Ley". Esta competencia de los Tribunales de Primera Instancia en lo Penal se ratifica en el artículo 40 de la Ley Orgánica que establece que "Los Juzgados de Primera Instancia en lo Penal son competentes para conocer y decidir sobre el amparo de la libertad y seguridad personales". En esos casos, prevé además la norma, que los respectivos, "tribunales superiores conocerán en consulta de las sentencias dictadas por aquéllos".

---

144 Véase sentencia de la antigua Corte Suprema de Justicia, Sala Político Administrativa de 16–11–89 (Caso: *Copei–Julio Cesar Moreno*), *Revista de Derecho Público*, N° 40, EJV, Caracas, 1989, pp. 97–98.

2. La competencia excepcional de cualquier juez de la localidad con competencia en primera instancia

Tal como lo señaló la antigua Corte Suprema de Justicia en la citada sentencia de 16 de noviembre de 1989 (Caso: *J.C. Moreno–COPEI*), ante el principio de que el conocimiento de las acciones de amparo debe estar atribuido a los tribunales de primera instancia que tengan competencia afín con el derecho vulnerado, surgen dos excepciones bien claras:

> "1) si no existiere un tribunal de primera instancia de esas características, conocerá cualquier otro tribunal, también de primera instancia, existente en la localidad, pero indudablemente de rango inferior; y 2) un fuero especial para la Corte Suprema de Justicia –mas, siempre en Sala con competencia afín al derecho lesionado (criterio material de afinidad, todavía, presente)– cuando se tratare de amparos contra ciertas autoridades, de alto rango, especialmente señaladas por el legislador"[145]

La primera excepción mencionada, está establecida en el artículo 9 de la Ley Orgánica que dispone:

> "*Artículo 9.* Cuando los hechos, actos u omisiones constitutivos de la violación o amenaza de violación del derecho o de las garantías constitucionales se produzcan en lugar donde no funcionen Tribunales de Primera Instancia, se interpondrá la acción de amparo ante cualquier Juez de la localidad, quien decidirá conforme a lo establecido en esta Ley. Dentro de las veinticuatro (24) horas siguientes a la adopción de la decisión, el Juez la enviará en consulta al Tribunal de Primera Instancia competente".

En esta forma, el Legislador, al establecer esta excepción buscó "eliminar obstáculos sobre todo los de orden geográfico y económico"[146] para el ejercicio de la acción de amparo cuando los hechos, actos u omisiones constitutivos de la violación del derecho o garantías constitucionales se produzcan en un lugar donde no funcionen tribunales de primera instancia. En este caso, la acción puede intentarse ante cualquier juez de la localidad, se entiende, de inferior rango formal[147].

Una vez que se decida la acción interpuesta, el artículo 9 de la Ley Orgánica exige que se envíe en consulta al Tribunal de Primera Instancia competente, el cual, por supuesto, no necesariamente tiene que ser el

---

145 Véase en *Revista de Derecho Público,* Nº 40, EJV, Caracas, 1989, p. 97.

146 Véase sentencia de la Corte Primera de lo Contencioso administrativo de 10–9–92 (Caso: *UNET*), *Revista de Derecho Público,* Nº 51, EJV, Caracas, 1992, p. 138.

147 Véase sentencia de la antigua Corte Suprema de Justicia, Sala Político Administrativa de 16–11–89 (Caso: *Copei*), *Revista de Derecho Público,* Nº 40, EJV, Caracas, 1989, p. 97.

superior jerárquico respectivo, sino el que debía conocer en primera instancia del asunto[148].

3. *La competencia de las Salas del Tribunal Supremo de Justicia en materia de amparo.*

La segunda excepción al principio de la competencia definida por la afinidad entre la materia natural del juez y los derechos o garantías denunciados como lesionados, se estableció en el artículo 8 de la Ley Orgánica, que establece:

> "*Artículo 8* La Corte Suprema de Justicia conocerá, en única instancia y mediante aplicación de los lapsos y formalidades previstos en la Ley, en la Sala con competencia afín con el derecho o garantía constitucionales violados o amenazados de violación, de las acciones de amparo contra los hechos, actos y omisiones, emanados del Presidente de la República, de los Ministros, del Consejo Supremo Electoral y de los demás organismos electorales del país, del Fiscal General de la República, del Procurador General de la República o del Contralor General de la República".

La única reforma efectiva que ha tenido la Ley Orgánica de 1988 se produjo, precisamente, en relación con este artículo, al agregarse a la enumeración del artículo 8, los actos, hechos u omisiones emanados del "Consejo Supremo Electoral y los demás organismos electorales."[149] La Sala Constitucional, por otra parte, consideró que la enumeración contenida en el artículo 8 de la Ley Orgánica de Amparo era enunciativa y no taxativa, en tanto que existen órganos con rango similar -dada su naturaleza y atribuciones- a los cuales debe extenderse, necesariamente, la aplicación del fuero especial consagrado en el mismo, como fue el caso de la Comisión de Funcionamiento y Reestructuración del Sistema Judicial.[150]

---

148 Véase sentencia de la Corte Primera de lo Contencioso administrativo de 10–9–92, *Revista de Derecho Público,* N° 51, EJV, Caracas, 1992, p. 138.

149 La Ley Orgánica, publicada en *Gaceta Oficial* N° 33.891 de 22–1–88, fue reformada por Ley de 17–9–88 *Gaceta Oficial* N° 34.060 de 27–9–88.

150 Véase sentencia N° 432 de 19–5–2000 (Caso: *Elena C. Marval R. y otro vs. Comisión de Funcionamiento y Reestructuración del Sistema Judicial*), en *Revista de Derecho Público,* N° 82, EJV, Caracas 2000, p. 454. In igual sentido sentencia n° 864 de 28–7–2000 (Caso: *Braulio Sánchez vs. Comisión de Funcionamiento y Reestructuración del Sistema Judicial*), en *Revista de Derecho Público,* N° 83, EJV, Caracas 2000, p. 283

A. *Competencia de la Sala Constitucional*

Ahora bien, en relación con esta norma y con motivo de la creación de la Sala Constitucional del Tribunal Supremo, al interpretar el artículo 27 de la Constitución, dicha Sala introdujo algunas "reformas" a la Ley Orgánica[151], en forma que consideramos totalmente irregular pues la Jurisdicción Constitucional no puede ser un "legislador positivo,"[152] y menos con tendencia a la concentración de competencias en materia de amparo.

Esto ocurrió, en *primer lugar,* en el campo de las competencias de las Salas del Tribunal Supremo en materia de amparo. A pesar de que constitucionalmente todas las Salas del Tribunal Supremo serían competentes conforme a la Ley Orgánica de Amparo para conocer de acciones de amparo, la Sala Constitucional en sentencia N° 1 de 20 de enero de 2000 dictada con motivo de decidir la admisibilidad de una acción de amparo (Caso: *Emery Mata Millán vs. Ministro del Interior y Justicia y otros*), interpretó erradamente los principios constitucionales y resolvió *concentrar* exclusivamente en la propia Sala Constitucional, las competencias para conocer de las acciones de amparo que venían conociendo las otras Salas, en única instancia, contra altos funcionarios nacionales conforme al artículo 8 de la Ley Orgánica de Amparo; o contra las sentencias dictadas en primera instancia por los Tribunales Superiores de la República, la Corte Primera de lo Contencioso Administrativo y las Cortes de Apelaciones en lo Penal; o las apelaciones o consultas de las sentencias dictadas por esos mismos Tribunales cuando conocieran de acciones de amparo en primera instancia.

Estimamos que la Sala Constitucional se extralimitó en su interpretación de la Constitución, pues del texto de la misma no resulta competen-

---

151 Véase en general, Antonio Canova González, "La Sala Constitucional y su competencia en los procesos de amparo", en: *Estudios de Derecho Administrativo: Libro Homenaje a la Universidad Central de Venezuela,* Volumen I, Imprenta Nacional, Caracas, 2001, pp. 157–176; Luis Martínez Hernández, "Nuevo régimen de acción de amparo con motivo de sentencias dictadas por la Sala Constitucional del Tribunal Supremo de Justicia", en *Estudios de Derecho Público: Libro Homenaje a Humberto J. La Roche Rincón,* Volumen I. Tribunal Supremo de Justicia, Caracas, 2001, pp. 209–265; Rafael Badell Madrid, "El amparo constitucional en la jurisprudencia del Tribunal Supremo de Justicia, *Revista de derecho del Tribunal Supremo de Justicia,* n° 4, Caracas, 2002, pp. 87 a 129.

152 Fue Hans Kelsen el que comparó a los Tribunales Constitucionales con ser *"legisladores negativos"* al equiparar la anulación de una ley con su derogación. Véase Allan R. Brewer–Carías, *Judicial Review in Comparative Law, op. cit.* p. 192.

cia exclusiva alguna de la Sala para conocer de las acciones de amparo que se intenten ante el Tribunal Supremo o de las apelaciones o consultas en relación con sentencias de amparo dictadas por la Corte Primera de lo Contencioso Administrativa, las Cortes de Apelaciones en lo Penal o los Tribunales Superiores[153]. La Sala Constitucional, en la Constitución, sólo tiene competencia exclusiva para ejercer la Jurisdicción Constitucional, pero no para actuar como único juez constitucional.

Estas competencias de la Sala Constitucional en materia de amparo, en todo caso, fueron recogidas en el artículo 25 de la Ley Orgánica del Tribunal Supremo de Justicia de 2010, que asigna a la Sala Constitucional competencia para:

18. Conocer en única instancia las demandas de amparo constitucional que sean interpuestas contra los altos funcionarios o funcionarias públicos nacionales de rango constitucional.

22. Conocer de las demandas de amparo contra los actos, actuaciones y omisiones del Consejo Nacional Electoral, de la Junta Electoral Nacional, de la Comisión de Registro Civil y Electoral, de la Comisión de Participación Política y Financiamiento, así como los demás órganos subalternos y subordinados del Poder Electoral.

La competencia se refiere por tanto a las acciones de amparo contra los titulares de los órganos de los Poderes Públicos previstos en la Constitución que ejerzan competencias a nivel nacional, que son, el Presidente de la República, el Vicepresidente de la República, los Ministros, el Procurador General de la República, el Fiscal General de la República, el Defensor del Pueblo, el Contralor General de la República, y el Presidente del Consejo Nacional Electoral y los titulares de los demás órganos electorales.

Otra excepción a la competencia general de los tribunales de primera instancia en materia de amparo, mediante la atribución de competencia a la Sala Constitucional del Tribunal Supremo de Justicia en primera y única instancia, es la prevista en el artículo 25 de la Ley Orgánica del Tribunal Supremo de Justicia de 2010, para:

21. Conocer las demandas y las pretensiones de amparo para la protección de intereses difusos o colectivos cuando la controversia tenga trascendencia nacional, salvo lo que disponen leyes especiales y las pretensiones que, por su naturaleza, correspondan al contencioso de los servicios públicos o al contencioso electoral.

---

153 Confróntese la apreciación coincidente de Jesús María Casal, *Constitución y Justicia Constitucional,* Caracas, 2000, p. 91.

Por otra parte, conforme al artículo 25 de la Ley Orgánica del Tribunal Supremo de Justicia (2010), se vació materialmente de competencia en materia de amparo a la Sala Político Administrativa al atribuirse a la Sala Constitucional competencia en segunda instancia para:

19.   Conocer las apelaciones contra las sentencias que recaigan en los procesos de amparo constitucional autónomo que sean dictadas por los juzgados superiores de la República, salvo contra las de los Juzgados Superiores en lo Contencioso Administrativo.

20.   Conocer las demandas de amparo constitucional autónomo contra las decisiones que dicten, en última instancia, los juzgados superiores de la República, salvo de las que se incoen contra las de los Juzgados Superiores en lo Contencioso Administrativo.

Por último, en cuanto a las competencias de la Sala Constitucional en materia de amparo, una de las importantes innovaciones de la Constitución de 1999 en materia de justicia constitucional, establecida en el artículo 336.10, fue prever la asignación a la Sala Constitucional de la potestad para revisar sentencias de los tribunales en materia constitucional, en particular, "las sentencias definitivamente firmes de amparo constitucional y de control de constitucionalidad de leyes o normas jurídicas dictadas por los tribunales de la República, en los términos establecidos por la ley orgánica respectiva." Dicha competencia, después de un desarrollo importante en la jurisprudencia, [154] se ha regulado en el artículo 25 de la Ley Orgánica del Tribunal Supremo de Justicia, como competencia de la Sala para:

10.   Revisar las sentencias definitivamente firmes que sean dictadas por los Tribunales de la República, cuando hayan desconocido algún precedente dictado por la Sala Constitucional; efectuado una indebida aplicación de una norma o principio constitucional; o producido un error grave en su interpretación; o por falta de aplicación de algún principio o normas constitucionales.

11.   Revisar las sentencias dictadas por las otras Salas que se subsuman en los supuestos que señala el numeral anterior, así como la violación de principios jurídicos fundamentales que estén contenidos en la Constitución de la República Bolivariana de Venezuela, tratados, pactos o convenios internacionales suscritos y ratificados válidamente por la República o cuando incurran en violaciones de derechos constitucionales.

---

154 Véase Allan R. Brewer-Carías, "La metamorfosis jurisprudencial y legal del recurso extraordinario de revisión constitucional de sentencias en Venezuela" en Eduardo Andrés Velandia Canosa (Director Científico). *Derecho procesal constitucional*. Tomo III, volumen III. VC Editores Ltda. y Asociación Colombiana de Derecho Procesal Constitucional, Bogotá 2012, p. 269-304.

12. Revisar las sentencias definitivamente firmes en las que se haya ejercido el control difuso de la constitucionalidad de las leyes u otras normas jurídicas, que sean dictadas por las demás Salas del Tribunal Supremo de Justicia y demás Tribunales de la República.

En esta materia, conforme al artículo 35 de la ley Orgánica del Tribunal Supremo, cuando la Sala ejerza la revisión de sentencias definitivamente firmes, debe determinar los efectos inmediatos de su decisión, pudiendo reenviar la controversia a la Sala o Tribunal respectivo o conocer la causa, siempre que el motivo que haya generado la revisión constitucional sea de mero derecho y no suponga una nueva actividad probatoria; o que la Sala pondere que el reenvío pueda significar una dilación inútil o indebida, cuando se trate de un vicio que pueda subsanarse con la sola decisión que sea dictada.

B. *La competencia de la Sala Electoral como tribunal de única instancia en materia de amparo de contenido electoral*

En materia electoral, la Ley Orgánica del Tribunal Supremo de Justicia le atribuye a la Sala Electoral del Tribunal Supremo, competencia para conocer en primera instancia de "las demandas de amparo constitucional de contenido electoral, distintas a las atribuidas a la Sala Constitucional" (art. 27.3).

Debe mencionarse sobre esto, que sólo tres meses antes de que se publicara la Ley Orgánica del Tribunal Supremo atribuyendo esta competencia a la Sala Electoral, la Sala Constitucional en sentencia N° 187 de 8 de abril de 2010, había resuelto que "a partir de la publicación de esta sentencia asumirá, sin excepciones, la competencia para conocer de los amparos autónomos que se interpongan contra autoridades subalternas electorales, entes de interés electoral y cualesquiera otra petición con sustancia electoral."[155]

III. EL CARÁCTER EXTRAORDINARIO DE LA ACCIÓN AUTÓNOMA DE AMPARO

Meses antes de la sanción de la Ley Orgánica de Amparo de 1988, la antigua Corte Suprema de Justicia en Sala Político Administrativa en sentencia de 6 de agosto de 1987 (Caso: *RAP*), había dejado sentado el principio de que la acción de amparo era siempre procedente, cuando los

---

155 Véase en *Revista de Derecho Público*, N° 122, Editorial Jurídica Venezolana, Caracas 2010, pp. 214-217. Véase además, sentencia de la Sala Electoral N° 54 de 21-4-2010, en el mismo sentido, en *Idem*, pp. 218-225.

medios ordinarios que existieran contra los actos inconstitucionales o ilegales fueran insuficientes para reparar el perjuicio o no fueran idóneos para evitar el daño o la lesión causada por tales actos.[156]

De allí el carácter extraordinario que la jurisprudencia fue desarrollando sobre la acción de amparo, en el sentido de que la misma procede "cuando se hayan agotado, no existan, o sean inoperantes otras vías procesales que permitan la reparación del daño;" o "en ausencia de una vía judicial o procedimental específica prevista en el ordenamiento jurídico y aplicable al caso". Esta tesis, desarrollada por la antigua Corte Suprema en la sentencia citada, "es de vieja data en Venezuela", y consiste en definitiva en que si un medio ordinario:

> "permite la protección del derecho constitucionalizado, el amparo no será procedente. Por el contrario, si no hay proceso idóneo para salvaguardarlo, se abre la vía del amparo".

En otras palabras, dijo la antigua Corte Suprema de Justicia, "la acción de amparo resulta improcedente cuando existan medios procesales que permitan obtener los mismos efectos procesales perseguidos por el amparo solicitado". En definitiva, la antigua Corte en esa sentencia del Caso: *RAP,* concluyó señalando que:

> "para que sea dable la concesión de un mandamiento de amparo, el juez que conoce de la solicitud respectiva debe concretar su examen a la verificación de los siguientes aspectos:
>
> 1) Que la situación infringida por el acto, hecho u omisión de la autoridad pública o del particular, sea violatorio en forma directa, manifiesta e incontestable de un derecho o garantía constitucionalmente tutelado;
>
> 2) Que no exista para el restablecimiento de esa situación jurídica lesionada ningún otro medio procesal ordinario adecuado; y
>
> 3) Que la lesión o el derecho o garantía afectados sean de tal naturaleza que no podrían ser reparados mediante la utilización de ese otro medio procesal."[157]

En el mismo sentido, como lo indicó la antigua Corte Primera de lo Contencioso Administrativo, en sentencia de 12 mayo de 1988:

---

156 Véase en *Revista de Derecho Público,* N° 33, Editorial Jurídica Venezolana, Caracas, 1987, p. 107.

157 En *Revista de Derecho Público,* N° 31, 1987, pp. 81, 83, 86, 87 y 88. En igual sentido la sentencia de la Corte Primera de lo Contencioso administrativo de 21–1–88, *Revista de Derecho Público,* N° 33, EJV, Caracas, 1988, p. 110.

"Cuando el accionante tenga medios procesales ciertamente eficaces, breves e idóneos, los cuales constituyen para ello garantías suficientes y apropiadas para el caso de ser jurídicamente procedentes, tal circunstancia hace inadecuada, esta vía jurisdiccional (acción de amparo autónoma) para la obtención de lo solicitado."[158]

En definitiva, lo extraordinario de la acción de amparo es que como principio se admite cuando no existan vías procesales idóneas para enervar las lesiones constitucionales aducidas," de manera que si estas existen, la acción de amparo es inadmisible (art. 23.5).

Este carácter extraordinario de la acción de amparo fue precisado por la antigua Corte Suprema en Sala Político Administrativa poco después de sancionada la Ley Orgánica de 1988, en sentencia de 14 de agosto de 1990, al calificar dicha acción como "especial" así:

"Tal como lo ha establecido este Máximo Tribunal reiteradamente, la acción de amparo resulta ser de carácter especial, en el sentido de que no puede sustituir los recursos y acciones establecidos para reclamar algún derecho constitucional, si sus respectivos procedimientos son a su vez breves y sumarios, o eficaces, para lograr su rápido restablecimiento. Así lo ha manifestado esta Sala en sentencia de fecha 23–5–88, cuando aclaró que no es posible utilizar la acción de amparo, "como sustitutoria de los recursos precisa y específicamente arbitrados por el legislador –en desarrollo de normas fundamentales– para lograr de esta manera el propósito que se pretende en autos. Si tal sustitución se permitiere, el amparo llegaría a suplantar no sólo esa, sino todas las vías procesales establecidas en nuestro sistema de derecho positivo, situación en modo alguno deseable ni deseada por el legislador del amparo". En ese mismo sentido se ha pronunciado la Sala de Casación Civil de esta Suprema Corte, cuando en sentencia de fecha 27–4–88, asentó que el actor tiene la carga procesal de "utilizar el procedimiento normal preestablecido por la ley adecuado a su pretensión, carga que de in-

---

158 Véase en *Revista de Derecho Público,* N° 34, EJV, Caracas, 1988, p. 104. Véase además, la sentencia de la Corte Suprema en Sala Político Administrativa de 6–12–89, en Véase en *Revista de Derecho Público,* N° 41, EJV, Caracas, 1989 p. 41. En igual sentido la sentencia de la misma antigua Corte Suprema de Justicia, Sala Político Administrativa de 23–5–88 señaló que procede la acción de amparo "cuando se hayan agotado, no existan o sean inoperantes otras vías judiciales que permitan la reparación del daño". En el caso resuelto se trataba de una acción de amparo intentada contra un acto de negativa del registro de la propiedad de un inmueble y la Corte resolvió que a dicha negativa de registro podía darse satisfacción mediante los procedimientos administrativos y judiciales previstos, agregando que "no puede la brevedad, efectividad y sumariedad del procedimiento de amparo sustituir lapsos y plazos que el legislador estimó conveniente establecer especialmente en materia de registro de la propiedad inmobiliaria". Véase en *Revista de Derecho Público,* N° 35, EJV, Caracas, 1988, p. 125.

cumplirse, produce la inadmisión del amparo instaurado". En esa misma sentencia la Sala de Casación Civil, precisó, que el numeral 5 del artículo 6° de la Ley Orgánica de Amparo sobre Derechos y Garantías Constitucionales, debe interpretarse en el sentido de que "no puede entenderse nunca como una facultad libre de acudir o no a las vías establecidas, sino como la carga procesal del actor de utilizar el procedimiento normal preestablecido por la Ley (*omissis*)". En concreto, pues, que si existe "un medio procesal, breve, sumario y eficaz acorde con la protección constitucional", como lo exige el artículo 5° de la Ley Orgánica de Amparo sobre Derechos y Garantías Constitucionales, la acción de amparo en contra de los actos administrativos, actuaciones materiales, vías de hecho, abstenciones u omisiones de la Administración Pública, resulta ser inadmisible, por no darse el presupuesto general de dicha acción cual es su carácter extraordinario."[159]

En sentido similar en sentencia de 11 de diciembre de 19 de diciembre de 1990, la Sala Político Administrativa de la antigua Corte Suprema precisó:

"Ha sido el criterio reiterado de la jurisprudencia de este Máximo Tribunal, así como de la doctrina, que la acción de amparo es un remedio judicial extraordinario o especial que sólo procede cuando se hayan agotado, no existan, o sean inoperantes otras vías procesales que permitan la reparación del daño. Igualmente, el artículo 5 de la Ley Orgánica de Amparo sobre Derechos y Garantías Constitucionales señala que la acción de amparo procede cuando no exista un medio procesal breve, sumario y eficaz acorde con la protección constitucional.

Tal requisito procesal objetivo para la admisibilidad de la acción hace del amparo un medio o instrumento judicial que sólo puede ser admitido por el juez una vez verificado que los otros medios ordinarios no son los eficaces o idóneos para restablecer la situación jurídica denunciada. Si existen esos medios, el juez debe abstenerse de admitir la acción de amparo propuesta.

En efecto, la naturaleza extraordinaria o especial del amparo constitucional, tiene como objetivo lograr que dicha institución no sea sustitutiva de los medios ordinarios; igualmente alerta sobre la necesidad de su uso prudente y racional como medio de defensa extremo de los derechos constitucionales admisible sólo cuando sea la única vía idónea y eficaz para el restablecimiento de las libertades públicas o cuando los otros medios sean inoperantes para lograr dicho objetivo"[160].

---

159 Véase en *Revista de Derecho Público,* N° 44, EJV, Caracas, 1990, p. 134.
160 Véase en *Revista de Derecho Público,* N° 45, EJV, Caracas, 1991, p. 112.

En consecuencia, en sentido contrario, cuando en el ordenamiento jurídico exista una vía idónea, adecuada, eficaz y operante que permita el restablecimiento inmediato de la situación jurídica infringida, acorde con la protección del derecho constitucional, la acción de amparo puede ser declarada inadmisible. Así lo resolvió, desde 1991, la antigua Corte Suprema, por ejemplo, en relación al amparo tributario regulado en el Código Orgánico Tributario: existiendo esta vía para reparar los perjuicios derivados de la abstención administrativa, la acción autónoma de amparo se ha considerado improcedente.[161]

En todo caso, en materia de amparo contra actos administrativos el carácter extraordinario fue muy desarrollado por la jurisprudencia, por la previsión expresa que estaba establecida en el artículo 5° de la Ley Orgánica de 1988 que establecía su procedencia "cuando no exista un medio procesal breve, sumario y eficaz, acorde con la protección constitucional". Por ello, la norma fue analizada por la Sala Constitucional del Tribunal Supremo de Justicia, apenas entró en vigencia la Constitución de 1999, habiendo concluido en la interpretación vinculante adoptada en la sentencia N° 1 de 20 de enero de 2000 (Caso *Emery Mata Millán*), que:[162]

> "Dicho artículo, a juicio de esta Sala, no colide con la Constitución. y por lo tanto, tiene plena vigencia, y según él, las acciones de amparo pueden ejercerse conjuntamente con el recurso contencioso administrativo de nulidad de actos administrativos o contra las conductas omisivas.
>
> Al estar vigente el citado artículo 50, surge una excepción a la doctrina sobre la competencia en materia de amparo, contenida en este fallo, y es que los tribunales, incluyendo las Salas de este Supremo Tribunal, que conozcan de procesos de nulidad de actos administrativos de efectos particulares, o contra negativas o abstenciones de la Administración, mediante recursos contenciosos administrativos, podrán a su vez conocer de los amparos previstos en el artículo 5° de la Ley Orgánica de Amparo Sobre Derechos y Garantías Constitucionales, siempre que el recurso de nulidad o por abstención de la Administración, no se funde en una infracción directa e inmediata de la Constitución, y siempre que la acción de amparo no se encuentre caduca.
>
> Resultado de la doctrina que se expone, es que las Salas de este Tribunal Supremo de Justicia que conocen amparos que no se han ejercido conjuntamente con recursos contenciosos administrativos, remitirán a esta Sala las acciones de amparo que venían tramitando, mientras que la Sala Político-

---

161 Véase sentencia de la antigua Corte Suprema de Justicia, Sala Político Administrativa de 14–8–90 (Caso: *Grespais*), *Revista de Derecho Público*, N° 44, EJV, Caracas, 1990, p. 135.

162 *Revista de Derecho Público*, N° 81, EJV, Caracas, 2000, pp. 225-229.

Administrativa y la Sala Electoral seguirán conociendo los amparos que se ejercieron o se ejerzan conjuntamente con el recurso contencioso administrativo o electoral de anulación de actos o contra las conductas omisivas.".

El principio contenido en el artículo 5 de la Ley Orgánica de 1988, consecuencia del carácter extraordinario de la acción de amparo se recogió en la regulación de la acción contencioso administrativa, contra actos administrativos u omisiones de la Administración, con el amplísimo poder cautelar, en la Ley Orgánica de la Jurisdicción Contencioso Administrativa lo que constituye precisamente, una vía procesal idónea para enervar las lesiones constitucionales aducidas.

IV. EL OBJETO DE LA PROTECCIÓN CONSTITUCIONAL: TODOS LOS DERECHOS Y GARANTÍAS CONSTITUCIONALES

1. *El régimen general en Venezuela: la protección de todos los derechos y garantías*

El derecho de amparo en la Constitución y en la Ley Orgánica está configurado para proteger el goce y ejercicio de *todos* los derechos y garantías que establece la Constitución y los instrumentos internacionales sobre derechos humanos (Artículo 27 Constitución), razón por la cual el artículo 1° de la Ley Orgánica se configura la acción como una garantía fundamental que tiene "toda persona" de poder ejercer:

"ante los Tribunales competentes el amparo previsto en el artículo 49 de la Constitución, para el goce y el ejercicio de los derechos y garantías constitucionales, aun de aquellos derechos fundamentales de la persona humana que no figuren expresamente en la Constitución, con el propósito de que se restablezca inmediatamente la situación jurídica infringida o la situación que más se asemeje a ella.

A ello, se agregó en la misma norma "la garantía de la libertad personal", con lo cual, en definitiva, el amparo se configura como una garantía fundamental de los derechos humanos y de los derechos constitucionales.

Por otra parte, el derecho de amparo corresponde a *todos* para proteger el goce y ejercicio de los derechos y garantías constitucionales y, por tanto, no sólo protege a los titulares de los mismos cuando se trate de personas naturales, sino también de dichos derechos cuando éstos se ejercen por personas morales. Es indudable que por la amplitud con la cual el artículo 27 de la Constitución consagra el derecho de amparo, la expresión "todo habitante" como titular de la acción conforme al artículo 1° de la Ley Orgánica de Amparo, no la interpretó la jurisprudencia ni el Legislador como referida sólo a las personas naturales, sino que también se refiere, por supuesto, a todas las personas jurídicas, incluso las personas morales de derecho público, pues los derechos que la Constitución establece no sólo son derechos de las personas naturales sino que muchos también se garantizan respecto de las personas morales[163]. Lo único que exige la Ley Orgánica para el logro de la protección en estos casos es que las personas morales estén domiciliadas en el país (Art. 1).

En cuanto a los derechos y garantías protegidos, en particular de las personas de derecho público territoriales, la doctrina de la Sala Constitucional ha excluido de protección mediante amparo, a las "garantías institucionales" de la autonomía de los entes político-territoriales establecidas en la Constitución,[164] considerando que los Estados o Municipios sólo pueden acudir al amparo para defender los derechos de los que puedan ser titulares, como el derecho al debido proceso, o el derecho a la igualdad, o a la irretroactividad de la ley; en cambio, no pueden accionar en amparo para tutelar la garantía de la autonomía que la Constitución les reconoce o las potestades y competencias que aquélla comporta.[165]

Pero, como hemos dicho, la acción de amparo se configura como un medio de protección del goce y ejercicio de *absolutamente todos* los derechos y garantías que la Constitución establece, y para corroborar esta afirmación basta recordar que su artículo 27 está ubicado en el Capítulo I que contiene las "Disposiciones Generales" del Título III, que se refiere a los "De los derechos humanos y garantías y de los deberes", teniendo en cuenta que posteriormente, en los ocho capítulos restantes, se regulan separadamente los derechos de los ciudadanos, los derechos civiles, los derechos políticos, los derechos sociales y de las familias, los derechos culturales y educativos, los derechos económicos, los derechos de los pueblos indígenas y los derechos ambientales.

---

163 Véase lo indicado por la Corte Primera de lo Contencioso-Administrativo en sentencias de 30–4–87, 24–4–88 y 28–7–88 en FUNEDA, 15 *años de Jurisprudencia de la Corte Primera de lo Contencioso–Administrativo, 1977–1992, Amparo Constitucional,* Caracas, 1994, pp. 141, 180 y 225.

164 La Sala Constitucional, en esta forma, ha rechazado lo que ha denominado como el "amparo organizacional," como una pretendida figura destinada a tutelar potestades públicas o garantías institucionales." Véase sentencia Nº 1655 de 5 de diciembre de 2012, en *Revista de Derecho Público*, Nº 132, Editorial Jurídica Venezolana, Caracas 2012, pp. 184-185.

165 Véase entre otras, la sentencia Nº 1395 de 21–11–2000 (Caso: *Gobernación del Estado Mérida y otras vs. Ministerio de Finanzas*), en *Revista de Derecho Público*, Nº 84, EJV, Caracas 2000, pp. 315 ss.

Por esta ubicación de la norma en las Disposiciones Generales citadas, la Ley Orgánica ha sido explícita al señalar que el derecho de amparo procede respeto de "el goce y el ejercicio de los derechos y garantías constitucionales, aun de aquellos inherentes a la persona que no figuren expresamente en la Constitución" (Art. 1º).

Por tanto, en Venezuela el amparo no es solo un medio de protección de ciertos derechos, sino al contrario, de todos los derechos y garantías que la Constitución establece y que además están establecidos en los instrumentos internacionales sobre derechos humanos, o que sean inherentes a la persona humana, teniendo en cuenta, además, que los consagrados en tratados internacionales tienen rango constitucional por expresa previsión del artículo 23 de la Constitución. No tiene aplicación en Venezuela, por tanto, el sistema restrictivo de la acción de amparo que lo prevé sólo para proteger ciertos derechos constitucionales denominados como "fundamentales" lo que implica que quedarían fuera de su ámbito todos los otros, como sucede en España, Alemania y algunos países latinoamericanos como Chile y Colombia.[166] Al contrario, en Venezuela, *todos* los derechos constitucionales pueden ser objeto de protección mediante la acción de amparo.

Esto llevó al legislador a considerar que mediante el derecho de amparo no sólo se protegen *todos* los derechos y garantías enumeradas en la Constitución, en los artículos 19 a 129, sino, por supuesto, aquéllos que se establecen indirectamente en otras normas constitucionales. Por ejemplo, la garantía de que los entes públicos no le pueden exigir a las personas naturales jurídicas el pago de impuestos y contribuciones que no se hayan establecido en ley formal, y la garantía de que el Estado no establezca ni exija el pago de impuestos en servicio personal, consagrado en el artículo 317 de la Constitución.[167]

---

166 Véase Allan R. Brewer–Carías, *El amparo a los derechos y garantías constitucionales, (Una aproximación comparativa)*, Caracas, 1993, pp. 63 ss.

167 Sin embargo, en algunas sentencias se puede apreciar alguna tendencia restrictiva en esta materia. Por ejemplo, en la de la Corte Suprema de Justicia en Corte Plena de 21-3–88, al solicitarse protección constitucional contra la exigencia del pago de una contribución por renovar un registro de vehículos no previsto en la Ley de Tránsito, y por tanto, evidentemente violatorio de la garantía constitucional de la reserva legal. Véase en *Revista de Derecho Público*, Nº 34, EJV, Caracas, 1988, p. 105. Véase también sentencia de la Sala Político-Administrativa de 17–10–88. Véase en *Revista de Derecho Público*, Nº 36, EJV, Caracas, 1988, p. 91. Véase sobre ello Allan R. Brewer–Carías, *Derecho y acción de amparo*, Vol. V, *Instituciones Políticas y Constitucionales*, cit. pp. 209 ss.

Por tanto, el amparo está previsto en la Constitución como un derecho de protección de todos los derechos y garantías constitucionales, sin límites, incluso cuando éstos resultan de principios constitucionales. Así, por ejemplo, lo señaló la antigua Corte Primera de lo Contencioso Administrativo en sentencia de 7 de mayo de 1990, al indicar que:

"El amparo constitucional es el medio directo, efectivo y sumario que el constituyente ha puesto en manos de los ciudadanos y de las corporaciones que los mismos integran, para que sean tutelados no sólo los derechos que ella les garantiza, sino también los principios que rigen el sistema jurídico, tales como el de la actuación democrática; el de la legítima representatividad y de la justicia misma".[168]

De acuerdo a esta orientación, por tanto, poco importa donde estén ubicados dentro de la Constitución los derechos o garantías constitucionales. Lo importante es que tengan rango constitucional. Esto lo reconoció expresamente la antigua Corte Primera de lo Contencioso Administrativo en sentencia de 25 de junio de 1993, al precisar que:

"Ni todos los derechos constitucionales están contenidos en el Título III del Texto Fundamental, ni todas las disposiciones del susodicho título establecen derechos constitucionales. Por lo contrario, existen disposiciones del Título III de la Constitución que lo que establecen son las llamadas "determinaciones de fines del Estado"; por supuesto, estos fines del Estado están encaminados a la protección o facilitación del ejercicio de derechos constitucionales, pero sin establecerlos"[169.]

Por ello, en general, la jurisprudencia ha exigido para que proceda el amparo que se trate de una violación inmediata, directa y clara de un derecho o garantía constitucional o de rango constitucional,[170] como por

---

168 Véase en FUNEDA, 15 *años de Jurisprudencia, op. cit.*, p. 152.

169 Véase en *Revista de Derecho Público,* nos 53–54, EJV, Caracas, 1993, p. 361.

170 Véase, por ejemplo, sentencias de la Corte Primera de lo Contencioso administrativo de 22–1–88, *Revista de Derecho Público,* N° 33, EJV, Caracas, 1988, p. 109; de 24–5–88, *Revista de Derecho Público,* N° 35, EJV, Caracas, 1988, p. 100; de 30–6–88, *Revista de Derecho Público,* N° 35, EJV, Caracas, 1988, p. 129; de 8–10–91, *Revista de Derecho Público,* N° 48, EJV, Caracas, 1991, p. 138; de 15–9–92 y 16–9–92, *Revista de Derecho Público,* N° 51, EJV, Caracas, 1992, pp. 146 y 150; y de la antigua Corte Suprema de Justicia, Sala Político Administrativa, de 9–5–88, *Revista de Derecho Público* N° 34, EJV, Caracas, 1988, pp. 105 y 116; de 27–6–90, *Revista de Derecho Público* N° 43, EJV, Caracas, 1990 p. 92, y de 26–10–89, *Revista de Derecho Público,* N° 40, EJV, Caracas, 1989, p. 109. Véase también de la antigua Corte Suprema de Justicia, Sala Plena de 21–3–88, *Revista de Derecho Público,* N° 34, EJV, Caracas, 1988, p. 105.

supuesto serían también los derechos inherentes a la persona humana[171] conforme al artículo 22 de la Constitución.

En efecto, el derecho de amparo previsto en el artículo 27 de la Constitución también se refiere a aquellos derechos fundamentales que no estén expresamente enunciados en normas constitucionales, pero que sean derechos inherentes a la persona humana, adquiriendo, en este sentido, todo su valor, la cláusula abierta contenida en el artículo 22 de la Constitución, que establece lo siguiente:

> "*Artículo 22.* La enunciación de los derechos y garantías contenidas en la Constitución y en los instrumentos internacionales sobre derechos humanos no debe entenderse como negación de otros que, siendo inherentes a la persona, no figuren expresamente en ella. La falta de ley reglamentaria de estos derechos no menoscaba el ejercicio de los mismos".

Por tanto, la acción de amparo protege también todos estos derechos inherentes a la persona humana que no figuran expresamente en el texto, o en los instrumentos internacionales sobre derechos humanos; no siendo por supuesto necesaria una ley que reglamente estos derechos para que se pueda garantizar su ejercicio.[172] Con motivo de este enunciado del artículo 22, por supuesto, adquiere una enorme importancia el elenco de los derechos del hombre que se enuncian en las Declaraciones Universales de los Derechos del Hombre, y en las Convenciones Internacionales formales que regulan los derechos humanos, como los Pactos Internacionales de los Derechos Civiles y Políticos, y de Derechos Económicos y Sociales los cuales, además, tienen rango constitucional, habiendo sido aprobados por leyes especiales por el Congreso.[173] Lamentablemente, en cuanto a la Convención Americana sobre Derechos Humanos, Venezuela la denunció en 2012.

Por otra parte, en Venezuela, al estar destinado el amparo a proteger todos los derechos y garantías enumerados en la Constitución, el llamado derecho de hábeas corpus se ha configurado como parte del derecho de amparo o, si se quiere, una manifestación del derecho de amparo. En nuestro país, esto resultaba claro de la regulación que traía la Disposición

---

171   Véase sentencias de la antigua Corte Suprema de Justicia, Sala Político Administrativa, de 5–10–89, *Revista de Derecho Público,* N° 40, EJV, Caracas, 1989, p. 108; y de 14–8–89, *Revista de Derecho Públi*co, N° 39, EJV, Caracas, 1989, p. 144.

172   Véase, por ejemplo, sentencia de la antigua Corte Suprema de Justicia, Sala Político Administrativa de 5–10–89 en *Revista de Derecho Público,* N° 40, EJV, Caracas, 1989, p. 108.

173   Véase en *Gaceta Oficial* N° 31.266 de 14–6–77 y N° 2.146 Extra. de 28–1–78.

Transitoria Quinta de la Constitución de 1961 donde se afirmaba que el amparo a la libertad personal, hasta tanto se dictase la ley especial que lo regulare conforme al artículo 49, procedía de acuerdo con una serie de reglas procesales que allí se establecieron, destinadas a proteger a los particulares respecto a la privación o restricción de su libertad con violación de las garantías constitucionales. Al hablar dicha Disposición Transitoria de 1961 de "amparo a la libertad personal" y remitir al artículo 49, en definitiva, implicaba que el derecho de amparo previsto en el artículo 49, también estaba destinado a amparar la libertad personal y que sólo transitoriamente se establecía un procedimiento específico en esta Disposición, pero sin que en Venezuela realmente se configurase un derecho de hábeas corpus distinto al derecho general de amparo, regulado en el artículo 27 de la Constitución.

Esta concepción fue la que se acogió en la Constitución de 1999 y es la que se confirma expresamente en la Ley Orgánica de Amparo de 1988 al establecer en su artículo 1° que "La garantía de la libertad personal que regula el *hábeas corpus* constitucional, se regirá por esta ley"; destinando a ello los artículos 38 a 47 de la misma.

2.   *La situación de la protección de los derechos constitucionales en el derecho comparado: el contraste con el derecho venezolano*

Uno de los propósitos esenciales de los sistemas de garantía de la Constitución, es la protección de la parte dogmática del texto fundamental, es decir, la protección de los derechos declarados en la misma o que por virtud de sus normas, han adquirido rango y valor constitucional, estando fuera del alcance del legislador en el sentido que no pueden ser eliminados o disminuidos mediante leyes.

Por ello es que tienen tanta importancia las declaraciones constitucionales de derechos, pues le permiten al juez constitucional proceder de inmediato a asegurar su protección. Ello contrasta con otros sistemas, como el estadounidense, donde la escueta declaración constitucional de derechos hace a veces más laborioso procurar su protección constitucional, como ha ocurrido por ejemplo, con los derechos sociales, como los relativos a la educación o a la vivienda. En relación con el derecho de educación, por ejemplo, no ha sido considerado en los Estados Unidos como un derecho fundamental, razón por la cual la Corte Suprema en el caso *San Antonio Independent School District et al. v. Rodriguez et al.*, 411 U.S. 1; 93 S. Ct. 1278; 36 L. Ed. 2d 16; (1973), del 21 de marzo de 1.973, ha decidido que aunque la educación "es uno de los más importantes servicios prestados por el estado (como se declaró en *Brown v. Board of Education*), no está dentro de la limitada categoría de derechos reconocida por esta Corte como garantizada por la Constitución" En este caso, la Corte Suprema negó a dicho derecho la cualidad de "derecho fundamental", insistiendo que "la educación, no obstante su indiscutida importancia, no es un derecho al que se reconoce, explícita o implícitamente, protección por la constitución."

Al resolver el caso, la Corte Suprema se refirió a otra decisión emitida en el caso *Dandridge v. Williams*, 397 U.S. 471 (1970), donde tratando otras materias de asistencia social pública, la Corte sentenció que:

> "No es terreno de esta Corte el crear derechos constitucionales sustanciales a título de garantizar la igualdad de las leyes. De allí que la clave para descubrir si la educación es "fundamental" no se encontrará en comparaciones sobre la significación social relativa de la educación, con la subsistencia o la vivienda. Ni tampoco se encontrará al sopesar si la educación es tan importante como el derecho a movilizarse. Más bien, la respuesta yace en determinar si existe un derecho a la educación, explícita o implícitamente, garantizado por la Constitución.

En apoyo del antes mencionado caso *San Antonio Independent School District et al. v. Rodriguez et al.*, la Corte también se refirió a otro caso - *Lindsay v. Normet*, 405 U.S. 56 (1972)- dictado solo un año antes y en el cual reiteró firmemente "que la importancia social no es el determinante crítico para sujetar la legislación estadal a examen estricto," negando rango constitucional al derecho a tener una vivienda, disponiendo que sin denigrar de "la importancia de una vivienda decente, segura e higiénica," el hecho es que "la Constitución no dispone de medios judiciales para cada anomalía social o económica," siendo la materia de atribución legislativa y no judicial.

Por consiguiente, el elemento clave para que los derechos humanos sean materia de protección constitucional - también en los Estados Unidos - es su rango o reconocimiento constitucional que tengan como derechos, independientemente de la posibilidad que sean además regulados, por las leyes. Esta es la situación general en América Latina, donde como se dijo, la acción de amparo se dispone para la protección de los derechos consagrados en las Constituciones, independientemente de si además están regulados en las leyes.

El tema central, por tanto, en esta materia de la protección constitucional de los derechos es el relativo a cuáles son los susceptibles de tal protección, siendo la regla general, que todos los derechos constitucionales deben y pueden ser protegidos sin excepción, como sucede en Venezuela. Aun así, esta regla tiene su excepción en los casos de Chile y Colombia donde el alcance de la protección del amparo ha sido reducida a solo ciertos derechos constitucionales.

A. *El amparo y hábeas corpus para la protección de todos los derechos constitucionales*

De acuerdo con la regla general, los derechos protegidos por la acción de amparo son los "derechos constitucionales," expresión que comprende, *primero*, los derechos expresamente declarados en la Constitución, cualquiera que sea la fórmula que se utilice; *segundo*, aquellos derechos que aun no siendo enumerados en las Constituciones son inherentes a los seres humanos; y *tercero,* aquellos derechos enumerados en los instrumentos internacionales de derechos humanos ratificados por el Estado.

En palabras de las leyes de amparo argentina (art. 1) y uruguaya de 1.988 (art. 72), la protección constitucional se refiere a los derechos y libertades "explícita o implícitamente reconocidas por la Constitución Nacional."

De manera que, por ejemplo, como hemos dicho, en el caso de Venezuela todos los derechos enumerados en el Título III de la Constitución -referido a los derechos humanos, garantías y deberes- son protegidos mediante la acción de amparo. Tales derechos son los derechos de ciudadanía, derechos civiles (o individuales), los derechos políticos, los derechos sociales y de las familias, los derechos culturales y educativos, los derechos económicos, los derechos ambientales y los derechos de los pueblos indígenas enumerados en los artículos 19 al 129. Adicionalmente, todo otro derecho y garantía constitucional derivado de otras disposiciones constitucionales también puede ser protegido aun cuando no esté incluido en el Título III como, por ejemplo, la garantía constitucional de independencia del poder judicial o la garantía constitucional de la legalidad del impuesto (los impuestos solo pueden ser fijados por ley).[174]

Respecto de los derechos protegidos y a través de las cláusulas abiertas de los derechos constitucionales, casi todos los países latinoamericanos han admitido la protección constitucional respecto de los derechos y garantías constitucionales no expresamente enumerados en la Constitu-

---

174 Véase Allan R. Brewer-Carías, *Instituciones Políticas y Constitucionales*, Vol. V, Derecho y Acción de Amparo, Universidad Católica del Táchira - Editorial Jurídica Venezolana, Caracas - San Cristóbal 1998, pp. 209 ss. Véase decisión de la Corte Primera de lo Contencioso-Administrativo, caso *Fecadove*, en Rafael Chavero G., *El nuevo régimen del amparo constitucional en Venezuela,* Ed. Sherwood, Caracas, 2001, p. 157.

ción pero que pueden ser considerados inherentes a los seres humanos. Estas cláusulas abiertas han sido ampliamente aplicadas por los tribunales latinoamericanos, no quedando duda en relación con la posibilidad de que un derecho o garantía no enumerado sea protegido constitucionalmente; formula que tiene su directo antecedente en la Novena Enmienda de la Constitución de los Estados Unidos, la cual, sin embargo, allí solo se ha aplicado en pocas ocasiones.

Por ejemplo, en el caso *Griswold v. Connecticut*, de 7 de junio de 1965 (1965, 381 U.S. 479; 85 S. Ct. 1678; 14 L. Ed. 2d 510), la Suprema Corte declaró que, aunque no estuviese expresamente mencionado en la Constitución, el derecho de privacidad marital debía ser considerado como un derecho constitucional, comprendido en el concepto de libertad y protegido constitucionalmente. En contraste, sin embargo, como se dijo, casi todas las constituciones latinoamericanas, con excepción de Cuba, Chile, México y Panamá, contienen cláusulas abiertas de este tipo, enfatizando que la declaración o enunciación de derechos establecida en la Constitución no se entenderá como la negación de otros no establecidos ahí y que son inherentes al individuo o a su dignidad humana. Cláusulas de este tipo se encuentran en las constituciones de Argentina (art. 33), Bolivia (art. 33), Colombia (art. 94), Costa Rica (art. 74), Ecuador (art. 19), Guatemala (art. 44), Honduras (art. 63), Nicaragua (art. 46), Paraguay (art. 45), Perú (art. 3), Uruguay (art. 72) y también en Venezuela (art. 22).

La Constitución de la Republica Dominicana es menos expresiva, indicando solamente que la enumeración constitucional de los derechos "no tienen carácter limitativo y, por consiguiente, no excluyen otros derechos y garantías de igual naturaleza " (art. 74.1). La constitución de Ecuador, por ejemplo, se refiere a que el reconocimiento de los derechos y garantías establecidos en la Constitución y en los instrumentos internacionales de derechos humanos, "no excluirá los demás derechos derivados de la dignidad de las personas, comunidades, pueblos y nacionalidades, que sean necesarios para su pleno desenvolvimiento. (art. 11.7).

En otros casos, como la Constitución de Brasil, la cláusula abierta, sin referirse a los derechos inherentes de las personas humanas, indica que la enumeración de derechos y garantías en la Constitución, no excluye otros derechos derivados del régimen y principios establecidos por la Constitución o por los tratados internacionales en los cuales la República Federativa de Brasil sea parte" (art. 5.2). La Constitución de Costa Rica se refiere a esos derechos "que se deriven del principio cristiano de justicia social" (art. 74), una expresión que puede interpretarse en el sentido de la dignidad humana y justicia social.

En otras Constituciones, en vez de referirse a derechos inherente a los seres humanos, las cláusulas abiertas se refieren a la soberanía del pueblo y a la forma republicana de gobierno y, por consiguiente, más énfasis se hace respecto de los derechos políticos que a los derechos inherentes de las personas humanas. Este es el caso de Argentina, donde el artículo 33 de la Constitución establece que "las declaraciones, derechos y garantías que enumera la Constitución, no serán entendidos como negación de otros derechos y garantías no enumerados; pero que nacen del principio de la soberanía del pueblo y de la forma republicana de gobierno." Disposiciones similares están contenidas en las constituciones de Bolivia (art. 55) y Uruguay (art. 72). En Perú (art. 3) y Honduras (art. 63) las constituciones se refieren a otros derechos de naturaleza análoga o que están fundamentados en la "dignidad del hombre o en la soberanía del pueblo, el imperio democrático de la ley y la forma republicana de gobierno."

En todos estos casos, la incorporación de cláusulas abiertas en la constitución respecto de los derechos humanos implica que la ausencia de regulaciones legales de dichos derechos no puede ser invocada para negar o menoscabar su ejercicio por el pueblo, como está expresado en muchas constituciones (Argentina, Bolivia, Paraguay, Venezuela y Ecuador).

Pero además de los derechos declarados en la Constitución y aquellos derivados de las cláusulas abiertas como inherentes a la persona humana, los derechos declarados en los tratados internacionales pueden también ser protegidos mediante la acción de amparo. Esto está también expresamente previsto en muchos países donde los derechos declarados en tratados internacionales se les han conferido rango constitucional, como es el caso de Venezuela (Constitución, art. 23). Asimismo en Costa Rica, por ejemplo, el artículo 48 de la Constitución es absolutamente claro cuando garantiza el derecho de toda persona a intentar acciones de amparo para mantener o restablecer el goce de todo otro derecho otorgado por esta Constitución así como de aquellos de naturaleza fundamental establecidos en los instrumentos internacionales de derechos humanos vigentes en la república. En el mismo sentido está regulado en la Ley Orgánica de Garantías Jurisdiccionales y Control Constitucional de 2.009 de Ecuador que establece en su artículo 1 que "esta ley tiene por objeto regular la jurisdicción constitucional, con el fin de garantizar jurisdiccionalmente los derechos reconocidos en la Constitución y en los instrumentos internacionales de derechos humanos y de la naturaleza; y garantizar la eficacia y la supremacía constitucional."

Por consiguiente, el alcance de la protección constitucional del amparo en América Latina en general es muy amplio. Esto ha provocado que en algunos países -a fin de determinar el alcance de la protección constitucional del amparo y habeas corpus- las leyes especiales que regulan el amparo tiendan a ser exhaustivas al enumerar los derechos a ser protegidos, como es el caso de Perú, donde el Código Procesal Constitucional (Ley N° 28.237 de 2.004) expresamente enumera e identifica cuales son los derechos a ser protegidos mediante el amparo y el habeas corpus. Respecto de éste último, una lista extensa está dispuesta en el artículo 25 de la ley, añadiendo que "también procede el hábeas corpus en defensa de los derechos constitucionales conexos con la libertad individual, especialmente cuando se trata del debido proceso y la inviolabilidad del domicilio." Asimismo y respecto de la acción de amparo, el mismo código peruano de procedimiento constitucional incluye una larga lista de derechos (art. 37) a ser protegidos, incluyendo al final una referencia a todos "los demás que la Constitución reconoce", resolviendo los problemas que normalmente tiene la práctica de enumerar situaciones específicas en las leyes con el riesgo general de dejar asuntos por fuera.

La ley guatemalteca de amparo también tiende a agotar la enumeración de casos en que la acción de amparo puede intentarse[175], añadiendo asimismo que su admisión se extiende a cualquier situación que presente un riesgo, amenaza, restricción o violación de los derechos reconocidos por "la Constitución y las leyes de la República de Guatemala", sea que la situación sea causada por entidades o personas de derecho público o privado.

En todos estos casos, cuando se enumeran sin limitación los derechos constitucionales a ser protegidos mediante las acciones de amparo y habeas corpus y si no hay riesgo de dejar fuera derechos constitucionales a ser considerados como protegidos, indudablemente estas leyes son importantes instrumentos para la ejecución judicial de los derechos y para la interpretación jurisprudencial sobre el alcance de los derechos a ser protegidos.

---

175 Véase. Jorge Mario García La Guardia, "La Constitución y su defensa en Guatemala," en *La Constitución y su defensa*, Universidad Nacional Autónoma de México, México, 1984, pp. 717–719; y *La Constitución Guatemalteca de 1985*, México, 1992.

B. *El amparo y hábeas corpus para la protección de sólo algunos derechos constitucionales*

Aun cuando es verdad que el principio general es que solo los derechos constitucionales han de ser protegidos mediante el amparo y hábeas corpus, el hecho es que no todas las constituciones latinoamericanas garantizan esa protección constitucional para todos los derechos constitucionales.

Como ya se mencionó y en contraste con el general sentido protector latinoamericano, en el caso de Chile y Colombia, la acción específica de tutela y de protección de los derechos y libertades constitucionales está solamente establecida en la constitución para proteger ciertos derechos y garantías. En estos casos, el alcance de la acción de amparo es uno restringido, el cual ha caracterizado, asimismo, los sistemas restrictivos seguidos en las constituciones alemana y española en relación con los recursos de amparo que están establecidos únicamente para la protección de los así llamados "derechos fundamentales."

a. *La acción de protección chilena para determinados derechos*

En Chile, aparte de la acción de hábeas corpus establecida para proteger a cualquier individuo contra arrestos inconstitucionales, detenciones y encarcelamiento; el recurso de protección está establecido sólo para garantizar algunos derechos constitucionales enumerados en el artículo 19, numerales 1, 2, 3 (parágrafo 4°), 4, 5, 6, 9 (parágrafo final), 11, 12, 13, 15, 16 de la constitución y en el cuarto párrafo y numerales 19, 21, 22, 23, 24 y 25 de la misma constitución.

La lista asimismo se refiere principalmente a derechos civiles o individuales, también incluyendo algunos derechos sociales, como el derecho a elegir un sistema de salud pública, la libertad para enseñar y trabajar y de afiliarse a sindicatos laborales; algunos derechos a la libertad económica y de propiedad; y el derecho a tener un ambiente descontaminado.

Aparte de todos estos derechos y libertades constitucionales, los otros derechos consagrados en la constitución no tienen un medio específico de protección, estando su protección a cargo de los tribunales ordinarios a través de los procedimientos judiciales ordinarios.

b. *La acción de "tutela" colombiana para la protección de derechos fundamentales*

En el caso de Colombia, además del hábeas corpus, la Constitución también establece la acción de *tutela*, en el artículo 86, para la protección inmediata de lo que se llaman "derechos constitucionales fundamentales."

En efecto, el Título II de la Constitución se dedica a establecer "los derechos, garantías y deberes," enumerándolos en tres capítulos: el Capítulo 1 contiene la lista de "derechos fundamentales;" el Capítulo 2 enumera los derechos sociales, económicos y culturales; y el Capítulo 3 se refiere a los derechos colectivos y al ambiente sano.

De esta declaración constitucional de derechos resulta que solamente los tal llamados "derechos fundamentales" enumerados en el Capítulo 1 (art. 11 a 41) son los derechos constitucionales que se pueden proteger por medio de la *acción de tutela*, y los demás quedan excluidos de ella, y protegidos sólo por los medios judiciales ordinarios.

Por otro lado, el artículo 85 de la Constitución también indica que entre estos "derechos fundamentales", los de "inmediata aplicación" son los protegidos por la acción de *tutela*. La lista también se refiere a los derechos civiles y políticos, y entre los derechos sociales, incluye la libertad de enseñanza. Otros derechos consagrados en otros artículos de la Constitución también se califican como derechos fundamentales, como los "derechos fundamentales" de los niños, enumerados en el artículo 44 sobre la vida, la integridad física, la salud y la seguridad social.

Aparte de estos derechos constitucionales expresamente declarados como "derechos fundamentales," los demás derechos constitucionales no tienen protección constitucional por medio de la acción de *tutela* y serán protegidos por medio del proceso judicial ordinario.

No obstante esta norma limitante, incluso si un derecho no está expresamente señalado en la Constitución como "fundamental," la Corte Constitucional de Colombia, como supremo intérprete de la Constitución, ha reconocido tal carácter a otros derechos, extendiendo la protección de la *tutela* a derechos no definidos como "fundamentales," pero considerados interdependientes con otros que tienen tal naturaleza, como el derecho a la vida.

Con respecto a esto, en una de sus primeras sentencias (N° T-02 del 8 de mayo de 1992) emitida en un caso sobre derechos educativos, la Corte Constitucional sentenció que el criterio principal para identificar "derechos fundamentales" es "determinar si son o no derechos esenciales de los seres humanos", tarea que siempre debe realizar el juez de *tutela*, quien debe comenzar su sentencia analizando los primeros noventa y cuatro artículos de la constitución, y si es necesario, aplicando la cláusula abierta sobre derechos humanos inherentes a las personas humanas.

Estos artículos, interpretados por la Corte Constitucional a la luz de la Convención Inter-Americana de Derechos Humanos, le permitieron inferir lo que se pueden considerar como derechos inalienables, inherentes y esenciales de los seres humanos, lo que hace que, de hecho, la lista de "derechos fundamentales" del Capítulo 1 del Título II de la constitución no sea exhaustiva de los "derechos fundamentales" y no excluya otros derechos de la posibilidad de ser considerados fundamentales y objetos de litigio por medio de la acción de *tutela*.[176]

Con la finalidad de identificar esos derechos fundamentales, la Corte Constitucional también ha aplicado el principio de "conexión" entre los derechos constitucionales, en particular sobre los derechos económicos, culturales y sociales, sentenciando que es posible aceptar la acción de *tutela* con respecto a esos derechos en casos en los que también haya ocurrido la violación de un derecho fundamental.

Por ejemplo, en la sentencia N° T-406 del 5 de junio de 1992, la Corte admitió una acción de *tutela* presentada en el caso de una inundación de un drenaje público, por la que el accionante reclamó la reivindicación del derecho a la salud pública, el derecho a un ambiente sano y a la salud de la población en general. Aunque la acción fue rechazada por el tribunal inferior al considerar que no estaban involucrados los derechos fundamentales, la Corte Constitucional la admitió al considerar que el derecho a un sistema de drenaje, en circunstancias en las que evidentemente quedaban afectados los derechos constitucionales fundamentales, tales como la dignidad humana, el derecho a la vida, o los derechos de los discapacitados, debía considerarse objeto de litigio por medio de la *tutela*. [177]

A través de este principio interpretativo de la conexión con los derechos fundamentales, de hecho los tribunales colombianos protegen casi todos los derechos constitucionales, incluso aquellos no enumerados como derechos fundamentales.

3. *La cuestión de la protección de los derechos en situaciones de emergencia*

Otra cuestión que debe mencionarse sobre la situación de los derechos constitucionales como objeto de litigio por medio de la acción de

---

176 Véase. sentencia T-02 del 8 de mayo de 1992, en Manuel José Cepeda, *Derecho Constitucional Jurisprudencial. Las grandes decisiones de la Corte Constitucional*, Legis, Bogotá, 2001, pp. 49–54.

177 Véase sentencia T-406 del 5 de junio de 1992, en *Idem*, pp. 55–63.

amparo es el alcance y extensión de tal protección constitucional y la admisibilidad de las acciones de amparo en situaciones de emergencia.

Por ejemplo, la cuestión se discutió y además quedó regulada en el artículo 6.7 de la Ley Orgánica de Amparo de Venezuela de 1988, al establecer que la acción de amparo era inadmisible "en caso de suspensión de los derechos y garantías" cuando, en casos de conflicto interno o externo, se declarase una situación de emergencia. Esta disposición fue, por supuesto, tácitamente derogada debido al rango prevalente que tenía la Convención Americana sobre Derechos Humanos, respecto de las leyes internas conforme al artículo 23 de la Constitución de 1.999, la cual al contrario, dispone que, incluso en casos de emergencia, las garantías judiciales de los derechos constitucionales no se pueden suspender. A pesar de que Venezuela denunció la Convención en 2012, el principio en nuestro criterio sigue rigiendo.

En cuanto a la normativa prevalente en América Latina, es que las acciones de amparo y habeas corpus siempre se pueden presentar, incluso en situaciones de excepción, como por ejemplo se declara expresamente en el artículo 1° del Decreto que regula la acción de *tutela* en Colombia. Con respecto al habeas corpus, de modo similar, el artículo 62 de la Ley de Amparo nicaragüense establece que en caso de suspensión de las garantías constitucionales de libertad personal, el recurso de exhibición personal se mantendrá en vigor. El Código Procesal Constitucional peruano también establece el principio que durante los regímenes de emergencia, no se suspenderán los procesos de amparo y habeas corpus, así como los demás procesos constitucionales.[178]

En el caso de Argentina, con respecto a la garantía de habeas corpus, la Ley de Habeas Corpus establece que en el caso de un estado de sitio cuando se restringe la libertad personal, es admisible el proceso de habeas corpus cuando se dirige a probar, en un caso particular: 1) la legitimidad de la declaración del estado de sitio; 2) la relación entre la orden de pri-

---

178 Según el artículo 23 del Código, cuando los recursos se presentan con respecto a los derechos suspendidos, el tribunal debe examinar la razonabilidad y proporcionalidad del acto restrictivo, siguiendo estos criterios: 1) Si la demanda se refiere a derechos constitucionales no suspendidos; 2) Si se refiere a los derechos suspendidos, no teniendo el fundamento del acto restrictivo del derecho una relación directa con los motives que justifican la declaración del estado de emergencia; 3) Si se refiere a los derechos suspendidos, y el acto restrictivo del derecho es evidentemente innecesario o injustificado teniendo en cuenta la conducta del agraviado o la situación de hecho evaluada brevemente por el juez.

vación de libertad y la situación que origina la declaración del estado de sitio; y 3) el ilegítimo empeoramiento de las condiciones de detención.

El asunto lo resolvió definitivamente en octubre de 1986 la Corte Interamericana de Derechos Humanos por medio de una *Opinión Consultiva* que requirió la Comisión Interamericana para la interpretación de los artículos 25, 1 y 7, 6 de la Convención Inter-Americana de Derechos Humanos, con el fin de determinar si el decreto de habeas corpus era una de las garantías judiciales que, según la última cláusula del artículo 27, 2 de esa Convención, no podía ser suspendida por un estado parte de la convención.[179]

En su *Opinión Consultiva OC-8/87* del 30 de enero de 1987 (*Habeas Corpus en Situaciones de Emergencia*), la Corte Interamericana de Derechos Humanos declaró que si bien es cierto que "en condiciones de grave emergencia es lícito suspender temporalmente ciertos derechos y libertades cuyo ejercicio pleno, en condiciones de normalidad, debe ser respetado y garantizado por el Estado ..." es imperativo que "las garantías judiciales esenciales para (su) protección permanezcan vigentes (art. 27, 2)";[180] añadiendo que estos medios judiciales que "deben considerarse como indispensables, a los efectos del artículo 27.2, [son] aquellos procedimientos judiciales que ordinariamente son idóneos para garantizar la plenitud del ejercicio de los derechos y libertades a que se refiere dicho artículo y cuya supresión o limitación pondría en peligro esa plenitud" (Párr. 29).

También en 1.986, el Gobierno de Uruguay solicitó una Opinión Consultiva a la Corte Interamericana de Derechos Humanos sobre el alcance de la prohibición de suspensión de las garantías judiciales esencia-

---

179 El artículo 27 de la Convención autoriza a los estados, en tiempo de guerra, peligro público u otra emergencia que amenace la independencia o seguridad de un estado-parte, a tomar medidas que deroguen sus obligaciones según la convención, pero con la declaración expresa que eso no autoriza ninguna suspensión de los siguientes artículos: art. 3 (Derecho a la Personalidad Jurídica), art. 4 (Derecho a la Vida), art. 5 (Derecho al Trato Humanitario), art. 6 (Libertad de la Esclavitud), art. 9 (Irretroactividad de las Leyes), art. 12 (Libertad de Conciencia y de Religión), art. 17 (Derechos de la Familia), art. 18 (Derecho al Nombre), art. 19 (Derechos del Niño), art. 20 (Derecho a la Nacionalidad), y art. 23 (Derecho a Participar en el Gobierno) o de las garantías jurídicas esenciales para la protección de esos derechos.

180 *Opinión Consultiva OC-8/87* del 30 de enero de 1987, Habeas corpus en situaciones de emergencia, Parágrafo 27. v. en Sergio García Ramírez (Coord.), *La Jurisprudencia de la Corte Interamericana de Derechos Humanos,* Universidad Nacional Autónoma de México, Corte Interamericana de Derechos Humanos, México, 2001, pp. 1.008 ss.

les para la protección de los derechos mencionados en el artículo 27, 2 de la Convención Inter-Americana; esto resultó en la *Opinión Consultiva OC-9/87* del 6 de octubre de 1987 (*Garantías Judiciales en Estados de Emergencia*), en la que la Corte, siguiendo su ya citada *Opinión Consultiva OC-8/97*, acordaba que "la declaración de un estado de emergencia... no puede conllevar la supresión o inefectividad de las garantías judiciales que la Convención requiere de los Estados Miembros para establecer la protección de los derechos no sujetos a derogación o suspensión por el estado de emergencia", concluyendo que "es violatoria de la Convención toda disposición adoptada por virtud del estado de emergencia, que redunde en la supresión de esas garantías." [181]

La Corte Interamericana también indicó que las garantías judiciales "indispensables" que no están sujetas a suspensión, incluyen "aquellos procedimientos judiciales, inherentes a la forma democrática representativa de gobierno (art. 29.c), previstos en el derecho interno de los Estados Partes como idóneos para garantizar la plenitud del ejercicio de los derechos a que se refiere el artículo 27.2 de la Convención y cuya supresión o limitación comporte la indefensión de tales derechos", y que "las mencionadas garantías judiciales deben ejercitarse dentro del marco y según los principios del debido proceso legal, recogidos por el artículo 8 de la Convención" (Párr. 41, 2 y 41, 3).

4. *El tema de la protección constitucional de los derechos sociales*

La cuestión más importante en materia de control judicial de los derechos constitucionales en Venezuela y en general en América Latina, mediante el ejercicio de las acciones de amparo, es la relativa a la protección de los derechos económicos, sociales y culturales[182]. En algunos países, muchos de esos derechos no están declarados en las Constituciones, careciendo, por consiguiente, de protección judicial constitucional al

---

181 *Opinión Consultiva OC-9/87* del 6 de octubre de 1987, Garantías Judiciales en Estados de Emergencia, Parágrafos 25, 26. La conclusión de la corte fue entonces que deben considerarse como las garantías judiciales indispensables no susceptibles de suspensión, según lo establecido en el artículo 27.2 de la Convención, el hábeas corpus (art. 7.6), el amparo, o cualquier otro recurso efectivo ante los jueces o tribunales competentes (art. 25.1), destinado a garantizar el respeto a los derechos y libertades cuya suspensión no está autorizada por la misma Convención. (parágrafo 41, 1). *Idem*, pp. 1.019 ss.

182 Véase Allan R. Brewer-Carías, Sobre la justiciabilidad de los derechos sociales," en *Los Derechos Económicos y Sociales y su Exigibilidad en el Estado Social y Democrático de Derecho*," II Congreso Internacional, Tribunal Constitucional de la República Dominicana, Santo Domingo, 26-29 de noviembre de 2014.

no tener rango constitucional. En otros países, como es el caso de Colombia y Chile, muchos de esos derechos sociales no se consideran "derechos fundamentales,, los cuales son, en general, los únicos que se pueden proteger mediante las acciones de *tutela* y de protección.

No obstante, incluso en países que no establecen distinción alguna respecto de los derechos protegidos, la cuestión del control jurisdiccional de esos derechos económicos, sociales y culturales sigue siendo un punto importante, particularmente porque en algunos casos se requiere algún tipo de legislación adicional para su plena viabilidad.

Estos derechos, en particular los sociales, generalmente implican la obligación del Estado de proveer o prestar servicios o cumplir actividades, para lo cual el gasto público debe disponerse respecto de cada servicio, dependiendo de las decisiones políticas del gobierno. Por tanto, se ha planteado que las disposiciones que establecen tales derechos solo se pueden aplicar después que el Congreso sancione la legislación que disponga el alcance de su disfrute (así como también las obligaciones del Estado) y después que el Poder Ejecutivo adopte políticas públicas específicas. Sin embargo, tal método ha sido cuestionado, en particular con base en el principio de la conexión que existe entre los derechos sociales y los civiles, que implican la necesidad de considerar nuevos principios derivados del concepto de Estado Social y del funcionamiento del Estado de Interés Social.

Por ejemplo, a este respecto, la Corte Constitucional colombiana en su sentencia N° T-406 del 5 de junio de 1.992, estableció el principio que esos derechos tienen su razón de ser en el hecho que su satisfacción mínima es una condición indispensable para el disfrute de los derechos civiles y políticos que "sin el respeto de la dignidad humana en cuanto a sus condiciones materiales de existencia, toda pretensión de efectividad de los derechos clásicos de libertad e igualdad formal consagrados en el capítulo primero del título segundo de la Carta, se reducirá a un mero e inocuo formalismo". Por eso, la Corte Constitucional consideró que "la intervención judicial en el caso de un derecho económico social o cultural es necesaria cuando ella sea indispensable para hacer respetar un principio constitucional o un derecho fundamental". En consecuencia, según la Corte Constitucional, el ejercicio de los derechos sociales, económicos y culturales no se puede limitar a la relación política entre el constituyente y el legislador, en el sentido que la eficacia de la Constitución no puede estar sólo en manos del legislador. Al contrario, "la norma constitucional no tendría ningún valor y la validez de la voluntad constituyente quedaría supeditada a la voluntad legislativa."[183]

Sin embargo, basándose en estos argumentos, la Corte Constitucional de Colombia concluyó su sentencia diciendo que debido al hecho que "la aplicación de los derechos económicos sociales y culturales plantea un problema no de generación de recursos sino de asignación de recursos y por lo tanto se trata de un problema político [...] la aceptación de la tutela para los derechos en cuestión, sólo cabe en aquellos casos en los cuales exista violación de un derecho fundamental."[184]

A partir de esta sentencia, el principio de la "conexión" entre los derechos sociales y los derechos fundamentales con respecto a su control jurisdiccional, desarrollado en otros países como México (derecho a la vida) y los Estados Unidos (no discriminación), también se ha aplicado en Colombia.

En consecuencia, en esos países, cuando no exista tal conexión entre un derecho fundamental y uno social, éste último no puede ser protegido, por sí mismo, mediante una acción de *tutela* como, por ejemplo, fue el caso del derecho constitucional a tener una vivienda o habitación digna, con respecto al cual, la misma Corte Constitucional colombiana decidió que, en tal caso, "al igual que otros derechos de contenido social, económico o cultural, no otorga a la persona un derecho subjetivo para exigir del Estado en una forma directa e inmediata su plena satisfacción."[185]

Estos problemas relativos a las condiciones políticas necesarias para la efectividad de algunos derechos sociales, económicos y culturales ha sido la base de la discusión, en derecho constitucional contemporáneo, no acerca de si esos derechos (como la educación, la salud, la seguridad social o la vivienda) tienen o no rango constitucional sino acerca de si pueden ser objeto de protección judicial constitucional, es decir, acerca de la posibilidad de exigir su cumplimiento mediante acciones judiciales contra el estado.

---

183 Véase Sentencia T-406 del 5 de junio de 1.992 en Manuel José Cepeda, *Derecho Constitucional Jurisprudencial. Las grandes decisiones de la Corte Constitucional*, Legis, Bogotá, 2001, p. 61.

184 *Idem,* p. 61.

185 Véase sentencia T-251 del 5 de junio de 1995, *Idem*, p. 486.

5. *Algunas soluciones en materia de protección del derecho constitucional a la salud*

La discusión en torno a la protección de los derechos sociales se ha presentado particularmente en relación con el derecho de la colectividad a la salud, el cual está consagrado en la totalidad de las Constituciones latinoamericanas, aun cuando enunciado en forma diferente.

En efecto, algunas Constituciones se refieren a la salud como un bien público, como es el caso de El Salvador (art. 65) y Guatemala (art. 95), donde se dispone que el Estado y las personas individuales tienen el deber de atender a su cuidado y recuperación. En contraste, en otras Constituciones como las de Bolivia (art. 7, a), Brasil (arts. 6 y 196), Ecuador (art. 46), Nicaragua (art. 59) y Venezuela (art. 84), se dispone del "derecho a la salud" como un derecho constitucional e incluso como derecho constitucional "fundamental" (Venezuela, art. 83), que corresponde por igual a todos, como también se expresa en la Constitución de Nicaragua (art. 59). Este principio de igualdad se reafirma en la Constitución de Guatemala al disponer que "El goce de la salud es derecho fundamental del ser humano, sin discriminación alguna." (art. 93). En otras Constituciones, el derecho a la salud deriva del reconocimiento del rango constitucional del Pacto Internacional de Derechos Económicos, Sociales y Culturales, como es el caso de Argentina (art. 75).

Ahora bien, con esta fórmula constitucional del "derecho a la salud," lo que las Constituciones han establecido es un derecho constitucional de todos a recibir protección a su salud por parte del Estado, el cual a su vez tiene la obligación, junto con toda la sociedad, de procurar el mantenimiento y la recuperación de la salud de las personas.

Es por eso que otras Constituciones latinoamericanas, en lugar de disponer el "derecho a la salud," establecen de modo más preciso el derecho de las personas a "la protección de la salud", como se establece en Honduras (art. 145), Chile (art. 19, 9), México (art. 4), Perú (art. 7), y Colombia (art. 49). Esto implica, en términos generales, como se dispone en la Constitución de Panamá, que se trata de un "derecho a la promoción, protección, conservación, restitución y rehabilitación de la salud y la obligación de conservarla, entendida ésta como el completo bienestar físico, mental y social" (art. 109). Este derecho, también declarado en la Constitución de Paraguay, implica la obligación del Estado que "protegerá y promoverá la salud como derecho fundamental de la persona y en interés de la comunidad" (art. 68).

En consecuencia, este derecho a la salud, en el sentido de un derecho a ser protegido por el Estado, eventualmente implica el derecho de todos a tener igual acceso a los servicios públicos establecidos para cuidar de la salud del pueblo, como lo establece la Constitución de Chile, que dispone que "El Estado protege el libre e igualitario acceso a las acciones de promoción, protección y recuperación de la salud y de rehabilitación del individuo" (art. 19, 9).

Para garantizar el acceso a los servicios de salud, las Constituciones latinoamericanas establecen diferentes enunciados. Por ejemplo, la Constitución de El Salvador declara que el Estado debe dar "asistencia gratuita a los enfermos que carezcan de recursos, y a los habitantes en general, cuando el tratamiento constituya un medio eficaz para prevenir la diseminación de una enfermedad transmisible" (art. 66). La Constitución de Uruguay establece que "El Estado proporcionará gratuitamente los medios de prevención y de asistencia tan sólo a los indigentes o carentes de recursos suficientes" (art. 44); y en Panamá, la Constitución establece que "Estos servicios de salud y medicamentos serán proporcionados gratuitamente a quienes carezcan de recursos económicos" (art. 110.5). Por su parte en la Constitución de Paraguay se dispone que "Nadie será privado de asistencia pública para prevenir o tratar enfermedades, pestes o plagas, y de socorro en los casos de catástrofes y de accidentes" (art. 68).

En otros casos, las Constituciones sólo expresan principios generales que se refieren a las normativas que deben establecerse por la ley. Éste es el caso de la Constitución colombiana (art. 49), que dispone que el legislador "señalará los términos en los cuales la atención básica para todos los habitantes será gratuita y obligatoria;" y éste es también el caso de la Constitución mexicana, que indica que "la ley definirá las bases y modalidades para el acceso a los servicios de salud" (art. 4).

Para todas estas disposiciones constitucionales, además de los deberes de solidaridad general que se imponen a todos para procurar condiciones sostenidas de salubridad, también se imponen una serie de obligaciones al Estado y a las entidades públicas, que eventualmente son las que determinan el alcance de su control jurisdiccional.

Por ejemplo, la Constitución panameña establece que "Es función esencial del Estado velar por la salud de la población de la República" (art. 109); y la Constitución de Guatemala establece como obligación del Estado "la salud y la asistencia social de todos los habitantes" y el "desarrollo" a través de sus instituciones de "acciones de prevención, promoción, recuperación, rehabilitación, coordinación y las complementarias pertinentes a fin de procurarles el más completo bienestar físico, mental y social" (art. 94). La Constitución venezolana, después de declarar la salud como derecho fundamental, también dispone, como obligación del Estado, la garantía a la salud como parte del derecho a la vida (art. 83); y la Constitución hondureña establece que "el Estado conservará el medio ambiente adecuado para proteger la salud de las personas" (art. 145).

En este asunto de las obligaciones del Estado con respecto a la salud, otras Constituciones contienen previsiones más detalladas, como es el caso, por ejemplo, de Panamá (art. 106) y Bolivia (art. 158, 1) con respecto a las políticas generales asignadas al Estado. La Constitución de Ecuador de 2008 en esta orientación dispuso en su artículo 32:

> "La salud es un derecho que garantiza el Estado, cuya realización se vincula al ejercicio de otros derechos, entre ellos el derecho al agua, la alimentación, la educación, la cultura física, el trabajo, la seguridad social, los ambientes sanos y otros que sustentan el buen vivir. El Estado garantizará este derecho mediante políticas económicas, sociales, culturales, educativas y ambientales; y el acceso permanente, oportuno y sin exclusión a programas, acciones y servicios de promoción y atención integral de salud, salud sexual y salud reproductiva. La prestación de los servicios de salud se regirá por los principios de equidad, universalidad, solidaridad, interculturalidad, calidad, eficiencia, eficacia, precaución y bioética, con enfoque de género y generacional."

En la misma orientación, la Constitución de Perú determina que "el Estado determina la política nacional de salud" (art. 9), y la Constitución de El Salvador prescribe que "El Estado determinará la política nacional de salud y controlará y supervisará su aplicación" (art. 65). En Nicaragua, la Constitución determina que el Estado debe establecer "las condiciones básicas para su promoción, protección, recuperación y rehabilitación. Corresponde al Estado dirigir y organizar los programas, servicios y acciones de salud y promover la participación popular en defensa de la misma" (art. 59). En Brasil, el Estado tiene el deber constitucional de garantizar la salud como derecho de todos "mediante políticas sociales y económicas que tiendan a la reducción del riesgo de enfermedad y de otros riesgos y al acceso universal e igualitario a las acciones y servicios para su promoción, protección y recuperación" (art. 196).

La consecuencia general de todas estas disposiciones constitucionales, que establecen la obligación del Estado de prestar servicios de salud por el derecho constitucional de las personas a que se proteja la misma, es que tales obligaciones siempre se materializan en el establecimiento de servicios de salud para las personas. Esto está expresamente dispuesto en la Constitución colombiana al declarar que "la atención de la salud y el saneamiento ambiental son servicios públicos a cargo del Estado" (art. 49) y en la constitución boliviana que establece que "el servicio y la asistencia sociales son funciones del Estado" y que las normas relativas a la salud pública son "de carácter coercitivo y obligatorio" (art. 164).

En todos estos casos, la consecuencia de una disposición constitucional que establezca la obligación del estado de prestar un servicio público para cuidar la salud personal es la existencia de un derecho constitucional a utilizar tal servicio, lo que en consecuencia implica su justiciabilidad, es decir que, en principio, pueden ser reclamados judicialmente y opuestos frente al Estado. El tema, sin embargo, no ha tenido un tratamiento igual en América Latina.

La protección judicial del derecho a la salud, en efecto, depende del modo como las normas específicas han sido establecidas en la Constitución y en las leyes de la materia. Por ejemplo, sólo en casos excepcionales se dispone expresamente la protección judicial del derecho a la salud, como es el caso de Perú, donde el Código Procesal Constitucional expresamente establece que el recurso de amparo puede intentarse para la protección del derecho "a la salud" (art. 37, 24). En el caso de Chile, la constitución sólo se refiere al recurso con miras a la protección del "derecho a elegir el sistema de salud" (art. 19, 9).

Aparte de estas dos disposiciones, no existen en Latinoamérica normas constitucionales o legales expresas respecto al proceso de amparo para exigir el derecho a la salud, lo que por supuesto no excluye la posibilidad de tal protección judicial, como resulta de la jurisprudencia sentada en la materia por los tribunales constitucionales, como ha sucedido por ejemplo en Argentina, Perú, Colombia, Costa Rica, Chile y Venezuela. En esta materia, varias tendencias se pueden distinguir, con carácter progresivo. Una primera tendencia sería, la protección de la salud como derecho colectivo, basada en el interés colectivo. Una segunda tendencia resulta de la protección del derecho a la salud en casos concretos, en relación con el derecho a la vida y cuando una relación legal particular se ha establecido o existe entre el accionante y la entidad pública que actúa en calidad de parte demandada, como la que se deriva de los programas de Seguridad Social a los que contribuye el individuo. En este caso, debido a la íntima "conexión" con otros derechos fundamentales, como el derecho a la vida, los tribunales han rechazado también el carácter "programático" atribuido al derecho a la salud. Y una tercera tendencia sería la protección judicial limitada del derecho a la salud, sujeta a la política estatal vigente al respecto, en particular con respecto a la distribución y disponibilidad de fondos públicos.

A. *La protección del derecho a la salud como derecho colectivo*

La primera tendencia de la protección constitucional del derecho a la salud se basa en su consideración como un derecho colectivo, como se establece en el Pacto Internacional de Derechos Económicos, Sociales y Culturales, cuyo art. 12,1 dispone que los Estados Partes "reconocen el derecho de toda persona al disfrute del más alto nivel posible de salud física y mental" y en consecuencia, según el art. 12, 2, c, se prescribe que los pasos que deben seguir los Estados Partes para lograr la plena realización de este derecho incluyen los necesarios para "la prevención y el tratamiento de las enfermedades epidémicas, endémicas, profesionales y de otra índole, y la lucha contra ellas."

En Argentina, la Constitución (art. 75, 22) ha dado rango constitucional al Pacto Internacional y, en consecuencia, el derecho colectivo a la salud ha sido aplicado por los tribunales. Éste fue el caso de una acción de amparo decidida por la Cámara Nacional de Apelaciones en lo Contencioso-Administrativo Federal, el 2 de junio de 1998 (*Viceconte, Mariela c. Estado Nacional (Ministerio de Salud y Ministerio de Economía de la Nación) s/ caso Acción de Amparo*), que fue intentado como una acción colectiva de amparo por Mariela Viceconte para obligar al Estado a producir la vacuna *Candid 1*, basada en su propio derecho a la salud y el de otros millones de personas expuestas al contagio con "Fiebre Hemorrágica Argentina."

La accionante alegó específicamente la violación de la obligación de prevenir, tratar y combatir enfermedades epidémicas y endémicas, según el artículo 12, 2, c del Pacto Internacional de Derechos Económicos, Sociales y Culturales y la Cámara de Apelaciones concluyó que la omisión del estado en disponer la producción de la vacuna era una violación del derecho a la salud bajo ese artículo del Pacto. Por tanto, la Cámara sentenció que el estado tenía la obligación de fabricar la vacuna y le ordenó cumplir estrictamente y sin dilación con un cronograma previamente diseñado para tal propósito por el Ministerio de Salud. La Cámara también pidió al Defensor del Pueblo que supervisara ese cronograma.[186]

---

186 Véase la referencia en M. Claudia Caputi, "Reseña jurisprudencial. La tutela judicial de la salud y su reivindicación contra los entes estatales" en *Revista Iberoamericana de Estudios Autonómicos*, N° 2, Goberna & Derecho, Guayaquil, 2006, pp. 145–164.

B. *La protección del derecho a la salud en relación con el derecho a la vida y las obligaciones del Seguro Social*

La segunda tendencia de la protección judicial del derecho a la salud mediante la acción de amparo, se refiere a su protección en situaciones particulares derivadas de las obligaciones específicas, por ejemplo del Seguro Social, con respecto a las personas aseguradas.

Por ejemplo, se puede mencionar la decisión de la Sala Constitucional del Tribunal Supremo de Justicia de Venezuela en sentencia N° 487 del 6 de abril de 2001 (caso *Glenda López y otros vs. Instituto Venezolano de los Seguros Sociales*), por la que se protegió a una persona infectada con VIH/SIDA y quien había intentado una acción contra el Instituto de los Seguros Sociales, obligando a dicho instituto a suministrar atención médica al accionante, para lo cual el Tribunal consideró el derecho a la salud o a la protección de la salud como parte integral del derecho a la vida, establecido en la Constitución como derecho fundamental cuya satisfacción corresponde básicamente al Estado a través de acciones tendientes a elevar la calidad de la vida de los ciudadanos y al beneficio colectivo.[187]

Esta conexión entre el derecho a la salud y otros derechos fundamentales, tal como el derecho a la vida que se puede exigir de modo inmediato por medio del amparo, también es la tendencia seguida por los tribunales en Argentina, Colombia, Costa Rica y Perú.

En Colombia, como se dijo antes, la Constitución no incluye el derecho a la salud o a la protección de la salud en la lista de los "derechos fundamentales" que son los únicos protegidos por la acción de *tutela*. Sin embargo, la Corte Constitucional, para asegurar su protección judicial, ha aplicado el principio de la conexión del derecho a la salud con el derecho a la vida. Éste fue el caso en la sentencia n° T-484/92 del 11 de agosto de 1992, emitida al revisar una sentencia de *tutela* de un tribunal inferior, que había sido intentada contra el Instituto de los Seguros Sociales. El accionante en el caso, también contagiado de VIH/SIDA, argumentó que se había contagiado mientras estaba cubierto por el programa de Seguridad Social. El accionante obtuvo una decisión favorable del Juzgado de Primera Instancia que ordenó al Instituto continuar suministrando los servicios de salud que el accionante había estado recibiendo, y el Tribunal Constitucional, al revisar el caso, afirmó que "La salud es uno de aquellos bienes que por su carácter inherente a la existencia digna de los

---

187 Véase en *Revista de Derecho Público*, N° 85–88, Editorial Jurídica Venezolana, Caracas 2001, pp. 139–141.

hombres, se encuentra protegido, especialmente en las personas que por su condición económica, "física" o mental, se hallen en circunstancias de debilidad manifiesta (C.N. art. 13)."

Al considerar el derecho a la salud como un derecho que "busca el aseguramiento del fundamental derecho a la vida (C.N. art. 11)," la Corte constitucional decidió que, debido a su naturaleza asistencial, "impone un tratamiento prioritario y preferencial por parte del poder público... con miras a su protección efectiva."[188] La Corte, con respecto al caso específico del accionante contagiado con VIH/SIDA que recibió tratamiento de los servicios de salud del Instituto de Seguros Sociales, ratificó la decisión de *tutela* del juzgado inferior, teniendo en cuenta que, en el caso concreto, la protección del derecho a la salud era la condición para la protección de su derecho fundamental a la vida.

En un caso similar, la Sala Constitucional de la Corte Suprema de Justicia de Costa Rica, N° 2003-8377 del 8 de agosto de 2003,[189] al decidir un recurso de amparo presentado por el Defensor del Pueblo actuando por una menor agraviada (*Tania González Valle*) contra la Caja Costarricense del Seguro Social por negarse al tratamiento solicitado para una enfermedad específica (conocida como Gaucher tipo 1), argumentó que tal negativa "lesiona el derecho a la vida y a la salud de la menor" quien requería la medicina prescrita para "mantener su vida." La Sala Constitucional, después de referirse al derecho a la vida protegido en decisiones previas que se basaban en la disposición de la constitución (art. 21) que establecen la inviolabilidad de la vida humana, concluyó derivando "el derecho a la salud que tiene todo ciudadano, siendo en definitiva al Estado a quien le corresponde velar por la salud pública... (N° 5130-94 de 17:33 horas el 7 de setiembre de 1994)." La Sala también se refirió a "la preponderancia de la vida y de la salud, como valores supremos de [la sociedad, los cuales son] de obligada tutela para el Estado, [estando presentes] no sólo en la Constitución Política, sino también en diversos instrumentos internacionales suscritos por el país."[190]

---

188 Archivo N° 2.130, caso *Alonso Muñoz Ceballos*. v. en el mismo sentido, Sentencia T-534 de 24 de setiembre de 1.992, en Manuel José Cepeda, *Derecho Constitucional Jurisprudencial. Las grandes decisiones de la Corte Constitucional*, Legis, Bogotá, 2001, pp. 461 ss.

189 Archivo 03-007020-0007-CO, caso *Tania González Valle*.

190 En particular, la sentencia hacía referencia al art. 3 de la Declaración Universal de los Derechos Humanos, art. 4 de la Convención Americana de Derechos Humanos, art. 1° de la Declaración Americana de Derechos y Deberes del Hombre, art. 6 del Pacto Internacional de Derechos Civiles y Políticos, art. 12 del Pacto Internacional

En consecuencia, debido a las responsabilidades del Estado derivada de estas disposiciones, al analizar la misión y funciones de la Caja Costarricense de Seguro Social, la Sala consideró, como había declarado en sentencia previa (N° 1997-05934 del 23 de septiembre de 1997), "que la denegatoria de la Caja Costarricense de Seguro Social a suministrar a los pacientes de Sida la terapia antirretroviral, lesionaba sus derechos fundamentales." Divergiendo de esta afirmación, al analizar el caso particular de la menor con enfermedad de Gaucher, la Sala determinó que no estaba recibiendo el tratamiento prescrito debido a los limitados recursos financieros de la Caja de Seguro Social y concluyó que, aunque el costo de las medicinas prescritas era sin duda oneroso, sin embargo, debido a las características excepcionalmente letales de la enfermedad y a la imposibilidad de sus padres de cubrir los costos de la prescripción, confirmaba el recurso y ordenaba a la Caja de Seguro Social a proveer de inmediato la medicación específica en las condiciones prescritas por su médico[191].

En Perú, el Tribunal Constitucional, en sentencia del 20 de abril de 2.004, también protegió el derecho a la salud al decidir un recurso extraordinario de revisión intentado contra una decisión de amparo pronunciada por la Corte Superior de Justicia de Lima. Este último había concedido parcialmente la protección del amparo intentada contra el estado peruano (Ministerio de Salud), ordenándole proveer al accionante, también una persona infectada con VIH/SIDA, "atención médica integral [...] la que deberá consistir en a) la provisión constante de medicamentos necesarios para el tratamiento del VIH/SIDA [...] y b) la realización de exámenes

_____

de Derechos Económicos, Sociales y Culturales y los arts. 14 y 26 de la Convención de Derechos de los Niños (Ley N° 7.184 del 18 de julio de 1.990).

191 El Tribunal argumentó como sigue: "Este Tribunal es consciente de que los recursos económicos del sistema de seguridad social son escasos, sin embargo considera que el desafío principal que la Caja Costarricense de Seguro Social enfrenta en esta etapa de su desarrollo institucional, en el que se han logrado para Costa Rica estándares de calidad de vida y salud comparables a los de los países desarrollados, radica en optimizar el manejo de los recursos disponibles, disminuir costos administrativos, para que los recursos del sistema de seguro de salud sean invertidos eficientemente. La Sala aprecia que el medicamento prescrito a la amparada es ciertamente muy oneroso, sin embargo, en atención a las características excepcionales de la enfermedad que sufre, que es letal y dado que se ha descartado que sus padres tengan la posibilidad de colaborar en la adquisición de los medicamentos mediante estudios de trabajo social, con fundamento en los artículos 21 y 173 de la Constitución Política y 24 y 26 de la Convención de los Derechos del Niño procede declarar con lugar el recurso. La estimación del recurso implica que la Caja Costarricense de Seguro Social debe suministrar de inmediato a Tania González Valle el medicamento "Cerezyme" (Imuglucerase) en los términos prescritos por su médico tratante." Archivo 03-007020-0007-CO, caso *Tania González Valle.*

111

periódicos, así como las pruebas [..]. a solicitud del médico tratante."[192] El Tribunal Constitucional, refiriéndose a los derechos protegidos por medio de la acción de amparo, aun admitiendo que "el derecho a la salud no se encuentra contemplado entre los derechos fundamentales establecidos en el artículo 2° de la Constitución, sino más bien se lo reconoce en el capítulo de los derechos económicos y sociales,"[193] concluyó – refiriéndose a la doctrina de la corte colombiana– que en "que cuando la vulneración del derecho a la salud compromete otros derechos fundamentales, como el derecho a la vida, la integridad física o el libre desarrollo de la personalidad, tal derecho adquiere carácter de derecho fundamental y, por tanto, su afectación merece protección vía la acción de amparo (STC N° T- 499 Corte Constitucional de Colombia)."[194]

También en Argentina, la Corte Suprema de la Nación, en sentencia del 12 de diciembre de 2.003 (caso *Asociación Esclerosis Múltiple de Salta*), reconoció la acción de amparo como el medio judicial más efectivo para ser ejercitado de modo inevitable "para la salvaguarda del derecho fundamental de la vida y de la salud."[195]

C. *La protección limitada del derecho a la salud y los recursos financieros del Estado*

La tercera tendencia referente a la protección de los derechos humanos es una restringida o limitada y en la cual el control jurisdiccional del

---

192 Archivo N° 2945-2003-AA/TC, caso *Azanca Alhelí Meza García.*

193 Desde 2.004, el derecho a la salud está establecido en el Código Procesal Constitucional, como uno de los derechos expresamente protegidos por la acción de amparo (art. 37, 24).

194 Considerando la naturaleza de los derechos económicos y sociales, como es el caso del derecho a la salud, que siempre origina obligaciones estatales dirigidas a prestar asistencia social, el Tribunal Constitucional peruano en la misma sentencia alegaba que el derecho a la salud, así como todos los llamados "*prestacionales*" (que implica hacer una prestación de algo), como la seguridad social, la salud pública, la vivienda, la educación y otros servicios públicos, constituye una de "los fines sociales del Estado a través de los cuales el individuo puede lograr su plena autodeterminación." Las personas pueden entonces "exigir" el cumplimiento de las obligaciones del estado al "requerir que el Estado adopte las medidas adecuadas para el logro de fines sociales". Sin embargo, el Tribunal reconoció que "no en todos los casos los derechos sociales son por sí mismos jurídicamente sancionables, al ser necesario el soporte presupuestal para su ejecución." Archivo N° 2945-2003-AA/TC, caso Azanca Alhelí Meza García.

195 Véase Fallos: 326: 4931; y la referencia en M. Claudia Caputi, "Reseña jurisprudencial. La tutela judicial de la salud y su reivindicación contra los entes estatales," en la *Revista Iberoamericana de Estudios Autonómicos*, N° 2, Goberna & Derecho, Guayaquil, 2006, pp. 145–164.

derecho a la salud (también respecto al tratamiento del VIH/SIDA) se subordinó completamente a la disponibilidad real de recursos financieros suficientes; como fue el caso de algunas decisiones de los tribunales chilenos en 2000/2001.

En un caso, la acción de protección fue interpuesta contra el Ministerio de Salud por no prestar tratamiento médico a un grupo de pacientes con VIH/SIDA, argumentando que era una violación del derecho a la vida y al de igualdad ante la ley. El accionante exigía ser tratado con la misma terapia que se daba a otros pacientes con VIH/SIDA, que el Ministerio negaba argumentando que carecía de suficientes recursos económicos para atender a todos los pacientes con VIH/SIDA en Chile. El Tribunal de Apelaciones de Santiago determinó que la obligación del Ministerio de Sanidad, según la Ley que regula las disposiciones sobre salud (Ley N° 2763/1979), era la de proveer cuidados de salud según los recursos disponibles, y consideró que la explicación del Ministerio era razonable, y que existía un déficit de recursos económicos para proveer el mejor tratamiento disponible a los accionantes. La sentencia fue confirmada más adelante por la Corte Suprema.[196]

En otro caso de 2.001, el mismo Ministerio de Salud fue demandado por las mismas razones por pacientes con VIH en condiciones más críticas y, aunque la Corte de Apelaciones de Santiago sentenció en favor de los accionantes y ordenó al ministerio que les proveyera inmediatamente con el mejor tratamiento disponible, la Corte Suprema revocó la sentencia, alegando que el ministerio había actuado conforme a la ley.[197]

V. EL CARÁCTER CONSTITUCIONAL DE LA VIOLACIÓN A LOS DERECHOS (LA VIOLACIÓN DIRECTA)

Como la acción de amparo procede para la protección de todos los derechos y garantías constitucionales o de rango constitucional, incluso los inherentes a la persona humana no enumerados en el texto fundamental o en los instrumentos internacionales sobre derechos humanos, la violación o amenaza de violación que se requiere para su procedencia es, precisamente, una que afecte un derecho o garantía constitucional, siendo necesaria que dicha violación sea directa.

---

196 Véase referencia en Javier A. Courso, "Judicialization of Chilean Politics" en Rachel Sieder, Line Schjolden y Alan Angeli (Ed.), *The Judicialization of Politics in Latin America*, Palgrave Macmillan, New York, 2005, pp. 119–120.

197 *Idem*, p. 120.

Sin embargo, debe precisarse que violación directa de un derecho y garantía constitucional no es lo mismo que violación directa de una norma constitucional. Ello se deriva del propio artículo 27 de la Constitución al precisar que el objeto de la protección que concede la acción de amparo, es el goce y ejercicio de los derechos y garantías constitucionales frente a las violaciones o amenazas de violaciones de los mismos, por lo que no sólo procede la protección cuando pueda haber una violación *directa* de alguna norma constitucional, sino también, por supuesto, cuando haya violación de las normas legales que regulan el ejercicio y goce de dichos derechos. Por ello estimamos que no tiene fundamento alguno en Venezuela pretender restringir el ejercicio de la acción de amparo, solamente cuando exista una violación directa de la Constitución.[198]

En efecto, no debe olvidarse que los derechos y garantías constitucionales en Venezuela no tienen una regulación uniforme y su consagración en la Constitución da origen a una efectividad diferente de dichos derechos y garantías. En efecto, en primer lugar pueden identificarse los "derechos absolutos" o "intangibles" entre los cuales está el derecho a la vida; el derecho a no ser incomunicado; a no ser sometido a tortura o procedimiento que cause sufrimiento físico o moral, lo que no es otra cosa que el derecho a la integridad personal; el derecho al debido proceso, el derecho a la información; y el derecho a no ser condenado a penas perpetuas o infamantes o restrictivas de la libertad personal por más de treinta años. Estos derechos enunciados en la propia Constitución están establecidos en tal forma en el Texto Fundamental, que puede decirse que son derechos que no son limitables ni regulables por el legislador siquiera, y que además, son derechos cuyas garantías no pueden restringirse en situaciones de estado de excepción (art. 337). Salvo estos derechos abso-

---

198 La tesis fue expuesta en la sentencia de la Corte Suprema de Justicia en Sala Político-Administrativa de 28–10–83. Véase en *Revista de Derecho Público,* Nº 16, EJV, Caracas, 1983, pp. 169–170. Véanse los comentarios del Magistrado Ponente de dicha sentencia, René De Sola, "Vida y Vicisitudes del Recurso de Amparo en Venezuela", *Revista del Instituto Venezolano de Derecho Social,* Nº 47, Caracas, 1985, p. 58 (publicado también en *Revista SIC,* Nº 472, Caracas, 1986, pp. 74 y ss.). Afortunadamente, la Corte Primera de lo Contencioso-Administrativo en sentencia de fecha 13 de febrero de 1986 ha definido la tesis contraria, que nosotros hemos propugnado, al señalar que "el amparo como acción especial, exige para su admisión y procedencia, que se requiera como protección frente a una violación de una norma constitucional, o legal, que desarrolle un derecho fundamental de progenie constitucional. De modo que el derecho que se dice infringido puede estar consagrado en una ley o en la Constitución" (Ponente: R. J. Duque Corredor). Caso *Federación Venezolana de Tiro.* Véase en *Revista de Derecho Público,* Nº 25, EJV, Caracas, 1986, pp. 114–117.

lutos o intangibles, en cambio, todos los otros derechos y garantías tienen la posibilidad de ser regulados o limitados por el legislador, y sus garantías pueden ser objeto de medidas de restricción; e incluso, algunos quedan constitucionalmente sometidos a las regulaciones legislativas.[199]

De acuerdo con ello, por tanto, no tiene sentido el señalar que el derecho de amparo y, en particular, la acción de amparo, procede sólo cuando se viola la Constitución en forma directa, pues la mayoría de los derechos no sólo tienen consagración constitucional, sino que por virtud de la propia Constitución, están sometidos en su ejercicio a las prescripciones y regulaciones que deba establecer el Legislador. Por tanto, el derecho de amparo también procede cuando la violación o amenaza de violación de un derecho o garantía constitucionales, implique una violación directa de las leyes que regulen el ejercicio y goce de los mismos.

Esta exigencia de violación directa de un derecho o garantía constitucional, independientemente de que el mismo esté regulado en normas de rango legal, fue un tema tratado y precisado por la jurisprudencia desde antes de la sanción de la Ley Orgánica de Amparo de 1988. Inicialmente, con la sentencia de la antigua Corte Suprema de Justicia en Sala Político Administrativa de 20 de octubre de 1983 (Caso *Andrés Velásquez*),[200] se exigió que la violación directa fuera de una norma constitucional que no tuviera desarrollo legislativo, ello se cambió radicalmente, pues como lo dijo la antigua Corte Primera de lo Contencioso Administrativo, en sentencia de 21 de noviembre de 1990, "hoy en día mantener que el amparo sólo procede cuando se trata de la violación de una norma constitucional que no tiene desarrollo legislativo, significa negar en general la procedencia de este derecho". Por ello la Corte Primera se preguntaba: "¿Qué interpretación debe darse al carácter directo?", señalando que "para que exista violación directa", es necesario que se den las siguientes condiciones:

> "1) Obviamente que exista una norma constitucional consagratoria de un derecho o garantía, o que, sin que la misma esté presente, se trate sin embargo de los derechos inherentes a la persona humana o de los principios sustentadores del sistema jurídico (por ejemplo, obtener la ejecución del fallo).

---

199 Es lo que se ha denominado por la jurisprudencia, derechos consagrados en "normas programáticas". Véase las sentencias de la Corte Suprema de Justicia en Corte Plena de 27-2–68 y 12-9–69 en *Gaceta Forense,* Nº 64, 1969, pp. 21 y ss.; y 65, 1969, pp. 10 y ss. respectivamente.

200 Véase en *Revista de Derecho Público,* Nº 16, EJV, Caracas, 1983, pp. 169–170.

2) Que si esta norma está desarrollada por la Ley, por mandato expreso o implícito de la Constitución, esta Ley no contemple como supuesto restrictivo la situación que se plantea en el caso subjudice.

3) Que el efecto principal querido por el acto o acción objeto del amparo, deba recaer necesariamente sobre el solicitante del mismo.

4) Que la lesión que se denuncia en el amparo sea producida por una actuación u omisión frontalmente contraria a la norma constitucional, por lo cual no se constituye el supuesto si se está ante una interpretación más o menos plausible de dicha norma.

5) Desarrollando el punto anterior, la violación directa implica el desconocimiento global, integral, absoluto, del derecho o garantía y no de lesiones parciales al mismo o que puedan graduarse.

6) La lesión directa impide que el acto que de ella derivara sea subsanado por un medio posteriormente empleado".

Estas son las características fundamentales de la violación directa que, de estar presentes, en forma alguna impiden que se denuncien como correlativamente violadas normas de menor rango, cualquiera que el mismo sea, pero que particularicen el contenido de la disposición constitucional."[201]

Esta doctrina ya la había expuesto la misma antigua Corte Primera en sentencia de 6 diciembre de 1989, recién dictada la Ley Orgánica de 1988 en la siguiente forma:

"Igualmente se observa que el amparo se acuerda sólo por violación de las garantías y derechos constitucionales. Estas garantías y derechos bien pueden estar recogidos en normas de menor rango, pero no son tales normas las que han de alegarse como conculcadas, sino deberá hacerse referencia al texto que les da origen, por cuanto el carácter extraordinario del amparo impide que se debatan a través del mismo, el cumplimiento o no de las regulaciones y condiciones establecidas en normas que no sean de rango constitucional, lo cual podrá ventilarse por la vía de las acciones ordinarias. De no ser así, la jurisdicción de amparo sería sustitutiva de cualquier otra y se justificarían las críticas y el temor que esta novísima institución ha planteado"[202].

---

201 Véase en *Revista de Derecho Público*, N° 44, EJV, Caracas, 1990, pp. 141 y 142.

202 Véase en *Revista de Derecho Público*, N° 41, EJV, Caracas, 1990, p. 99. Esta doctrina se ha recogido en las siguientes sentencias de la Corte Primera de lo Contencioso Administrativa de 22–8–90 en FUNEDA *15 años de Jurisprudencia, op. cit.*, p. 138; 16–9–92, en *Revista de Derecho Público,* N° 51, EJV, Caracas, 1992, p. 151; y 4–12–92, en *Revista de Derecho Público,* N° 52, EJV, Caracas, p. 165 y en FUNEDA *15 años de Jurisprudencia, op. cit.*, p. 140.

Por supuesto, y aun cuando el derecho o garantía constitucional pueda estar regulado y desarrollado en normas legales, la acción de amparo no puede fundamentarse en la sola violación de dichas normas legales. Como lo precisó la antigua Corte Suprema en Sala Político Administrativa, en sentencia de 14 de agosto de 1990, el amparo se acuerda sólo por violación directa e inmediata de garantías y derechos constitucionales; y:

> "Para ello se debe demostrar la lesión sólo de dichas normas, y no de otras de carácter infraconstitucional. En consecuencia, la acción de amparo, siempre de índole constitucional, se justifica en la medida en que sean lesionados o amenazados de lesión, derechos o garantías de ese rango, conforme a los términos del artículo 49 de la Carta Fundamental. No basta, en conclusión, con alegar la violación de normas de inferior jerarquía, las que conforme a lo expuesto no son objeto de protección por el medio específico del amparo –pero sí por otros–; aunque desarrollen preceptos constitucionales es, por lo tanto, indispensable, pero también suficiente, que sea demostrada la vulneración directa del precepto constitucional"[203].

Esta doctrina jurisprudencial ha sido ratificada por la Sala Constitucional del Tribunal Supremo, por ejemplo, en sentencia Nº 1556 de 8 de diciembre de 2000 (Caso: *Transporte Sicalpar, C.A. vs. Puertos del Litoral Central, S.A.*), en la cual estableció:

> "Cuando el goce y/o el ejercicio de estos derechos se niega, procede la acción de amparo, si se cumple con el resto de los requisitos de ley para ello. En consecuencia, no están tutelados por la acción de amparo, la infracción de derechos que nacen de la ley en sentido lato, de los tratados internacionales que no versan sobre Derechos Humanos, o que nacen de los contratos"[204].

El objeto de protección, por tanto, son las situaciones jurídicas derivadas de derechos constitucionales, no pudiendo dirimirse mediante la acción de amparo, derechos subjetivos de rango legal. Como lo resumió la propia Sala Constitucional del Tribunal Supremo en sentencia Nº 828

---

203 Véase en *Revista de Derecho Público,* Nº 44, EJV, Caracas, 1990 p. 143. Véase en igual sentido, sentencias de la antigua Corte Suprema de Justicia, Sala Político Administrativa, de 8–11–90, *Revista de Derecho Público,* Nº 44, EJV, Caracas, 1990, p. 141; de 4–4–90, *Revista de Derecho Público,* Nº 42, EJV, Caracas, 1990, p. 112; de 31–1–89, *Revista de Derecho Público* Nº 37, EJV, Caracas, 198, p. 89; de 14–8–89– *Revista de Derecho Público,* Nº 39, EJV, Caracas, 1989, p. 144; y de 4–3–93, *Revista de Derecho Público,* nos 53–54, EJV, Caracas, 1993, p. 254, en la cual se cita la sentencia de la antigua Corte Suprema de Justicia, Sala Político Administrativa de 6–12–89; y sentencia de la Corte Primera de lo Contencioso Administrativo, 17–9–92 FUNEDA en *15 años de Jurisprudencia, op. cit.,* p. 127.

204 Véase en *Revista de Derecho Público,* Nº 83, EJV, Caracas, 2000, p. 319.

de 27 de julio de 2000 (Caso: *Seguros Corporativos (SEGUCORP), C.A. y otros vs. Superintendencia de Seguros*):

"En otras palabras, la situación jurídica del ciudadano es un concepto complejo, en el que destacan derechos y deberes, pero la acción de amparo tutela un aspecto de la situación jurídica del ciudadano que son sus derechos fundamentales, pues la defensa de los derechos subjetivos –diferentes a los derechos fundamentales y las libertades públicas– y los intereses legítimos, se realiza mediante recursos administrativos y acciones judiciales. Por ejemplo, no es lo mismo negar la posibilidad a un ciudadano de tener la condición de propietario, que una discusión acerca de la titularidad de un bien entre particulares, cuya protección se ejerce mediante una acción judicial específica: la reivindicación. Pero, si se niega a un ciudadano su derecho a defender su propiedad, se le niega un derecho fundamental, cuyo goce y ejercicio debe ser restituido.

Esto trae como consecuencia, que en el procedimiento de amparo el juez enjuicia las actuaciones de los órganos del poder público o de los particulares, que hayan podido lesionar los derechos fundamentales. Pero, en ningún caso, puede revisar, por ejemplo, la aplicación o interpretación del derecho ordinario, por parte de la administración o los órganos judiciales, a menos que de ella se derive una infracción directa de la Constitución. No se trata de una nueva instancia judicial o administrativa, ni de la sustitución de los medios ordinarios para la tutela de los derechos o intereses, se trata de la reafirmación de los valores constitucionales, en la cual el juez que conoce del amparo puede pronunciarse acerca del contenido o aplicación de las normas constitucionales que desarrollan los derechos fundamentales, revisar la interpretación que de éstas ha realizado la administración pública o los órganos de la administración de justicia, o establecer si los hechos de los que se deducen las violaciones constitucionales, constituyen una violación directa de la Constitución"[205]

En definitiva, "si la norma constitucional resulta directamente aplicable a la solución del conflicto, esto es, si la situación en la cual surgió la controversia era canalizable según los fines y contenido de un precepto constitucional o de una norma de rango inferior en cuyo contenido esté reflejado o se encuentra implícito un derecho humano; entonces, al acto, actuación u omisión que le desconoció debe imputársele la causación de una lesión a la regularidad constitucional y, en consecuencia, ser pasible del procedimiento de tutela en vía de amparo... Si tal no fuere, es decir, si la determinada situación jurídica podía conducirse a través de normas en

---

205 Véase en *Revista de Derecho Público*, N° 83, EJV, Caracas, 2000, pp. 290 ss. En igual sentido véase sentencia de la Sala Constitucional N° 1082 de 27–9–2000 (Caso: *María E. Díaz T. vs. Corte Primera de lo Contencioso Administrativo*), *idem* p. 295 ss.

cuyos términos no se verifica el contenido esencial de un derecho humano, las consecuencias derivadas de la no aplicación o falsa aplicación de dichas normas devendría revisable por la jurisdicción ordinaria".[206]

VI. PRINCIPIOS DE LA PROTECCIÓN CONSTITUCIONAL RESPECTO DE TODAS LAS PERSONAS EN EL MARCO DEL DERECHO COMPARADO: LAS PERSONAS PROTEGIDAS

Las Constituciones declaran derechos fundamentales de las personas, respecto de las cuales, el juez competente en materia de amparo es el llamado a garantizar su goce y ejercicio por ellas. Esto plantea el tema de la persona agraviada en los procesos de amparo, es decir, de las que pueden ser accionantes, quejosos o peticionarios que conforme al artículo 1 de la Ley Orgánica de Amparo es "toda persona" y conforme al artículo 2 de la misma Ley ,puede ser cualquier "persona natural y jurídica.". De esta norma se deriva, que el amparo no sólo protege a las personas naturales, sino también a las personas morales cuando sean titulares de los derechos.

En principio, por supuesto, esa capacidad o la legitimación procesal corresponde a las personas titulares del derecho constitucional que ha sido violado o amenazado de violación, situación que le da particular interés para intentar la acción de protección ante el tribunal competente. Por eso, la acción de amparo se ha considerado en principio como una acción *in personam* por lo cual el accionante debe ser precisamente la persona agraviada; lo que implica que generalmente se considere que la acción de amparo en América latina, como sucede con las *injunctions* del sistema estadounidense, debe ser personalizada, en el sentido de que se atribuye a una persona particular la cual, por gozar del derecho lesionado, tiene un interés personal en el caso y su resultado.[207]

En este sentido, la Ley de Amparo nicaragüense prevé que sólo la parte agraviada puede intentar la acción de amparo, definiendo como tal a "toda persona natural o jurídica a quien perjudique o esté en inminente peligro de ser perjudicada por toda disposición, acto o resolución, y en

---

206 Véase sentencia N° 460 de 6–4–2001 (Caso: *Only One Import, C.A. vs. Guardia Nacional*), en *Revista de Derecho Público,* N° 85–88, EJV, Caracas, 2001, p. 438.

207 Véase Kevin Schroder *et al,* "Injunction," *Corpus Juris Secundum*, Thomson West, Vol. 43A, 2004; M. Glenn Abernathy and Barbara A. Perry, *Civil Liberties Under the Constitution*, University of South Carolina Press, 1993, p. 4.

general, toda acción u omisión de cualquier funcionario, autoridad o agente de los mismos" (art. 23).[208]

Esto plantea, por tanto diversas cuestiones respecto de quienes pueden ser parte agraviada o lesionada en un proceso de amparo, como las relativas a la legitimación activa o al derecho a actuar, las relativa a la calidad del accionante en el sentido de si tiene que ser sólo una persona física o ser humano, o una persona jurídica o puede ser una corporación, incluyendo las entidades de derecho público. Otros aspectos que se deben considerar son la posibilidad de que el Ministerio Público o los Defensores del Pueblo puedan intentar la acción de amparo.

1. *La persona agraviada y la cuestión de la legitimación activa*

En el juicio de amparo, como la acción tiene carácter personal, el accionante, como parte agraviada, en principio puede ser solamente el titular del derecho lesionado,[209] es decir, la persona cuyos derechos constitucionales han sido agraviados o amenazados de agravio. Así, nadie puede intentar una acción de amparo alegando en nombre propio el derecho que pertenece a otro. Es por eso que la acción de amparo es una acción personal o "subjetiva" en el sentido que sólo puede intentarla ante los tribunales la parte agraviada, con un interés personal, legítimo y directo, la cual puede actuar *in personam* o a través de su representante.[210] Éste es el mismo principio que se aplica en la legitimación activa para procurar la medida de *injunction* estadounidense, que sólo se atribuye a la persona agraviada,[211] pues solo ella es la que puede intentar la acción.[212]

---

208 En este mismo sentido, la Ley N° 437-06 que establecía el Recurso de Amparo de la República Dominicana disponía que "Cualquier persona física o moral, sin distinción de ninguna especie, tiene derecho a reclamar la protección de sus derechos individuales mediante la acción de amparo." (art. 2).

209 En este sentido el artículo 567 del Código Procesal Civil paraguayo establece que "[L]a acción de amparo será deducida por el titular del derecho lesionado o en peligro inminente de serlo".

210 Véase decisión de 27 de agosto de 1.993 (caso *Kenet E. Leal*) en *Revista de Derecho Público*, N° 55-56, Editorial Jurídica Venezolana, Caracas, 1993, p. 322; y decisión del Primer Tribunal de control jurisdiccional de acciones administrativas, del 18 de noviembre de 1993, en *Revista de Derecho Público*, N° 55–56, Editorial Jurídica Venezolana, Caracas, 1993, pp. 325–327.

211 Véase el caso *Alabama Power Co. v. Alabama Elec. Co-op., Inc.*, 394 F.2d 672 (5° Cir. 1968), en John Bourdeau et al., "Injunctions," en Kevin Schroder, John Glenn and Maureen Placilla (Ed.), *Corpus Juris Secundum*, Vol. 43A, West 2004, p. 229.

212 Como se establece, por ejemplo, específicamente en Ecuador. v. Hernán Salgado Pesantes, *Manual de Justicia Constitucional Ecuatoriana*, Corporación Editora Na-

Aunque ésta es la regla general en América Latina, algunas leyes de amparo sin embargo, autorizan a personas distintas de las partes agravia-das o sus representantes a intentar la acción de amparo en su representa-ción,[213] siendo entonces posible distinguir al respecto entre la *legitimatio* o legitimación activa *ad causam* y la *legitimatio* o legitimación activa *ad processum*.[214] La primera se refiere a la persona o entidad titular del dere-cho constitucional particular que se ha violado; y la segunda, a la capaci-dad particular de las personas para actuar en el proceso (capacidad proce-sal), es decir, a la capacidad de comparecer ante el tribunal y utilizar los procesos adecuados para apoyar una demanda, que puede referirse a sus propios derechos o a los derechos de otros.

La legitimación activa *ad causam* corresponde en principio a cual-quier persona cuyos derechos constitucionales han sido lesionados, o amenazados de ser lesionados, y que tenga derecho a procurar la protec-ción de los tribunales por medio de la acción de amparo; bien sea por ser *personas naturales* o seres humanos (sin distinción entre ciudadanos, incapacitados o extranjeros) o una persona *jurídica* o moral.[215] En algu-

---

cional, Quito, 2004, p. 81. En Costa Rica, aunque la Ley de la Jurisdicción Constitu-cional prevé que la acción puede intentarla cualquier persona (art. 33), la Sala Cons-titucional ha interpretado que se refiere a cualquier persona cuyos derechos constitu-cionales hayan sido agraviados (v. Decisión 93-90). Véase la referencia en Rubén Hernández Valle, *Derecho Procesal Constitucional*, Editorial Juricentro, San José, 2001, p. 234); y en caso de una acción de amparo presentada por una persona distin-ta de la parte agraviada, esta última debe aprobar la presentación para que continúe el proceso. De otro modo, faltaría la legitimación activa. v. Decisión 5086-94, en *Idem*, p. 235.

213 Artículo 567 Código de Procedimiento Civil, Paraguay.

214 Véase en general, Alí Joaquín Salgado, *Juicio de amparo y acción de inconstitucio-nalidad*, Astrea, Buenos Aires, 1987, pp. 81 ss.; Joaquín Brage Camazano, *La juris-dicción constitucional de la libertad*, Editorial Porrúa, México, 2005, pp. 162 ss.

215 La palabra "personas" en las leyes de amparo se usa para designar personas humanas o entidades reconocidas por la ley como sujetos de derechos y deberes, incluyendo corporaciones o compañías: Argentina (art. 5: "persona individual o jurídica"; Re-pública Dominicana (art. 2: "Cualquier persona física o moral"); Colombia (art. 1: "Toda persona"); Ecuador (art. 9.a: "cualquier persona"; El Salvador (art. 3 y 12: "Toda persona"); Guatemala (art. 8: "las personas"), Honduras (art. 41: "toda perso-na agraviada"; art. 44: "cualquier persona natural o jurídica"); México (art. 4: "la parte a quien perjudique la ley"); Panamá (art. 2615: "Toda persona"); Perú (art. 39: "El afectado es la persona legitimada"); Uruguay (art. 1: "cualquier persona física o jurídica, pública o privada"); Venezuela (art. 2: "personas naturales o persona jurídi-cas"). En el Reglamento de Filipinas, la petición del amparo también está disponible a "cualquier persona" cuyo derecho a la vida, la libertad y la seguridad, haya sido violado" (Sec. 1).

nos casos, la legitimación activa también corresponde a grupos de personas o entidades colectivas aún sin "personalidad" jurídica formal atribuida por ley, como se ha admitido en Chile con respecto al recurso de protección.[216]

2. *Las personas naturales: Legitimación activa ad causam y ad processum*

El principio general en las leyes de amparo en América latina es que todos los seres humanos, cuando sus derechos constitucionales son arbitraria o ilegítimamente agraviados o amenazados, tienen la necesaria legitimación para intentar la acción de amparo. En la expresión "personas" usada en tales leyes, están comprendidas todas las personas naturales sin distinción. La expresión, por supuesto, no equivale a "ciudadanos", que son aquellas personas que por nacimiento o por naturalización son miembros de la comunidad política representada por el estado. Sin embargo, estas personas, como ciudadanos, serían las únicas que tendrían la legitimación necesaria para la protección de ciertos derechos políticos, como el derecho al voto o a la participación en la política.

Por otro lado, en materia de amparo, los extranjeros tienen en principio el mismo derecho general que los nacionales y tienen la necesaria legitimación para ejercer el derecho al amparo. Sólo en México se encuentra una excepción respecto a las decisiones del Presidente de la República, dictadas según la Constitución, para la expulsión de extranjeros, medida que se encuentra excluida del amparo.[217]

Excepto en este caso particular, el principio general en América Latina es que toda persona lesionada tiene la legitimación *ad causam* para intentar la acción de amparo. Por ello, en México, la Suprema Corte en ejercicio del control de convencionalidad declaró contrario al artículo 25 de la Convención Americana el artículo 76 bis.II de la Ley de Amparo, el cual dejó de aplicarse, pues limitaba la protección que otorga solamente

---

216 La Constitución chilena, en materia de legitimación activa, se refiere a "el que" (quien), sin referirse a "personas" (art. 20). v. Juan Manuel Errázuriz y Jorge Miguel Otero A., *Aspectos procesales del recurso de protección*, Editorial Jurídica de Chile, Santiago, 1989, pp. 15, 50. v. el caso *RP, Federación Chilena de Hockey y Patinaje*, C. de Santiago, 1984, RDJ, T, LXXXI, N° 3, 2da. P., Secc. 5ta, p. 240. Sin embargo, en otras decisiones judiciales se ha sostenido el criterio contrario. v. la referencia en Sergio Lira Herrera, *El recurso de protección. Naturaleza jurídica. Doctrina. Jurisprudencia, Derecho Comparado*, Santiago, 1990, pp. 144–145.

217 Véase Eduardo Ferrer Mac-Gregor, La *acción constitucional de amparo en México y España*, Editorial Porrúa, México, 2002, p. 230.

al reo excluyendo a la víctima.[218] Por ello, también, respecto de leyes que formalmente restringen la legitimación A este respecto, las leyes deben interpretarse en sentido amplio, como ocurre por ejemplo en la ley de amparo venezolana la cual aunque prevé en su primer artículo que la acción de amparo puede intentarla "toda persona natural habitante de la República",[219] se entiende la expresión como referida a cualquier persona, incluso quienes no viven en el país.[220]

Los menores, por supuesto, también tienen legitimación *ad causam*, pero sólo están autorizados para intentar acciones de amparo para proteger sus derechos constitucionales a través de sus representantes (padres o tutores), quienes, en esos casos, tienen legitimación *ad processum*. Sólo excepcionalmente la ley mexicana permite que los menores actúen personalmente cuando sus representantes estén ausentes o impedidos.[221] En

---

218 Tesis 2ª CXXXVII/202 y J.26/2003, *Semanario Judicial de la Federación y su gaceta* 9ª. Época Tomo XVI, noviembre de 2002, p. 449 y Tomo XVIII, agosto de 2003, p. 175; citadas por Alfonso Jaime Martínez Lazcano, "Control difuso de convencionalidad en México," en Boris Barrios González (Coordinador), *Temas de Derecho Procesal Constitucional Latinoamericano*, Memorias I Congreso panameño de Derecho Procesal Constitucional y III Congreso Internacional Proceso y Constitución, Panamá 2012, pp. 209.

219 Véase referencias en Allan R. Brewer-Carías, *Instituciones Políticas y Constitucionales*, Vol. V, El derecho y la acción de Amparo, Universidad Católica del Táchira, Editorial Jurídica Venezolana, San Cristóbal-Caracas, 1998, p. 319. La misma antigua Corte Suprema, en ejercicio de su potestad de control jurisdiccional difuso, declaró inconstitucional la referencia limitante del artículo 1 de la Ley al subrayar el carácter de "habitantes de la República", sentenciando en contrario, que cualquier persona, viva o no en la República, cuyos derechos sean agraviados en Venezuela, tiene suficiente legitimación para intentar la acción de amparo. v. Sentencia de 13 de diciembre de 1994, caso *Jackroo Marine Limited*. Véase la referencia en Rafael Chavero, *El Nuevo Régimen del Amparo Constitucional en Venezuela*, Caracas, 2001, pp. 98–99

220 La misma antigua Corte Suprema, por el ejercicio de su potestad de control jurisdiccional difusa, declaró inconstitucional la referencia limitante del artículo 1 de la ley al subrayar el carácter de "habitantes de la República", sentenciando en contrario, que cualquier persona, viva o no en la República, cuyos derechos sean agraviados en Venezuela, tiene suficiente legitimación para intentar la acción de amparo. V. Sentencia de 13 de diciembre de 1994, caso *Jackroo Marine Limited*. Véase la referencia en Rafael Chavero, *El Nuevo Régimen del Amparo Constitucional en Venezuela*, Caracas, 2001, pp. 98–99.

221 Este es el caso de México, donde la Ley de Amparo prevé que un menor "podrá pedir amparo sin la intervención de su legítimo representante cuando éste se halle ausente o impedido" y añade que "el juez, sin perjuicio de dictar las providencias que sean urgentes, le nombrará un representante especial para que intervenga en el juicio." (art. 6).

Colombia, cuando el representante de un menor está en situación de incapacidad para asumir su defensa, cualquiera puede actuar representando a la parte agraviada (art. 10).[222]

Excepto en aquellos casos en que los representantes de personas naturales incapaces sean llamados a actuar, la regla general de legitimación activa *ad processum* por tanto, respecto de las personas naturales, es que tienen la posibilidad de comparecer ante el tribunal como personas agraviadas en defensa de sus propios derechos. En consecuencia, como asunto de principio, ningún otro puede actuar judicialmente en nombre de la persona agraviada, excepto cuando un representante es nombrado legalmente o actúa con un poder notariado o carta de autorización (Paraguay, art. 567).

Sin embargo, una excepción general a esta regla se refiere a la acción de habeas corpus, en cuyo caso, como generalmente la persona agraviada está físicamente impedida de actuar personalmente por sufrir detención o libertad limitada, las leyes de amparo autorizan a cualquier persona a intentar la acción en representación suya.[223]

En el mismo sentido, algunas leyes de amparo, para garantizar la protección constitucional, también establecen la posibilidad que otras personas actúen representando a la parte agraviada e intenten la acción en su nombre. Puede ser cualquier abogado o familiar como se establece en Guatemala (art. 23), o cualquier persona como se establece en Paraguay (art. 567), Ecuador, Honduras, Uruguay[224] y Colombia, donde cualquiera

---

222 Lo que el Legislador quiso asegurar en este caso fue la posibilidad de una efectiva protección de los derechos, por ejemplo, en casos de violencia física infligida por los padres con respecto a sus hijos, en cuyo caso un vecino es la persona que puede intervenir para intentar una acción de tutela. De otro modo, la acción protectora, en tales casos, no podría ser intentada, particularmente porque los padres son los representantes legales de sus hijos. Véase Juan Carlos Esguerra Portocarrero, *La protección constitucional del ciudadano*, Lexis, Bogotá, 2005, p. 122.

223 Argentina (art. 5: cualquiera que lo represente); Bolivia (art. 89: cualquiera en su nombre); Guatemala (art. 85: cualquier otra persona); Honduras (art. 19: cualquier persona); México (art. 17: cualquier otra persona en su nombre); Nicaragua (art. 52: cualquier habitante de la República); Perú: (art. 26: cualquiera a su favor); Venezuela (art. 39: cualquiera que lo represente). En México, la ley impone en la parte agraviada la obligación de ratificar expresamente la interposición del recurso de amparo, al punto que si la queja no se ratifica, se reputará no presentada (art. 17).

224 En Ecuador, cualquier actor espontáneo que justifique la imposibilidad de la parte agraviada para hacerlo, puede intentar la acción en su nombre, que, sin embargo, debe ser ratificada en los tres días subsiguientes (art. 48). En Honduras, la Ley sobre Justicia Constitucional autoriza a cualquier persona actuar por la parte agraviada, sin necesidad de poder, en cuyo caso el artículo 44 prevé que prevalecerá el criterio de

puede actuar en nombre de la parte agraviada cuando esta última esté en situación de incapacidad para asumir su propia defensa (art. 10).[225] El mismo principio está establecido en el Código Procesal Constitucional de Perú.[226]

Otro aspecto que se debe notar sobre la legitimación activa es que algunas leyes de amparo latinoamericanas, en forma restrictiva, obligan al accionante a nombrar formalmente a un abogado que le asista como, por ejemplo, se indica en el Código Judicial panameño (art. 2.261).

3. *Personas Jurídicas: Legitimación activa* ad causam y ad processum

Aparte de las personas naturales, también las personas jurídicas gozan de los derechos constitucionales, por lo que tienen derecho a intentar acciones de amparo cuando los mismos han sido violados, de modo que las asociaciones, compañías, fundaciones o corporaciones también pueden intentar acciones de amparo,[227] por ejemplo, para proteger su derecho

la parte agraviada (art. 44). En Uruguay (art. 3) la Ley N° 16.011 sobre la Acción de Amparo prevé que en casos en los que la parte agraviada, por sí misma o por su representante, no pudiese intentar la acción, entonces cualquiera puede hacerlo por ella, sin perjuicio de la responsabilidad del agente si éste hubiese actuado con fraude, malicia o culpable ligereza (art. 4).

225 Véase Carlos Augusto Patiño Beltrán, *Acciones de tutela, cumplimiento, populares y de grupo*, Editorial Leyer, Bogotá, 2000, p. 10; y Juan Carlos Esguerra Portocarrero, *La protección constitucional del ciudadano*, Lexis, Bogotá, 2005, p. 122.

226 El artículo 41 del Código establece: "Cualquier persona puede comparecer en nombre de quien no tiene representación procesal, cuando esta se encuentre imposibilitada para interponer la demanda por sí misma, sea por atentado concurrente contra la libertad individual, por razones de fundado temor o amenaza, por una situación de inminente peligro o por cualquier otra causa análoga. Una vez que el afectado se halle en posibilidad de hacerlo, deberá ratificar la demanda y la actividad procesal realizada por el procurador oficioso."

227 También es el caso de Colombia, donde la acción de tutela se estableció para la protección de los "derechos fundamentales" de aplicación inmediata, que incluyen los de las personas jurídicas, como el derecho de petición (art. 23), al debido proceso y a la defensa (art. 29) y a la revisión de decisiones judiciales (art. 31). En Ecuador, la legitimación activa de las personas jurídicas para intentar una acción de amparo fue negada por Marco Morales Tobar en "La acción de amparo y su procedimiento en el Ecuador," *Estudios Constitucionales. Revista del Centro de Estudios Constitucionales*, Año 1, N° 1, Universidad de Talca, Chile, 2003, pp. 281–282. Así también en la República Dominicana, donde el juicio de amparo fue admitido por la Suprema Corte, incluso sin disposición constitucional o legal, precisamente en un caso presentado ante la Corte por una compañía comercial (*Productos Avon S.A.*). v. por ejemplo, Juan de la Rosa, *El recurso de amparo, Estudio Comparativo*, Santo Domingo, 2001, p. 69.

a la no discriminación, al debido proceso legal, a la defensa o a los derechos económicos o de propiedad, en cuyo caso, por supuesto, deben actuar a través de sus directores o representantes según sus estatutos (México, art. 8). Por ello, la jurisprudencia en Venezuela ha establecido que la acción de amparo no está restringida a proteger "derechos o garantías constitucionales a los derechos de las personas naturales," pues también las personas jurídicas son titulares de derechos fundamentales."[228]

En este contexto de la legitimación dada a las personas jurídicas para intentar acciones de amparo, el Código Procesal Civil paraguayo enumera particularmente a los partidos políticos con capacidad reconocida por las autoridades electorales; las entidades con personería gremial o profesional y las entidades con personería gremial o profesional; y las sociedades o asociaciones con fines no contrarios al bien común (art. 568).

Una cuestión importante sobre la legitimación activa de las personas jurídicas para intentar acciones de amparo se refiere a la posibilidad de que las entidades de derecho público puedan hacerlo, es decir, a la capacidad de las entidades públicas de intentar acciones de amparo.

Históricamente, la acción de amparo, como medio judicial específico para la protección de derechos constitucionales, se concibió originalmente para la defensa de los individuos o personas naturales contra los funcionarios o entidades públicas; es decir, como una garantía para protegerse frente al Estado. Por eso, inicialmente, era inconcebible que una entidad pública intentara una acción de amparo contra otras entidades públicas o privadas. Sin embargo, ya que las entidades públicas pueden, como cualquier persona jurídica, ser titulares de derechos constitucionales, se admite en general que puedan intentar acciones de amparo para la protección de sus derechos. Esto es así expresamente en Argentina,[229] en Uru-

---

228 Véase sentencia N° 1395 de 21 noviembre de 2000, caso *Estado Mérida y otros vs. Ministro de Finanzas*, en *Revista de Derecho Público*, N° 84, Editorial Jurídica Venezolana, Caracas, 2000, pp. 315 ss.

229 Véase José Luis Lazzarini, *El Juicio de Amparo*, Ed. La Ley, Buenos Aires, 1987, p. 238–240; 266. Entre los casos de amparo decididos en Argentina como consecuencia de las medidas económicas de emergencia adoptadas por el gobierno en 2001, que congelaron todos los depósitos en cuentas de ahorro y corrientes de todos los bancos y los convirtieron de dólares americanos a pesos devaluados argentinos, uno que se debe mencionar es el caso San Luis, sentenciado por la Corte Suprema el 5 de marzo de 2003, en el cual no sólo declaró la corte la inconstitucionalidad del Ejecutivo sino que en ese caso ordenó al "Banco Central o el Banco de la Nación Argentina le entreguen a la provincia dólares billetes de los plazos fijos que individualiza, o su equivalente en pesos según el valor de la moneda estadounidense en el mercado libre de cambios". El aspecto interesante del juicio fue su presentación por la Pro-

guay, donde está expresamente regulado en la Ley de amparo al referirse a la "persona física o jurídica, pública o privada (art. 1), y es el caso también en Venezuela.[230]

También en México se admite expresamente que las corporaciones públicas intenten acciones de amparo pero sólo con referencia a sus intereses patrimoniales lesionados (art. 9), lo que significa que de ninguna otra manera puede una entidad pública en México como, por ejemplo, un estado, una municipalidad o una corporación pública, intentar una acción de amparo, pues de otro modo resultaría en un conflicto entre las autoridades que no podría resolverse a través de esta acción judicial.[231]

Es en este mismo sentido, que en Perú, el Código Procesal Constitucional también expresamente declara la inadmisibilidad de la acción de amparo cuando se refiere a "conflictos entre entidades de derecho público interno", es decir, entre ramas del gobierno u órganos constitucionales o gobiernos locales o regionales que deban ser dirimidos mediante los procedimientos constitucionales establecidos en el código (art. 5,9).[232]

Esta misma discusión general sobre la posibilidad de ejercer la acción de amparo entre entidades públicas ha surgido en otros sistemas

vincia de San Luis contra el Estado Nacional y el Banco Central de la Nación Argentina, es decir, un Estado Federal (Provincia de San Luis) contra el Estado Nacional, para la protección de los derechos constitucionales a la propiedad del primero. v. comentarios en Antonio María Hernández, *Las emergencias y el orden constitucional*, Universidad Nacional Autónoma de México, Rubinzal-Culsoni Editores, México, 2003, pp. 119 ss.

230 La Sala Constitucional del Tribunal Supremo en decisión N° 1395 de 21 de noviembre de 2.000, declaró que los "entes político-territoriales como los Estados o Municipios [pueden] acudir al amparo para defender los derechos o libertades de los que puedan ser titulares, como el derecho al debido proceso, o el derecho a la igualdad, o a la irretroactividad de la ley." Véase el Caso Estado Mérida et al. vs. Ministro de Finanzas, en *Revista de Derecho Público*, N° 84, Editorial Jurídica Venezolana, Caracas, 2000, pp. 315 ss.

231 Véase Eduardo Ferrer Mac-Gregor, La *acción constitucional de amparo en México y España*, Editorial Porrúa, México, 2002, p. 244–245; Richard D. Baker, *Judicial Review in México*. A Study of the Amparo Suit, University Press of Texas, Austin, 1971 pp. 107–109..

232 El código sustituyó la disposición de la Ley 25.011 de Habeas Corpus y Amparo de 1982 que declaraba inadmisibles las acciones de amparo, pero cuando proceden "de las dependencias administrativas, incluyendo las empresas públicas, contra los Poderes del Estado y los organismos creados por la Constitución, por los actos efectuados en el ejercicio regular de sus funciones" (Ley 25011, art. 6,4). V. comentarios sobre esta disposición en la derogada Ley 25.011 en Víctor Julio Orcheto Villena, *Jurisdicción y procesos constitucionales*, Editorial Rhodas, Lima, p. 169.

federales, en particular cuando se dirigen a proteger la garantía constitucional de autonomía y autogobierno políticos. En Alemania, por ejemplo, se admite que los municipios, o grupos de municipios, puedan intentar una querella constitucional ante el Tribunal Constitucional Federal alegando que su derecho a la autonomía o al autogobierno, garantizados en la constitución (art. 28-2), ha sido violado por una disposición legal federal.[233] Esta posibilidad fue rechazada en México pues, aunque los artículos 103, III y 107 de la Constitución establecen que la acción de amparo es admisible en casos de controversias que surgen por "leyes o actos de las autoridades de los estados o del distrito federal que invadan la esfera de competencia de la autoridad federal", se entienden sólo referidos a la protección de los derechos y garantías individuales y, de ninguna manera, dirigidos a establecer una acción de amparo para la protección de la autonomía constitucional de los Estados con respecto a las invasiones por el estado federal.[234]

En Venezuela, que también es un Estado organizado con forma federal, el asunto se discutió con referencia a la protección de los derechos de la autonomía política de los Estados y Municipios garantizada en la Constitución y respecto de la posibilidad de intentar una acción de amparo para su protección. Una acción intentada con tal propósito, por ejemplo, por los municipios, fue rechazada por la antigua Corte Suprema de Justicia, argumentando que las entidades político territoriales, como personas morales, no pueden intentar acciones de amparo sino sólo para la protección de derechos constitucionales en estricto sentido excluyendo de la protección las garantías constitucionales como la de la autonomía territorial.[235] Con argumentos similares, la Sala Constitucional del Tribunal Supremo de Justicia también rechazó en 2000 una acción de amparo in-

---

233 En el caso de violaciones por una ley del länder, tal recurso se intentará ante el Tribunal Constitucional del Länder respectivo (art. 93,1,4 de la Constitución). Una situación similar, aunque debatible, se encuentra en Austria con respecto al recurso constitucional. Sea cual fuese el caso, por supuesto, no se trataría de un amparo para la protección de derechos fundamentales, sino más bien de una garantía constitucional específica de la autonomía de entidades locales.

234 Véase referencia en Eduardo Ferrer Mac-Gregor, *La acción constitucional de amparo en México y España*, Editorial Porrúa, México, 2002, p. 246, nota 425.

235 Véase sentencia de 2 de octubre de 1997, en Rafael Chavero, *El nuevo régimen del amparo constitucional en Venezuela*, Caracas, 2001, pp. 122–123.

terpuesta por un Estado de la federación contra el Ministerio de Finanzas ya que, según se alegaba, afectaba su autonomía financiera.[236]

Por otro lado, en sistemas como los de Brasil, donde el *mandado de segurança* sólo se puede intentar contra el Estado y no contra personas individuales, se considera que el estado mismo o sus dependencias no pueden intentar el recurso.[237]

4. *Legitimación activa y la protección de derechos constitucionales colectivos y difusos*

Como antes se dijo, la característica general del proceso de amparo es su carácter personal, en el sentido que puede sólo iniciarlo ante los tribunales competentes el titular de los derechos, su representante o una de las partes agraviadas.[238]

Sin embargo, no todos los derechos constitucionales son individuales; y al contrario, algunos son colectivos por naturaleza, en el sentido que corresponden a grupos de personas más o menos definidos, de modo que su violación no sólo lesiona los derechos personales de cada uno de los individuos que los disfruta, sino también a todo el grupo de personas o colectividades a los que pertenecen esos individuos. En tales casos, entonces, la acción de amparo también puede intentarla el grupo o asociación de personas que representan a sus asociados, incluso aun cuando no tengan formalmente el carácter de "persona jurídica."[239]

---

236 Véase sentencia N° 1395 de 21 de noviembre de 2000, Caso *Estado Mérida et al. v. Ministro de Finanzas*, en *Revista de Derecho Público*, N° 84, Editorial Jurídica Venezolana, Caracas, 2000, pp. 315 ss.

237 Véase Celso Agrícola Barbi, *Do mandado de Securança*, Editora Forense, Rio de Janeiro, 1993, pp. 68 ss.; José Luis Lazzarini, *El juicio de amparo*, Editorial La Ley, Buenos Aires, 1987, pp. 267–268.

238 Algunas legislaciones como la brasileña, respecto del mandado de securança establecen que en el caso de amenazas o violaciones de derechos relativos a algunas personas, cualquiera de ellas puede intentar la acción (art. 1,2). En Costa Rica también, respecto del derecho constitucional a rectificación y respuesta en caso de agravios, la Ley de la Jurisdicción Constitucional prevé que cuando los agraviados son más de una persona, cualquiera de ellas puede intentar la acción; y en los casos en los que los agraviados pueden ser identificados con un grupo o colectividad organizada, la legitimación para actuar debe ejercerla su representante autorizado (art. 67).

239 Es por eso que el Código Procesal Civil de Paraguay, por ejemplo, al definir la legitimación activa en materia de amparo, además de personas físicas o jurídicas, se refiere a partidos políticos debidamente registrados, entidades con personería gremial o profesional y sociedades o asociaciones que, sin investir el carácter de personas jurídicas, no contrarían, según sus estatutos, el bien público (art. 568). En Ar-

En algunos casos, como en Venezuela, la Constitución establece expresamente como parte del derecho constitucional de todas las personas, el tener acceso a la justicia y el procurar la protección no sólo de los derechos personales sino también de los "colectivos" o "difusos" (art. 26). Los primeros han sido considerado como los referidos a un sector poblacional determinado (aunque no cuantificado) e identificable, conformado por un conjunto de personas como sería el caso grupos profesionales, grupos de vecinos o los gremios. En cuanto a los derechos difusos, son los que buscan aseguraren general un nivel de vida aceptable, de manera que al afectarlos se lesiona el nivel de vida de toda la comunidad o sociedad, como sucede con los daños al ambiente o a los consumidores.[240]

En esos casos, cualquier persona procesalmente capaz puede intentar la acción, para impedir el daño a la población o a sectores de ella a la cual pertenece. Lo mismo se aplica, por ejemplo, en los casos de la acción de amparo interpuesta para la protección de derechos electorales, en cuyo caso, cualquier ciudadano invocando los derechos generales de los votantes, puede intentar la acción,[241] admitiéndose incluso en estos casos de intereses difusos o colectivos que la legitimación activa la puedan tener las asociaciones, sociedades, fundaciones, cámaras, sindicatos y demás entes colectivos, cuyo objeto sea la defensa de la sociedad.[242]

---

gentina, la Ley de Amparo también prevé la legitimación activa para intentar acciones de amparo a estas asociaciones que, sin ser formalmente personas jurídicas, pueden justificar, según sus propios estatutos, que no se oponen al bien público (art. 5).

240 Véase sentencia N° 656 de la Sala Constitucional, del 30 de junio de 2000, caso *Defensor del Pueblo vs. Comisión Legislativa Nacional,* citada en sentencia N° 379 del 26 de febrero de 2.003, caso *Mireya Ripanti et vs. Presidente de Petróleos de Venezuela S.A. (PDVSA)*, en *Revista de Derecho Público*, N° 93–96, Editorial Jurídica Venezolana, Caracas, 2003, pp. 152 ss.

241 En tales casos, la Sala incluso ha concedido medidas de precaución con efectos *erga omnes* "tanto para las personas naturales y organizaciones que han solicitado la protección de amparo constitucional como para todos los electores en su conjunto." Véase sentencia de la Sala Constitucional N° 483 del 29 de mayo de 2.000, caso *Queremos Elegir y otros*, en *Revista de Derecho Público*, N° 82, 2000, Editorial Jurídica Venezolana, pp. 489–491. En el mismo sentido, v. sentencia de la misma Sala N° 714 de 13 de julio de 2000, caso APRUM, en *Revista de Derecho Público*, N° 83, Editorial Jurídica Venezolana, Caracas, 2000, pp. 319 ss.

242 Véase la referencia y comentarios en Rafael Chavero, *El nuevo régimen del amparo constitucional en Venezuela*, Caracas, 2001, pp. 110–114.

Estas acciones "colectivas" de amparo dirigidas a proteger derechos difusos,[243] particularmente en materia de ambiente, han sido incluidos expresamente en las Constituciones en América Latina, como es el caso en Argentina, donde la Constitución prevé que la acción de amparo puede intentarlo "el afectado, el defensor del pueblo y las asociaciones que propendan a esos fines, registradas conforme a la ley" (art. 43) contra cualquier forma de discriminación y en lo relativo a los derechos que protegen al ambiente, a la competencia, al usuario y al consumidor, así como a los derechos de incidencia colectiva en general.[244] En Perú, el artículo 40 de Código Procesal Constitucional también autoriza a intentar la acción de amparo a cualquier persona "cuando se trate de amenaza o violación del derecho al medio ambiente u otros derechos difusos que gocen de reconocimiento constitucional, así como las entidades sin fines de lucro cuyo objeto sea la defensa de los referidos derechos". De forma similar en Brasil, la Constitución estableció un *mandado de securança* llamado

---

243 En la República Dominicana y antes de la aprobación de la Ley N° 437-06 que establece el Recurso de Amparo en 2.006, cuando la Suprema Corte admitía la acción de amparo, los tribunales admitían que cualquier persona con capacidad legal e interés en el cumplimiento general de derechos humanos colectivos, tales como el derecho a la educación, podía intentar una acción de amparo si la materia no era sola y exclusivamente particular. v. Sentencia N° 406-2 del 21 de junio de 2001, Juzgado de Primera Instancia de San Pedro Macoris. v. referencia en Miguel A. Valera Montero, *Hacia un Nuevo concepto de constitucionalismo*, Santo Domingo, 2006, pp. 388–389.

244 Cuatro acciones colectivas específicas resultaron de este artículo: amparo contra cualquier forma de discriminación; amparo para la protección del ambiente; amparo para la protección de la libre competencia, y amparo para la protección de los derechos del usuario y del consumidor. Por eso, respecto de la discriminación, el objeto de este amparo no es la discriminación respecto de un individuo en particular sino respecto de un grupo de personas entre los cuales existe un nexo o tendencia común que da origen a la discriminación. Véase Joaquín Brage Camazano, *La jurisdicción constitucional de la libertad*, Editorial Porrúa, México, 2005, pp. 94. Por otro lado, respecto a la protección del ambiente, se formaliza la tendencia que comenzó a consolidarse después de un caso de 1983 en el que se presentó un amparo para la protección del equilibrio ecológico para la protección de los delfines. La Corte Suprema aceptó en tal caso la posibilidad que cualquiera, individualmente o en representación de su familia, intentara una acción de amparo para la conservación del equilibrio ecológico debido al derecho de cualquier ser humano de proteger su hábitat. Véase Alí Joaquín Salgado, *Juicio de amparo y acción de inconstitucionalidad*, Astrea Buenos Aires, 1987, pp. 81–89. Sobre las asociaciones que pueden interponer demandas colectivas de amparo, la Corte Suprema de Argentina también ha considerado que no requieren registro formal. v. Sentencias 320:690, caso *Asociación Grandes Usuarios* y Sentencia 323:1339, caso *Asociación Benghalensis*. Véase las referencias en Joaquín Brage Camazano, *La jurisdicción constitucional de la libertad*, Editorial Porrúa, México, 2005, pp. 92–93.

colectivo, dirigido a la protección de derechos difusos o colectivos y a ser intentado por los partidos políticos con representación en el Congreso Nacional, los sindicatos, las instituciones colectivas o las asociaciones legalmente establecidas en defensa de los intereses de sus miembros y que deben haber estado funcionando al menos el año anterior (art. 5.69.2).[245]

En Ecuador, el artículo 9 de la Ley Orgánica de Garantías Jurisdiccionales y Control Constitucional permite directamente que la acción sea intentada por "cualquier persona, comunidad, pueblo, nacionalidad o colectivo, vulnerada o amenazada en uno o más de sus derechos constitucionales, quien actuará por sí misma o a través de representante o apoderado". El caso de Costa Rica debe también mencionarse, donde el amparo colectivo se ha sido admitido por la Sala Constitucional de la Corte Suprema en materia de ambiente, basándose en las disposiciones constitucionales que establecen el derecho de todos "a un ambiente sano y ecológicamente equilibrado" (art. 50), por lo que cualquier persona queda "legitimada para denunciar los actos que infrinjan tal derecho."[246]

Sin embargo, al contrario de la tendencia mencionada, que amplía la acción de amparo para la protección de derechos colectivos, en México el proceso de amparo sigue teniendo carácter esencialmente individual, basado en el interés personal y directo[247] del accionante. El único caso en el que, de cierta manera, el amparo protege intereses colectivos es aquel relacionado con el amparo para la protección de campesinos y de propietarios agrarios colectivos.[248]

También en Colombia, el principio general respecto a la acción de *tutela* es su carácter personal y privado, de modo que sólo puede ser pre-

---

245 Además, desde 1985 se ha desarrollado en Brasil una "acción civil colectiva", con tendencias similares a las Acciones Colectivas de los Estados Unidos, muy ampliamente utilizadas para la protección de derechos de clases, como los consumidores, aunque limitando la legitimación activa a las entidades públicas (nacionales, estatales y municipales) y a las asociaciones v. Antonio Gidi, Acciones de grupo y "amparo colectivo" en Brasil. La protección de derechos difusos, colectivos e individuales homogéneos, en Eduardo Ferrer Mac-Gregor (Coordinador), *Derecho Procesal Constitucional*, Colegio de Secretarios de la Suprema Corte de Justicia de la Nación, Editorial Porrúa, Tomo III, México, 2003, pp. 2.538 ss.

246 Véase sentencia 1700-03. v. referencia en Rubén Hernández Valle, *Derecho Procesal Constitucional*, Editorial Juricentro, San José, 2001, pp. 239–240.

247 Véase Eduardo Ferrer Mac-Gregor, *Juicio de amparo e interés legítimo: la tutela de los derechos difusos y colectivos*, Editorial Porrúa, México, 2003, p. 56.

248 Véase Eduardo Ferrer Mac-Gregor, *La acción constitucional de amparo en México y España*, Editorial Porrúa, México, 2002, p. 233 ss.

sentada por el sujeto del derecho individual fundamental protegido por la constitución.[249] Esto no significa, sin embargo, que los derechos difusos o colectivos no estén protegidos, pues la Constitución ha regulado además de la acción de *tutela*, la "acción popular" o acción de grupo,[250] es decir, acciones colectivas similitudes a las *class actions* estadounidenses,[251] que han resultado muy efectivas para la protección de los derechos civiles en casos de discriminación.

---

249 Véase Juan Carlos Esguerra Portocarrero, *La protección constitucional del ciudadano*, Lexis, Bogotá, 2005, p. 121. Por eso el artículo 6,3 de la Ley de Tutela expresamente dispone que la acción de tutela es inadmisible cuando los derechos que se busca proteger son "derechos colectivos, tales como la paz y los demás mencionados en el artículo 88 de la Constitución Política", en particular porque para tal propósito se estableció un medio judicial especial llamado "acciones populares". El artículo 6,3 de la Ley de Tutela añadió que lo anterior no impide que el titular de derechos amenazados o violados pueda intentar una acción de tutela en situaciones que comprometan intereses o derechos colectivos y el de sus propios derechos amenazados o violados, amenazados o violados, cuando se trata de prevenir un perjuicio irremediable.

250 Estas acciones populares son aquellas establecidas en la constitución para la protección de derechos e intereses relacionados con la propiedad pública, el espacio público, la seguridad y salud públicas, la moral administrativa, el ambiente, la libre competencia económica, y otros de naturaleza similar. Todos éstos son derechos difusos y para su protección, la ley 472 de 1998 ha regulado estas acciones populares. Esta ley también regula otros tipos de acciones para la protección de derechos en casos de agravios sufridos por un número plural de personas. Sobre las acciones populares, éstas las puede intentar cualquier persona u Organización No Gubernamental, organizaciones populares o cívicas, entidades públicas con funciones contraloras cuando el agravio o amenaza no se originan debido a sus actividades, el Fiscal General, el Defensor del Pueblo, los fiscales distritales y municipales, y los alcaldes y funcionarios públicos que por sus funciones deben defender y proteger los derechos antes citados (art. 12). Sobre las acciones de grupo establecidas para la protección de una pluralidad de personas en caso de sufrir lesiones en sus derechos de modo colectivo, la Ley 472 de 1998 establece estas acciones con fines básicamente de indemnización y sólo pueden ser interpuestas por veinte individuos, actuando todos en su propio nombre. Por tanto, no son acciones dirigidas a proteger a toda la población o colectividad, sino sólo a una pluralidad de personas que tienen los mismos derechos y buscan su protección.

251 Regulada por la regla N° 23 de las Reglas Federales de Procedimiento Civil e incoadas para la protección de los derechos civiles, ésta regla dispone que, en casos de una clase en las que sus integrantes tengan intereses de hecho o de derecho comunes a dicha clase pero que por ser tantos harían impracticable la tarea de reunirlos a todos, la acción pueda intentarla uno o más de dichos integrantes -como partes accionantes representativas de la clase- si las acciones de éstas son acciones características de la clase y si tales representantes protegerían de modo justo y adecuado los intereses de ella (Regla N° 23, Acciones Colectivas, a).

VII. LA UNIVERSALIDAD DEL AMPARO Y LAS CAUSAS DE LA LESIÓN O AMENAZA DE LESIÓN DE DERECHOS Y GARANTÍAS CONSTITUCIONALES

1. *El régimen en el derecho venezolano.*

A. *El amparo contra autoridades y contra particulares*

La acción de amparo procede contra cualquier acto, hecho u omisión de autoridades o de particulares que viole derechos o garantías constitucionales o amenace violarlos. Por tanto, no hay actos, hechos u omisiones que escapen de la acción de amparo, lo que se reafirma en el artículo 2 de la Ley Orgánica, que dispone:

> *Artículo 2.* La acción de amparo procede contra cualquier hecho, acto u omisión provenientes de los órganos del Poder Público Nacional, Estadal o Municipal. También procede contra el hecho, acto u omisión originados por ciudadanos, personas jurídicas, grupos u organizaciones privadas, que hayan violado, violen o amenacen violar cualquiera de las garantías o derechos amparados por esta Ley".

Por tanto, la protección que puede otorgar el juez de amparo al goce y ejercicio de los derechos y garantías constitucionales, se plantea en el texto constitucional y en la Ley Orgánica no solo frente a actuaciones de autoridades públicas que puedan perturbar el goce y ejercicio de los derechos, sino también frente a las perturbaciones que puedan provenir de particulares, individuos o personas morales. En esta materia, la Constitución no distingue, por lo que la Ley Orgánica admite la acción de amparo frente a acciones que provienen de particulares[252]. Esto también contribuye a diferenciar la acción de amparo en Venezuela de la existente en otros sistemas como los de Brasil o México, o el de España, en los cuales el recurso de amparo sólo se concibe frente a autoridades; o de la existente en otros países en el sentido de limitar la acción contra particulares, solamente cuando ocupen posiciones de poder o ejerzan funciones públicas, por ejemplo, como concesionarios de servicios públicos como sucede en Costa Rica y Colombia.

Por otra parte, en el caso de protección frente a perturbaciones provenientes de autoridades públicas, sin la menor duda debe afirmarse también que tal como lo regula el artículo 27 de la Constitución y la Ley Orgánica, esta protección procede frente a *toda* actuación pública, es

---

252   Tal como sucede en Argentina después del caso *Samuel Kot SRL.* de 1958. S. V. Linares Quintana, *Acción de Amparo,* Buenos Aires, 1960, p. 25, G. R. Carrio, *Algunos aspectos del recurso de amparo,* Buenos Aires, 1959, p. 13.

decir, frente a todos los actos estatales y ante los actos materiales y vías de hecho de las autoridades públicas (art. 5°).

Por tanto, la acción de amparo procede contra toda actuación de la Administración, aun cuando no configure un acto administrativo y no abra la vía contencioso administrativa, es decir, procede, por ejemplo, contra las actuaciones materiales de la Administración; contra sus vías de hecho; contra la abstención en actuar o cumplir una obligación; contra las omisiones, en fin, contra toda forma de actuación de la Administración e, incluso, por supuesto, contra determinados actos como los de trámite, cuando no puedan ser impugnados por la vía contencioso administrativa.

Esta universalidad del amparo, por lo demás, fue precisada y desarrollada por la jurisprudencia, tanto de la antigua Corte Suprema como de la Corte Primera de la Contencioso Administrativo. Así lo señaló la Corte Primera de la Contencioso Administrativo en sentencia de 11 de noviembre de 1993 (Caso: *Aura Loreto Rangel*):

> "La lectura del artículo 2 de la Ley Orgánica de Amparo evidencia que no hay prácticamente ningún tipo de conducta, independientemente de su naturaleza o carácter, así como de los sujetos de los cuales provenga, del cual pueda predicarse que está excluido per se de su revisión por los jueces de amparo, a los efectos de determinar si vulnera o no algún derecho o garantía constitucional" [253].

El mismo criterio lo precisó la Sala Político Administrativa de la antigua Corte Suprema en sentencia de 24 de mayo de 1993, así:

> "Son muy amplios los términos en que la acción de amparo está consagrada en el artículo 49 del Texto Fundamental. Así, si bien es incuestionable lo extenso del ámbito de los derechos y garantías susceptibles de ser protegidos y restablecidos mediante esta vía procesal, tampoco puede limitarse a que la lesión sea producto de determinados actos solamente. En efecto, debe igualmente permitirse que cualquier acto lesivo –ya sea un acto, hecho u omisión– de derechos y garantías constitucionales sea posible de cuestionar mediante este medio procesal, ya que, siendo el objetivo de la acción de amparo la protección de cualquier norma que consagre uno de los llamados derechos subjetivos de rango constitucional, no puede sostenerse que esa protección es viable sólo en los casos en que el acto perturbador reúna determinadas características, ya sean desde el punto de vista material u orgánico.
>
> La jurisprudencia de esta Sala ha sido consecuente con ambos principios. En decisión del 31 de enero de 1991 (Caso: Anselmo Natale, registra-

---

253 Véase en *Revista de Derecho Público*, N° 55–56, EJV, Caracas, 1993, p. 284.

da bajo el número 22) se señaló que "no puede existir ningún acto estatal que no sea susceptible de ser revisado por vía de amparo, entendiendo ésta, no como una forma de control jurisdiccional de la inconstitucionalidad de los actos estatales capaz de declarar su nulidad, sino –como se ha dicho– un remedio de protección de las libertades públicas cuyo objeto es restablecer su goce y disfrute, cuando alguna persona natural o jurídica, o grupo u organizaciones privadas, amenace vulnerarlas o las vulneren efectivamente" (véase además, en relación a la amplitud de los derechos fundamentales amparables, la decisión del 4–12–90, caso: Mariela Morales de Jiménez, N° 661)."[254.]

En sentencia de 13 de febrero de 1992, la Corte Primera, por otra parte, precisó:

"Observa esta Corte que la característica esencial del régimen de amparo, tanto en la concepción constitucional como en su desarrollo legislativo, es su universalidad... por lo cual hace extensiva la protección que por tal medio otorga, a todos los sujetos (personas físicas o morales que se encuentran en el territorio de la nación) así como a todos los derechos constitucionalmente garantizados, e incluso aquéllos que sin estar expresamente previstos en el texto fundamental, son inherentes a la persona humana. Este es el punto de partida para entender el ámbito del amparo constitucional. Los únicos supuestos excluidos de su esfera son aquéllos que expresamente señala el artículo 6 de la Ley Orgánica de Amparo sobre Derechos y Garantías Constitucionales y, desde el punto de vista sustantivo, no hay limitaciones respecto a derechos o garantías específicas.

Respecto a la Administración, el amparo contra la misma es de tal amplitud que se acuerda contra todos los actos, omisiones y vías de hecho, sin hacer exclusión alguna de determinadas materias de su competencia que, como se sabe, están siempre vinculadas con el orden público y con el interés social"[255.]

Por tanto, ninguna actuación u omisión escapa al amparo, habiendo solo quedando excluidos de la acción, conforme se estableció en el artículo 6,6 de la ley Orgánica, "los actos de la Corte Suprema de Justicia"[256], en virtud de que como lo había previsto el artículo 211 de la Constitución de 1961, no existía la posibilidad de intentar cualquier tipo de recursos contra las decisiones de la Corte.

---

254 Véase en *Revista de Derecho Público,* N° 55–56, EJV, Caracas, 1993, pp. 284–285.

255 Véase en *Revista de Derecho Público,* N° 49, EJV, Caracas, 1992, pp. 120–121.

256 Véase sentencia de la Corte Primera de lo Contencioso Administrativa de 18–6–91, en FUNEDA, *15 años de Jurisprudencia, op. cit.,* p. 145; y en *Revista de Derecho Público,* N° 46, EJV, Caracas, 1991, p. 124.

Por ello, incluso, conforme a la Constitución de 1961, las decisiones de los Cuerpos Legislativos adoptados en uso de sus atribuciones privativas y que conforme al artículo 159 de dicha Constitución no eran susceptibles de veto, examen o control de los otros Poderes del Estado, las mismas podían ser objeto de acción de amparo. Ello fue resuelto expresamente por la antigua Corte Suprema de Justicia en Sala Político Administrativa en sentencia de 31 de enero de 1991 (Caso: *Anselmo Natale*), en la cual señaló que "no puede existir ningún acto estatal que no sea susceptible de ser revisado por vía de amparo, entendiendo ésta, no como una forma de control jurisdiccional de la constitucionalidad de los actos estatales capaz de declarar su nulidad, sino como se ha dicho, un medio de protección de las libertades públicas cuyo objeto es restablecer su goce o disfrute, cuando alguna persona natural o jurídica, o grupos u organizaciones privadas, amenace vulnerarlas o las vulneren efectivamente"[257]. Por supuesto, si se trata de amparo contra actuaciones de la Administración no es necesario que se trate de un acto administrativo el que cause la lesión[258], pudiendo intentarse la acción de amparo contra vías de hecho de la Administración[259].

A continuación haremos especial mención a los casos de acciones de amparo contra los actos jurídicos del Estado, particularmente contra los actos legislativos, de gobierno, administrativos y judiciales (sentencias), particularmente por la necesidad de conciliar el ejercicio de la acción de amparo con el ejercicio de las vías de impugnación de dichos actos. La Ley Orgánica, en este sentido, regula expresamente el amparo contra leyes, contra actos administrativos y contra sentencias y providencias judiciales.

B. *El amparo contra leyes y demás actos normativos*

De acuerdo al artículo 3° de la Ley Orgánica:

"También es procedente la acción de amparo cuando la violación o amenaza de violación deriven de una norma que colida con la Constitución. En este caso, la providencia judicial que resuelva la acción interpuesta de-

---

257 Véase en *Revista de Derecho Público*, N° 45, EJV, Caracas, 1991, p. 118. La tesis de la Corte Suprema fue reafirmada por la Corte Primera de lo Contencioso Administrativo en sentencia de 18–6–91, en Véase en *Revista de Derecho Público*, N° 46, EJV, Caracas, 1991, p. 125.

258 Véase sentencia de la Corte Primera de lo Contencioso Administrativa de 25–6–93, *Revista de Derecho Público*, N° 53–54, EJV, Caracas, 1993, p. 255.

259 Véase sentencia de la antigua Corte Suprema de Justicia, Sala Político Administrativa, 8–5–91, *Revista de Derecho Público*, N° 46, EJV, Caracas, 1991, p. 127.

berá apreciar la inaplicación de la norma impugnada y el Juez informará a la Corte Suprema de Justicia acerca de la respectiva decisión".

Esta es, quizás, una de las instituciones más novedosas que incorporó la Ley Orgánica referida al denominado "amparo contra normas" que vino a perfeccionar y completar el sistema de control de la constitucionalidad de las leyes, agregando un tercer sistema de control (además de los métodos concentrado y difuso), el cual en ciertos aspectos se puede asimilar al denominado en México "amparo contra leyes".[260] En este caso, se permite el ejercicio del control de la constitucionalidad de las leyes por los jueces cuando conozcan de una acción de amparo ejercida contra una ley o un acto normativo que en forma directa e inmediata viole o amenace violar un derecho fundamental, y que por tanto, colida con la Constitución[261].

En estos casos de amparo contra normas, sin embargo, la decisión del juez no es anulatoria, sino que sólo debe apreciar la inaplicación de la norma respecto de la cual se solicita amparo, como una decisión de protección, que por ello, tiene efectos *inter partes,* es decir, en relación al accionante. De acuerdo al artículo 3 de la Ley, cuando se faculta al juez de amparo para resolver de inmediato "restablecer la situación jurídica infringida", en este caso equivale a la suspensión de efectos de la ley respecto del accionante, es decir, su inaplicabilidad al accionante.

Pero en relación al control de la constitucionalidad de las leyes, que la Ley Orgánica, además de prever el amparo contra normas, permite ejercer la acción de amparo, o más propiamente la pretensión de amparo, conjuntamente con la acción popular de inconstitucionalidad de las leyes ante la Sala Constitucional del Tribunal Supremo de Justicia.

En efecto, el mismo artículo 3° de la Ley Orgánica establece lo siguiente:

260 Héctor Fix–Zamudio, "Algunos problemas que plantea el amparo contra leyes", *Boletín del Instituto de Derecho Comparado de México,* UNAM, N° 37, 1960, pp. 11 a 39.

261 La institución fue inspirada en el amparo contra normas que establecía la ley peruana de amparo antes de la reforma de la Constitución de 1992. Véase en general, Samuel B. Abad Yupanqui, "El amparo contra leyes" en *Comisión Andina de Juristas, Lecturas Constitucionales Andinas,* N° 3 Lima, 1994, pp. 129 a 152. Véase además, Allan R. Brewer-Carías, "La acción de amparo contra leyes y demás actos normativos en el Derecho venezolano", en *Liber Amicorum. Héctor Fix-Zamudio,* Volumen I, Secre-taría de la Corte Interamericana de Derechos Humanos. San José, Costa Rica 1998, pp. 481-501.

"La acción de amparo también podrá ejercerse conjuntamente con la acción popular de inconstitucionalidad de las leyes y demás actos estatales normativos, en cuyo caso, la Corte Suprema de Justicia, si lo estima procedente para la protección constitucional, podrá suspender la aplicación de la norma respecto de la situación jurídica concreta cuya violación se alega, mientras dure el juicio de nulidad".

Como se observa, en estos casos la Ley Orgánica ha establecido una innovación fundamental consistente en permitir a la Sala, contrariamente a lo que había sido la tradición jurisprudencial, el suspender los efectos de la ley o acto normativo impugnado respecto de su aplicabilidad al accionante, cuando lo juzgue necesario para la protección constitucional, mientras dure el juicio de nulidad. Hasta la promulgación de la Ley Orgánica de Amparo en los juicios de nulidad de los actos estatales, la antigua Corte Suprema había negado sistemáticamente la posibilidad de suspender los efectos de los actos normativos, habiendo reducido su potestad de suspensión de efectos en juicio, respecto de los actos administrativos de efectos particulares.

Ahora bien, en cuanto a la acción autónoma de amparo contra normas previstas en el artículo 3° de la Ley Orgánica, hemos sostenido que se trata de una *vía directa de control difuso* de la constitucionalidad de las leyes, que viene a completar el control difuso incidental que establece el artículo 20 del Código de Procedimiento Civil. Se trata de un control difuso pues permite a todo juez de amparo pronunciarse sobre la inconstitucionalidad de una ley por violación de derechos y garantías constitucionales; y es directo pues la cuestión constitucional no se plantea en un juicio en forma incidental, sino como objeto directo de una acción de amparo, teniendo la decisión, en todo caso, efectos *inter partes*[262].

La Ley venezolana, por otra parte, no establece límite alguno respecto de la procedencia de la acción de amparo contra normas, y no requiere de la emisión de actos de ejecución de la misma. Sin embargo, a pesar de la claridad del artículo 3° de la Ley Orgánica de Amparo, la jurisprudencia de la Sala Político Administrativa de la antigua Corte Suprema impuso el criterio de que no procede la acción de amparo directamente contra normas, y que lo que procede, realmente, es la acción de amparo contra los actos de ejecución de la norma, que serían los actos lesivos[263]. En

262   Véase Allan R. Brewer–Carías, *Nuevas tendencias en el contencioso administrativo en Venezuela,* EJV, Caracas, 1993, p. 168.

263   Fue el caso de la en sentencia de 8–8–94, la Sala Político Administrativa al resolver un amparo en el caso de las declaraciones juradas de patrimonio exigidas a los administradores de bancos por la Ley de Emergencia Financiera de 1994. Véase el

sentencia de 24 de mayo de 1993, incluso, la propia antigua Corte Suprema, en Sala Político Administrativa había considerado como obvio que "el mencionado artículo de la Ley Orgánica de Amparo no consagra la posibilidad de interponer esta acción de protección constitucional contra una ley u otro acto normativo sino contra el acto de aplicación o ejecución de ésta, el cual en definitiva es el que, en el caso concreto, puede ocasionar una lesión particular de los derechos y garantías constitucionales de una persona determinada".[264]

De estas sentencias resultó la adopción, por los tribunales venezolanos, de la tesis mexicana del amparo sólo contra las leyes auto aplicativas, respecto de las cuales la Corte Primera de lo Contencioso Administrativo en sentencia de 18 de noviembre de 1993, resolvió así:

"Con respecto a la inmediatez de la amenaza constitucional, lo cual implica una lesión cierta e inminente, observa esta Corte que en el caso específico de los actos normativos la doctrina ha distinguido entre las denominadas normas auto aplicativas y las de aplicación mediata. En cuanto a las primeras, su sola promulgación implica una inmediata obligatoriedad para las personas a las cuales se encuentra destinada, por lo cual son de aplicación automática. Por el contrario, las normas de afectación mediata e indirecta requieren de un acto de ejecución posterior, en cuyo caso la simple promulgación no podría producir una violación constitucional."[265]

C. El amparo respecto de los actos administrativos y contra conductas omisivas de la Administración

De acuerdo al artículo 5° de la Ley Orgánica:

"La acción de amparo procede contra todo acto administrativo, actuaciones materiales, vías de hecho, abstenciones u omisiones que violen o amenacen violar un derecho o garantía constitucionales, cuando no exista un medio procesal breve, sumario y eficaz, acorde con la protección constitucional."

---

texto en Allan R. Brewer–Carías y Carlos Ayala Corao, *El derecho a la intimidad y a la vida privada y su protección frente a las injerencias abusivas o arbitrarias del Estado,* Caracas, 1995, pp. 214 a 216.

264 Véase en *Revista de Derecho Público*, N° 55–56, EJV, Caracas, 1993, pp. 287–288. Véase también sentencia de 19–11–92 (Caso: *Electrificación del Caroní, EDELCA, n° 54).*

265 Véase en *Revista de Derecho Público*, N° 55–56, EJV, Caracas, 1993, p. 285. La Corte Suprema, sin embargo, en sentencia de 24–5–93 materialmente negó la posibilidad de leyes autoaplicativas. Véase en *Revista de Derecho Público,* nos 55–56, EJV, Caracas, 1993, pp. 288 a 290.

Por tanto, la acción de amparo procede también contra actos administrativos o contra conductas omisivas de la Administración que violen o amenacen violar un derecho o garantía constitucionales, pero siempre que no exista "un medio procesal breve, sumario y eficaz, acorde con la protección constitucional". En consecuencia, si dicho medio existe no es admisible la acción de amparo; pudiendo ser dicho medio el recurso contencioso administrativo de anulación, siempre que exista en la localidad un tribunal con competencia contencioso administrativa, y se formule en el mismo conjuntamente con la pretensión de nulidad, la pretensión de amparo,[266] conforme a las competencias definidas en la Ley Orgánica de la Jurisdicción Contencioso Administrativa de 2010.

En estos casos, agrega el artículo 5° de la Ley Orgánica de Amparo, el Juez, en forma breve, sumaria y efectiva, si lo considera procedente para la protección constitucional, suspenderá los efectos del acto recurrido como garantía de dicho derecho constitucional violado, mientras dure el juicio.

Para garantizar que este recurso contencioso administrativo de anulación y amparo, sea un medio procesal breve, sumario y efectivo, acorde con la protección constitucional, el Parágrafo Único del artículo 5° de la Ley Orgánica precisa que:

"Cuando se ejerza la acción de amparo contra actos administrativos conjuntamente con el recurso contencioso administrativo que se fundamente en la violación de un derecho constitucional, el ejercicio del recurso procederá en cualquier tiempo, aun después de transcurridos los lapsos de caducidad previstos en la Ley; y no será necesario el agotamiento previo de la vía administrativa."

Sobre el carácter extraordinario de la acción de amparo contra actos administrativos, la jurisprudencia en Venezuela ha sido muy variable. La posición inicial fue considerar que frente a un acto administrativo no resultaba procedente ejercer la acción autónoma de amparo, si contra el mismo podía interponerse el recurso contencioso administrativo de anulación con la pretensión de amparo como lo autoriza el artículo 5° de la Ley[267]. Sin embargo, posteriormente se comenzó a estimar que la acción

---

266 Véase sentencias de la antigua Corte Suprema de Justicia, Sala Político Administrativa de 25–1–89 y 9–8–89 en *Revista de Derecho Público,* N° 39, EJV, Caracas, 1989, p. 139.

267 Véase Corte Primera de lo Contencioso Administrativo 24–5–88, véase en *Revista de Derecho Público,* N° 34, EJV, Caracas, 1988, p. 126. Conforme a esta doctrina la Corte Primera de lo Contencioso Administrativo desarrolló una constante jurisprudencia conforme a la cual consideró improcedente la acción autónoma de ampa-

autónoma de amparo contra un acto administrativo sólo procedía cuando se diesen circunstancias excepcionales o extraordinarias que no pudieran resolverse por la vía contencioso administrativa[268], para desembocar, a partir de 1993, con el criterio de que el recurso contencioso de anulación no es un medio eficaz para la protección constitucional. En tal sentido la Corte Primera de lo Contencioso Administrativo sostuvo que:

> "[…] no es posible admitir, que el recurso contencioso administrativo de anulación sea el medio breve, sumario y eficaz sustitutivo del amparo pues, si así fuera, el artículo 2 de la Ley Orgánica de Amparo sobre Derechos y Garantías Constitucionales vendría a ser superfluo, a menos en lo atinente a que la acción de amparo procede contra cualquier acto de la Administración, bastando la interposición conjunta de ambos mecanismos procesales. Por lo demás, admitir tal interpretación sería tanto como negar la posibilidad de la acción de amparo autónoma contra actos administrativos, por tanto, este razonamiento del a quo resulta no ajustado a derecho y así se declara."[269]

En todo caso, el tema central en relación con el ejercicio de la acción autónoma de amparo contra actos administrativos, es el de los efectos de la decisión de amparo, que no tiene carácter anulatorio sino de mera suspensión de efectos del acto, lo que implica que el acto administrativo lesivo queda incólume en cuanto a su validez, por lo que para que la pro-

---

ro contra actos administrativos lesivos de los derechos de los funcionarios públicos, estableciendo que en esos casos la acción contencioso-administrativa funcionarial, constituía un medio idóneo para la protección constitucional, al punto de considerar que "Distinta interpretación, supondría efectos derogatorios sobre la casi totalidad de los procedimientos jurisdiccionales existentes en el régimen jurídico venezolano. Véase sentencia de 3–06–88, en *Revista de Derecho Público*, Nº 35, EJV, Caracas, 1988, p. 129. En sentido coincidente, véase las sentencias de la Corte Primera de lo Contencioso Administrativa de 7–7–88, *Revista de Derecho Público*, Nº 35, EJV, Caracas, 1988, p. 130; de 16–6–88, *Revista de Derecho Público* Nº 35, EJV, Caracas, 1988, p. 138; de 20–4–89, *Revista de Derecho Público*, Nº 38, EJV, Caracas, 1989 p. 109; y de 5–2–90 en FUNEDA, 15 *años de Jurisprudencia, op. cit.,* p. 235. En sentido similar el Tribunal Superior Contencioso-Administrativo de la Región Capital en sentencias de 14–2–91 y 31–1–91 *Revista de Derecho Público*, Nº 45, EJV, Caracas, 1991, pp. 113, 114 y 119, ha considerado que el recurso contencioso-administrativo con pretensión de amparo es la vía eficaz para la protección constitucional. 5–2–90. Véase en *Revista de Derecho Público*, Nº 41, EJV, Caracas, 1990, p. 114.

268   Véase sentencia de la Corte Primera de lo Contencioso Administrativo de 9–7–91, en *Revista de Derecho Público*, Nº 47, EJV, Caracas, 1991, p. 131.

269   Véase sentencias de la Corte Primera de lo Contencioso Administrativa de 23–4–93, en *Revista de Derecho Público*, Nº 53–54, EJV, Caracas, 1993, pp. 263–264; de 1–4–93, *Revista de Derecho Público*, Nº 53–54 EJV, Caracas, 1993, p. 271 y antes, de 19–9–90 en FUNEDA, 15 *años de Jurisprudencia..., op. cit.,* p. 149.

tección constitucional sea integral debe buscarse su anulación posterior por la vía contencioso administrativa. Para ello, el juez que otorgue amparo contra un acto administrativo debería imponerle al agraviado la obligación de impugnar el acto administrativo ante el tribunal contencioso administrativo competente.

Pero la acción de amparo no sólo procede contra actos administrativos sino también contra conductas omisivas de la Administración, para lo cual debe existir mora frente a un requerimiento del interesado. Es decir, es necesario que el presunto agraviado se haya dirigido en forma previa a la presunta autoridad agraviante, dando inicio a un procedimiento constitutivo, de manera que no se puede accionar por abstención cuando no habido requerimiento del administrado para que la autoridad administrativa emita algún acto administrativo.[270]

Particular importancia tiene el amparo contra las conductas omisivas en los casos de silencio de la Administración en los procedimientos constitutivos del acto administrativo, que se han estimado como violatorias al derecho de petición, pues en esos casos, sólo considerar el silencio como rechazo, no satisface la garantía constitucional del derecho de petición. En tales casos, la jurisprudencia ha considerado que el accionante puede "exigir que se cumpla el contenido de tal derecho, a saber, que se le confiera la pretensión deducida ante la Administración; que se dicte la declaración que pretende; o bien que se le señalen los motivos por los cuales no puede la Administración acceder a ninguna de las actuaciones precedentemente señaladas."[271]

En el caso de silencio en el procedimiento de impugnación del acto administrativo, en cambio, la jurisprudencia ha considerado que no procede la acción de amparo,[272] salvo cuando el objeto de la misma sea un acto denegatorio tácito producto del silencio en el procedimiento constitutivo.[273] De acuerdo a esta jurisprudencia puede entonces decirse que la

---

270   Sentencia de la antigua Corte Suprema de Justicia, Sala Político Administrativa de 18–11–93, en *Revista de Derecho Público* N° 55–56, EJV, Caracas, 1993, p. 295.

271   Véase sentencia de la Corte Primera de lo Contencioso Administrativo de 17–12–85, citada en sentencia de la misma Corte Primera de 13–2–86. FUNEDA, *15 años de Jurisprudencia, cit.,* pp. 312–313.

272   Véase sentencia de la Sala Político Administrativa de la antigua Corte Suprema de 23–5–88, (Caso: *Fincas Algaba*), en *Revista de Derecho Público,* N° 35, EJV, Caracas, 1988, pp. 109–112. Véase además, sentencia de la antigua Corte Suprema de Justicia, Sala Político Administrativa de 11–7–91, (Caso: *J. E. Durán Díaz*).

273   Véase sentencia de la antigua Corte Suprema de 13–8–92, (Caso: *N. J. Salas Grado*) en *Revista de Derecho Público,* N° 51, EJV, Caracas, 1992, pp. 173 y 174.

antigua Corte Suprema exigió para la procedencia de la acción de amparo contra conductas omisivas de la Administración, en forma acumulativa o concurrente, la existencia de dos requisitos:

"[...] a)   que la conducta omisiva que se denuncia sea absoluta, lo que significa que la Administración no haya en ningún momento realizado la actuación debida; y b) que la omisión ocurra ante una obligación genérica, es decir, aquella obligación que tiene el funcionario de actuar en ejercicio de las atribuciones correspondientes a su cargo distinta, por tanto, a la obligación específica que se ha exigido para la procedencia de la acción contencioso-administrativa por abstención. De manera que sólo cuando ante una obligación genérica, procedimental, de tramitar o proveer un asunto inherente al cargo del funcionario, éste incurre en una conducta omisiva, es que resulta procedente la acción extraordinaria de amparo constitucional"[274].

Por supuesto, en todos estos casos de procedencia de la acción de amparo contra la mora de la Administración, como violatoria del derecho a obtener oportuna respuesta garantizado en el artículo 67 de la Constitución, la consecuencia de la violación de tal derecho, como lo ha señalado la Corte Primera de lo Contencioso Administrativo, "sólo implica ordenar a la autoridad administrativa que otorgue la respuesta correspondiente"[275].

Debe señalarse que en los casos de silencio positivo la Corte Primera de lo Contencioso Administrativo también ha admitido la acción de amparo, ante la omisión de la Administración de darle los efectos positivos originados por su abstención.[276]

Por último debe hacerse mención al tema de las reclamaciones en materia de funcionamiento de los servicios públicos, que la Constitución de 1999 atribuyó a la Jurisdicción Contencioso Administrativa (art. 259). Sin embargo, antes de la regulación concreta en la Ley Orgánica de la Jurisdicción Contencioso Administrativa de 2010 del llamado "contencioso de los servicios público," la Sala Constitucional del Tribunal Supremo de Justicia, en sentencia de 8 de diciembre de 2000, señaló que ante la ausencia de mecanismos inmediatos para la reclamación de los

---

274   Véase sentencias de la antigua Corte Suprema de Justicia, Sala Político Administrativa de 5–11–92 (Caso: *Jorge E. Alvarado*), en *Revista de Derecho Público*, N° 52, EJV, Caracas, 1992, p. 187; y de 18–11–93, en *Revista de Derecho Público*, N° 55–56, EJV, Caracas, 1993, p. 295.

275   Véase sentencia de 26–8–93 (Caso: *Inversiones Klanki*), en *Revista de Derecho Público*, N° 55–56, EJV, Caracas, 1993, p. 294.

276   Véase sentencia de 20–12–91 (Caso: *BHO, C.A.*), en *Revista de Derecho Público*, N° 48, EJV, Caracas, 1991, pp. 141–143.

servicios públicos prestados mediante concesión, la acción de amparo constitucional podrá fungir como instrumento idóneo para tales fines en casos de concesiones, para controlar la protección de los servicios públicos, procurando su correcto funcionamiento, la erradicación de la arbitrariedad, o las desviaciones de poder, señalando sin embargo, que "Lo ideal es que muchas de estas fallas se ventilen mediante un contencioso de los servicios públicos;" agregando:

> "Basta pensar en el caso de que sin justificación, ni razonabilidad alguna, se tome una medida que no obedece a argumentos que puedan ser justificados y explicados a los usuarios del servicio, y de manera extorsiva se les niegue el servicio (luz, agua, teléfono, etc.) si no cumplen con la exigencia de quien lo presta. Podría ser que el contrato considerase tal posibilidad a favor del prestador del servicio, pero el uso abusivo (que no puede ser tutelado por ningún convenio) al privar de las necesidades básicas a la población (agua, luz, teléfono, aseo urbano, etc.), afecta un derecho fundamental del ser humano, cual es el del libre desenvolvimiento de su personalidad, que mal puede llevarse adelante cuando se ve privado de elementos básicos para ello, debido a la conducta arbitraria del prestador del servicio.

> No se trata del incumplimiento contractual del usuario o de interpretaciones al convenio, sino del ajuste a los precios que él paga, a las tarifas, peajes y otras exacciones semejantes, producto de un injustificado y desproporcionado aumento (irrazonable) por parte del servidor, que priva a las personas de las necesidades básicas si no cancela el ajuste o el aumento, y que al coaccionarlo a cumplir mediante el pago inmediato a cambio de no cortarle el servicio, le impide que goce de la vivienda con los servicios básicos esenciales (artículo 82 de la Constitución), o que se ejerza el derecho al trabajo (artículo 87 *eiusdem*), según los casos.

> No se trata del usuario que no cumple con la obligación y recibe la sanción a tal conducta (suspensión del servicio), sino de la actividad arbitraria de quien suministra el servicio, que infringe derechos y garantías constitucionales básicas de las personas, actitud que a pesar de que pudiese estar contemplada en los contratos, equivale a vías de hecho...

> Ante la injustificada privación de los servicios básicos esenciales a que tiene derecho el ser humano en la vivienda que ocupa (artículo 82 de la vigente Constitución) y de los cuales venía gozando; así como la privación del acceso de los servicios que garanticen la salud en sentido amplio, lo que incluye la higiene en el lugar de trabajo o en el hogar (artículo 83 *eiusdem*); y la infracción que las prácticas expresadas causan al artículo 117 de la Constitución de la República Bolivariana de Venezuela, toda persona a fin de ejercer los derechos consagrados en dichos artículos, tiene en su cabeza la acción de amparo constitucional a fin de hacer cesar la amenaza al goce y ejercicio de los derechos constitucionales señalados, y al restablecimiento de la situación jurídica lesionado por la violación de esos derechos...

Hay servicios públicos, como el eléctrico, por ejemplo, en que la Ley (Decreto con rango y Fuerza de Ley del Servicio Eléctrico), hace nacer derechos y obligaciones a los usuarios y a los prestadores del servicio, y lo relativo a esos derechos no estarían tutelados por el amparo constitucional, por lo que deberán ventilarse mediante los procesos ordinarios, mientras no se dicte una Ley que rija el contencioso de los servicios públicos.

Pero, la suspensión o privación abusiva del servicio, fundada en la falta de pago de lo facturado por un servicio que efectivamente no se recibió, o cuya recepción no puede ser demostrada, o que no corresponde a una tarifa o suma razonable, desborda los derechos emanados de la Ley, se trata de un abuso que invade derechos constitucionales, impidiendo el goce y ejercicio de los mismos por quienes son víctimas de la suspensión o privación del servicio, y cuando ello sucede, el derecho conculcado es el constitucional, y es el amparo la vía ideal para impedir la amenaza o lesión en la situación jurídica fundada en dicho derecho. En casos como estos, no sólo el amparo propende a la reanudación del servicio, sino que como parte de la justicia efectiva la reanudación puede hacerse compulsivamente, sin perjuicio de las acciones penales por desacato al fallo que se dicte en el amparo."[277]

En todo caso, la Ley Orgánica de la Jurisdicción Contencioso Administrativa, ha regulado la materia y ha atribuido a los órganos de la Jurisdicción competencia en materia de reclamos por la prestación de los servicios públicos y el restablecimiento de las situaciones jurídicas subjetivas lesionadas por los prestadores de los mismos (art. 9,5), asignando el conocimiento de la materia exclusivamente a los Juzgados de Municipio de la Jurisdicción Contencioso Administrativa, como competencia única, para conocer de "las demandas que interpongan los usuarios o usuarias o las organizaciones públicas o privadas que los representen, por la prestación de servicios públicos" (art. 26,1).

D. El amparo contra sentencias y demás actos judiciales

Por último, en relación al amparo contra actos estatales, el artículo 4º de la Ley Orgánica establece que:

"Igualmente procede la acción de amparo cuando un Tribunal de la República, actuando fuera de su competencia, dicte una resolución o sentencia u ordene un acto que lesione un derecho constitucional".

De esta norma podría interpretarse, ante todo, que si la decisión judicial violatoria de un derecho constitucional se dicta por un juez actuando

---

277 Citada en la sentencia antes citada de la Corte Primera de lo Contencioso Administrativo de 08-12-2000, publicada en *Revista de Derecho Público*, Nº 89-92, Editorial Jurídica Venezolana, Caracas, 2002, pp. 350-354.

dentro de su competencia (por la materia o por el territorio), no procedería la acción autónoma de amparo, sino que la pretensión de amparo debería ejercerse conjuntamente con el recurso de apelación o el recurso de casación que corresponda. Ello es lo que resultaría de la interpretación literal de la norma, con el objeto de salvaguardar los medios ordinarios y extraordinarios de revisión de decisiones judiciales, que en estos casos tendrían efectos suspensivos, y por tanto, de protección constitucional inmediata

Sin embargo, el problema de interpretación resultaría de los casos en los que no esté prevista en el ordenamiento procesal una vía ordinaria o extraordinaria de revisión de sentencias, o éstas no procedan, o no se hayan ejercido oportunamente. La jurisprudencia, en este sentido, ha conformado en estos casos la doctrina más acorde con la protección constitucional que consagra la Ley Orgánica, pues en definitiva, ningún Tribunal tiene ni puede tener competencia para dictar decisiones en las cuales lesione derechos o garantías constitucionales.

En todo caso, en el supuesto regulado en el artículo 4° y con el objeto de salvaguardar las jerarquías judiciales de revisión, se establece expresamente que "La acción de amparo debe interponerse por ante un Tribunal superior al que emitió el pronunciamiento, quien decidirá en forma breve, sumaria y efectiva".

Además, debe mencionarse, como antes se advirtió, que la Ley expresamente excluye el ejercicio de la acción de amparo "cuando se trate de decisiones emanadas de Tribunal Supremo de Justicia" (Art. 6, Ord. 6°), lo que tiene su explicación en la garantía institucional que prevé la Constitución en el sentido de que siendo dicho Tribunal el más alto de la República, contra sus decisiones no se puede oírse ni admitirse recurso alguno[278].

Ahora bien, en relación al amparo contra sentencias[279], la jurisprudencia ha precisado sus contornos precisando, ante todo, que es necesario que exista un acto judicial lesivo, es decir, que lesione o amenace lesionar un derecho constitucional, para lo cual ningún tribunal puede tener com-

---

278   Véase la sentencia de la antigua Corte Suprema de Justicia, Sala Político Administrativa de 5–12–90 en *Revista de Derecho Público*, N° 45, EJV, Caracas, 1991, p. 119.

279   Véase, entre otras, la sentencia de la Sala Constitucional N° 848 de 28–7–2000 (Caso: *Luis A. Baca vs. Juzgado Segundo de Primera Instancia en lo Civil, Mercantil, Agrario y del Tránsito del Primer Circuito de la Circunscripción Judicial del Estado Bolívar*), en *Revista de Derecho Público*, N° 83, EJV, Caracas, 2000, p. 296 ss.

petencia.[280] La expresión legal "actuando fuera de su competencia" ha sido interpretada por la Sala Político Administrativa de la antigua Corte Suprema, en sentencia de 12 de diciembre de 1989 (Caso: *El Crack C.A*) como equivalente a un tribunal que "usurpa funciones, ejerciendo unas que no le son conferidas o hace uso indebido de las funciones que le han sido atribuidas, lesionando con su actuación derechos o garantías constitucionales"[281].

De acuerdo a esta doctrina, por tanto, y dada la garantía de la cosa juzgada que protege a las decisiones judiciales, no basta para que sea procedente una acción de amparo contra sentencias que el accionante sólo señale que la sentencia le fue adversa, sino que debe alegar abuso o exceso de poder del juez, como forma de incompetencia[282].

El tema, particularmente en relación a la garantía de la cosa juzgada fue objeto de consideración detallada y particular por la Sala de Casación Civil de la antigua Corte Suprema de Justicia en sentencia de 5 de diciembre de 1990 al analizar el artículo 4° de la Ley Orgánica, en la cual estableció los casos en los que puede intentarse y ser admitida la acción autónoma de amparo contra decisiones judiciales cuando:

"1. El juez actuando fuera de su competencia, entendida ésta en el sentido de la jurisprudencia transcrita, vulnera una garantía o derecho de rango constitucional;

2. La decisión constituya un acto lesivo a la conciencia jurídica, al infringir en forma flagrante, por ejemplo, los derechos individuales que no pueden ser renunciados por el afectado; o

3. El fallo vulnere el principio de seguridad jurídica, proveyendo contra la cosa juzgada, o fuese proferido en un proceso donde evidentemente no se hubiese garantizado al solicitante del amparo las debidas oportu-

---

280 Véase Allan R. Brewer–Carías, "El problema del amparo contra sentencias o de cómo la Sala de Casación Civil remedia arbitrariedades judiciales" en *Revista de Derecho Público*, N° 34, EJV, Caracas, 1988, p. 164; y "El recurso de amparo contra sentencias de amparo dictadas en segunda instancia", en *Revista de Derecho Público*, N° 36, Editorial Jurídica Venezolana, Caracas, octubre-diciembre 1988, pp. 160-172.

281 Véase en *Revista de Derecho Público*, N° 41, EJV, Caracas, 1990, pp. 110–111. En igual sentido se destacan las sentencias de la misma Sala Político Administrativa de 27–6–90, 4–7–90, 7–8–90, 5–12–90 y 31–5–91, citadas en *Revista de Derecho Público*, N° 46, EJV, Caracas, 1991, p. 132. Igualmente, sentencia de 4–2–93, *Revista de Derecho Público* N° 53–54, EJV, Caracas, 1993, p. 276.

282 Véase sentencia antigua Corte Suprema de Justicia, Sala Político Administrativa de 31–5–91, *Revista de Derecho Público,* N° 46, EJV, Caracas, 1991, p. 132.

nidades de defensa, o se hubiese irrespetado de alguna otra manera la garantía del debido proceso."[283]

La Corte Primera de lo Contencioso Administrativo, en una sentencia de 9 septiembre de 1993, también señaló la relación entre la importancia de la cosa juzgada y la procedencia de la acción de amparo, la cual nunca puede constituirse en una tercera instancia, precisando lo siguiente:

"En atención a esa vocación de la definitividad que tienen las decisiones emanadas de los tribunales y a las suficientes garantías que ofrecen a las partes en conflicto los procedimientos judiciales, el amparo contra las sentencias debe estar sometido a estrictos requisitos, tendentes a impedir que, so pretexto de solicitar amparo de derechos constitucionales pretendidamente violados, se esté intentando realmente reabrir indefinidamente los asuntos ya judicialmente decididos e impugnar sentencias por vías diferentes o adicionales a los recursos que el propio ordenamiento jurídico procesal ofrece para ello. Es razonable, por tanto, que se exija –como requisito de procedencia del amparo contra sentencias– el que la conducta del juez accionado constituya un abuso de poder o una grave usurpación o extralimitación de funciones, que lesione simultáneamente un derecho constitucional. En cambio, no podría proceder el amparo cuando el juez haya actuado dentro de los límites de su oficio, sólo que el accionante no está de acuerdo con los criterios jurídicos utilizados por aquél al adoptar su decisión..."[284]

Por otra parte, la Corte Primera también consideró que no son procedentes, en principio, las pretensiones de amparo contra sentencias que puedan ser objeto de apelación en ambos efectos; excepto en los casos en los que la actividad procesal pueda perjudicar a terceros, en tanto que éstos no hayan tenido la posibilidad real de acceso al proceso y no hayan ejercido efectivamente su derecho a la defensa.[285]

Por otra parte, en relación al amparo contra sentencias y demás actos judiciales, otro aspecto que debe destacarse es que la aplicación del artículo 4º de la Ley Orgánica de Amparo sólo procede cuando el juez en concreto actúa en ejercicio de funciones jurisdiccionales, en cuyo caso, el juez competente para conocer de la acción es el tribunal superior al que emitió el pronunciamiento. En cambio, en los supuestos en los cuales un

283 Caso *José Díaz Aquino*, (consultada en original). Citada también en sentencia de 14–12–94 de la misma Sala de Casación (consultada en original, Caso *Cimarrón*).

284 Véase en *Revista de Derecho Público*, Nº 55–56, EJV, Caracas, 1993, p. 297.

285 Véase sentencia Nº 1311 de 9–10–2000, (Caso: *Ciruley J. González V. y otros vs. Juzgado Superior Segundo en lo Civil y Contencioso Administrativo de la Circunscripción Judicial de la Región Capital*), en *Revista de Derecho Público*, Nº 84, EJV, Caracas, 2000, p. 352.

juez dicte un acto actuando en función administrativa (no jurisdiccional), por ejemplo, cuando actúa como registrador mercantil, la competencia para conocer de la acción de amparo corresponde al tribunal de primera instancia que lo sea en la materia afín con la naturaleza del derecho violado"[286].

Por otra parte, el artículo 4° de la Ley Orgánica, al regular la posibilidad de ejercicio de la acción de amparo contra sentencias, no estableció ningún límite[287], por lo que evidentemente que una acción de amparo también puede intentarse contra una sentencia dictada en un juicio de amparo, siempre que en ésta, el juez, actuando fuera de su competencia en el sentido antes indicado, lesione un derecho o garantía constitucional.[288] En estos casos, por tanto, cuando se ejerce una acción de amparo contra una sentencia dictada en un juicio de amparo, ella debe estar motivada por el hecho de que la sentencia atacada, en sí misma, e independientemente del fondo de la causa decidida, lesiona ilegítimamente un derecho constitucional. Por ello, en estos casos, no se busca "reabrir" una controversia judicial ya decidida y finalizada; es decir, el juez de amparo contra sentencias no puede "reabrir" el proceso decidido en la sentencia impugnada, sino que limita su actuación a juzgar si la sentencia, en sí misma, viola ilegítimamente un derecho constitucional a objeto de ordenar el inmediato restablecimiento de la situación jurídica lesionada por la decisión judicial.

La Sala de Casación Civil de la antigua Corte Suprema de Justicia en sentencia de 8 de diciembre de 1995 (Caso: *Mavesa*), sobre la posibilidad de interponer una acción de amparo contra una decisión judicial pronunciada en un procedimiento de amparo constitucional, indicó que ello es procedente:

"[…] siempre que concurran ciertos extremos o requisitos: a) que se haya satisfecho el principio de la doble instancia; b) que los hechos concre-

---

286 Véase la sentencia de la Sala de Casación Civil de la Corte Suprema de Justicia de 21-9-89, *Revista de Derecho Público,* N° 40, EJV, Caracas, 1989, pp. 92–93.

287 La Sala Constitucional, en cambio, ha establecido que sólo procede el amparo, conforme al artículo 4 de la Ley Orgánica de Amparo, contra las sentencias que dicten los tribunales en segundo grado de jurisdicción, cuando se denuncien violaciones a derechos o garantías constitucionales no juzgadas en cualquiera de las dos instancias. Véase sentencia N° 127 de 6–2–2001 (Caso: *Licorería El Buchón, C.A. vs. Juzgado Primero de Primera Instancia en lo Civil, Mercantil, Agrario y Tránsito de la Circunscripción Judicial del Estado Bolívar*) en *Revista de Derecho Público,* N° 85–88, EJV, Caracas, 2001, p. 441.

288 Véase Allan R. Brewer Carías, "El problema del amparo contra sentencias...", *loc. cit.,* p. 164.

tos causantes de la violación constitucional sean distintos de los revisados en el primer amparo, sin importar que se refiera al mismo o diferente derecho constitucional; y c) que el Tribunal haya incurrido en los supuestos de hecho que exige el artículo 4° de la Ley Orgánica de Amparo sobre Derechos y Garantías Constitucionales" (Sentencia 18–11–92, Caso: *C.V.G. Internacional, C.A.*).[289]

La Sala Constitucional del Tribunal Supremo, sin embargo, ha excluido la acción de amparo contra sentencias que agotan la doble instancia en materia de amparo (apelación o consulta obligatoria)[290], aún cuando ha aclarado que queda a salvo el caso de que ella contenga un agravio constitucional nuevo y distinto de los ya conocidos y resueltos, o que la Sala decida ejercer al respecto la potestad extraordinaria de revisión[291]

En relación con las partes en el proceso, debe señalarse que conforme a la doctrina de la Sala Constitucional, "la acción de amparo contra decisiones judiciales no procede contra el Juez que dictó la decisión sino contra la decisión en sí misma", en el sentido de que el Juez no es el legitimado pasivo en el procedimiento de amparo, siendo el fallo, en si mismo, "el presunto trasgresor de un derecho o garantía constitucional". Por ello es que se ha considerado que no es necesaria la presencia del Juez para defender o informar sobre la decisión tomada, de manera que según lo resuelto por la misma Sala en su sentencia de 1° de febrero de 2000 (Caso: *José A. Mejías y otros*), "la ausencia del juez a la audiencia oral, no significa aceptación de la pretensión de amparo".[292]

En esos casos de amparo contra decisiones judiciales, conforme a la doctrina de la misma Sala Constitucional, la contraparte del accionante en

---

289 Consultada en original.

290 Véase sentencia N° 245 de 25–4–2000 (Caso: *Fernando J. Roa R. vs. Juzgado Segundo de Primera Instancia del Trabajo y Agrario de la Circunscripción Judicial del Estado Táchira*), en *Revista de Derecho Público*, N° 82, EJV, Caracas, 2000, p. 478.

291 Véase sentencia N° 335 de 4–5–2000 (Caso: *Asociación Civil de Conductores "Casanova Norte" vs. Juzgado Superior en lo Civil, Mercantil, Tránsito y Trabajo, Menores y Estabilidad Laboral del Primer Circuito de la Circunscripción Judicial del Estado Bolívar*), en *Revista de Derecho Público*, N° 82, EJV, Caracas, 2000, p. 481. Igualmente, sentencia N° 341 de 10–5–2000 (Caso: *Wilfredo J. Palacios vs. Sala N° 1 de la Corte de Apelaciones del Circuito Judicial Penal de la Circunscripción Judicial del Estado Carabobo*), idem, p. 483.

292 Véase sentencia N° 436 de 22–5–2000 (Caso: *Foramer de Venezuela, C.A. vs. Juzgado Tercero de Primera Instancia del Trabajo de la Circunscripción Judicial del Estado Zulia*), en *Revista de Derecho Público*, N° 82, EJV, Caracas, 2000, p. 476.

amparo contra la omisión o decisión judicial agraviante, es un tercero interesado; por lo que el solo hecho de demostrar su participación en dicho juicio, lo legitima para participar en el proceso de amparo.[293]

Por último, debe hacerse mención a la llamada "acción de amparo sobrevenida", como vía muy especial creada por el legislador para permitir que se ventile en un juicio en curso y en el mismo juicio, una denuncia de lesión constitucional acaecida durante su curso, y que busca evitar la materialización o continuidad de los efectos lesivos de un acto, surgido en el transcurso del proceso principal, por lo que la misma necesariamente debe interponerse dentro de dicho proceso y pierde su finalidad una vez que este ha culminado[294].

En estos casos, cuando las violaciones a los derechos y garantías constitucionales surgen en el curso de un proceso debido a actuaciones de las partes, de terceros, de auxiliares de justicia o de funcionarios judiciales diferentes a los jueces, el amparo puede interponerse ante el juez que esté conociendo la causa, quien lo debe sustanciar y decidir en cuaderno separado. Sin embargo, cuando se trate de una actuación del propio juez de la causa el amparo debe intentarse ante el tribunal superior.

2. *Los principios del amparo en el derecho comparado en relación con los agraviantes y la protección contra autoridades y particulares*

En el derecho venezolano, como hemos indicado, conforme al artículo 2 de la Ley Orgánica de Amparo identifica al agraviante en la forma más general posible al precisar que las amenazas o violaciones a los derechos que son amparables mediante la acción de amparo pueden provenir de "órganos, entes y misiones que ejercen el Poder Público; así como de las organizaciones del Poder Popular, personas naturales y jurídicas o grupos u organizaciones de cualquier naturaleza."

En este marco, la garantía de los derechos constitucionales implica que el derecho de amparo o de protección de los mismos que tiene toda persona, debe poder ejercerse sea quien fuere la persona que produce la

---

293   Véase sentencia N° 628 de 27–6–2000 (Caso: *Águilas del Zulia Baseball Club, C.A. vs. Juzgado Primero de Primera Instancia en lo Civil y Mercantil de la Circunscripción Judicial del Estado Zulia*), en *Revista de Derecho Público*, N° 82, EJV, Caracas, 2000, p. 477.

294   Véase sentencia de la Sala Electoral N° 115 de 6–8–2003 (Caso: *Roberto S. Zara M. y otros vs. Carlos J. Jiménez C.*), en *Revista de Derecho Público*, N° 93–96, EJV,   Caracas, 2003, p. 542.

violación o el daño, siempre que el responsable, persona o entidad pública o privada sea individualizable como agraviante, de manera que incluso el resultado final pueda ser una orden judicial "dirigida a un individuo claramente identificado y no solo a la ciudadanía en general."[295] De allí que adjetivamente, el proceso de amparo esté signado como principio por la característica de la bilateralidad, basada en la relación procesal que debe ser establecida entre la parte agraviada y la agraviante, quien debe participar también del proceso.[296]

Ahora bien, el carácter personalísimo de la acción de amparo no sólo moldea la condición del agraviado, excepto en los casos de intereses colectivos y difusos, sino también la del agraviante. Este sólo puede ser la persona que ha originado la lesión o amenaza de lesión al derecho del agraviado. La antigua Corte Suprema de Justicia, en Sala Político Administrativa lo puntualizó, en sentencia del 15 diciembre de 1992, al considerar que "debe existir una relación directa, específica e indubitable entre la persona que solicita la protección de derechos fundamentales y la persona imputada de dar origen al supuesto agente perturbador, quien viene a ser legitimado pasivo o el sujeto contra quien se deduce la pretensión en el proceso judicial incoado."[297] En otras palabras, es necesario, para la procedencia de la acción de amparo, que la persona señalada como agraviante sea la que en definitiva originó la supuesta lesión. Para ello, el artículo 20.2 de la Ley Orgánica, dentro de las condiciones de la solicitud de la acción de amparo, incluye la exigencia de que haya "suficiente señalamiento e identificación de la parte presuntamente agraviante, si fuere posible, e indicación de la circunstancia de localización."

En relación con esto, tratándose de una persona natural, la identificación y precisión del agraviante no presenta mayores dificultades, siempre que la persona indicada sea la que en definitiva originó la lesión o la amenaza de lesión al derecho del agraviado. La acción de amparo tam-

---

295 Véase Owen M. Fiss, *The Civil Rights Injunction*, Indiana University Press, 1978, p. 12.

296 Véase Corte Suprema de Justicia de Venezuela, Sala Político-Administrativa, decisión del 16 de diciembre de 1.992, caso *Haydée Casanova*, en la *Revista de Derecho Público*, N° 52, Editorial Jurídica Venezolana, Caracas, 1992, p. 139.

297 Véase sentencia de la antigua Corte Suprema de Justicia, Sala Político Administrativa de 16–12–92 (Caso *Haydée Casanova*), *Revista de Derecho Público*, N° 52, EJV, Caracas, 1992, p. 139.

bién puede intentarse contra una persona moral cuando ésta, actuando a través de sus órganos, es la causante de la lesión.[298]

Por otra parte, en relación a las personas morales, la acción de amparo podría intentarse contra el órgano de la misma o uno de los órganos, si la lesión ha sido infringida por el mismo; e, incluso, contra el o los titulares individualizados del órgano, si la o las personas naturales titulares del órgano pueden identificarse como agraviante, con independencia del órgano en sí mismo.

Es decir, el agraviante tiene que ser el directo responsable de la conducta que se imputa como violatoria de los derechos o garantías constitucionales del agraviante;[299] y de lo contrario, si se denuncia a una persona como agraviante sin serlo, la acción de amparo debe ser declarada inadmisible.[300]

Ello implica que la acción de amparo en los casos de actuaciones de la Administración Pública, exige que se identifique al titular del órgano que efectivamente produjo la lesión o amenaza de lesión de los derechos o garantías, es decir, al sujeto a quien se imputan, que posee conocimiento directo y personal sobre los hechos.[301]

Pero el hecho de que se identifique, con precisión, al titular del órgano que causó la lesión, no implica que la acción de amparo se tenga que intentar contra dicho titular y no contra el órgano que produjo la lesión. En estos casos, podría cambiar el titular del órgano, es decir, el funcionario, pero no por ello cambia la relación entre agraviado y agraviante.[302]

En consecuencia, en los casos en que el agraviado señale en forma precisa al funcionario público autor del agravio, es a éste y sólo a éste, a quien le corresponde actuar en el proceso, sea cual fuere su jerarquía, y en modo alguno puede actuar en el proceso ni debe ser notificado a tal

298 Véase sentencia de la Corte Primera de lo Contencioso Administrativo de 7–9–89, *Revista de Derecho Público*, N° 40, EJV, Caracas, 1989, p. 108.

299 Véase sentencias de la Corte Primera de lo Contencioso Administrativo de 12–5–88, *Revista de Derecho Público*, N° 34, EJV, Caracas, 1988, p. 113; y de 16–6–88, *Revista de Derecho Público*, N° 35, EJV, Caracas, 1988, p. 138.

300 Véase sentencia de la antigua Corte Suprema de Justicia, Sala Político Administrativo de 22–11–93, *Revista de Derecho Público*, no 55–56, EJV, Caracas, 1993, pp. 487–489.

301 Véase sentencia de la Corte Primera de lo Contencioso Administrativo de 16–6–88, *Revista de Derecho Público*, N° 35, EJV, Caracas, 1988, p. 138.

302 Véase sentencia de la Corte Primera de lo Contencioso Administrativo de 28–9–93, *Revista de Derecho Público*, no 55–56, EJV, Caracas, 1993, p. 330.

efecto, por ejemplo, ni el superior inmediato o máximo titular jerárquico del órgano,[303] ni el Procurador General de la República en caso de que se trate de un funcionario.[304] En cambio, si la acción de amparo se intenta, por ejemplo, contra un Ministerio como órgano de la República, su actuación sí sería imputable a la persona jurídica "República", de la cual el Ministerio es sólo un órgano, y en ese caso, el representante judicial de la República, quien tendría que actuar en juicio, sería el Procurador General de la República.[305]

Sin embargo, al contrario, cuando el amparo está dirigido contra un órgano perfectamente individualizado de la Administración Pública Nacional, y no contra la República, la representación de la República, a través del Procurador General de la República, no tiene relevancia alguna de carácter procesal.[306] Es decir, cuando el amparo está dirigido contra una autoridad administrativa, en cuyo caso debe personalizarse un sujeto específico,[307] por ejemplo, contra un Ministro, los representantes de la Procuraduría General de la República no pueden ejercer la representación del mismo en el juicio de amparo.[308] En esos casos en los cuales se intente la acción de amparo contra un organismo administrativo, se debe individualizar la acción en la persona de su titular o responsable para ese momento, al cual debe notificarse y debe comparecer personalmente.[309]

---

303 Véase sentencia de la Corte Primera de lo Contencioso Administrativo de 12–5–88, *Revista de Derecho Público,* N° 34, EJV, Caracas, 1988, p. 113.

304 Véase sentencia de la antigua Corte Suprema de Justicia, Sala Político Administrativa de 16–3–89, *Revista de Derecho Público,* N° 38, EJV, Caracas, 1989, p. 110; sentencia de la Corte Primera de lo Contencioso Administrativo de 7–9–89, *Revista de Derecho Público,* N° 40, EJV, Caracas, 1989, p. 107.

305 Véase sentencia de la Corte Primera de lo Contencioso Administrativo de 7–9–89, *Revista de Derecho Público,* N° 40, EJV, Caracas, 1989, p. 107.

306 Véase sentencia de la Corte Primera de lo Contencioso Administrativo de 21–11–90, *Revista de Derecho Público,* N° 44, EJV, Caracas, 1990, p. 148.

307 Véase sentencia de la Corte Primera de lo Contencioso Administrativo de 10–10–90, *Revista de Derecho Público,* N° 44, EJV, Caracas, 1990, p. 142.

308 Véase sentencias de la antigua Corte Suprema de Justicia, Sala Político Administrativa de 1–8–91, *Revista de Derecho Público,* N° 47, EJV, Caracas, 1991, p. 120; y de 15–12–92, *Revista de Derecho Público,* N° 52, EJV, Caracas, 1992, p. 139; y véase sentencia de la Corte Primera de lo Contencioso Administrativo de 30–7–92, *Revista de Derecho Público,* N° 51, EJV, Caracas, 1992, p. 164.

309 Véase sentencia de la antigua Corte Suprema de Justicia, Sala Político Administrativa de 8–3–90, *Revista de Derecho Público,* N° 42, EJV, Caracas, 1990, p. 114; y sentencias de la Corte Primera de lo Contencioso Administrativo de 21–11–90, *Revista de Derecho Público,* N° 44, EJV, Caracas, 1990, p. 148, y en FUNEDA, *15*

Esta necesidad de individualizar al demandado en la demanda de acción de amparo, como se ha dicho, que deriva también del carácter subjetivo o personal del amparo, también se exige en general en todas las leyes de amparo latinoamericanas,[310] lo que de acuerdo con lo estipulado en algunas leyes, solo aplica, desde luego, cuando dicha individualización es posible.[311] Por eso y como dispone el Código de Procedimiento Civil paraguayo, cuando la identificación del demandado no sea posible, el juez, para garantizar la relación procesal bilateral, deberá suplir los medios necesarios para procurar determinarla (art. 569.b). A este respecto, en particular cuando el agraviante no puede ser determinado o localizado y como lo dispone la ley de amparo uruguaya, el tribunal debe designar un defensor público que lo represente en el caso.[312]

No obstante, en el proceso de amparo, más importante que el autor del agravio, es la lesión infligida a los derechos constitucionales. De manera que cuando sea imposible para el demandante o el juez identificar claramente al demandado, si el hecho o la acción que causa el daño puede ser claramente determinada, aun sin la identificación del autor exacto que la ha producido, sea una autoridad, funcionario público o un individuo, la queja constitucional puede presentarse y, eventualmente, la protección puede concederse.

Esta regla general ha sido desarrollada en la doctrina argentina que precisa que "la acción de amparo tiende a enfocarse más en el acto lesivo, y sólo accesoriamente en su autor,"[313] de manera que una vez que la lesión ha sido causada y el acto lesivo ha sido determinado, el hecho de que su autor no ha sido identificado no puede impedir la decisión reparadora del daño, "dado el hecho de que la acción de amparo tiende más a resta-

---

años de Jurisprudencia, cit., p. 164 y de 14–7–88, FUNEDA, 15 años de Jurisprudencia, cit., p. 177.

310 Argentina, art. 6,b; Bolivia, 97,II; Colombia, art. 14; Costa Rica, art. 38; El Salvador, art. 14,2; Guatemala art. 21,d; Honduras, art. 21; 49,4; México 116,III; 166,III; Nicaragua, art. 27,2; Panamá, art. 2619,2; Paraguay, art. 568,b; Perú, art. 42,3; Venezuela art. 18,3.

311 Argentina (art. 6,b); Colombia (art. 14); Nicaragua (arts. 25; 55) y Venezuela (art. 18,3).

312 En Uruguay, la Ley de amparo al respecto expresamente prevé la posibilidad de intentar la acción en casos urgentes, aun sin conocer con precisión la persona responsable del daño, en cuyo caso, el tribunal debe publicar avisos oficiales para identificarla y, caso que no se presente, el tribunal deberá designar de oficio un defensor (art. 7).

313 Véase Alí Joaquín Salgado, Juicio de amparo y acción de inconstitucionalidad, Astrea, Buenos Aires, 1987, p. 92.

blecer el derecho constitucional lesionado que individualizar el autor de la violación."[314]

Sin embargo, este principio no quiere decir que el demandante puede simplemente liberarse de su obligación de procurar la identificación del autor del daño infligido a sus derechos, así que, como también se ha resuelto en Argentina, en los casos en los cuales no se individualice al agraviante, la demanda puede ser rechazada cuando se determine que lo que el demandante pretendía era forzar al tribunal a hacer el trabajo que le correspondía a él.[315]

Aun así, dejando a un lado estas restricciones, el principio general respecto de la demanda de amparo es que el demandante debe hacer la individualización requerida del agraviante mediante su identificación, sea persona humana o corporación, sea un funcionario o entidad pública, siendo tal persona o entidad la parte causante del daño o de la amenaza de violación de los derechos del demandante.

En el caso de recursos de amparo intentados contra personas jurídicas, entidades públicas o corporaciones, el libelo debe también identificarlas con precisión y, asimismo, con mención, cuando sea posible, de sus representantes. En estos casos de daños causados por entidades o corporaciones, la demanda puede ser intentada directamente contra la persona natural que actúa en representación de la entidad o corporación, por ejemplo, el funcionario público; o directamente contra la entidad misma. En este último caso y de acuerdo con la expresión utilizada en las

314 Véase José Luis Lazzarini, *El juicio de amparo*, La Ley, Buenos Aires, 1987, p. 274. Es por esto que, en el caso principal argentino de Ángel Siri (en el cual la Corte Suprema en Argentina admitió la acción de amparo sin ninguna normativa legal al respecto), la corte protegió al propietario de un rotativo que fue clausurado por el gobierno, aun cuando en el expediente no había evidencia clara de cuál autoridad lo había clausurado ni los motivos de la decisión. *Idem*, p. 276

315 Fue el caso, por ejemplo, decidido por la Corte Suprema de Justicia rechazando una acción de amparo que fue interpuesta por un ex-Presidente de la República (caso *Juan D. Perón*) contra disposiciones del gobierno pidiendo que se regresara el cuerpo de su difunta esposa. En ese caso, la corte suprema dispuso acerca de la necesidad de una "mínima individualización del autor del acto que origina la demanda" rechazando la acción de amparo por falta de individualización mínima del demandado. La corte dedujo que lo que el demandante buscaba era conseguir de los tribunales una orden para practicar las indagaciones necesarias con respecto al paradero del cuerpo.v. Fallos: 248–537, referido en José Luis Lazzarini, *El juicio de amparo*, La Ley, Buenos Aires, 1987, p. 275.

injunctions de los derechos civiles en los Estados Unidos, la demanda puede intentarse contra "el cargo en lugar de la persona".[316]

Esto significa, lo que es regla en México, que en estos casos el amparo se interpone contra la "autoridad responsable"; expresión ésta concebida "con independencia de su naturaleza formal," referida a "la que dicta, ordena, ejecuta o trata de ejecutar el acto que crea, modifica o extingue situaciones jurídicas en forma unilateral y obligatoria; u omita el acto que de realizarse crearía, modificaría o extinguiría dichas situaciones jurídicas." Por consiguiente, en caso de recursos de amparo intentados contra entidades y corporaciones, la persona natural que las representa puede cambiar (como sucede comúnmente con las entidades públicas), circunstancia que no afecta la relación bilateral entre las partes agraviantes y agraviadas.

Como se dijo antes, la demanda puede ser intentada también contra la persona misma del representante de la entidad o corporación; por ejemplo, contra el funcionario público o el director o gerente de la entidad, particularmente cuando el daño o la amenaza ha sido provocada personalmente por él, con independencia de la persona o entidad jurídica por quien actúa.[317] En estos casos, cuando por ejemplo el funcionario público responsable del daño puede ser identificado con precisión como la parte agraviante, es solo éste, personalmente quien debe actuar como demandado en el procedimiento, en cuyo caso no será necesario enviar notificación al superior jerárquico o al Procurador General de la repúbli-

---

316 Véase Owen M. Fiss, *The Civil Rights Injunction*, Indiana University Press, 1978, p. 15.

317 En tales casos, cuando la acción es interpuesta contra funcionarios públicos, como dispone el artículo 27 de la ley de amparo venezolana, el tribunal que decide en el mérito debe notificar su decisión a la autoridad competente "a fin de que resuelva sobre la procedencia o no de medida disciplinaria contra el funcionario público culpable de la violación o de la amenaza contra el derecho o la garantía constitucionales."

ca.[318] En tales casos, es la persona natural o funcionario público individualizado quien debe actuar como la parte agraviante.[319]

Por el contrario, si la demanda es intentada, por ejemplo, contra una entidad ministerial como un órgano de la administración pública, en este caso el Procurador General, como representante del Estado, es el órgano que debe actuar en el proceso como su representante judicial. En otros casos, cuando la demanda de amparo es ejercida contra un órgano de la administración pública perfectamente identificado e individualizado y no contra el Estado, el Procurador General, como su representante judicial, no tiene necesariamente una función procesal que desempeñar y no puede actuar en su representación.[320]

A. El demandado en la demanda de amparo: las autoridades y los particulares

El aspecto más importante en el proceso de amparo en América Latina respecto de la parte agraviante, es que, con algunas excepciones, la demanda de amparo puede interponerse no solo contra las autoridades públicas sino también contra los particulares. En otras palabras, este específico medio judicial de protección está concebido para la protección de derechos y garantías constitucionales contra los daños y amenazas de violación independientemente de su autor, que puede ser una entidad

318 Véase sentencia de la Corte Primera de lo Contencioso Administrativo del 12-5-1988 en *Revista de Derecho Público*, N° 34, Editorial Jurídica Venezolana, Caracas, 1988, p. 113; sentencia de la Corte Suprema de Justicia en Sala Político Administrativa de 16-3-1989, en *Revista de Derecho Público*, N° 38, Editorial Jurídica Venezolana, Caracas, 1989, p. 110; sentencia de la Corte Primera de lo Contencioso Administrativo de 7-9-1989, en la *Revista de Derecho Público*, N° 40, Editorial Jurídica Venezolana, Caracas, 1989, p. 107.

319 Véase sentencia de antigua Corte Suprema de Justicia en Sala Político Administrativa, de 8-3-1990, en la *Revista de Derecho Público*, N° 42, Editorial Jurídica Venezolana, Caracas, 1990, p. 114; sentencia de la Corte Primera de lo Contencioso Administrativo de 21-11-1990, en *Revista de Derecho Público*, N° 44, Editorial Jurídica Venezolana, Caracas, 1990, p. 148.

320 Véase sentencia de la Corte Primera de lo Contencioso Administrativo de 10-10-1990 en la *Revista de Derecho Público*, N° 44, Editorial Jurídica Venezolana, Caracas, 1990, p. 142; sentencia de la antigua Corte Suprema de Justicia en Sala Político Administrativa de 1-8-1991, en *Revista de Derecho Público*, N° 47, Editorial Jurídica Venezolana, Caracas, 1990, p. 120; sentencia de la. Corte Primera de lo Contencioso Administrativo de 30.7.1992, en *Revista de Derecho Público*, N° 51, Editorial Jurídica Venezolana, Caracas, 1992, p. 164; y sentencia de la antigua Corte Suprema de Justicia en Sala Político Administrativa de 15.12.1992, en *Revista de Derecho Público*, N° 52, Editorial Jurídica Venezolana, Caracas, 1992, p. 13.

pública, cualquier autoridades, individuos particulares o compañas o corporaciones privadas.

Es cierto que el procedimiento de amparo fue originalmente establecido para proteger a los particulares contra el Estado; como era por ejemplo la tradición en el caso de México hasta 2013; pero esa tendencia inicial incluso se había abandonado antes en muchos países al admitir que el proceso de amparo para la protección de los derechos constitucionales contra acciones de otros individuos.

Por ello, la situación actual es que en la mayoría de los países latinoamericanos está aceptada la admisión de la demanda de amparo ejercida contra particulares, como es el caso en Argentina, Bolivia, Chile, la República Dominicana, Paraguay, Perú, Venezuela y Uruguay, así como, aunque de manera más restringida, en Colombia, Costa Rica, Ecuador, Guatemala, Honduras y México. En cambio, solo en una minoría de países latinoamericanos la demanda de amparo permanece exclusivamente como un medio tutelar contra las autoridades, como ocurre en Brasil, El Salvador, Panamá, y Nicaragua. Este es el caso también en los Estados Unidos donde las *injunctions* de los derechos civiles en materia de derechos o garantías constitucionales[321] pueden ser solamente admitidos contra entidades públicas.[322]

---

321 En otras materias las *injunctions* pueden intentarse contra cualquier persona como "altos funcionarios públicos o personas particulares". Véase M. Glenn Abernathy and Barbara A. Perry, *Civil Liberties under the Constitution*, Sixth Edition, University of South Carolina Press, 1993, p. 8.

322 Como lo han explicado M. Glenn Abernathy y Barbara A. Perry: "Recursos limitados contra las interferencias de los particulares a la libertad de decisión. Otro problema en el esfuerzo del ciudadano para estar libre de restricciones está en que muchos tipos de interferencias provenientes de personas particulares no constituyen ilícitos sancionados por la ley. Los prejuicios personales y la discriminación privada no ofrecen -en ausencia de previsiones legales especificas- las bases para una intervención judicial en favor del agraviado. Por ejemplo, si a alguien es negada la admisión a ser miembro de un club social solamente en razón de su raza, religión o afiliación política, éste puede comprensiblemente dolerse por el rechazo pero los tribunales no podrán auxiliarlo (nuevamente, asumiendo que no existe ninguna disposición legal que prohíba tales discriminaciones). Hay, entonces, muchos tipos de restricciones a la libertad de decisión individual que están más allá de la autoridad de los tribunales poderlas resolver o aliviar. Hay que tener en cuenta que la garantía de los derechos en la Constitución de los Estados Unidos solo protege contra la actuación gubernamental y no aplica a los abusos puramente privados, salvo por lo que respecta a la prohibición de la esclavitud de la XIII Enmienda. Los recursos para los abusos personales deben buscarse entonces en leyes especiales, el derecho común o las regulaciones administrativas u oficiales y en las sentencias." *Idem*, p. 6.

a. *El amparo contra las autoridades públicas: entidades públicas y funcionarios públicos*

Como antes se dijo, en Latinoamérica, solamente en Brasil, El Salvador, Panamá, y Nicaragua la demanda de amparo permanece como un medio protector para ser intentado sólo contra el Estado, es decir, contra entidades y funcionarios públicos. En cambio, en los otros países, además de las entidades y funcionarios públicos, la demanda de amparo puede interponerse contra particulares también.

La primera situación había sido la de México desde el origen de la acción de amparo cuando la Constitución la concibió para proteger a los particulares contra los agravios de sus garantías constitucionales cometidas por las "autoridades" (art. 103). A partir de 2013, sin embargo, se admite la acción de amparo contra particulares siempre que actúen como "autoridad responsable" (art. I,III, único). Por tanto, en la acción de amparo mexicana, debe siempre existir una "autoridad responsable"[323] (o su equivalente); requisito éste que ha sido desarrollado por la jurisprudencia con respecto a los siguientes aspectos:

Primero, no todas las entidades públicas pueden ser consideradas "autoridades", sino solo aquellas que estén facultadas para tomar decisiones e imponerlas y ejecutarlas a los particulares mediante el uso del poder público coactivo.[324] De acuerdo con esta doctrina, los tribunales han re-

---

323 De acuerdo con ello, el artículo II,5 de Ley de amparo la que "con independencia de su naturaleza formal, [...] dicta, ordena, ejecuta o trata de ejecutar el acto que crea, modifica o extingue situaciones jurídicas en forma unilateral y obligatoria; u omita el acto que de realizarse crearía, modificaría o extinguiría dichas situaciones jurídicas." En su versión inicial, esta norma se interpreto en el sentido que las autoridades no son solo aquellas superiores que ordenan los actos, sino también aquellas subordinadas que las ejecutan o procuran ejecutarlas; siendo el amparo admitido contra cualquiera de éstas. Véase "Autoridades para efectos del juicio de amparo" (*Apéndice al Semanario Judicial de la Federación*, 1917–1988, Segunda parte, Tesis 300, p. 519). Véase la referencia en Eduardo Ferrer Mac-Gregor, *La acción constitucional de amparo en México y España. Estudio de derecho comparado*, Editorial Porrúa, México 2002, p. 254.

324 Como se definió en el caso Campos Otero Julia (1935), este término se entiende como "un órgano del Estado, investido legalmente de la facultad de decisión y del poder de mando necesario para imponer a los particulares sus propias determinaciones, o las que emanen de algún otro órgano del mismo Estado.". Véase la referencia en Eduardo Ferrer Mac-Gregor, *La acción constitucional de amparo en México y España. Estudio de derecho comparado*, Editorial Porrúa, México 2002, p. 253; y en Suprema Corte, *Jurisprudencia de la Suprema Corte*, Tesis 179, II, 360. Véase la referencia en Richard D. Baker, *Judicial Review in México. A Study of the Amparo Suit*, Texas University Press, Austin 1971, p. 94.

chazado la acción de amparo contra entidades públicas que han sido consideradas carentes de facultades de decisión, como son aquellas de naturaleza consultiva.[325] De allí que, por ejemplo, muchas entidades descentralizadas como *Petróleos Mexicanos*, la Comisión Nacional de Electricidad, el Defensor de los Derechos Humanos de la UNAM y las universidades autónomas fueron inicialmente excluidas de la categoría de "autoridades".[326] No obstante, la acción de amparo ha sido progresivamente admitida contra algunas de esas entidades, basada en la posible facultad de decisión en algunos casos particulares.[327]

Segundo, la jurisprudencia ha desarrollado la doctrina del funcionario público *de facto*, en el sentido que aun si el agraviante no es el legítimo titular del cargo público, el amparo debe ser admitido cuando el daño ha sido causado por alguien que pretende ejercer facultades públicas con el asentimiento de los ciudadanos, que por ello se confían legítimamente a éste.

Tercero y respecto del concepto de autoridad en la demanda de amparo, el demandante debe identificar a todos aquellos efectivamente involucrados en la acción agraviante (quienes deben ser notificados por el tribunal); y no solo aquellos que ordenaron la actividad impugnada, sino también aquellos que la han decidido y los que la han ejecutado o aplicado.[328]

---

325 *Idem*, p. 95.

326 Véanse las referencias a las decisiones judiciales en Eduardo Ferrer Mac-Gregor, *La acción constitucional de amparo en México y España. Estudio de derecho comparado*, Editorial Porrúa, México 2002, pp. 255–256.

327 *Idem*, p. 257.

328 Como decidió la Corte Suprema: si la acción de amparo identifica la autoridad responsable como aquella que ha tomado la decisión o la ha ordenado, pidiendo la suspensión de sus efectos sin identificar la autoridad que la ha ejecutado, la suspensión no puede concederse ya que la ejecución se considera como consentida por el accionante. Por el contrario, si la demanda solo menciona como autoridades responsables a aquellas quienes han ejecutado las actuaciones sin identificar quienes las ordenaron, entonces, si bien es cierto que la suspensión puede otorgarse, el caso debe descontinuarse porque, sin identificar al autor de las actuaciones, la situación debe considerarse como consentida por el accionante. *V.* Jurisprudencia de la Corte Suprema en "Actos Consumados. Suspensión improcedente" y "Actos derivados de actos consentidos," en el *Apéndice al Semanario Judicial de la Federación*, 1917-1995, Primera Sala, Tesis 1090, p. 756; y Tribunal Pleno, Tesis 17, p. 12. Véanse las referencias en Eduardo Ferrer Mac-Gregor, *La acción constitucional de amparo en México y España. Estudio de derecho comparado*, Editorial Porrúa, México 2002, p, 255, notes 450–451.

En contraste con la situación en México, en casi todos los países latinoamericanos, el término "autoridad" ha sido interpretado en sentido más amplio y como referido a cualquier entidad o funcionario público, independientemente de sus poderes o funciones.

En Argentina, por ejemplo, como lo establece la Ley de amparo, la acción puede intentarse contra "todo acto u omisión de autoridad pública" (art. 1), teniendo el término "autoridad pública"[329] un sentido amplio, incluyendo toda suerte de entidades o funcionarios públicos de todas las ramas de gobierno. Por consiguiente, a pesar de algunas aisladas interpretaciones restrictivas,[330] la tendencia general en Argentina es entender "autoridad" en sentido amplio, incluyendo cualquier agente, empleado, funcionario público, magistrado de gobierno o cualquier funcionario actuando en tal condición, incluyendo individuos particulares cumpliendo funciones públicas, como los concesionarios de servicios públicos.[331]

En un sentido similar, en Bolivia, Colombia, El Salvador, Perú, Nicaragua, Uruguay y Venezuela, por ejemplo, también en sentido amplio, el término "autoridades públicas" se ha concebido con el propósito de conceder la protección del amparo frente a cualquier funcionario o entidad pública,[332] "sea de la categoría que sea y sean cuales sean las funciones que ejerza," como se dispone en la ley brasileña del *mandado de segurança* (art. 1). Por ello, algunas leyes de amparo, para disipar cualquier duda, son enumerativas e incluyen cualquier acto de cualquiera de las ramas del poder público e incluyen entidades desconcentradas, descentra-

---

329 Hay que decir que la expresión "autoridad pública" del artículo 1 de la ley de amparo fue incluida debido a la intención del legislador de 1964 de no regular el amparo contra particulares; lo que, sin embargo, ya estaba admitido por la Corte Suprema y luego expresamente regulado por el Código de Procedimiento Civil.

330 En algunas ocasiones esta expresión ha sido interpretada también de modo restrictivo como en México, refiriéndose solo a funcionarios públicos con *imperium*, esto es, aquellos con poder para ordenar y declarar actos obligatorios y exigir el uso de la fuerza pública para ejecutarlos. Véase Néstor Pedro Sagüés, *Derecho procesal Constitucional,* Vol. 3, *Acción de amparo,* Editorial Astrea, Buenos Aires, 1988, pp. 91–93; Joaquín Brague Camazano, *La Jurisdicción constitucional de la libertad (Teoría general, Argentina, México, Corte Interamericana de Derechos Humanos),* Editorial Porrúa, México, 2005, p. 97. José Luis Lazzarini, *El juicio de amparo,* Editorial La Ley, Buenos Aires, 1987, pp. 208–209.

331 En algunos casos se ha considerado incluso que las actuaciones de una Asamblea Constituyente Provincial pueden ser impugnadas por vía de la acción de amparo. Véase Alí Joaquín Salgado, *Juicio de amparo y acción de inconstitucionalidad,* Editorial Astrea, Buenos Aires, 1987, pp. 24–25.

332 Bolivia (art. 94), Colombia (art. 1), El Salvador (art. 12), Perú (art. 2), Nicaragua (art. 3), Uruguay (art. 2) and Venezuela (art. 2).

lizadas o autónomas, corporaciones municipales o aquellas financiadas con fondos públicos o aquellas operando por delegación del estado por vía de una concesión, contrato o resolución.[333]

Al respecto, el único país latinoamericano donde la demanda de amparo respecto de las autoridades está expresamente restringida a aquellos correspondientes a la rama ejecutiva del gobierno es Ecuador, donde el artículo 46 de la ley de amparo solo admite el amparo contra un "acto ilegitimo de autoridad de la administración pública" (art. 46).

b. *El amparo contra individuos o personas particulares*

Si bien es cierto que la demanda de amparo, como medio judicial específico para la protección de los derechos y garantías constitucionales, como antes se dijo, fue concebida originalmente para la protección de los particulares contra el Estado y sus funcionarios públicos, en la actualidad también ha ido progresivamente admitida contra personas, corporaciones e instituciones privadas cuyas actividades pueden también causar daños o amenazas de daños respecto de los derechos constitucionales de los demás.

Esto fue admitido por vez primera en Argentina, mediante la decisión de la Corte Suprema de Justicia de la Nación de 1.958, dictada en el caso *Samuel Kot*, en el cual decidió que "nada hay, ni en la letra ni en el espíritu de la Constitución, que permita afirmar que la protección de los llamados *derechos humanos* [...] esté circunscripta a los ataques que provengan sólo de la autoridad," siendo importante no solo el origen del daño a los derechos constitucionales sino también los derechos mismos, admitiendo por esta vía la demanda de amparo contra los particulares.[334]

Después de esta decisión, el amparo contra personas particulares fue admitido seguidamente en muchos países latinoamericanos como en Bolivia, Chile, República Dominicana, Paraguay, Perú, Uruguay y Venezuela, y también como en Colombia, Costa Rica, Ecuador, Guatemala y Honduras, donde la demanda de amparo puede ser incoada contra los actos u omisiones de individuos causantes de daños o riesgos a los dere-

---

333 Guatemala (art. 9); Honduras (art. 41).

334 Véase José Luis Lazzarini, *El juicio de amparo,* La Ley, Buenos Aires 1987, p. 228; Joaquín Brage Camazo, *La jurisdicción constitucional de la libertad (Teoría general, Argentina, México, Corte Interamericana de derechos humanos),* Editorial Porrúa, México, 2005, p. 99; Néstor Pedro Sagüés, *Derecho procesal Constitucional*, Vol. 3, *Acción de amparo*, Editorial Astrea, Buenos Aires, 1988, pp. 13, 512, 527 ss.

chos constitucionales de las demás personas, aunque no siempre con el mismo sentido.

En algunos países, la posibilidad del amparo contra particulares se mantiene inadmisible, como es el caso en Brasil, en relación con el *mandado de segurança,* donde la Constitución dispone su admisibilidad solo para proteger los derechos y libertades "cuando el responsable de la ilegalidad o abuso de poder fuese la administración pública o el representante de una persona jurídica en el ejercicio de atribuciones del poder público," excluyendo así la demanda de la protección contra las acciones de los individuos particulares.[335] Disposiciones similares están previstas en la leyes de amparo de Panamá (Constitución, art. 50; Código Judicial, art. 2.608), El Salvador (art. 12) y Nicaragua (art. 23).

Por contraste y como ya se dijo, la demanda de amparo contra particulares es admisible en Argentina, aun cuando la ley 16.986 del año 1.966 solo se refiere a la demanda de amparo contra el Estado cuando se interpone "contra todo acto u omisión de autoridad pública" (art. 1); estando el amparo contra particulares regulado en los artículos 3221,1 y 498 del Código de Procedimiento Civil y Comercial.

En Venezuela, como se ha visto, la acción de amparo también es admisible contra actos de los particulares, como lo regula la Ley Orgánica de Amparo, contra personas naturales y jurídicas, en particular contra "el hecho, acto u omisión originados por ciudadanos, personas jurídicas, grupos u organizaciones privadas" que hayan violado, violen o amenacen violar cualquiera de las garantías o derechos amparados por la Ley.

De manera similar, la Ley 16.011 de amparo uruguaya de 1.988 admite, en términos generales, la demanda de amparo "contra todo acto, omisión o hecho de las autoridades estatales o paraestatales, así como de particulares que en forma actual o inminente, a su juicio, lesione, restrinja, altere o amenace, con ilegitimidad manifiesta, cualquiera de sus derechos y libertades reconocidos expresa o implícitamente por la Constitución" (art. 1).[336] Una disposición similar está contenida en el Código Procesal Constitucional peruano (art. 2)[337] y en la constitución boliviana (art. 19).

---

335 Véase Celso Agrícola Barbi, *Do mandado de segurança*, Editora Forense, Rio de Janeiro 1993, p. 92.

336 Véase Luis Alberto Viera, *Ley de Amparo*, Ediciones Idea, Montevideo 1993, pp. 63, 157.

337 Véase Samuel B. Abad Yupanqui, *El proceso constitucional de amparo*, Gaceta Jurídica, Lima 2004, pp. 389 ss.

También en Chile, aun sin una ley que estipule la acción para una tutela, se ha interpretado que la acción está establecida en la constitución a fin de proteger derechos y libertades constitucionales contra actos u omisiones arbitrarias o ilegítimas que perturben o amenacen dichos derechos y libertades (art. 20), sin distinción en cuanto al origen de la acción, siendo la misma admitida contra actos u omisiones de particulares.[338] Una interpretación similar también fue tomada por la Corte Suprema de la República Dominicana respecto de la admisibilidad del amparo contra particulares.[339]

Otros países latinoamericanos, como Guatemala (art. 9), Colombia,[340] Costa Rica,[341] Ecuador,[342] Honduras y México solo admiten la acción de amparo contra particulares en forma restringida, en el sentido que solo puede ser interpuesta contra individuos o corporaciones que están en una posición de ascendencia con respecto a los ciudadanos o que

---

338 Véase Humberto Nogueira Alcalá, "El derecho de amparo o protección de los derechos humanos, fundamentales o esenciales en Chile: evolución y perspectivas," en Humberto Nogueira Alcalá (Editor), *Acciones constitucionales de amparo y protección: realidad y perspectivas en Chile y América Latina*, Editorial Universidad de Talca, Talca 2000, p. 41.

339 Véase Eduardo Jorge Prats, *Derecho Constitucional*, Vol. II, Gaceta Judicial, Santo Domingo 2005, p. 390.

340 En Colombia donde la constitución expresamente remite a la ley para establecer "los casos en los que la acción de tutela procede contra particulares encargados de la prestación de un servicio público o cuya conducta afecte grave y directamente el interés colectivo, o respecto de quienes el solicitante se halle en estado de subordinación o indefensión." (art. 86).

341 Al respecto, la ley de la jurisdicción constitucional costarricense restringe el amparo contra particulares. Véase Rubén Hernández Valle, *Derecho Procesal Constitucional*, Editorial Juricentro, San José 2001, pp. 275, 281 ss. El artículo 57 establece: "El recurso de amparo también se concederá contra las acciones u omisiones de sujetos de Derecho Privado, cuando éstos actúen o deban actuar en ejercicio de funciones o potestades públicas, o se encuentren, de derecho o de hecho, en una posición de poder frente a la cual los remedios jurisdiccionales comunes resulten claramente insuficientes o tardíos para garantizar los derechos o libertades fundamentales a que se refiere el artículo 2, inciso a), de esta Ley."

342 En Ecuador, la acción de amparo está admitida contra entidades que, aun no siendo autoridades públicas, prestan servicios públicos por delegación o concesión y, en términos generales, contra particulares pero solo cuando sus actos u omisiones causen daños o riesgos a los derechos constitucionales y afecten de un modo grave y directo intereses comunes, colectivos o difusos (art. 95,3).

de alguna manera ejercen funciones o actividades públicas o están prestando servicios públicos o de utilidad social.[343]

En el caso de México, con la reforma de la Ley de Amparo de 2013 se estableció también la posibilidad de amparo contra particulares (art. I,III, único) pero sólo cuando éstos "tengan la calidad de *autoridad responsable*," la cual en los términos del artículo 5.II de la Ley es "la que dicta, ordena, ejecuta o trata de ejecutar el acto que crea, modifica o extingue situaciones jurídicas en forma unilateral y obligatoria; u omita el acto que de realizarse crearía, modificaría o extinguiría dichas situaciones jurídicas," considerando la misma norma que los particulares tienen tal calidad, cuando "realicen actos equivalentes a los de autoridad, que afecten derechos en los términos de esta fracción, y cuyas funciones estén determinadas por una norma general" (art. 5.II).

Por otra parte, se observa que las acciones de amparo pueden ser incoadas también contra partidos políticos, o sus representantes, cuando su conducta viola los derechos de los ciudadanos, como se ha admitido también en los Estados Unidos.[344]

3. *El alcance de la universalidad del amparo en Venezuela respecto de la persona agraviante*

De acuerdo con la previsión antes citada del artículo 2 de la ley Orgánica de Amparo, en Venezuela, la protección que puede otorgar el juez de amparo al goce y ejercicio de los derechos y garantías constitucionales, se plantea conforme al texto constitucional contra cualquiera sea el agraviante, y por tanto, no solo frente a actuaciones de autoridades públicas en ejercicio del Poder Público (incluyendo las llamadas misiones en la ley Orgánica de la Administración Pública) o de las organizaciones del Poder Popular conforme a las previsiones de la Ley Orgánica del Poder Popular de 2010 que puedan perturbar el goce y ejercicio de los derechos, sino también frente a las perturbaciones que puedan provenir de personas naturales, de las personas jurídicas, o de grupos u organizaciones de cualquier naturaleza.

---

343 De manera similar a las *injunctions* admitidas en los Estados Unidos contra corporaciones de servicios públicos. Véase por ejemplo, caso *Wiemer v. Louisville Water Co.*, 130 F. 251 (C.C.W.D. Ky. 1903), en John Bourdeau *et al*, "Injunctions," en Kevin Schroder, John Glenn and Maureen Placilla, *Corpus Juris Secundum*, Volume 43A, Thompson West, 2004, p. 182 ss.

344 Véase caso *Maxey v. Washington State Democratic Committee*, 319 F. Supp. 673 (W.D. Wash. 1970), *Idem*, p. 240.

En esta materia, la Constitución no distingue, por lo que la Ley Orgánica admite la acción de amparo frente a acciones que provienen de particulares.[345] Esto también contribuye a diferenciar, como se ha visto, la acción de amparo en Venezuela de la que existe en otros sistemas como los de Brasil o el de España, en los cuales el recurso de amparo sólo se concibe frente a autoridades; o de la existente en otros países en el sentido de limitar la acción contra particulares, solamente cuando ocupen posiciones de poder o ejerzan funciones públicas, por ejemplo, como concesionarios de servicios públicos como sucede en Costa Rica y Colombia; o se equiparen a la "autoridad responsable" como en México.

Por otra parte, en el caso de la protección frente a perturbaciones provenientes de autoridades públicas, sin la menor duda debe afirmarse también que tal como lo regula el artículo 27 de la Constitución y la Ley Orgánica, esta protección procede frente a *toda* actuación pública, es decir, frente a todos los actos estatales, ante las omisiones, y ante los actos materiales, hechos y vías de hecho de las autoridades públicas en ejercicio del Poder Público que es el que regula la Constitución o del llamado Poder Popular regulado por ley, al margen de la Constitución.

Por tanto, la acción de amparo procede contra todas las actuaciones de la Administración, aun cuando no se configuren como un acto administrativo y no abran la vía contencioso administrativa de anulación, es decir, procede, por ejemplo, contra las actuaciones materiales de la Administración; contra sus vías de hecho; contra la abstención en actuar o cumplir una obligación; contra las omisiones, en fin, contra toda forma de actuación de la Administración e, incluso, por supuesto, contra determinados actos como los de trámite, cuando no puedan ser impugnados por la vía contencioso administrativa.

Esta universalidad del amparo, por lo demás, fue precisamente desarrollada por la jurisprudencia, tanto de la antigua Corte Suprema como de la antigua Corte Primera de la Contencioso Administrativo. Así lo señaló la Corte Primera de la Contencioso Administrativo en sentencia de 11 de noviembre de 1993 (Caso: *Aura Loreto Rangel*):

> "La lectura del artículo 2 de la Ley Orgánica de Amparo evidencia que no hay prácticamente ningún tipo de conducta, independientemente de su naturaleza o carácter, así como de los sujetos de los cuales provenga, del cual pueda predicarse que está excluido per se de su revisión por los jueces

---

345 Tal como sucede en Argentina después del caso *Samuel Kot SRL.* de 1958. S. V. Linares Quintana, *Acción de Amparo,* Buenos Aires, 1960, p. 25, G. R. Carrio, *Algunos aspectos del recurso de amparo,* Buenos Aires, 1959, p. 13.

de amparo, a los efectos de determinar si vulnera o no algún derecho o garantía constitucional." [346]

El mismo criterio lo precisó la Sala Político Administrativa de la antigua Corte Suprema en sentencia de 24 de mayo de 1993, así:

"Son muy amplios los términos en que la acción de amparo está consagrada en el artículo 49 del Texto Fundamental [equivalente al artículo 27 de la Constitución de 1999]. Así, si bien es incuestionable lo extenso del ámbito de los derechos y garantías susceptibles de ser protegidos y restablecidos mediante esta vía procesal, tampoco puede limitarse a que la lesión sea producto de determinados actos solamente. En efecto, debe igualmente permitirse que cualquier acto lesivo –ya sea un acto, hecho u omisión– de derechos y garantías constitucionales sea posible de cuestionar mediante este medio procesal, ya que, siendo el objetivo de la acción de amparo la protección de cualquier norma que consagre uno de los llamados derechos subjetivos de rango constitucional, no puede sostenerse que esa protección es viable sólo en los casos en que el acto perturbador reúna determinadas características, ya sean desde el punto de vista material u orgánico."

La jurisprudencia de esta Sala ha sido consecuente con ambos principios. En decisión del 31 de enero de 1991 (Caso: *Anselmo Natale, registrada bajo el número 22*) se señaló que "no puede existir ningún acto estatal que no sea susceptible de ser revisado por vía de amparo, entendiendo ésta, no como una forma de control jurisdiccional de la inconstitucionalidad de los actos estatales capaz de declarar su nulidad, sino –como se ha dicho– un remedio de protección de las libertades públicas cuyo objeto es restablecer su goce y disfrute, cuando alguna persona natural o jurídica, o grupo u organizaciones privadas, amenace vulnerarlas o las vulneren efectivamente"[347].

En sentencia de 13 de febrero de 1992, la antigua Corte Primera, por otra parte, precisó:

"Observa esta Corte que la característica esencial del régimen de amparo, tanto en la concepción constitucional como en su desarrollo legislativo, es su universalidad... por lo cual hace extensiva la protección que por tal medio otorga, a todos los sujetos (personas físicas o morales que se encuentran en el territorio de la nación) así como a todos los derechos constitucionalmente garantizados, e incluso aquéllos que sin estar expresamente previstos en el texto fundamental, son inherentes a la persona humana. Este es

---

346 Véase en *Revista de Derecho Público,* N° 55–56, EJV, Caracas, 1993, p. 284.

347 Véase en *Revista de Derecho Público,* N° 55–56, EJV, Caracas, 1993, pp. 284–285. Véase además, en relación a la amplitud de los derechos fundamentales amparables, la decisión del 4–12–90, caso: *Mariela Morales de Jiménez,* N° 661

el punto de partida para entender el ámbito del amparo constitucional. Los únicos supuestos excluidos de su esfera son aquéllos que expresamente señala el artículo 6 de la Ley Orgánica de Amparo sobre Derechos y Garantías Constitucionales y, desde el punto de vista sustantivo, no hay limitaciones respecto a derechos o garantías específicas.

Respecto a la Administración, el amparo contra la misma es de tal amplitud que se acuerda contra todos los actos, omisiones y vías de hecho, sin hacer exclusión alguna de determinadas materias de su competencia que, como se sabe, están siempre vinculadas con el orden público y con el interés social"[348].

Por tanto, ninguna actuación u omisión escapa al amparo, habiendo solo quedando excluidos de la acción, conforme se establece en el artículo 3 de la Ley Orgánica del Tribunal Supremo de Justicia, las decisiones del Tribunal.

Por ello, incluso, conforme a la Constitución de 1961, las decisiones de los Cuerpos Legislativos adoptados en uso de sus atribuciones privativas y que conforme al artículo 159 de dicha Constitución no eran susceptibles de veto, examen o control de los otros Poderes del Estado, las mismas sí podían ser objeto de acción de amparo. Ello fue resuelto expresamente por la antigua Corte Suprema de Justicia en Sala Político Administrativa en sentencia de 31 de enero de 1991 (Caso: *Anselmo Natale*), en la cual señaló que "no puede existir ningún acto estatal que no sea susceptible de ser revisado por vía de amparo, entendiendo ésta, no como una forma de control jurisdiccional de la constitucionalidad de los actos estatales capaz de declarar su nulidad, sino como se ha dicho, un medio de protección de las libertades públicas cuyo objeto es restablecer su goce o disfrute, cuando alguna persona natural o jurídica, o grupos u organizaciones privadas, amenace vulnerarlas o las vulneren efectivamente."[349]

Por supuesto, si se trata de amparo contra actuaciones de la Administración no es necesario que se trate de un acto administrativo el que cause

---

348 Véase en *Revista de Derecho Público,* N° 49, EJV, Caracas, 1992, pp. 120–121.

349 Véase en *Revista de Derecho Público,* N° 45, EJV, Caracas, 1991, p. 118. La tesis de la Corte Suprema fue reafirmada por la Corte Primera de lo Contencioso Administrativo en sentencia de 18–6–91, en Véase en *Revista de Derecho Público,* N° 46, EJV, Caracas, 1991, p. 125.

la lesión,[350] pudiendo intentarse la acción de amparo contra vías de hecho de la Administración[351].

VIII. LOS DAÑOS Y AMENAZAS DE VIOLACIÓN PROTEGIBLES EN MATERIA DE AMPARO: PRINCIPIOS GENERALES Y DERECHO COMPARADO

La acción de amparo generalmente procede contra todos los daños infligidos a los derechos o garantía constitucionales, debiendo en general reunir las siguientes condiciones establecidas en las leyes de amparo latinoamericanas para que el amparo sea admitido: primero, los daños deben tener un carácter personal y directo en el sentido que los daños deben afectar personalmente al accionante; segundo, deben ser efectivos y reales; tercero, deben ser manifiesta u ostensiblemente arbitrarios, ilegales e ilegítimos; cuarto, los daños deben ser demostrados en el caso; y quinto, el demandante no debe haberlos consentido.

1. *El carácter personal y directo de los daños*

La primera condición de los daños infligidos a los derechos constitucionales del accionante para que una acción de amparo sea admisible, es que el mismo haya sufrido "un daño o amenaza directa, personal y actual a sus derechos constitucionales;"[352] es decir, que el demandante debe estar personalmente afectado. En consecuencia, la acción de amparo no puede interponerse cuando los derechos afectados sean los de otra persona distinta del demandante o cuando los daños solo afecten al demandante de modo indirecto.[353]

---

350 Véase sentencia de la Corte Primera de lo Contencioso Administrativa de 25–6–93, *Revista de Derecho Público*, N° 53–54, EJV, Caracas, 1993, p. 255.

351 Véase sentencia de la antigua Corte Suprema de Justicia, Sala Político Administrativa, 8–5–91, *Revista de Derecho Público*, N° 46, EJV, Caracas, 1991, p. 127.

352 Como, por ejemplo, ha sido decidido en Venezuela, al resolver la Antigua Corte Primera de lo Contencioso administrativo que es necesario que las acciones denunciadas afecten directamente la esfera subjetiva del accionante, quedando excluidas, en consecuencia, las conductas genéricas aun cuando afecten tangencialmente. Véase sentencia de la Corte Primera de lo Contencioso-Administrativo del 2-12-93, en *Revista de Derecho Público*, N° 55–56, Editorial Jurídica Venezolana, Caracas, 1993, pp. 302–303.

353 Por eso es que, por ejemplo, la Constitución mexicana expresamente dispone a este respecto, la necesidad de que el demandante haya sufrido un daño "personal y directo" (art. 107.I), en el sentido que sus derechos constitucionales personales deben haber sido afectados directamente.

El demandante, entonces, debe necesariamente ser la persona "afectada", como se le denomina en Argentina (art. 5) y Perú (art. 39); o la persona "agraviada", como se le denomina en Nicaragua (art. 23); o aquella que "sufre" el daño, como se le refiere a ella en Brasil (art. 1).

Si el daño no afecta los derechos constitucionales del demandante de manera directa y personal, la acción será considerada inadmisible;[354] al igual que cuando el daño o amenaza no sea atribuible a la persona señalada como la parte agraviante, es decir, cuando el daño no es causado personalmente por el demandado.[355]

2. *El carácter actual y real de los daños*

Pero además de afectar los derechos constitucionales del demandante o accionante, para que proceda la acción de amparo, los daños deben ser "actuales" en el sentido de que para el momento de intentar la acción, los daños o amenazas deben estar ocurriendo actualmente y no deben haber cesado o concluido. Esto está expresamente previsto en las leyes de amparo de Argentina (art. 1), República Dominicana (art. 1) y Uruguay (art. 1). En tal sentido, igualmente, es que el artículo 6.1 de la ley de Amparo DE Venezuela establece que la acción de amparo debe ser declarada inadmisible "cuando hayan cesado la violación o amenaza de algún derecho

---

354 Véase Eduardo Ferrer Mac-Gregor, *La acción constitucional de amparo en México y España*, Editorial Porrúa, México, 2002, pp.386–387.

355 En este sentido, por ejemplo, fue decidido por la antigua Corte Suprema de Justicia venezolana, en amparo intentado en 1.999 contra el Presidente de la República y que denunciaba como actos agraviantes las posibles medidas a ser tomadas por la Asamblea Constituyente Nacional, que el Presidente había convocado, una vez instalada la misma. La Corte consideró inadmisible la acción, considerando que las razones alegadas por el accionante, considerando que eran de naturaleza eventual e hipotética, lo que contradecía la necesidad de un daño objetico y real o una amenaza a uno derecho o garantía constitucional. a fin de que el amparo fuese admisible. La Corte argumentó además, que la acción de amparo constitucional tiene por objeto dar protección contra situaciones que en una forma directa pueden producir daño en relación con los derechos y garantías constitucionales del accionante, buscando la restauración de la situación jurídica infringida. En este caso, la persona identificada como agraviante (Presidente de la República) no puede ser quien produzca el eventual que pudiera condicionar los derechos electorales del accionante, así como el temor de que la modificación de la organización de los poderes constituidos, solo podría ser atribuido a los miembros que puedan ser electos a la Asamblea Nacional Constituyente, todavía no elegida. En consecuencia, en el caso, no existe la inmediata relación que es necesaria en materia de amparo, entre el accionante y el agraviante. Véase sentencia de 23-4-99 (caso A. Albornoz), en Rafael Chavero, *El nuevo régimen del amparo constitucional en Venezuela*, Ed. Sherwood, Caracas, 2001, p. 240.

o garantía constitucionales, que hubiesen podido causarla." Esta misma regla se aplica en los Estados Unidos respecto de las *injunctions* en el sentido de que para que una persona pueda intentarla, debe evidenciar unos daños actuales, sustanciales y graves o una posibilidad cierta de tales daños. Por tanto, un demandante no tendrá derecho a una *injunction*, cuando un daño en su contra no se evidencie como resultante de la actividad que se denuncia o se procura evitar.[356]

En otras palabras, los daños deben ser reales en el sentido de que deben haber ocurrido efectivamente; lo cual debe ser claramente demostrado por el demandante en el proceso. Es por eso que como lo resolvió la antigua Corte Suprema en Venezuela, la acción de amparo solo puede ser dirigida contra actos u omisiones perfectamente determinados, y no contra conductas genéricas; contra una actividad real y objetiva y no contra suposiciones relativas a la intención del presunto agraviante; y contra las consecuencias directas e inmediatas de las actividades del ente público o del funcionario.[357]

El carácter real y actual de los daños para intentar la acción de amparo implica que la acción no puede tener un carácter pasado, porque ya hayan cesado (art. 6.1 Ley Orgánica, Venezuela), o un futuro probable. Por ello se ha dicho que los daños en materia de amparo, deben estar "vivos" y presentes en toda su intensidad, en el sentido de que deben referirse al presente, no al pasado o a hechos que ya acaecieron, que pertenecen al pasado, o que ya acaecieron; al contrario debe tratarse de situaciones presentes, que se pueden incluso prolongar en el tiempo.[358]

Por tanto y como lo establece la jurisprudencia de la Corte Suprema de Justicia de México, la acción de amparo es inadmisible cuando es referida a hechos probables futuros;[359] o a actos que no han ocurrido to-

---

356 Véase *U.S. Boyle v. Landry*, 401 U.S. 77, 91 S. Ct.758, 27 L. Ed. 2d 696 (1971), en John Bourdeau et al., "Injunctions," en Kevin Schroder, John Glenn and Maureen Placilla (Ed.), *Corpus Juris Secundum*, Vol. 43A, Thomson West, 2004, p. 66.

357 Véase la sentencia de la antigua Corte Suprema de Justicia, Sala Político-Administrativa del 2-12-1993, en *Revista de Derecho Público*, Nº 55–56, Editorial Jurídica Venezolana, Caracas, 1993, pp. 302–303. Igualmente, sentencia del 14-8-1992 en *Revista de Derecho Público*, Nº 51, Editorial Jurídica Venezolana, Caracas, 1992, p. 145.

358 Véase sentencia de la antigua Corte Primera de lo Contencioso-Administrativo del 7-5-1987 en el caso Desarrollo 77 C. A. en FUNEDA *15 años de Jurisprudencia de la Corte Primera de lo Contencioso Administrativo 1977–1992*, Caracas, 1994, p. 78.

359 Tesis jurisprudencial 74, *Apéndice al Semanario Judicial de la Federación, 1917–1988*, Segunda parte, Salas y Tesis Comunes, p. 123. Véase en Eduardo Ferrer Mac-

davía, o a daños que no solo no están presentes, sino que nunca podrían ser infligidos.[360]

Fue fundada en esta condición que precisamente, la antigua Corte Suprema de Justicia rechazó la posibilidad de que se intentasen acciones de amparo contra las leyes en casos en que tales acciones no fueran directamente aplicables, y exigieran de actos adicionales para su ejecución.[361]

Por otra parte, esta misma condición de que el daño o amenaza debe ser actual, implica que el mismo no debe haber cesado o concluido porque de lo contrario –como está previsto expresamente en Argentina[362]– la demanda debe declararse inadmisible. También en las leyes de amparo de Honduras (art. 46,6) y Nicaragua (art. 51,3) se prescribe que el recurso al amparo es inadmisible cuando los efectos del acto impugnado ya han cesado; caso en el cual el juez puede rechazar la acción *in limine*. El mismo principio se aplica en México, donde la Ley de amparo declara inadmisible la acción de amparo cuando los efectos del acto impugnado han cesado o, cuando aun subsistiendo, ya no pueden producir consecuencias legales o sustanciales porque han perdido su objeto o sustancia (art. 73, XVI). En Perú, el Código Procesal Constitucional también prescribe la inadmisibilidad de la acción de amparo cuando para el momento de su interposición, la amenaza o violación de los derechos constitucionales ha cesado (art. 5,5). Ese también es el caso, por ejemplo, cuando durante el curso del proceso, el acto impugnado es anulado.[363]

En consecuencia, a fin de conceder de la pretensión de amparo, los tribunales venezolanos han establecido que el daño no debe haber cesado antes que la decisión del juez sea tomada; por el contrario, si el daño ha

---

Gregor, *La acción constitucional de amparo en México y España*, Edit. Porrúa, México, 2002, p. 395.

360 Véase Tesis 44 y 45. *Jurisprudencia de la Suprema Corte*, pp. 110, 113. Véase en Richard D. Baker, *Judicial Review in México. A Study of the Amparo Suit*, University of Texas Press, Austin, 1971, p. 96, note 12.

361 Véase sentencia de la antigua Corte Suprema de Justicia, Sala Político-Administrativa de 24-5-1993, en *Revista de Derecho Público*, N° 55–56, Editorial Jurídica Venezolana, Caracas, 1993, pp. 289–290.

362 Véase Alí Joaquín Salgado, *Juicio de amparo y acción de inconstitucionalidad*, Astrea, Buenos Aires, 1987, p. 27.

363 Al respecto, la Corte Primera de lo Contencioso-Administrativo dispuso la inadmisibilidad de una acción de amparo porque, durante los procedimientos, el acto impugnado fue rechazado. v. Sentencia del 14-8-1992, en *Revista de Derecho Público*, N° 51, Editorial Jurídica Venezolana, Caracas, 1992, p. 154.

cesado, el juez en la oportunidad de pronunciarse sobre la admisión debe declarar la improcedente de la acción.[364]

Por ejemplo, en el caso de acciones de amparo contra omisiones judiciales, si el juez ha emitido su decisión antes de que la acción sea interpuesta o durante el procedimiento, el daño puede considerarse como suspendido[365] y la acción de amparo debe declararse inadmisible.

En sentido similar, la Sala Constitucional de Costa Rica ha decidido que carece de interés jurisdiccional el examinar por ejemplo, las circunstancias de la suspensión de un acto impugnado, en casos en los cuales el acto ya haya sido anulado y cuando, para el momento de la interposición del recurso, la parte afectada ha sido restablecida en el ejercicio de sus derechos.[366]

El mismo principio rige en los Estados Unidos respecto de la condición de actualidad del daño para que pueda otorgarse la protección de un *injunction,* ya que en los casos federales, la norma es que debe tratarse de una controversia actual debe existir no solo al momento de la interposi-

---

364 Véase sentencia de 15-2-1992, en *Revista de Derecho Público* N° 52, Editorial Jurídica Venezolana, Caracas, 1992, p. 164; sentencia del 12-2-1992 de la Corte Primera de lo Contencioso-Administrativo, Caso *Allan R. Brewer-Carías*, en *Revista de Derecho Público*, N° 49, Editorial Jurídica Venezolana, Caracas, 1992, pp. 131–132; y sentencia de la antigua Corte Suprema de Justicia, Sala Político-Administrativa del 27.5.1993, en la *Revista de Derecho Público*, N° 53–54, Editorial Jurídica Venezolana, Caracas, 1993, p. 264.

365 Véase Rafael Chavero G., *El nuevo régimen del amparo constitucional en Venezuela*, Editorial Sherwood, Caracas 2001, pp. 237-238.

366 Véase sentencia N° 1051–97, en Rubén Hernández Valle, *Derecho Procesal Constitucional*, Editorial Juricentro, San José 2001, pp. 244–245. Pero en relación con el carácter actual del daño, es posible considerar que cuando un nuevo hecho modifica la situación anteriormente conocida y declarada y que no estaba presente en el momento que ocurrió el daño, es posible conceder la tutela antes denegada con base en el nuevo argumento, el cual puede arrojar un resultado distinto o contradictorio. Este caso puede ocurrir, por ejemplo, cuando el juez de amparo que debe resolver respecto a una situación específica, actual y determinada, le es pedido que determine la existencia de un nuevo hecho que ha ocurrido después de intentada la acción y que podría alterar o modificar la mencionada situación, en cuyo caso, la acción puede ser admitida y resuelta en protección del demandante, aun si antes había sido rechazada de antemano. *V.* sentencia de la Corte Suprema de Justicia de Venezuela, Sala Político-Administrativa del 5-8-1992, en *Revista de Derecho Público*, N° 51, Editorial Jurídica Venezolana, Caracas, 1992, p. 145.

ción de la acción sino a todo lo largo del proceso, aun a nivel judicial de revisión o *certiorari*.[367]

No obstante, este principio de la actualidad del daño tiene algunas excepciones. Por ejemplo, en Perú, aun cuando la misma norma general está establecida para la inadmisibilidad de la acción de amparo (cuando al momento de presentación, el daño a los derechos constitucionales ya ha cesado), el Código Procesal Constitucional ha autorizado a las cortes a continuar el procedimiento y también, en circunstancias específicas, a conceder la protección del amparo,[368] por ejemplo, cuando el objeto de la acción consiste en ordenar al demandado que se refrene de realizar nuevamente los actos u omisiones que provocaron la interposición de la demanda.

La misma excepción rige, por ejemplo, respecto de los efectos ya producidos por el acto impugnado. Por ejemplo, cuando para establecer responsabilidades civiles e indemnizaciones sean necesarias acciones judiciales adicionales, la protección del amparo puede concederse, aun cuando los efectos del acto impugnado hayan cesado, con el fin que pue-

---

367 Sin embargo, en el importante caso *Roe v. Wade*, 410 U.S. 113 (1973), la Corte Suprema extendió los derechos de privacidad de la mujer derogando las leyes estadales que prohibían el aborto. La Corte reconoció que aunque este derecho de privacidad no estaba expresamente mencionado en la constitución, estaba garantizado como un derecho constitucional para proteger "la decisión de una mujer acerca de si terminar o no su embarazo" a pesar de admitir que la legislación de los estados podía regular los factores determinantes de la decisión de abortar en algún punto del embarazo con base en "garantizar la salud, mantener niveles médicos y proteger la vida en potencia." Pero el objeto de la controversia era que el embarazo llegó a término mientras el procedimiento era decidido, de forma que el daño alegado perdía su actualidad. No obstante, la Corte Suprema resolvió en el caso que "Cuando, como aquí, el embarazo es un hecho significativo del litigio, el período normal de gestación humana de 266 días es tan corto que el embarazo llegará a término antes que el procedimiento usual de apelación sea decidido. Si dicha terminación desvirtúa la demanda, rara vez los casos de embarazo superarán en algo a la fase probatoria y la instancia de apelación será en efecto negada. Nuestra ley no debe ser así de rígida. El embarazo sobreviene a la misma mujer más de una vez; y en la población en general, si la especie humana ha de sobrevivir, siempre estará presente. El embarazo provee una justificación clásica para terminar con la certeza. Efectivamente puede ser capaz de repetirse y, sin embargo, evadir el juicio." Véase M. Glenn Abernathy and Barbara A. Perry, *Civil Liberties under the Constitution*, University of South Carolina Press, 1993, pp. 4–5.

368 Véase Luis Sanz Dávalos, "Las innovaciones del Código Procesal constitucional en el proceso constitucional de amparo," en Susana Castañeda et al, *Introducción a los procesos constitucionales. Comentarios al Código Procesal Constitucional*, Jurista Editores, Lima 2005, p. 126.

da determinarse judicialmente la persona responsable, permitiéndose así la interposición subsiguiente de una acción solo indemnizatoria.

3. El daño manifiestamente arbitrario, ilegal e ilegitimo

Igualmente, para que la acción de amaro sea admitida, el daño o amenaza de violación al derecho o garantía constitucional, además de ser directo, real y actual, debe ser manifiestamente arbitrario, ilegal o ilegítimo.

Esta es, por ejemplo, la condición general expresamente establecida por la Ley de amparo argentina que prescribe que para que una acción de amparo sea admisible, el daño, es decir, la "lesión, restricción, alteración o amenaza a los derechos y garantías constitucionales" debe ser "manifiestamente arbitrario e ilegal" (art. 1). Esta condición de admisibilidad está establecida también en la Ley de amparo de Uruguay donde se lo establece como la necesidad de que el acto impugnado ostente una "ilegitimidad manifiesta" (art. 1). En este mismo sentido, la ley brasileña, respecto del *mandado de segurança*, dispone la necesidad de que la violación sea causada ilegalmente o con abuso de poder (art. 1).[369] Asimismo, en el Reglamento del Recurso de Amparo de 2.007 de Filipinas, se dispone que la violación debe ser provocada por un "acto u omisión ilegítima" (secc. 1).

Respecto de los actos de los poderes públicos, esta condición general de admisibilidad de la acción de amparo deriva del principio general de derecho público de la presunción de validez que beneficia los actos de estado, lo que implica que para superar tal presunción, el demandante debe demostrar que el daño causado es manifiestamente ilegal y arbitrario. El mismo principio se aplica en los Estados Unidos precisamente imponiendo al demandante para que procedan las *injunctions* contra actos administrativos, que pruebe las violaciones alegadas a fin de deshacer la presunción de validez de los mismos.[370]

---

369 El principio también se aplica en Chile y Ecuador. *V.* Juan Manuel Errázuriz G. y Jorge Miguel Otero A., *Aspectos procesales del recurso de protección*, Editorial Jurídica de Chile, Santiago, 1989, pp. 51–55; Hernán Salgado Pesantes, *Manual de Justicia Constitucional Ecuatoriana*, Corporación Editora Nacional, Quito, 2004, p. 79.

370 Como lo han comentado M. Glenn Abernathy y Perry: "Los tribunales no presumen automáticamente que todas las restricciones a la libre elección son impropias. La carga es arrojada en la persona que impugna los actos, quien debe demostrar que los mismos son impropios. Esto se observa más fácilmente en los casos en los que la demanda alega que un acto de la legislatura es inconstitucional... Los jueces también

La consecuencia de esta condición es que el acto u omisión impugnado debe ser manifiestamente como contrario al orden legal, es decir, a las normas de orden público establecidas en la Constitución, leyes y reglamentos; debe ser manifiestamente ilegítimo por carecer de soporte legal alguno; y debe ser manifiestamente arbitrario porque, viniendo de un acto irrazonable o injusto, el mismo es un acto contrario a la justicia y la razón.[371]

4. *El carácter evidente de los daños*

La condición de que los daños derivados de actos o amenazas, deben ser manifiestamente arbitrarios, ilegales e ilegítimos y deben afectar de manera directa e inmediata los derechos del demandante, implica que para la interposición de la acción de amparo, tales daños deben ser evidentes, imponiendo así directamente sobre el demandante la carga de probar sus alegatos. Es decir, el demandante tiene la carga de desvirtuar la presunción de validez de los actos impugnados, debiendo fundamentar sus argumentos sobre bases razonables mediante la comprobación del carácter irrazonable de los actos u omisiones impugnados, y de que dichos actos u omisiones han perjudicado personal y directamente sus derechos.

También en esta materia, la regla procesal de amparo es similar a las normas sobre *injunctions*, tal como ha sido decidido por los tribunales de los Estados Unidos, según las cuales "la parte solicitando de una *injunction*, debe demostrar que el daño es evidente." [372]

Por consiguiente, en el procedimiento de amparo, el demandante tiene la carga de la prueba del daño o de las amenazas causadas a sus dere-

---

alegan que a los actos de los funcionarios públicos deben atribuírseles alguna presunción de validez. De manera que se presume que el funcionario público que elimina alimentos calificados por él como no aptos para el consumo tiene buenas razones para hacerlo. La persona cuya propiedad es eliminada de ese modo debe asumir la carga de probar mala fe de parte del funcionario si, como consecuencia de ello, es incoada una demanda." *V.* M. Glenn Abernathy and Barbara A. Perry, Civil *Liberties under the Constitution*, University of South Carolina Press, 1993, p. 5.

371 Véase Alí Joaquín Salgado, *Juicio de amparo y acción de inconstitucionalidad*, Astrea, Buenos Aires, 1987, pp. 28–29.

372 Véase el caso *Mt. Emmons Min. Co. V. Town of Crested Butte*, 690 P.2d 231 (Colo. 1984), en John Bourdeau et al., "Injunctions," en Kevin Schroder, John Glenn and Maureen Placilla (Editors), *Corpus Juris Secundum*, Vol. 43A, Thomson West, 2004, p. 54.

chos, precisamente por parte del agraviante[373] Esto implica que cuando la prueba de los daños o amenazas puede establecerse mediante prueba escrita o documental, las leyes de amparo de Argentina (art. 7), Paraguay (art. 569) y Uruguay (art. 5) expresamente imponen al agraviado la obligación de adjuntarlas siempre a la demanda.

La prueba del daño puede también basarse, por ejemplo, en actos o conductas previas del demandado o en el patrón pasado de su conducta.[374]

5. El carácter no consentido de los daños

Finalmente, el daño a los derechos constitucionales que permiten la interposición de la demanda de amparo requiere no solo que sea actual, posible, real e inminente, sino que también tiene que ser no consentido por el agraviado; quien, además, no ha debido provocarlo.[375] Es decir, el demandante no debe haber consentido expresa o tácitamente el impugna-

---

373 Es por esto que los tribunales en Argentina, por ejemplo, han negado la acción de amparo contra amenazas no comprobadas; por ejemplo, cuando una madre intentó una demanda pidiendo protección policial a fin de evitar una orden de secuestro emitida por un tribunal extranjero en razón de que la existencia de la orden no estaba comprobada ni suficientes elementos para juzgar el caso fueron aportados a fin de probar que las autoridades locales dejarían de aplicar las disposiciones legales competentes para la ejecución en el país de sentencias extranjeras, las cuales disposiciones prescriben suficientes garantías para la defensa de los derechos y para la protección del orden público interno. Véase las referencias en Néstor Pedro Sagües, *Derecho Procesal Constitucional, Vol. 3, "Acción de Amparo,"* Astrea, Buenos Aires, 1988, pp. 117; y en Rafael Chavero, *El nuevo régimen del amparo constitucional en Venezuela*, Ed. Sherwood, Caracas, 2001, pp. 190, 239.

374 Como fue el caso resuelto en los Estados Unidos en el caso *Galella v. Onassis* (S.D.N.Y. 1972), en el cual la esposa de J. F. Kennedy, ex-presidente de los Estados Unidos, interpuso una *injunction* contra un fotógrafo independiente para prevenir que violara los derechos de privacidad de ella con base en su previo patrón de conducta hostigante como periodista. Como fue resumido por Tabb and Shoben: "La evidencia demostraba que el fotógrafo había repetidamente incurrido en una conducta hostigante contra la familia Onassis para conseguir fotos y cada vez la conducta invasiva era de un tipo diferente. Fundado en el pasado patrón de conducta, la corte concluyó que esa conducta del fotógrafo continuaría indefinidamente en el futuro. La prueba de la inminencia era muy sólida porque el fotógrafo había incluso enviado publicidad a clientes anunciando futuras imágenes anticipadas de Onassis. Aun cuando el patrón de conducta era variado en los tipos de procedimientos invasivos, el carácter general de la conducta era de hostigamiento. Con suficiente evidencia, aun un patrón impredecible puede indicar inminencia." Véase William M. Tabb and Elaine W. Shoben, *Remedies*, Thompson West, 2005, p. 29.

375 Véase Hernán Salgado Pesantes, *Manual de Justicia Constitucional Ecuatoriana*, Corporación Editora Nacional, Quito, 2004, p. 80.

do acto o daño a sus derechos. Lo contrario, haría considerar inadmisible la acción de amparo.

Las leyes de amparo en esta materia distinguen dos posibles modalidades de conductas aprobatorias: el consentimiento expreso y el consentimiento tácito; también con algunas excepciones.

A. *El consentimiento expreso*

En cuanto al consentimiento expreso, según lo establece la Ley Orgánica de amparo de Venezuela el mismo existe cuando hay "signo inequívocos de aceptación" (art. 6.4) por parte del agraviado de los actos, hechos u omisiones causantes del daño, en cuyo caso la acción de amparo, es considerada como inadmisible.

Esa causal de inadmisibilidad está también expresamente regulada en la Ley de amparo de México, de acuerdo con la cual existe un consentimiento expreso del acto impugnado cuando hay "manifestaciones de voluntad que entrañen ese consentimiento" (art. 73.XI). También en Nicaragua existe el consentimiento expreso respecto de "actos que hubieren sido consentidos por el agraviado de modo expreso" (art. 51.4); y en Costa Rica "Cuando la acción u omisión hubiere sido legítimamente consentida por la persona agraviada" (art. 30.ch).

En ciertos aspectos, esta causal de inadmisibilidad del procedimiento de amparo cuando existe consentimiento expreso por parte del agraviante, tiene también alguna equivalencia en los procedimientos de *injunctions* de los Estados Unidos contenida en la excepción de equidad denominada *estopell*, y que está referida a las actuaciones del agraviante antes de interponer la demanda que sean incongruentes con los derechos que reclama en su acción.[376]

B. *El consentimiento tácito*

Aparte de los casos de consentimiento expreso, la otra causal de inadmisibilidad en el procedimiento de amparo ocurre en casos de consen-

---

376 El clásico ejemplo de una estópel, como medida, excepción o decreto judicial que consiste en una prohibición de conducta o acción, como la describen Tabb y Shoben "es que el demandante no puede invocar el derecho de equidad para reclamar una orden de remoción de una cerca de un vecino instalada sobre el lindero del lote si el demandante estuvo presente y observó la instalación de la cerca con pleno conocimiento de la ubicación de dicho lindero. El silencio del demandante, estando en conocimiento de los hechos, es un acto inconsistente con el título invocado en la corte." Véase William M. Tabb and Elaine W. Shoben, *Remedies*, Thomson West, 2005, pp. 50–51.

timiento tácito del agraviado respecto del acto, hecho u omisión causante del daño a sus derechos; y opera cuando en la ley establece un lapso preciso para interponer la demanda, y el mismo se haya agotado sin que la acción se haya interpuesto.

Esta causal de inadmisibilidad de la acción de amparo es también equivalente a lo que en el procedimiento de las *injunctions* en los Estados Unidos se denomina *"laches,"* con lo que persigue evitar que el agraviante obtenga la medida protectiva de equidad cuando no actuado con la celeridad debida para interponer la acción y que se resume en la frase "la equidad asiste al diligente, no a aquellos que se queden dormidos en sus derechos."[377]

La diferencia entre la doctrina de los *"laches"* relativa a las *injunctions* y el concepto latinoamericano de consentimiento tácito reside básicamente en el hecho de que el término para interponer la acción de amparo en Latinoamérica está expresamente establecido en la leyes de amparo, de modo que el vencimiento del término sin la interposición de la acción es lo que se considera que produce el consentimiento tácito respecto del acto, el hecho o la omisión causante del daño.

En relación con esto, y solo con excepción de la ley de Ecuador[378] y Colombia (donde por ejemplo, la Ley de Tutela dispone que la acción para de tutela puede interponerse en cualquier momento, art. 11), las leyes de amparo en Latinoamérica siempre prevén términos, contados en días y meses,[379] a los efectos de la interposición de la acción, considerán-

---

377 *Idem*, p. 48. Como se ventiló en el caso *Lake Development Enterprises, Inc. v. Kojetinsky*, 410 S.W. 2d 361, 367–68 (Mo. App. 1966): "'*Laches*' [del francés *lasche*: laxitud, negligencia] es la dejadez o negligencia por un período de tiempo irrazonable e inexplicado en circunstancias que permitían diligencia para hacer lo que debía hacerse en derecho. No hay un período fijo dentro del cual una persona debe afirmar sus derechos o ser inhabilitado mediante la medida de *laches*. La extensión de tiempo depende de las circunstancias del caso en particular. Una mera demora en afirmar un derecho no constituye de suyo una *lache*; la demora en cuestión debe operar en contra y en perjuicio del demandado. *Laches* es un asunto de hechos a ser determinada a partir de toda las pruebas y circunstancias alegadas en el juicio." Véase la referencia en Owen M. Fiss y Doug Rendelman, *Injunctions,* The Foundation Press, Mineola New York, 1984, pp. 102–103.

378 Véase Hernán Salgado Pesantes, *Manual de Justicia Constitucional Ecuatoriana*, Corporación Editora Nacional, Quito, 2004, p. 81.

379 El término en las leyes de amparo de América Latina está generalmente establecido por número de días contados a partir de la fecha del acto impugnado o del día que la parte agraviada entra en conocimiento de la violación: Argentina, 15 días (art. 2,e); Brasil, 120 días (art. 18); República Dominicana, 30 días (art. 3,b); Guatemala, 30 días (art. 20); Honduras, dos meses; México, 15 días como regla general pero con

dose tácitamente consentidos los actos, hechos u omisiones impugnados, cuando la acción no ha sido intentada en el término estipulado.

Es precisamente el caso de la Ley Orgánica de Venezuela que establece como causal de inadmisibilidad de la acción de amparo el "consentimiento tácito" a menos que se trate de violaciones que infrinjan el orden público o las buenas costumbres, "cuando hubieren transcurrido los lapsos de prescripción establecidos en leyes especiales, o en su defecto seis (6) meses después de la violación o la amenaza al derecho protegido."

El sentido de esta causal de inadmisibilidad de la acción de amparo fue resumida por la antigua Corte Suprema de Justicia venezolana al argumentar que siendo la acción de amparo un medio especial, breve, sumario y efectivo de protección judicial de derechos constitucionales, es lógico que el legislador prescriba un preciso lapso de tiempo entre el momento en el cual se produce en daño y el momento en el cual el agraviado debe interponer la acción. Dejar transcurrir más de seis meses desde el momento en el cual se dictó acto lesivo para el ejercicio de la acción, es una demostración del consentimiento del daño por parte del agraviado. Su indolencia debe ser sancionada, impidiendo que haga uso del remedio judicial que tiene su justificación precisamente en la urgente necesidad de restablecer la situación legal infringida.[380]

Como regla general en la materia, la consecuencia de vencerse el plazo sin intentarse la acción de amparo, considerando que se ha producido un consentimiento tácito, como lo prescribe expresamente la ley costa-

---

muchos otros lapsos para demandar con diferentes medidas de tiempo (arts. 21, 22 y 73,XII); Nicaragua, 30 días (arts. 26; 51,4); Paraguay, 60 días (art. 567); Perú, 60 días (arts. 5,10; 44); Uruguay, 30 días (art 4). En Venezuela, el término es de seis meses (art. 23.4). En el caso de Chile, donde en ausencia de una ley reguladora de la acción de protección, el término para demandar (quince días) ha sido establecido por la Corte Suprema, suscitándose discusiones sobre la constitucionalidad de dichas normas, debido al criterio de que un término para demandar de ese tipo debe ser establecido solo por el legislador. Véase Juan Manuel Errázuriz and Jorge Miguel Otero A., *Aspectos procesales del recurso de protección*, Editorial Jurídica de Chile, Santiago, 1989, p. 130. En Costa Rica, la Ley de Jurisdicción Constitucional dispone que el recurso de amparo puede ser intentado en cualquier momento mientras dure la violación, amenaza, agravio o restricción, y hasta dos meses después que los efectos directos a la parte agraviada hayan cesado (arts. 35, 60). Este término para demandar puede ser también suspendido si la parte interesada decide intentar un recurso administrativo contra el acto en concreto (art. 31).

380 Véase la sentencia del 24-10-1990 en *Revista de Derecho Público*, N° 44, Editorial Jurídica Venezolana, Caracas, 1990, p. 144.

rricense (art. 36),[381] no impide a la parte interesada intentar otros posibles recursos o acciones contra el acto causante del daño; o como se prevé en el caso venezolano, salvo que se trate de violaciones graves, continuadas o permanentes a los derechos humanos, en cuyo caso cualquier tiempo es útil para intentar la acción.

C. *Excepciones a la regla del consentimiento tácito*

Es decir, respecto de este consentimiento tácito, algunas excepciones han sido desarrolladas en la legislación de amparo.

Una primera excepción es la basada en la naturaleza de los derechos constitucionales a ser protegidos, de manera que un amparo puede ser intentado en cualquier momento respecto de derechos inviolables absolutos como el derecho a la vida o a no ser torturado. En este sentido, en la Ley de amparo mexicana se establece la excepción respecto de actos públicos que atenten contra la vida, la libertad personal, deportación o la conscripción militar forzosa (art. 22).[382] En estos casos, la acción de amparo puede ser intentada en cualquier momento, como es también es el del amparo para la protección de los derechos campesinos relativos a la tierra comunal (art. 217). Es precisamente a lo que se refiere la Ley Orgánica de Venezuela cuando indica que el plazo de seis meses establecido no se aplica cuando se trate violaciones que infrinjan el orden público o las buenas costumbres (art. 6.4).

En Costa Rica, el artículo 20 de la Ley de Jurisdicción Constitucional, también establece como una excepción, la posibilidad de intentar una acción de amparo después de que se haya agotado el término, contra el riesgo de aplicación de una ley o reglamento inconstitucional a un caso particular, así como en los casos de la posibilidad manifiesta de la emisión de un acto que lesiona los derechos del agraviado.

Debe recordarse que la Ley Orgánica de amparo de Venezuela de 1988 estableció la excepción a la regla del consentimiento tácito refiriéndose a casos de violaciones que afectan normas de orden público[383] (art.

---

381 Véase los comentarios en Rubén Hernández Valle, *Derecho Procesal Constitucional*, Editorial Juricentro, 2001, pp. 226–229, 243.

382 Véase Eduardo Ferrer Mac-Gregor, *La acción constitucional de amparo en México y España*, Editorial Porrúa, México, 2002, p. 331.

383 Como fue decidido por la Sala de Casación de la Corte Suprema en Venezuela en decisión del 3-4-1985 "el concepto de orden público permite que el interés general de la sociedad y del Estado prevalezca sobre los intereses particulares o individuales a los efectos de asegurar la vigencia o propósito de algunas instituciones." Véase la referencia en las sentencias de la antigua Corte Suprema de Justicia, Sala Político-

6,4), que podían afectar el ordenamiento general indispensable para la existencia de la comunidad.

El concepto de "orden público" es importante porque aun cuando se haya vencido el término sin que se haya intentado la acción, los jueces pueden admitirla por razones de "orden público", desconociendo la aplicación de la regla del consentimiento tácito. Tal como fue decidido por la antigua Corte Primera de lo Contencioso Administrativo, al precisar que el consentimiento tácito por falta de ejercicio de la acción en el lapso legal no se produce en casos de extrema gravedad que constituyen una injuria a la conciencia jurídica, como sería el caso de la flagrante violación de derechos individuales "que no pueden denunciase por el agraviado, de la privación de la libertad, de la sumisión a tortura física o psicológica, tratos degradantes, daños a la dignidad humana u otros casos extremos"[384]

Por consiguiente, en tales casos donde ningún consentimiento tácito puede ser considerado como válido, el amparo judicial era admitido aun cuando el término para intentarlo se hubiese agotado.

La segunda excepción general a la regla del consentimiento tácito se refiere a situaciones donde el daño infligido a los derechos es de naturaleza continua, es decir, cuando están ocurriendo continuamente. En el mismo sentido, en los Estados Unidos, los *"laches"* no pueden alegarse

---

Administrativa, del 1-2-1990, caso *Tuna Atlántica C.A.*, y sentencia del 30-6-1992 en la *Revista de Derecho Público*, N° 60, Editorial Jurídica Venezolana, Caracas, 1992, p. 157. En muchos casos, es el mismo legislador el que declara expresamente en una ley particular que sus disposiciones tienen carácter de 'orden público', en el sentido que sus normas no pueden ser modificadas mediante contratos. v. sentencia de la antigua Corte Suprema de Justicia, Sala Político-Administrativa, del 22-3-1988 en *Revista de Derecho Público*, n° 34, Editorial Jurídica Venezolana, Caracas, 1988, p. 114.

384 Véase sentencias de la Corte Primera de lo Contencioso-Administrativo de 13-10-1988 en *Revista de Derecho Público*, N° 36, Editorial Jurídica Venezolana, Caracas, 1988, p. 95; de la antigua Corte Suprema de Justicia, Sala Político-Administrativa, de 1-11-1989 en *Revista de Derecho Público*, N° 40, Editorial Jurídica Venezolana, Caracas, 1989, p. 111; y de la Sala de Casación de la misma Corte Suprema de Justicia del 28-6-1995 (Exp. N° 94–172). v. la referencia en Rafael Chavero G., *El nuevo régimen del amparo constitucional en Venezuela*, Editorial Sherwood, Caracas, 2001, p. 188, nota 178. Véase igualmente otra sentencia en la materia en las pp. 214-246.

para oponerse a una demanda de *injunction* intentada para evitar un ilícito que es de naturaleza continua.[385]

Es la solución que se ha dado en Venezuela, por vía jurisprudencial en la Ley Orgánica de 2014 en relación con la excepción a la regla de la inadmisibilidad de la acción de amparo por haberse vencido el plazo de seis meses para intentar la acción, basado en el hecho de que se trate de violaciones "continuadas y permanentes;" es decir, respecto de casos de una cadena de eventos que debido a su constancia y reincidencia, permitan presumir que el agraviado está actualmente amenazado por los hechos repetidos, de los cuales no se puede producir consentimiento.[386]

Otras excepciones al consentimiento tácito se refieren a casos en los cuales existen situaciones de hecho que implican la imposibilidad de intentar la acción. Por ejemplo, en Honduras, está expresamente dispuesto que la acción puede intentarse luego que se haya agotado el término, cuando la imposibilidad de intentarla se pueda comprobar debidamente (art. 46,3); y en sentido similar, la ley uruguaya también dispone la excepción para los casos en los cuales el agraviado ha estado impedido de intentar la acción por "justa causa" (art. 4).

En México, particularmente respecto del amparo contra las leyes, la Ley de amparo prescribe que la acción no solo puede intentarse contra la ley sino que también puede intentarse cuando se haya agotado el plazo, contra el primer acto en aplicación de la misma; de manera que la regla del consentimiento tácito aplica en este caso solo cuando este acto no haya sido impugnado (art. 73,XII).[387]

En Venezuela, la Ley Orgánica de Amparo también regula otras excepciones a la regla del consentimiento tácito, cuando se trata de una pretensión de amparo que se formule conjuntamente con otra acción de nulidad, caso en el cual no se aplica el lapso general de caducidad de seis meses previsto para la interposición de la acción. Esta es la regla, por

385   Véanse los casos *Pacific Greyhound Lines v. Sun Valley Bus Lines*, 70 Ariz. 65, 216 P. 2d 404, 1950; y *Goldstein v. Beal*, 317 Mass. 750, 59 N.E. 2d 712, 1945. Véase en John Bourdeau et al., "Injunctions," en Kevin Schroder, John Glenn and Maureen Placilla (Ed.), *Corpus Juris Secundum*, Vol. 43A, Thomson West, 2004, p. 329.

386   Véase sentencia del 22-10-1990, caso *María Cambra de Pulgar*, en *Revista de Derecho Público*, N° 44, Editorial Jurídica Venezolana, Caracas, 1990, pp. 143–144.

387   Véase Eduardo Ferrer Mac-Gregor, *La acción constitucional de amparo en México y España*, Editorial Porrúa, México, 2002, p. 391; Richard D. Baker, *Judicial Review in México. A Study of the Amparo Suit*, University of Austin Press, Austin, 1971, p. 172.

ejemplo, en caso de daños o amenazas producidos por actos administrativos u omisiones de la Administración cuando la pretensión de amparo es formulada con la acción de nulidad de los actos administrativos o contra las omisiones administrativas.[388]

6   *El carácter reparable de los daños y el carácter restablecedor del proceso de amparo.*

Como antes se dijo, el daño infligido a los derechos constitucionales que justifica la interposición de una acción de amparo, además de las condiciones antes analizadas, debe cumplir dos otras condiciones, dependiendo de si se trata de daños o amenazas de daño.

Si se trata de un daño infligido a los derechos de las personas, debe tratarse de un daño reparable, teniendo por objeto el proceso de amparo el restablecimiento del disfrute del derecho. De allí su carácter restaurador. Pero si se trata de amenaza de daño ocasionada al derecho, la misma debe ser inminente, estando el amparo dirigido a prevenir o impedir que la violación ocurra, teniendo el proceso en este caso, el mismo un carácter preventivo.

A.   *El carácter restaurador del proceso amparo en relación con los daños*

En efecto, en caso de daños, el procedimiento de amparo tiene por objeto restablecer al agraviado en el goce del derecho lesionado, restableciendo la situación que existía para cuando el derecho fue lesionado, eliminando o suspendiendo, si fuese necesario, el acto o hecho perjudicial.

En este sentido, la acción de amparo también tiene similitudes con las *injunctions* reparadoras en los Estados Unidos, las cuales procuran eliminar los efectos de un ilícito cometido o conminar al agraviante a iniciar acciones dirigidas a corregir esos efectos lesivos.[389]

---

388   En sentido similar, la regla del consentimiento tácito tampoco es aplicable en caso de actos u omisiones administrativas cuando la acción de amparo es intentada junto con la acción de nulidad contra actos u omisiones administrativas. En este caso, debido a la pretensión constitucional, como lo estableció la derogada Ley Orgánica de 1988, la acción de nulidad podía intentarse en cualquier momento (art. 5).

389   Como lo ha explicado Owen M. Fiss, para ver cómo funciona, y asumiendo por ejemplo que ha ocurrido algún ilícito, como un acto discriminatorio, el objeto de la *injunction* –concebida clásicamente como un instrumento preventivo- sería prevenir la recurrencia de la conducta dañina en el futuro (terminar con la discriminación y no volver a hacerlo). Pero en el caso *United States v. Louisiana* (380 U.S. 145, (1965)), relativo a una discriminación electoral, el magistrado Black identificó to-

Sin embargo, en algunas situaciones, debido a la naturaleza efectiva del daño infligido, los efectos restauradores no pueden obtenerse, en cuyo caso, la decisión de amparo debe tender a colocar los derechos del accionante en la situación más cerca o más similar a la que existía antes de que se produjo la lesión.[390]

B. *La condición específica del daño: su carácter reparable*

Debido al carácter restaurador del amparo, la principal condición específica que los daños deben tener para que una petición de amparo sea acordada, es que los mismos tengan un carácter reparable. Así se dispone, por ejemplo, la Ley Orgánica de Amparo de Venezuela al disponer que las acciones de amparo son inadmisibles cuando "violación del derecho o la garantía constitucionales, constituya una evidente situación irreparable, no siendo posible el restablecimiento de la situación jurídica infringida." En estos casos, la ley define daños irreparables "los actos que, mediante el amparo, no puedan volver las cosas al estado que tenían antes de la violación" (art. 6.3)

La principal consecuencia de este carácter reparable del daño y de los efectos restauradores del proceso de amparo, es que a través de la

---

davía otro objetivo de la *injunction*, que es la eliminación de los efectos del ilícito ejecutado (la discriminación realizada). La *injunction* reparadora –por mucho tiempo concebida por los autores del siglo XIX, como High (A *Treatise on the Law of Injunction* 3, 1873), como una imposibilidad analítica- fue por eso consagrada. Y por el mismo estilo, les fue ordenado a los funcionarios electorales no solo terminar con la discriminación en las elecciones futuras sino también dejar sin efecto una pasada elección e instalar una nueva manera de remover cualquier traza de discriminación como la que contaminó la anterior (*Bell v. Southwell*, 376 F.2 de 659 (5TH Cir. 1976). Igualmente, a funcionarios públicos de un programa de vivienda se les ordenó cesar con la discriminación con base racial en su selección para la asignación de futuras viviendas, y que construyeran viviendas en áreas de habitantes blancos de manera de eliminar los efectos de una política segregacionista que derivaba de ubicar proyectos públicos de vivienda solo en las áreas de habitantes negros de la ciudad (*Hills v. Gautreaux*, 425 U.S. 284 (1976)). Véase en Owen M. Fiss, *The Civil Rights Injunction*, Indiana University Press, 1978, pp. 7-10.

390 En este sentido, la antigua Corte Suprema de Justicia venezolana expresó que "una de las principales características de la acción de amparo es el ser un medio judicial restablecedor, cuya misión es restablecer la situación infringida o, lo que es lo mismo, colocar de nuevo al agraviado en el goce de sus derechos constitucionales lesionados. Véase la sentencia de 6-2-1996, caso *Asamblea legislativa del Estado Bolívar*, en Rafael Chavero, *El nuevo régimen del amparo constitucional en Venezuela*, Ed.   Sherwood, Caracas, 2001, pp. 185, 242–243.

acción de amparo no es posible crear situaciones jurídicas nuevas para el agraviado ni tampoco es posible modificar las actuales.[391]

En este sentido, por ejemplo, la Sala Constitucional del Tribunal Supremo de Justicia negó una solicitud de asilo a un accionante, formulada mediante una acción de amparo, porque lo que éste buscaba con la misma era más bien obtener la ciudadanía venezolana sin cumplir las condiciones y procedimientos administrativos establecidos. La Sala declaró en ese caso que la acción había sido "interpuesta a fin de que esta Sala dicte mandamiento de amparo, consistente en la legalización del actor [...] lo cual se traduciría en la constitución o creación de un status civil y jurídico que no ostentaba el solicitante antes de la interposición de la presente acción de amparo constitucional."[392]

Por consiguiente, en relación con daños, los efectos restablecedores de los procedimientos de amparo imponen la necesidad de que el daño tenga un carácter reparable para que los tribunales puedan restablecer las cosas al estado o situación que tenían para el momento del daño, eliminando el hecho o acto lesivo impugnado. Por el contrario, cuando la violación a un derecho constitucional resulta tener un carácter irreparable, la acción de amparo es inadmisible.

Esto es congruente con el objetivo principal del proceso de amparo tal como se dispone, por ejemplo, en el artículo 29 de la Constitución venezolana y el artículo 1 de la Ley Orgánica de amparo, en el sentido

---

391 Véase las sentencias de la antigua Corte Suprema de Justicia, Sala Político-Administrativa del 27-10-1993, caso *Ana Drossos,* y de 4-11-1993, caso *Partido Convergencia,* en *Revista de Derecho Público,* Nº 55–56, Editorial Jurídica Venezolana, Caracas, 1993, p. 340.

392 Véase la sentencia de 20-1-2000, caso *Domingo Ramírez Monja,* en Rafael Chavero, *El nuevo régimen del amparo constitucional en Venezuela,* Ed. Sherwood, Caracas, 2001, p. 244. En otra sentencia dictada el 21-4-1999, caso *J. C. Marín,* la antigua Corte Suprema en el mismo sentido declaró inadmisible una acción de amparo en un caso en que el accionante pedía ser designado juez de un tribunal específico o que fuese colocado en una situación jurídica que no tenía antes que el acto impugnado fuese dictado. La Corte decidió que en el caso era imposible intentar una acción de amparo con ese objetivo, declarándolo inadmisible. Para ello, la Corte argumentó sobre la característica de la acción de amparo que su "efecto restablecedor" en cuanto a la situación jurídica infringida, de manera que la misma es inadmisible cuando el restablecimiento de una situación es imposible; cuando mediante la acción el agraviado busca una compensación de los daños, ya que esta no puede sustituir los derechos lesionados; o cuando el demandante lo que pretende es que la Corte le cree un derecho o na situación que no existía antes de que se produjera el acto, hecho u omisión lesivas. Todo ello, lo que implica es la "exclusión de la posibilidad de que el amparo tenga efectos constitutivos". *Idem,* pp. 244–245.

que el mismo procura que se "restablezca inmediatamente la situación jurídica infringida o la situación que más se asemeje a ella."[393] En el mismo sentido, las Leyes de amparo de México (art. 73.IX) y Honduras (art. 46,5), expresamente establecen que en caso de daños infligidos a derechos constitucionales, la acción de amparo solo puede ser intentada cuando el daño es reparable y reversible; siendo la acción inadmisible cuando el acto lesivo causante del daño ya ha sido ejecutado o cuando sus efectos ya han sido agotados o consumados en forma irreparable. Es decir, las acciones de amparo no pueden ser el remedio adecuado en relación con un *fait accompli* o situaciones irreparables.

El ejemplo clásico en México sobre esta condición de admisibilidad de la acción de amparo es la situación creada por una sentencia de muerte ya ejecutada,[394] en cuyo caso sería completamente irrelevante intentar una acción de amparo. Es por eso que en México, esta condición de inadmisibilidad aplica a todos los casos cuando es material y jurídicamente imposible retornar a la parte lesionada a la posición que tenía antes de la violación[395]; o cuando en términos generales, el acto impugnado es efectivamente irreparable debido a que es físicamente imposible devolver las cosas al estado que tenían antes de la violación.[396]

Esta es también una condición general para la admisibilidad de las *injunctions* en los Estados Unidos, donde los tribunales han declarado que dado que su objeto es evitar acciones aun no tomadas, la misma no puede ser intentada para frenar una acción que ya ha sido cumplida para el momento cuando la acción se ha intentado ante los tribunales en vista de que el daño ya ha sido causado.[397]

---

393 Véase sentencia de la antigua Corte Primera de lo Contencioso-Administrativo venezolana de 14-1-1992, en *Revista de Derecho Público*, N° 49, Editorial Jurídica Venezolana, Caracas, 1992, p. 130; y sentencia de la antigua Corte Suprema de Justicia, Sala Político-Administrativa de 4-3-1993 en *Revista de Derecho Público*, N° 53-54, Editorial Jurídica Venezolana, Caracas, 1993, p. 260.

394 Tesis 32, II, 90. *Jurisprudencia de la Suprema Corte*. Véase la referencia en Richard D. Baker, *Judicial Review in México. A Study of the Amparo Suit*, University of Austin Press, Austin, 1971, p. 95, note 11.

395 *Idem*, p. 96.

396 Tesis "Actos consumados de modo irreparable," *Apéndice al Semanario Judicial de la federación 1917-1988*, Segunda Parte, Salas y Tesis Comunes, pp. 106–107. Véase en Eduardo Ferrer Mac-Gregor, *La acción constitucional de amparo en México y España*, Edit. Porrúa, México, 2002, p. 388, notas 232–233.

397 "No hay causa para decretar una *injunction* a menos que el ilícito alegado esté actualmente ocurriendo, amenace de hecho o se espere con razonable probabilidad. Un tribunal no puede restringir un acto después que se ha realizado. Un acto que ha sido

En este mismo sentido, por ejemplo, la antigua Corte Suprema de Justicia de Venezuela declaró inadmisible una acción de amparo contra un cobro indebido de impuestos después que el impuesto fue pagado, considerando que en tal caso no era posible restablecer la situación infringida.[398] También en relación con los derechos de maternidad de las mujeres, los tribunales venezolanos han declarado inadmisible la acción de amparo que procura la protección de los derechos del permiso de maternidad después del nacimiento del niño, declarando que era imposible para la actora el ser restablecida en el derecho presuntamente violado de disfrutar el permiso de maternidad durante seis meses antes y después del parto, porque al decidir se estaba en presencia de una situación irremediable que no podía ser restablecida debido al hecho de que era imposible devolver el tiempo pasado.[399]

En otros casos, la misma antigua Corte Suprema de Justicia consideró inadmisible acciones de amparo cuando la única manera de restablecer la situación jurídica infringida era mediante la declaración de nulidad de un acto administrativo, lo cual el juez de amparo –cuando conforme a la Ley Orgánica de 1988 el amparo contra actos administrativos se podía intentar ante un juez civil– no podía hacer.[400]

Estas tendencias generales acerca del carácter reparable de los daños y los efectos restauradores o restablecedores del proceso de amparo pueden ser consideradas las tendencias generales de las leyes de amparo en Latinoamérica.

---

realizado de tal forma que ya no presente una controversia judicial, no da pie para el decreto de una *injunction.*" Véase los casos *County of Chesterfield v. Windy Hill, Ltd.*, 263 Va. 197, 559 S.E. 2d 627 (2002); *Kay v. David Douglas School Dist.* N° 40, 303 Or. 574, 738 P 2d 1389, 40 Ed. Law Rep. 1027 (1987); *Exparte Connors*, 855 So. 2d 486 (Ala. 2003); *Patterson v. Council on Probate Judicial Conduct*, 215 Conn. 553, 577 A. 2d 701 (1990), en John Bourdeau *et al*, "Injunctions," en Kevin Schroder, John Glenn, Maureen Placilla (Editors), *Corpus Juris Secundum*, Vol. 43A, Thomson West, 2004, p. 73.

398 Véase la sentencia de la antigua Corte Suprema de Justicia, Sala Político-Administrativa del 21-3-1988, en *Revista de Derecho Público*, N° 34, Editorial Jurídica Venezolana, Caracas 1988, p. 114.

399 Véase sentencia de la antigua Corte Primera de lo Contencioso-Administrativo del 17-9-1989, en *Revista de Derecho Público*, N° 40, Editorial Jurídica Venezolana, Caracas 1989, p. 111.

400 Véase sentencia de la antigua Corte Suprema de Justicia, Sala Político-Administrativa de 1-11-1990, en *Revista de Derecho Público*, N° 44, Editorial Jurídica Venezolana, Caracas, 1990, pp. 152–153. Igualmente sentencia de la antigua Corte Primera de lo Contencioso-Administrativo de 10-9-1992 en la *Revista de Derecho Público*, N° 51, Editorial Jurídica Venezolana, Caracas 1992, p. 155.

Como antes se dijo, está el caso de México, donde el artículo 73.X de la Ley de amparo prescribe que el amparo es inadmisible contra actos decididos en un procedimiento judicial o administrativo cuando las infracciones reclamadas (debido al cambio de la situación jurídica) han ocurrido de manera irreparable. Es también la tendencia general en Colombia donde la ley de tutela dispone que la acción sea inadmisible "Cuando sea evidente que la violación del derecho originó un daño consumado, salvo cuando continúe la acción u omisión violatoria del derecho" (art. 6.4).

De estas regulaciones se puede sostener, en conclusión, que el proceso de amparo tiene naturaleza esencialmente restablecedora, lo que implica que el daño ilegítimo puede ser detenido o modificado a fin de que la situación del accionante sea restablecida por una orden judicial; o si el daño tiene efectos continuos, para lograr su suspensión. Sobre esos efectos ya cumplidos, la naturaleza restauradora del amparo implica la posibilidad de retrotraer las cosas al estado que tenían antes que el daño se iniciara. Por consiguiente, lo que el juez de amparo no puede hacer es crear situaciones que eran inexistentes para el momento de la interposición de la acción; o corregir los daños infringidos a derechos cuando ya es muy tarde para hacerlo.[401]

A este respecto, por ejemplo, refiriéndose al derecho a la protección de la salud, la antigua Corte Suprema de Justicia venezolana, en un caso relativo a la protección de la salud, consideró que el amparo era el medio judicial adecuado, porque el juez "podía ordenar a la autoridad competente que asumiera precisas conductas para el tratamiento médico del agraviado." En el caso, con la demanda de amparo, el agraviante buscaba tener un particular y adecuado tratamiento a su salud, que podía obtenerse vía la acción de amparo que buscaba restablecer su derecho lesionado. En el caso, dijo la Corte, la demandante no estaba buscando que se le reesta-

---

401 Como lo decidió la antigua Corte Primera de lo Contencioso-Administrativo en relación con una orden municipal para la demolición de un edificio, en el sentido de que si la demolición ya estaba ejecutada, el juez de amparo no podía decidir el caso por el carácter irreparable del daño. Véase sentencia de 1-1-1999, caso *B. Gómez*, en Rafael Chavero, *El nuevo régimen del amparo constitucional en Venezuela*, Ed. Sherwood, Caracas 2001, p 242. La Corte Primera también declaró en un caso decidido el 4-2-1999, caso *C. Negrín*, con respecto a un concurso de cátedra en una universidad pública que lo que pretendía la parte agraviada era que se la inscribiera en el mencionado concurso de cátedra (Farmacología en la Escuela de Medicina), lo que al tiempo de decidir era imposible pues el lapso para ello había terminad un año antes, por lo que el daño producido debía ser considerado irreparable mediante la acción de amparo. *Idem*, p. 243.

bleciera su salud al estado que antes tenía, sino a tener un particular tratamiento de salud, lo que consideró perfectamente válido"[402]

En el Perú, el Código Procesal Constitucional, también prescribe que la acción de amparo -así como todos los procesos constitucionales-, son inadmisibles cuando al momento de su interposición, la violación a los derechos constitucionales se han convertido en irreparables (art. 5,5).

7. *El carácter preventivo del proceso de amparo contra las amenazas de carácter inminente*

El proceso de amparo no es solo un medio judicial que procura el restablecimiento de los derechos constitucionales lesionados, sino que es también un medio judicial instituido para la tutela de dichos derechos en contra de las amenazas ilegítimas que los violan.

En estos casos, el proceso de amparo tiene un carácter preventivo -en el sentido de evitar un daño-, similar a las *injunctions* preventivas de los derechos civiles en los Estados Unidos que procuran "prohibir la ocurrencia de algún acto, o serie de ellos, en el futuro,"[403] y que están diseñadas "para evitar un futuro daño a una persona a través de la prohibición u orden de cumplir una determinada conducta por parte de otra persona."[404]

Sería absurdo que la persona afectada, teniendo pleno conocimiento de la ocurrencia próxima de un daño, esperase pacientemente a que el acto dañino se produjese, con todas sus consecuencias, para intentar la acción de amparo. Por el contrario, la persona tiene derecho a accionar en procura de una orden judicial que prohíba el acto a cumplirse, evitando así la ocurrencia del daño.

La principal condición para esta posibilidad de intentar acciones de amparo contra amenazas a derechos constitucionales —como lo prevén expresamente las leyes de amparo nicaragüense (arts. 51, 57, 79), peruana (art. 2) y venezolana (arts. 2; 23.2) es que ellas deben ser reales, ciertas, inmediatas, inminentes, posibles y factibles o realizables. En el caso de la Ley Orgánica de Venezuela, sin embargo, la Ley se limita a mencionar sólo as condiciones de que la amenaza debe ser "inmediata, posible y realizable" por el agraviante (art. 6.2)

---

402 Véase la sentencia de 3-3-1990 en *Revista de Derecho Público*, N° 42, Editorial Jurídica Venezolana, Caracas 1990, p. 107.

403 Véase Owen M. Fiss, *The Civil Rights Injunction*, Indiana University Press, 1978, p. 7.

404 Véase William M. Tabb and Elaine W. Shoben, *Remedies*, Thompson West, 2005, p. 22.

Por otra parte, existen algunos derechos constitucionales que en general lo que necesitan es esencial y precisamente la protección contra las amenazas, como el derecho a la vida, por ejemplo, en casos de amenazas inminentes de muerte, porque de lo contario tanto el derecho como la protección perderían todo sentido. En este caso, la única manera de garantizar el derecho a la vida es evitando que se materialicen las amenazas de muerte, por ejemplo, mediante la efectiva protección policial de la persona.

Ahora bien, si la condición principal específica para la admisibilidad del amparo contra daños a derechos constitucionales es su carácter reparador o restablecedor; respecto de las amenazas, la condición principal específica es que ellas han de ser de carácter inminente.

Esta condición está también expresamente establecida en las leyes de amparo, por ejemplo, de República Dominicana (art. 1), Nicaragua (arts. 51, 57, 79) Perú (art. 2) y Venezuela (arts. 2; 6.2), que disponen que para intentar una acción de amparo contra amenazas, éstas han de ser no solo reales, ciertas, posibles y factibles, sino que además, deben tener un carácter de inmediatez e inminencia que causen temor a las personas o el sentimiento de peligro respecto de sus derechos. Por el contrario, si el caso se refiere a situaciones en las cuales ya hay un daño causado, y el hecho ya se ha cumplido, ya ninguna amenaza es posible.[405]

---

405 Con respecto a esta condición, por ejemplo, la Corte Constitucional de Colombia ha dicho que: "La amenaza a un derecho constitucional fundamental tiene múltiples expresiones: puede estar referida a las circunstancias específicas de una persona respecto al ejercicio de aquel; a la existencia de signos positivos e inequívocos sobre el designio adoptado por un sujeto capaz de ejecutar actos que configuren la violación del derecho; o estar representada en el desafío de alguien (tentativa), con repercusión directa sobre el derecho de que se trata; también puede estar constituida por actos no deliberados pero que, atendiendo a sus características, llevan al juez de tutela al convencimiento de que si él no actúa mediante una orden, impidiendo que tal comportamiento continúe, se producirá la violación del derecho; igualmente pueden corresponder a una omisión de la autoridad cuya prolongación en el tiempo permite que aparezca o se acreciente un riesgo; también es factible que se configure por la existencia de una norma - autorización o mandato- contraria a la preceptiva constitucional, cuya aplicación efectiva en el caso concreto sería en sí misma un ataque o un desconocimiento de los derechos fundamentales." Véase la referencia a la decisión T-349 del 27-8-1993 en Rafael Chavero, *El nuevo régimen del amparo constitucional en Venezuela*, Ed. Sherwood, Caracas, 2001, pp. 238–239. En el mismo sentido, véase la sentencia de la antigua Corte Primera de lo Contencioso-Administrativo venezolana de 16-7-1992, en *Revista de Derecho Público*, N° 51, Editorial Jurídica Venezolana, Caracas 1992, p. 155.

En consecuencia, para intentar una acción de amparo contra una amenaza, ésta debe consistir en un potencial daño o violación, que debe ser inminente en el sentido de que puede ocurrir pronto; siendo esta misma regla (la del carácter de inminencia de la amenaza) aplicada en los Estados Unidos como condición esencial para autorizar *injunctions* preventivas. Esto significa que los tribunales deben dictar *injunctions* solo cuando la amenaza sea inminente, prohibiendo futuras acciones; y no cuando la amenaza sea considerada remota, potencial o especulativa.[406]

En el mismo sentido que los amparos en los países latinoamericanos, las *injunctions* en los Estados Unidos no pueden ser dictadas "para simplemente aliviar temores y aprehensiones o para calmar las ansiedades de las personas, puesto que tales temores y aprehensiones pueden existir sin razones sustanciales y ser absolutamente infundadas o especulativas."[407] Las *injunctions*, al igual que el amparo, son recursos extraordinarios "diseñados para prevenir un daño serio y no han de ser utilizadas para prote-

---

406 En el caso *Reserve Mining Co. v. Environmental Protection Agency* 513 F.2d, 492 (8th Cir 1975), el tribunal de circuito no dictó la *injunction* solicitada para que se ordenara a la Reserve Mining Company que cesara la descarga de desechos de su planta procesadora de hierro mineral, en Silver Bay, Minnesota, por afectar el medio ambiente de Silver Bay y a las aguas del Lake Superior, porque aun cuando el accionante ha demostrado que las descargas dan origen a una "amenaza potencial a la salud pública ... ningún daño que haya ocurrido a la salud pública a la fecha se ha demostrado y el peligro a la salud no es inminente. La evidencia reclama medidas de prevención y cautela. No existe razón alguna que requiera que Reserve corte sus operaciones de inmediato." Véase los comentarios en Owen M. Fiss and Doug Rendelman, *Injunctions,* The Foundation Press, Mineola, New York, 1984, pp. 116 ff. En otro caso, muy citado, *Fletcher v. Bealey*, 28 Ch. 688 (1885), se hace referencia a depósitos de desechos del demandado en terrenos del accionante y el juez declaró que, dado que la acción es interpuesta para prevenir daños continuos bajo una acción *quia-timet*, dos ingredientes son necesarios: "Si ningún daño presente es demostrado, debe haber prueba de un peligro inminente y también debe haber prueba de que el daño temido, si acaece, será muy sustancial. Casi debería decir que debe ser demostrado que el daño será irreparable porque si no se prueba que el peligro es tan inminente (como para que nadie dude de que si se demora la medida el daño ocurrirá), pienso que debe demostrarse que ha de ocurrir el daño, efectivamente y en cualquier momento, será de tal modo y bajo tales circunstancias que será imposible para el accionante protegerse contra el mismo si la medida le es negada en una acción quia timet." Véase la referencia en *Idem*, pp. 110–111.

407 Véase casos *Callis, Papa, Jackstadt & Halloran, P.C. v. Norkolk and Western Ry. Co.*, 195 Ill. 2d 356, 254 Ill. Dec. 707, 748 N. E.2d 153 (2001); *Frey v. De Cordova Bend Estates Owners Ass'n*, 647 S.W2d 246 (Tex. 1983); *Ormco Corp. v. Johns*, 19 I.E.R. Cas. (BNA), 1714, 148 Lab. Cas. (CCH), 59741, 2003 WL 2007816 (Ala. 2003), en John Bordeau et al., "Injunctions," en Kevin Schroder, John Glenn and Maureen Placilla (Editors), *Corpus Juris Secundum*, Vol. 43A, Thomson West, 2004, p. 57.

ger una persona de meras inconveniencias o de daños especulativos o insustanciales."[408]

Esta condición, como se dijo, también está establecida generalmente en las leyes de amparo latinoamericanas. Por ejemplo, en Venezuela, de acuerdo con la Ley de Amparo las amenazas que pueden ser controladas mediante las acciones de amparo deben ser "inmediata, posible y realizable" (art. 6.2),[409] de manera que la acción de amparo es improcedente cuando la amenaza o violación de un derecho constitucional ha cesado o terminado (art. 23.1).

En un sentido similar, la Sala Constitucional de la Corte Suprema de Costa Rica ha establecido que "el amparo contra amenazas en relación con derechos fundamentales sólo puede acordarse si la amenaza es cierta, real, efectiva e inminente (Art. 29, Ley); en consecuencia, esos probables perjuicios que no son capaces de ser objetivamente captados no pueden ser protegidos mediante amparo."[410]

En el mismo sentido y respecto del carácter inminente de la amenaza, los tribunales en México han declarado que ésta debe ser suficientemente demostrada como una amenaza que está a punto de ocurrir, debido a que, por ejemplo, algunos actos ya se han realizado o debido a que se puede considerar que algunos actos ocurrirán como consecuencia ineludible de hechos anteriores (que han sido asimismo también demostra-

---

408 Véase el caso *Kucera v. State, Dept. of Transp.*, 140 Wash. 2d 200, 955 O.2d 63 (200)), *Idem*, pp. 57–58.

409 Véase sentencias de la antigua Corte Suprema de Justicia, Sala Político-Administrativa de 9-6-1988 en *Revista de Derecho Público*, N° 35, Editorial Jurídica Venezolana, Caracas, 1988, p. 114 y de 14-8-1992 en *Revista de Derecho Público*, N° 51, Editorial Jurídica Venezolana, Caracas, 1992, pp. 158–159; y la sentencia de la antigua Corte Primera de lo Contencioso-Administrativo de 30-6-1988, en *Revista de Derecho Público*, N° 35, Editorial Jurídica Venezolana, Caracas 1988, p. 115. Estas condiciones generales se han considerado como concurrentes cuando se refieren a la tutela constitucional ante daños que alguien pronto infligirá en los derechos de otra persona. Véase sentencia de la antigua Corte Suprema de Justicia, Sala Político-Administrativa de 24-6-1993 en *Revista de Derecho Público*, N° 55–56, Editorial Jurídica Venezolana, Caracas 1993, p. 289; y de 22-3-1995, caso *La Reintegradora*, en Rafael Chavero, *El nuevo régimen del amparo constitucional en Venezuela*, Ed. Sherwood, Caracas 2001, p. 239.

410 Véase Voto 295-93, en Rubén Hernández Valle, *Derecho Procesal constitucional*, Editorial Juricentro, San José 2001, p. 222.

dos).[411] Esto distingue las acciones inminentes de aquellas que ya ocurrieron o de aquellas que, a lo mejor, ocurrirán en el futuro.

La constitución ecuatoriana, en relación con la admisibilidad de la acción de amparo, también prescribe respecto del carácter "inminente" de la amenaza, que la misma esté a punto de producirse en el próximo futuro como un verdadero daño potencial y no como mera conjetura. Adicionalmente, el daño debe ser concreto y real y el accionante debe demostrar cómo afecta sus derechos (art. 95).[412]

La inminencia del daño debe ser cierta, de allí que, por ejemplo, los tribunales mexicanos han declarado que, en concreto, la sola posibilidad de que las autoridades puedan utilizar sus facultades de investigación y control ante el accionante no puede ser fundamento suficiente para intentar la acción de amparo.[413] En este mismo sentido, la ley de *tutela* en Colombia se refiere a los casos en los cuales "no se encuentra amenazado un derecho constitucional" prescribiendo que "se entenderá que no se encuentra amenazado un derecho constitucional fundamental por el sólo hecho de que se abra una averiguación administrativa por la autoridad competente con sujeción al procedimiento correspondiente regulado por la ley" (decreto 306-92, art. 3).

En el mismo sentido, la antigua Corte Suprema de Justicia de Venezuela declaró en 1.989 que "la apertura de un procedimiento administrativo de averiguación disciplinaria no es suficiente para justificar la protección de la parte mediante el proceso de amparo, más aún cuando dicho procedimiento, en el cual todos los necesarios medios de defensa se pueden ejercer, puede concluir en na decisión descartando alguna incriminación contra la parte con la consecuente terminación del procedimiento disciplinario, sin sanción alguna contra la parte."[414]

---

411 Véase Joaquín Brage Camazano, *La Jurisdicción Constitucional de la Libertad. Teoría general, Argentina, México, Corte Interamericana de Derechos Humanos*, Ed. Porrúa, México 2005, pp. 171–173.

412 Véase Hernán Salgado Pesantes, *Manual de Justicia Constitucional Ecuatoriana*, Corporación Editora Nacional, Quito 2004, p. 80.

413 Véase en *Semanario Judicial de la Federación*, Tomo I, Segunda parte-2, p. 697. Véase la referencia en Joaquín Brage Camazano, *La Jurisdicción Constitucional de la Libertad. Teoría general, Argentina, México, Corte Interamericana de Derechos Humanos*, Ed. Porrúa, México 2005, p. 173, nota 269.

414 Véase sentencia de la antigua Corte Suprema de Justicia, Sala Político-Administrativa de 26-10-1989, caso *Gisela Parra Mejía*, en Rafael Chavero, *El nuevo régimen del amparo constitucional en Venezuela*, Ed. Sherwood, Caracas, 2001, pp. 191, 241.

Los criterios del carácter inminente de la amenaza a los derechos constitucionales para la admisión de la acción de amparo condujo también a la antigua Corte Suprema de Justicia de Venezuela a rechazar el proceso de amparo contra las leyes, argumentando que una ley o norma legal no puede originar, por sí misma, una amenaza posible, inminente y factible.[415] No obstante, la Corte ha considerado que el accionante podía siempre intentar la acción de amparo contra el funcionario público que debía aplicar la ley, procurando una prohibición judicial dirigida a ese funcionario público conminándole a no aplicar la norma impugnada."[416]

VIII. LAS FORMAS DE EJERCICIO DEL DERECHO CONSTITUCIONAL DE AMPARO: COMO ACCIÓN AUTÓNOMA Y COMO PRETENSIÓN FORMULADA JUNTO CON OTRAS VÍAS PROCESALES IDÓNEAS

1. *Los diversos mecanismos procesales de amparo*

Tal como se ha señalado con anterioridad, la necesidad de configurar conforme a la orientación del artículo 47 de la Constitución de 1961 (equivalente al artículo 27 de la Constitución de 1999), en la Ley Orgánica de Amparo de 1988, al amparo constitucional como un "derecho fundamental" y no sólo como una única "acción de amparo," implicó la necesidad de conciliar el ejercicio del derecho de amparo con los medios judiciales existentes de protección constitucional, de manera que no quedasen éstos eliminados como tales, sino al contrario, reforzados. De allí las previsiones de los artículos 3, 5 y 6,5 de la Ley Orgánica de 1988 que previeron expresamente la posibilidad de la formulación de pretensiones de amparo constitucional conjuntamente con las acciones de nulidad por inconstitucionalidad, con las acciones contencioso-administrativas de anulación y con las acciones judiciales ordinarias o extraordinarias; normas todas que propusimos en el proceso de formación de la Ley en la Cámara del Senado.[417]

Después de múltiples vacilaciones jurisprudenciales que se extendieron por casi cuatro años, el sentido de la regulación contenida en dichas

415 Véase sentencia de 24-5-1993, de la Sala Político-Administrativa de la antigua Corte Suprema en *Revista de Derecho Público*, Nº 55-56, Editorial Jurídica Venezolana, Caracas 1993, pp. 289–290.

416 *Idem*, p. 290.

417 Véase Allan R. Brewer–Carías, "Propuestas de reforma al Proyecto de Ley Orgánica de Amparo sobre Derechos y Garantías Constitucionales (1987)", *Estudios de derecho público, (Labor en el Senado 1985–1987)*, Tomo III, Ediciones del Congreso de la República, Caracas 1989, pp. 205–229.

normas finalmente lo precisó y resumió la Sala Político Administrativa de la antigua Corte Suprema en sentencia de 10 de junio de 1992, en la cual, haciendo referencia a una sentencia previa de 10 de julio de 1991 (Caso: *Tarjetas Banvenez*), señaló lo siguiente:

"El texto de la Ley Orgánica de Amparo prevé fundamentalmente dos mecanismos procesales: la acción autónoma de amparo y la acumulación de ésta con otro tipo de acciones o recursos, modalidades que difieren sustancialmente en cuanto a su naturaleza y consecuencias jurídicas. Por lo que respecta a la segunda de las modalidades señaladas, es decir, la acción de amparo ejercida conjuntamente con otros medios procesales, la referida ley regula tres supuestos: a) la acción de amparo acumulada a la acción popular de inconstitucionalidad de las leyes y demás actos estatales normativos (artículo 3°); b) la acción de amparo acumulada al recurso contencioso administrativo de anulación contra actos administrativos de efectos particulares o contra las conductas omisivas de la Administración (artículo 5°); c) la acción de amparo acumulada con acciones ordinarias (artículo 6°, ordinal 5°)

La Sala ha sostenido además que la acción de amparo en ninguno de estos casos es una acción principal sino subordinada, accesoria a la acción o al recurso al cual se acumuló, sometido al pronunciamiento jurisdiccional final que se emita en la acción acumulada tratándose de una acumulación de acciones, debe ser resuelta por el juez competente para conocer de la acción principal"[418].

En esta forma quedó absolutamente clarificada la intención del legislador de 1988 al distinguir entre la acción de amparo que se denominó "autónoma" de amparo, y la pretensión de amparo constitucional formulada con otras acciones o recursos que regula el ordenamiento procesal.

Realmente, en estos últimos casos, no se trataba de una verdadera "acumulación" de "acciones," sino de la formulación de una "pretensión" de amparo con una acción principal. Por ello, en estos casos, el amparo tenía en principio mero carácter cautelar y no tenía ninguna relevancia el que existieran procedimientos distintos para la acción principal y para la acción de amparo,[419] porque, en definitiva, en caso de acumulación de la pretensión de amparo con una acción principal, el procedimiento regular previsto para la "acción de amparo" no se debía aplicar.

---

418 Véase en *Revista de Derecho Público,* N° 50, EJV, Caracas, 1992, pp. 183–184.

419 Véase sobre esto y la causal de inadmisibilidad de la acción contencioso-administrativa en materia de acumulación de acciones, sentencia de la Corte Primera de lo Contencioso Administrativa de 14–12–92, en FUNEDA, *15 años de Jurisprudencia, Corte Primera de lo Contencioso-Administrativo 1977–1992. Amparo Constitucional,* Caracas, 1994, p. 121.

La clarificación definitiva del carácter cautelar del amparo como pretensión formulada junto con otras acciones, particularmente las acciones de nulidad de las leyes y de actos administrativos, como se dijo, se realizó mediante la sentencia de la Corte Suprema de Justicia en Sala Político Administrativa de 10 de julio de 1991 (Caso: *Tarjetas Banvenez*), en la cual la Corte, además, precisó el carácter accesorio y subordinado de la pretensión de amparo en relación a esas otras acciones principales, cuando se formula conjuntamente con ellas.[420]

El razonamiento de la Corte, en esta sentencia, comenzó por la constatación de que la Ley Orgánica de Amparo de 1988, al desarrollar los artículos 49 y 50 de la Constitución de 1961 (equivalente a los artículos 27 y 22 de la Constitución de 1999), otorgaba a las personas naturales o jurídicas, la posibilidad de acudir ante los tribunales, con el propósito de ser amparados en el goce y el ejercicio de los derechos y garantías constitucionales, mediante el restablecimiento inmediato de la situación jurídica infringida o la situación que más se asemeje a ella. A tal fin señaló la antigua Corte que:

> "el texto de la ley prevé fundamentalmente dos mecanismos procesales: la acción autónoma de amparo, y la acumulación de ésta con otro tipo de acciones o recursos. Ambas modalidades de ejercicio difieren sustancialmente en cuanto a su naturaleza y consecuencias jurídicas."[421]

A. *La acción autónoma de amparo*

En cuanto al primer supuesto, es decir, la acción autónoma de amparo, la antigua Corte Suprema señaló en su citada sentencia de 10 de julio de 1991, que en ese caso, al ser una acción que se ejercita en forma autónoma e independiente, no se vincula ni se subordina a ningún otro recurso o procedimiento. En este caso, dijo la Corte, es indudable:

> "que esa acción, así ejercida, debe ser, por su naturaleza restablecedora, capaz, suficiente y adecuada para lograr que el mandamiento de amparo que se otorgue se baste por sí solo, sin necesidad de acudir a otro u otros procedimientos judiciales, para volver las cosas al estado en que se encontraban para el momento de la vulneración y hacer desaparecer definitivamente el acto o hecho lesivo o perturbador.
>
> Por estas razones, ha sostenido reiteradamente este Supremo Tribunal en jurisprudencia que una vez más ratifica, que en tales supuestos, el accionan-

---

420 Véase el texto de esta sentencia en *Revista de Derecho Público,* Nº 47, EJV, Caracas, 1991, pp. 169–174.

421 *Idem.*, p. 169.

te en amparo debe invocar y demostrar que se trata de una vulneración constitucional flagrante, grosera, directa e inmediata, lo cual no significa -se precisa ahora- que el derecho o garantía de que se trate no estén desarrollados o regulados en textos normativos de rango inferior, pero sin que sea necesario al juzgador acudir o fundamentarse en ellos para detectar o determinar si la violación constitucional al derecho o garantía se ha efectivamente consumado. De no ser así -ha dicho también esta Sala- no se trataría entonces de una acción constitucional de amparo sino de otro tipo de recurso, por ejemplo, el contencioso-administrativo, cuyos efectos anulatorios no se corresponden con los restitutorios del amparo y "si tal sustitución se permitiere, el amparo llegaría a suplantar no sólo esa sino todas las vías procedimentales establecidas en nuestro sistema de Derecho positivo", desnaturalizando el carácter extraordinario del amparo. (Sentencia de 23-5-88, *"Fincas Algaba"*)."[422]

B. *El ejercicio acumulado de la acción de amparo*

En el segundo caso, es decir, en lo que se refiere a "la acción de amparo ejercida conjuntamente con otros medios procesales", la antigua Corte Suprema en dicha sentencia, al referirse a las previsiones de la Ley Orgánica de Amparo, precisó que dicho texto normativo:

"contempla tres supuestos: a) la acción de amparo acumulada a la acción popular de inconstitucionalidad de las leyes y demás actos estatales normativos (artículo 3°); b) la acción de amparo acumulada al recurso contencioso administrativo de anulación contra actos administrativos de efectos particulares o contra las conductas omisivas de la Administración (artículo 5); y la acción de amparo acumulada con acciones ordinarias (artículo 6, ordinal 5°).

En cualesquiera de estos supuestos de acumulación, la acción de amparo reviste una característica o naturaleza totalmente diferente a la anteriormente analizada (autónoma), pues en estos casos no se trata de una acción principal, sino *subordinada*, accesoria a la acción o el recurso al cual se acumuló y, por ende, su destino es temporal, provisorio, sometido al pronunciamiento jurisdiccional final que se emita en la acción acumulada, que viene a ser la principal. Esta naturaleza y sus consecuencias se desprenden claramente de la formulación legislativa de cada una de las hipótesis señaladas, que únicamente atribuye al mandamiento de amparo que se otorgue, efectos cautelares, suspensivos de la aplicación de la norma o de la ejecución del acto de que se trate "mientras dure el juicio."[423]

---

422 *Idem.* pp. 169–170.
423 *Idem.* p. 170.

En relación a estos supuestos de amparo ejercido conjuntamente con otras acciones, la antigua Corte Suprema precisó, que:

"De lo anterior se deriva, para esta Sala, que la acción de amparo propuesta conjuntamente con una de otro tipo participa de todos los caracteres procesales inherentes a la acumulación de acciones, esto es: que ha de ser resuelta por un solo juez (el mismo que sea competente para conocer de la acción principal), y que ambas pretensiones (la de amparo y la de nulidad u otra) deben ser tramitadas en un solo proceso que tiene dos etapas: la del amparo, previa, y la contenciosa, la cual forzosamente cubre, en la decisión final, tanto la medida cautelar que inevitablemente perece en esa oportunidad, como el pronunciamiento judicial acerca de la nulidad solicitada. En otras palabras, si por las características analizadas el mandamiento de amparo se traduce única y exclusivamente en la suspensión provisional del acto recurrido en nulidad, la sentencia que decida ésta deja sin efecto aquella medida cautelar dictada en forma previa, tanto si el acto cuestionado es anulado como si es confirmado, porque, en uno u otro caso, carece ya de sustentación jurídica."[424]

C. *La distinción entre los dos mecanismos procesales de amparo*

Sentadas las características de cada uno de los mecanismos procesales de amparo, es decir, la acción autónoma y su ejercicio acumulado a otros medios procesales, la antigua Corte Suprema, en su sentencia, precisó las diferencias más importantes entre los mismos, en la siguiente forma:

"En efecto, mientras en la primera es condición de procedencia, como se ha dicho, que se invoque y demuestre la violación directa, inmediata, flagrante, de un dispositivo o garantía constitucionales que, por sí solos, determinen la necesidad del mandamiento de amparo como medio definitivo de restablecer la situación jurídica vulnerada; en el segundo caso, dada la naturaleza suspensiva de este mandamiento de amparo que sólo tiende a detener provisionalmente los efectos del acto perturbador hasta que se decida el juicio que lo anule o confirme, la denuncia de infracción de normas constitucionales puede estar acompañada de trasgresión de textos de rango inferior que precisen o desarrollen el derecho o garantía constitucionalizado, pues tratándose de un solo proceso instaurado contra el mismo acto cuya nulidad se pretende obtener por la vía del recurso contencioso correspondiente, nada obsta a que los instrumentos jurídicos subconstitucionales que sustentan la nulidad sean invocados también al interponer las acciones acumuladas. Lo que no puede hacer el juzgador para acordar la suspensión de los efectos del acto denunciado como lesivo, es encuadrar la situación planteada en la regulación o solución legal o sublegal de la misma, porque en tal

_____

424   *Idem.* p. 171.

hipótesis estaría decidiendo anticipadamente, quiéralo o no, la nulidad del acto impugnado al pronunciarse determinantemente acerca de la existencia de uno de sus vicios, sea éste de procedimiento o de fondo, cuestión que forma parte del debate procesal probatorio que ha de instaurarse precisamente con motivo del recurso de nulidad.

En efecto, siendo distintas las consecuencias que dimanan de una acción autónoma de amparo y de la ejercida conjuntamente con otro recurso (restitutorias en el primer caso y cautelares en el segundo), basta en esta última el señalamiento de la norma o garantía constitucional que se consideren violadas, fundamentado además en un medio de prueba que constituya *presunción* grave de la violación o amenaza de violación denunciada, para que el juez, en forma breve y sumaria, acuerde procedente la suspensión de los efectos del acto como medio de tutelar anticipadamente los posibles efectos de la sentencia que posteriormente habrá de dictar en el juicio de nulidad (artículos 5 y 22, Ley Orgánica de Amparo).

Considera esta Sala, por otra parte, que en el amparo acumulado, ese "medio de prueba" a que alude el artículo 22 de la Ley Orgánica de Amparo, puede consistir en el propio acto administrativo impugnado en nulidad, cuyo texto debe ser examinado por el juez de amparo para concluir si, a su juicio, del mismo acto administrativo de efectos particulares se deduce la presunta violación constitucional alegada por el recurrente y acordar, en consecuencia, la medida suspensiva de sus efectos que le ha sido solicitada"[425].

De la sentencia señalada puede concluirse que el amparo autónomo tiene una finalidad restitutoria; pero en cambio, el amparo conjunto es una medida cautelar, que con entera independencia de la anulación judicial del artículo 22 de la Ley Orgánica, sólo requiere como fundamento un medio de prueba que constituya presunción grave de violación o amenaza de violación de un derecho constitucional, y que consiste en la suspensión de efectos como garantía del derecho mientras dura el juicio principal. Por ello, el juez no puede, al resolver sobre la petición de amparo, declarar que el acto impugnado violó o no el derecho constitucional, pues en ese caso, confundiría la pretensión de amparo con la acción de nulidad. En otros términos, en esta etapa del proceso no caben decisiones que envuelvan consecuencias anulatorias que son propias del juicio de nulidad."[426]

Esto lo precisó la antigua Corte Suprema en las conclusiones de la sentencia, así:

---

425 *Idem.*, pp. 171–172.

426 Véase sentencia de la Corte Primera de lo Contencioso Administrativo de 12–12–90, FUNEDA, *15 años de Jurisprudencia, cit.*, pp. 216–217.

"Con base en los lineamientos precedentemente expuestos, en relación con las objeciones formuladas por los apelantes y los elementos que surgen de autos, esta Sala concluye lo siguiente:

1°) Que de la interpretación concatenada de los artículos 5° y 22 de la Ley Orgánica de Amparo se infiere claramente la distinción entre la acción de amparo ejercida conjuntamente con el recurso de nulidad y la acción de amparo autónoma o el recurso de inconstitucionalidad, en cuanto a que –no obstante la común exigencia de la violación directa de una norma constitucional–, estos dos últimos recursos tienen una finalidad distinta (restitutoria en el amparo autónomo y anulatoria en la acción de inconstitucionalidad), en tanto que, en el amparo conjunto, se trata de una medida cautelar que sólo requiere como fundamento "un medio de prueba que constituya presunción grave de la violación o de la amenaza de violación" (artículo 22), así como la consideración, por parte del tribunal de que la suspensión de los efectos del acto recurrido resulta procedente como garantía del derecho constitucional violado, mientras dure el juicio (artículo 5°); es decir que la medida cautelar se revela como necesaria para evitar que el accionante, por el hecho de existir un acto administrativo, se vea impedido de alegar violación de derechos constitucionales. De ahí que la suspensión de sus efectos pretenda mantener sin ejecución el acto impugnado, si el juez considera que debe suspenderse dicho acto por la presunción grave de violación constitucional invocada en el amparo.

Por tanto, si se exigiera la misma rigurosidad en la sustentación de la acción de amparo acumulada que la que se requiere para las otras acciones señaladas (amparo autónomo y recurso de inconstitucionalidad), la de amparo conjunta resultaría prácticamente inútil, pues carecería del específico sentido que tiene: obtener que se suspendan en el tiempo los efectos de un acto administrativo que podría afectar el derecho constitucional, eventual lesión que el juez de amparo aprecia como presumible."[427]

Ahora bien, lo que no señaló con precisión dicha Corte en su comentada sentencia del 10 de julio de 1991, y que constituyó el verdadero cambio jurisprudencial que se produjo con dicha decisión, es que en el caso de ejercicio conjunto del amparo con otras acciones judiciales, la consecuencia es la suspensión de efectos del acto impugnado en forma inmediata, como medida cautelar de amparo, sin necesidad de que se siga el procedimiento establecido en la Ley Orgánica en relación a la solicitud de informe al presunto agraviante y a la realización de la audiencia pública y oral.

En estos casos es que hubiera podido haber tenido aplicación efectiva el artículo 22 de la Ley Orgánica pues la medida cautelar se adopta

---

427 *Idem.*, p. 172.

inaudita alteram parte. Dicho artículo, sin embargo, fue anulado por la Corte Suprema por sentencia de 21 de mayo de 1996[428], sin incidencia alguna respecto del carácter cautelar de la medida de amparo.

2. La formulación de la pretensión de amparo conjuntamente con la acción popular de inconstitucionalidad

El artículo 3° de la Ley Orgánica de Amparo, como se ha dicho, luego de precisar la posibilidad de que se intente una acción de amparo contra normas, agrega que:

> "La acción de amparo también podrá ejercerse conjuntamente con la acción popular de inconstitucionalidad de las leyes y demás actos estatales normativos, en cuyo caso, la Corte Suprema de Justicia, si lo estima procedente para la protección constitucional, podrá suspender la aplicación de la norma respecto de la situación jurídica concreta cuya violación se alega, mientras dure el juicio de nulidad".

De acuerdo con esta norma, como antes se ha dicho, por tanto, la pretensión de amparo puede formularse conjuntamente con la acción popular de inconstitucionalidad de las leyes y demás actos estatales de carácter normativo[429] la cual se ejerce ante la Jurisdicción Constitucional, es decir, ante la Sala Constitucional del Tribunal Supremo de Justicia (artículo 336 de la Constitución), específicamente, contra las leyes nacionales y demás actos normativos de la Asamblea Nacional que se dicten en ejecución directa de la Constitución (Reglamento Interior y de Debates, por ejemplo); contra las leyes estadales, las Ordenanzas Municipales y contra los demás actos de los cuerpos deliberantes de los Estados o Municipios dictados en ejecución directa de la Constitución; contra los actos ejecutivos normativos dictados en ejecución directa de la Constitución, con igual rango y valor que las leyes, como serían los decretos leyes y los actos de gobierno normativos.

En los casos de acumulación de una pretensión de amparo con la acción popular de inconstitucionalidad, dado el carácter cautelar de la decisión, en el pronunciamiento de amparo no se sigue el procedimiento previsto en la Ley Orgánica de Amparo[430]; es decir, como lo resolvió la antigua Corte Plena en sentencias de 8 de junio de 1988, 11 de octubre de

---

428 Véase en *Gaceta Oficial Extra* N° 5071 de 29-5-96.

429 El carácter *normativo* del acto estatal se ha destacado por antigua Corte Suprema de Justicia, Sala Político Administrativa, en sentencia de 2–5–91, *Revista de Derecho Público*, N° 46, EJV, Caracas, 1991, pp. 119–120.

430 Véase sentencia de la Corte Plena de 14–1–93, Caso *"Gruber Odreman"* (consultada en original).

1988 y 4 de abril de 1989, en estos casos, la decisión de la Corte se concreta en un pronunciamiento previo dictado antes del fallo definitivo, sin que se tenga que seguir todo el procedimiento establecido en la Ley Orgánica, como por ejemplo, la solicitud del informe correspondiente, la realización de la audiencia pública y oral, y la citación del Ministerio Público[431].

La antigua Corte Plena, en su sentencia de 14 de enero de 1993 (Caso: *Gruber Odreman*) precisó que "el amparo contra normas intentado conjuntamente con un recurso de nulidad por inconstitucionalidad, tiene el efecto de una medida cautelar dentro de este procedimiento"[432]. Esta medida cautelar, con efectos mientras dure el juicio de nulidad, consiste en la posibilidad para la Corte, si lo estima procedente, de suspender la aplicación de la norma respecto de la situación jurídica concreta que se alega, lo que equivale decir, como lo señaló la antigua Corte Plena, "que el juez evitará el menoscabo de derechos o garantías de rango constitucional producido por la ejecución o aplicación, en el caso concreto alegado, de alguna disposición impugnada de inconstitucional mientras dure el juicio principal"[433].

Por otra parte, la decisión de la ahora Sala Constitucional "ha de hacerse de manera previa y sin pronunciamiento sobre el fondo del asunto debatido y debe resolverse en forma breve y sumaria *sin participación de los interesados*"[434] y además, inmediatamente[435].

Esta suspensión de efectos de la norma, de carácter cautelar, en principio se refiere a la aplicación de la norma a la situación jurídica concreta cuya violación se alega[436]; por tanto, la decisión cautelar en principio no puede tener efectos *erga omnes,* sino sólo efectos personalísimos en rela-

---

431 Véase en *Revista de Derecho Público,* N° 38, EJV, Caracas, 1989, p. 105 y N° 39, 1989 p. 128. Véase además sentencia de la antigua Corte Suprema de Justicia, Sala Político Administrativa de 5–5–93, *Revista de Derecho Público,* N° 53–54, EJV, Caracas, 1993, p. 226.

432 Consultada en original.

433 Véase sentencia de la antigua Corte Suprema de Justicia, Sala Plena de 27–4–93, en *Revista de Derecho Público,* nos 53–54, EJV, Caracas, 1993, p. 222 (Caso *"Coopervolta"*).

434 Véase sentencia antigua Corte Suprema de Justicia, Sala Político Administrativa de 11–2–92, *Revista de Derecho Público,* N° 49, EJV, Caracas, 1992, p. 120.

435 Véase sentencia antigua Corte Suprema de Justicia, Sala Político Administrativa de 19–11–92, *Revista de Derecho Público,* N° 52, EJV, Caracas, 1992, p. 137.

436 Véase sentencia antigua Corte Suprema de Justicia, Sala Político Administrativa de 2–5–91, *Revista de Derecho Publico,* N° 46, EJV, Caracas, 1991, p. 120.

ción al accionante agraviado[437]. La Sala Constitucional, sin embargo, pudiendo siempre determinar los efectos de sus sentencias, le ha dado efectos *erga omnes* a la suspensión de efectos dictada en relación con las leyes impugnadas por vía de acción popular.

3. *La formulación de la pretensión de amparo conjuntamente con las acciones contencioso administrativas*

El artículo 5° de la Ley Orgánica de Amparo, luego de precisar la posibilidad de que se intente una acción de amparo autónoma contra actos administrativos de efectos particulares, agrega que:

"Cuando la acción de amparo se ejerza contra actos administrativos de efectos particulares o contra abstenciones o negativas de la Administración, podrá formularse ante el juez contencioso administrativo competente, si lo hubiese en la localidad, conjuntamente con el recurso contencioso administrativo de anulación de actos administrativos o contra las conductas omisivas, respectivamente, que se ejerza. En estos casos, el Juez, en forma breve, sumaria, efectiva y conforme a lo establecido en el artículo 22, si lo considera procedente para la protección constitucional, suspenderá los efectos del acto recurrido como garantía de dicho derecho constitucional violado, mientras dure el juicio".

Esta norma, como ya se ha señalado, ha sido objeto de un proceso de interpretación jurisprudencial de gran importancia, y que superó la idea inicial de la acumulación de dos acciones que, sin embargo, por tener procedimientos distintos, seguían cursos procesales paralelos, como fue la tendencia que surgió de muchas decisiones iniciales, hasta llegar a la consideración del amparo como una pretensión subordinada a la acción contencioso administrativa que es la principal, consistiendo el amparo, en estos casos, en una mera medida cautelar durante el juicio de nulidad. Este fue el espíritu del legislador, que fue interpretado cabalmente en la ya mencionada y comentada sentencia de la antigua Corte Suprema de Justicia de 10 de julio de 1991 (Caso: *Tarjetas Banvenez*), *y* que se ha seguido en las decisiones judiciales posteriores, y que en nuestro criterio no ha sido modificado por el hecho de que la antigua Corte Suprema hubiera anulado el artículo 22 de la Ley Orgánica de Amparo.[438]

En estos casos, la formulación de la pretensión de amparo con la acción contencioso administrativa debe plantearse, como lo dice la ley, en

---

437 Véase sentencias antigua Corte Suprema de Justicia, Sala Político Administrativa de 6–8–91, *Revista de Derecho Público,* N° 47, EJV, Caracas, 1991, p. 119 y de 6–8–92, *Revista de Derecho Público,* N° 52, EJV, Caracas, 1992, p. 138.

438 Véase en *Gaceta Oficial Extra* N° 5071 de 29-5-96.

forma conjunta, lo que implica la acumulación de ambas pretensiones en un mismo y solo libelo de demanda, pues de no ser así, resultaría imposible la aplicabilidad del artículo 5 de la Ley[439].

Por otra parte, sólo formulándose la pretensión de amparo conjuntamente con el recurso contencioso administrativo de anulación es que pueden obviarse los requisitos procesales de admisibilidad de este último en cuanto al lapso de caducidad y el agotamiento de la vía administrativa; que pueden lograrse los efectos suspensivos inmediatos del acto administrativo, de carácter cautelar y no restablecedores, y que pueden modificarse las reglas de competencia de los jueces de amparo.

De allí la exigencia de que las pretensiones se formulen en un mismo momento procesal y no una después de otra[440].

Por ello, la interposición conjunta de la pretensión de amparo con la acción de nulidad, no implica fórmula sacramental alguna[441] y, por supuesto, no impide el que pueda formularse la pretensión de amparo al reformarse el libelo del recurso de anulación; en cambio, lo que no está dentro de la previsión de la norma es la posibilidad del ejercicio separado de las acciones, porque de constar en libelos y oportunidades diferentes, el amparo interpuesto con posterioridad al recurso, sería inadmisible conforme al ordinal 5° del artículo 6 de la ley Orgánica, por haber optado el actor precedentemente a otra vía judicial"[442].

Por otra parte, al formularse conjuntamente la pretensión de amparo con el recurso contencioso administrativo, el objeto de ambas pretensiones tiene que ser el mismo. Es decir, debe tratarse del mismo acto, actua-

---

439 Véase sentencias de la antigua Corte Suprema de Justicia, Sala Político Administrativa de 21–5–91 y de 11–3–93, en *Revista de Derecho Público,* N° 46, EJV, Caracas, 1991, p. 159 y *Revista de Derecho Público,* nos 53–54, EJV, Caracas, 1993, p. 231 y sentencias de la Corte Primera de lo Contencioso Administrativa de 17–11–88, en FUNEDA, *15 años de Jurisprudencia, cit.,* p. 233; y de 7–9–91, *Revista de Derecho Público,* N° 47, EJV, Caracas, 1991, p. 169.

440 Véase sentencia de la antigua Corte Suprema de Justicia, Sala Político Administrativa de 6–4–89, *Revista de Derecho Público* N° 38, EJV, Caracas, 1989, p. 140.

441 Véase sentencia de la Corte Primera de lo Contencioso Administrativa de 9–9–91, en FUNEDA, *15 años de* Jurisprudencia, *cit.,* p. 222.

442 Véase sentencia de 18–11–93, *Revista de Derecho Público,* N° 55–56, EJV, Caracas, 1993, p. 458.

ción u omisión, aquél contra el cual se formule la pretensión de amparo y la acción de nulidad[443].

Tratándose de una pretensión de amparo formulada conjuntamente con el recurso contencioso administrativo, ambas deben ser conocidas y decididas por un solo juez[444], precisamente el juez competente para conocer de la acción principal, es decir, el competente para conocer del recurso contencioso administrativo[445]. Ambas deben ser tramitadas en un solo proceso, el de la acción principal (contencioso administrativo), teniendo por tanto la pretensión de amparo, carácter subordinado, accesorio y dependiente de la acción principal[446], cuya suerte sigue[447].

En los casos de ejercicio conjunto de la pretensión de amparo con el recurso contencioso administrativo, tratándose de una pretensión accesoria y subordinada a la acción principal, como se ha dicho, la decisión en el caso de amparo tiene carácter cautelar, no incidiendo en la anulación,

---

443 Véase sentencias de la antigua Corte Suprema de Justicia, Sala Político Administrativa de 27–7–92 y 16–12–92 en *Revista de Derecho Público,* N° 51, EJV, Caracas, 1992, p. 215, y N° 52, EJV, Caracas, 1992, p. 236; y sentencias de la Corte Primera de lo Contencioso Administrativa de 7–9–91, *Revista de Derecho Público,* N° 47, EJV, Caracas, 1991, p. 169; de 14–11–92 *Revista de Derecho Público,* N° 52, EJV, Caracas, 1992, p. 232, y de 14–12–92 en FUNEDA, *15 años de Jurisprudencia, cit.,* p. 230.

444 Véase sentencia de la antigua Corte Suprema de Justicia, Sala Político Administrativa de 19–11–92, *Revista de Derecho Público,* N° 52, EJV, Caracas, 1992, p. 240.

445 Véase sentencias antigua Corte Suprema de Justicia, Sala Político Administrativa de 31–5–91, *Revista de Derecho Público,* N° 46, EJV, Caracas, 1991, p. 154; de 6–12–91, *Revista de Derecho Público,* N° 45, EJV, Caracas, 1991, p. 145; de 3–6–92, *Revista de Derecho Público,* N° 50, EJV, Caracas, 1992, p. 182; de 10–6–92, *Revista de Derecho Público,* N° 50, EJV, Caracas, 1992, p. 184; de 23–7–92, *Revista de Derecho Público,* N° 51, EJV, Caracas, 1992, pp. 208 y 210; y de 29–10–93, *Revista de Derecho Público,* N° 52, EJV, Caracas, 1992, p. 220, y sentencia de la Corte Primera de lo Contencioso Administrativa de 14–12–92, *Revista de Derecho Público,* N° 52, EJV, Caracas, 1992, p. 221.

446 Véase sentencias de la antigua Corte Suprema de Justicia, Sala Político Administrativa de 11–7–91, en *Revista de Derecho Público,* N° 47, EJV, Caracas, 1991, p. 174; de 19–11–92, *Revista de Derecho Público,* N° 52, EJV, Caracas, 1992, p. 240, y de 11–3–93 en *Revista de Derecho Público,* N° 53–54, EJV, Caracas, 1993, pp. 232 y 354; y sentencia de la Corte Primera de lo Contencioso Administrativa de 15–12–88, en FUNEDA, *15 años de Jurisprudencia, cit.,* p. 215.

447 Véase sentencia de la Corte Primera de lo Contencioso Administrativo de 16–1–92, *Revista de Derecho Público,* N° 49, EJV, Caracas, 1992, p. 146. y sentencia de la Corte Suprema de Justicia, Sala Político Administrativa de 3–6–92 en *Revista de Derecho Público,* N° 50, EJV, Caracas, 1992, p. 182.

que es el fondo debatido[448]; y los efectos de la misma consisten en el caso de que la acción principal sea un recurso de nulidad de un acto administrativo, básicamente en la suspensión de los efectos del mismo mientras dure el juicio de nulidad[449], sin que por esta vía se puedan crear derechos[450]. La decisión, por otra parte, dado su carácter cautelar, se puede adoptar *inaudita parte*[451].

Por ello, la antigua Corte Suprema de Justicia en Sala Político Administrativa señaló que la suspensión de efectos del acto administrativo decidida en los casos de ejercicio conjunto, tiene una naturaleza cautelar similar a la suspensión de efectos dictada conforme al artículo 136 de la derogada Ley Orgánica de la Corte (artículo 21, párrafo 22 de la Ley Orgánica del Tribunal Supremo), difiriendo básicamente en su fundamentación[452] y precisando, en todo caso, que esta última norma no puede invocarse para obtener el pronunciamiento de amparo. De lo contrario, ha considerado la Corte Primera en lo que consideramos un exceso de formalismo, que en ese caso, el amparo debe declararse inadmisible[453]. En particular, sólo podría admitirse al invocar el artículo 21, párrafo 22 de la Ley Orgánica del Tribunal Supremo de Justicia, cuando ello se hace en forma subsidiaria a la petición de amparo, para el caso de que éste se declare improcedente[454].

---

448   Véase sentencia de la antigua Corte Suprema de Justicia, Sala Político Administrativa de 3–10–91, en *Revista de Derecho Público,* N° 48, EJV, Caracas, 1991, p. 164; y sentencia de la Corte Primera de lo Contencioso Administrativo de 21–9–93, en *Revista de Derecho Público* N° 53–54, EJV, Caracas, 1993, p. 365.

449   Véase sentencias de la antigua Corte Suprema de Justicia, Sala Político Administrativa de 14–8–91 *Revista de Derecho Público* N° 47, EJV, Caracas, 1991, p. 174; de 3–10–91 y de 5–12–91, *Revista de Derecho Público* N° 48, EJV, Caracas, 1991, pp. 164 y 167 de 11–3–93, *Revista de Derecho Público,* N° 53–54, EJV, Caracas, 1993, p. 351; y sentencia de la Corte Primera de lo Contencioso Administrativo de 3–12–91, *Revista de Derecho Público,* N° 48, EJV, Caracas, 1991, p. 166.

450   Véase sentencia de la Corte Primera de lo Contencioso Administrativo de 20–6–91, *Revista de Derecho Público* N° 46, EJV, Caracas, 1991, p. 156.

451   Véase sentencia de la Corte Primera de lo Contencioso Administrativo de 27–9–93, en *Revista de Derecho Público,* N° 55–56, EJV, Caracas, 1993, p. 475.

452   Véase sentencia de 13–12–90, en *Revista de Derecho Público,* N° 45, EJV, Caracas, 1991, p. 149.

453   Sentencias de la Corte Primera de lo Contencioso Administrativo de 21–2–91, en *Revista de Derecho Público,* N° 45, EJV, Caracas, 1991 pp. 146–147; y de 5–11–92, en *Revista de Derecho Público,* N° 52, EJV, Caracas, 1992, p. 187.

454   Véase sentencia antigua Corte Suprema de Justicia, Sala Político Administrativa de 13–7–92, *Revista de Derecho Público,* N° 51, EJV, Caracas, 1992, pp. 215–216.

En todo caso, como se dijo, la Corte Primera precisó en sentencia de 18 de junio de 1991 que el hecho de que el ahora artículo 21, párrafo 22 de la Ley Orgánica del Tribunal Supremo de Justicia (artículo 136 de la derogada Ley Orgánica de la Corte Suprema de Justicia) prevea la medida de suspensión de efectos del acto administrativo, no es suficiente para la protección constitucional[455], pues conforme a esa norma, la suspensión sólo opera por previsión expresa de la Ley o cuando sea imprescindible para impedir daños irreparables o de difícil reparación. En el caso de la suspensión de efectos conforme a la Ley Orgánica de Amparo, ella no requiere de la demostración del daño, bastando la presunción grave de la violación. Además, agregó la antigua Corte en la citada sentencia de 18 de junio de 1991 que "dada su naturaleza, no se limita al simple levantamiento de la eficacia del acto sino que tiene un efecto más complejo y variado, por cuanto puede detener la realización de ciertas conductas e impedir que las mismas se consoliden"[456].

De acuerdo con esta doctrina, la Corte Suprema ha reconocido que el juez contencioso administrativo, cuando conoce de una pretensión de amparo formulada conjuntamente con un recurso contencioso administrativo, tiene los más amplios poderes cautelares, señalando:

> "En caso, pues, de que el juez de amparo considere que existen motivos para prever que se están dando o puedan producirse lesiones a derechos o garantías de rango constitucional, dispone –mientras se produce decisión del juicio principal– de las más amplias facultades para salvaguardarlos o protegerlos, ya sea suspendiendo los efectos del acto impugnado, ordenando la realización o el cese de una actuación o cualquier otra medida legalmente consagrada que considere acorde con y adecuada a la protección constitucional en el caso concreto."[457]

Ahora bien, a pesar de estos poderes cautelares, en ciertas decisiones la antigua Corte Suprema fue cautelosa en acordar la suspensión de efectos de actos negativos o denegatorios impugnados en vía contencioso–administrativa con pretensión de amparo, pues ello supuestamente convertía al juez contencioso administrativo "no en reparador de los daños que el acto genera, sino en otorgante en sede jurisdiccional y con carácter previo, de la pretensión ante la Administración, lo cual convertiría la

---

455   Véase también sentencia de la Corte Primera de lo Contencioso Administrativo de 21–7–92, *Revista de Derecho Público,* N° 51, EJV, Caracas, 1992, p. 212.

456   Véase en *Revista de Derecho Público,* N° 46, EJV, Caracas, 1991, p. 158.

457   Véase sentencia de 19–11–92, *Revista de Derecho Público,* N° 52, EJV, Caracas, 1992, p. 227.

decisión del juez de amparo en constitutiva del derecho, que no en reparadora de la lesión aducida"[458].

Por otra parte, debe señalarse que el carácter accesorio y cautelar de la decisión que se adopte en cuanto a la petición de amparo, la hace esencialmente temporal, sometida al pronunciamiento final que se emita en el juicio principal[459]. Las medidas cautelares, que tienen por finalidad evitar que se produzcan violaciones de derechos constitucionales mientras se tramita el juicio principal, permiten al juez hacer pleno uso de sus poderes de ejecución del mandamiento dictado[460].

Por último debe señalarse que por sentencia de 21 de mayo de 1996, la antigua Corte Suprema de Justicia en Corte Plena declaró la nulidad por inconstitucionalidad del artículo 22 de la Ley Orgánica de Amparo por violación al derecho a la defensa consagrado en la Constitución. A pesar de que el artículo 5° de la Ley Orgánica que regula el ejercicio conjunto de la pretensión de amparo con el recurso de nulidad hace referencia al artículo 22 de la Ley Orgánica, la anulación de este no varía en absoluto el carácter cautelar del amparo en esos casos de ejercicio conjunto, tal y como la Corte lo indicó expresamente en la sentencia.[461]

4. *La formulación de la pretensión de amparo con otros medios judiciales*

Por último, la pretensión de amparo también puede formularse conjuntamente con otros medios procesales o acciones ordinarias conforme al ordinal 5° del artículo 6 de la Ley Orgánica, que establece, al regular como causal de inadmisibilidad de la acción de amparo, cuando el agraviado haya optado por recurrir a las vías judiciales ordinarias o hecho uso de los medios judiciales preexistentes; que se puede, con ellos, alegar la violación o amenaza de violación de un derecho o garantía constitucional, y en tal caso "el Juez deberá acogerse al procedimiento y a los lapsos

---

458   Sentencia de la Sala Político–Administrativa de 4–12–91, en *Revista de Derecho Público*, n° 48, EJV, Caracas, 1991, pp. 167–168. Criterio ratificado en sentencia de la Corte Primera de lo Contencioso Administrativo de 14–1–92, *Revista de Derecho Público* N° 49, EJV, Caracas, 1992, p. 147.

459   Véase sentencia de la Corte Primera de lo Contencioso Administrativo de 29–7–93 *Revista de Derecho Público* N° 55–56, EJV, Caracas, 1993, p. 47.

460   Véase antigua Corte Suprema de Justicia, Sala Político Administrativa, sentencias de 22–11–90 y 2–6–93, en *Revista de Derecho Público*, N° 53–54, EJV, Caracas, 1993, p. 369.

461   Véase en *Gaceta Oficial Extra* N° 5071 de 29-5-96.

establecidos en los artículos 23, 24 y 26 de la presente ley, a fin de ordenar la suspensión provisional de los efectos del acto cuestionado".

De acuerdo con la doctrina de la antigua Corte Suprema, establecida en el caso *Tarjetas Banvenez* (10 de julio de 1991), en estos casos, el amparo formulado como pretensión junto con una acción ordinaria o en el curso del proceso derivado de la misma, tampoco tiene carácter de acción principal sino subordinada, accesoria a la acción o recurso al cual se acumuló, sometida por tanto al pronunciamiento jurisdiccional final que se emita en la acción acumulada; teniendo además, un destino temporal y provisorio, dado sus efectos cautelares (no restablecedores) suspensivos de la ejecución de un acto, mientras dure el juicio para evitar que una sentencia a favor del accionante se haga inútil en su ejecución[462].

Esta acumulación puede formularse de dos maneras, con la acción principal o en el curso de un proceso, con un recurso o como planteamiento. Este último supuesto, en algunos casos se ha denominado como "amparo sobrevenido", pero que, sin embargo, no agota la previsión del artículo 6, ordinal 5° de la Ley Orgánica.

En efecto, en primer lugar, y ello fue la intención del legislador al prever este amparo acumulado, con cualquier demanda puede formularse una pretensión de amparo alegándose violación o amenaza de violación de un derecho o garantía constitucionales. En estos casos no puede hablarse de amparo "sobrevenido", pues la pretensión de amparo se formula iniciándose el proceso con la acción principal.

Pero en segundo lugar, en el curso de un proceso ya iniciado puede formularse una pretensión de amparo alegándose una violación "sobrevenida", de algún derecho constitucional, lo que incluso puede ocurrir al interponerse una apelación o al formularse un recurso de casación. Este es uno de los supuestos del amparo acumulado a las acciones judiciales ordinarias, y no el único supuesto[463]. En tal sentido, la doctrina jurispru-

---

462   Véase sentencia de la antigua Corte Suprema de Justicia, Sala Político Administrativa de 3–8–89, *Revista de Derecho Público*, N° 39, EJV, Caracas, 1989, p. 136.

463   Véase sentencia de la antigua Corte Suprema de Justicia de 18–11–93 (Caso: *Gustavo J. Ruiz*), Véase en *Revista de Derecho Público,* N° 55–56, EJV, Caracas, 1993, pp. 300 y 301. En el mismo sentido se ha pronunciado la Corte Primera de lo Contencioso Administrativo al referirse al ordinal 5° del artículo 6 de la Ley Orgánica de Amparo al indicar que "tal alternativa sólo sería procedente ante un hecho acaecido *con posterioridad* al comienzo o uso de las vías judiciales ordinarias o preexistentes y vinculado a su objeto; constituye tal posibilidad lo que se denominaría el amparo por hecho sobrevenido" en FUNEDA, *15 años de Jurisprudencia, op. cit.,* p. 232.

dencial en la materia fue sentada en la sentencia de la Sala de Casación Civil de la antigua Corte Suprema de 9 de octubre de 1997 (Caso: *José Avelino Gómez*), en la cual la Sala, fijando "el verdadero alcance" del precepto contenido en el ordinal 5° del artículo 6° de la Ley Orgánica de Amparo resolvió así:

> "En primer lugar, ha de precisarse que la causal de inadmisibilidad de la acción autónoma de amparo prevista en el ordinal 5° del artículo 6° citado, opera en los casos en que -como la misma norma lo expresa- el agraviado haya optado por acudir a las vías ordinarias o hecho uso de los medios judiciales preexistentes, *pues en tal hipótesis el afectado puede solicitar y obtener protección inmediata del juez que ha de conocer del recurso ordinario o del medio judicial preexistente, mediante la suspensión provisional de los efectos del acto o decisión reputado contrario a la Constitución....*
>
> Ello, desde luego, permite afirmar que el amparo asume en este supuesto un rol cautelar que convierte el procedimiento judicial ordinario en una vía eficaz para el restablecimiento definitivo de la situación jurídica que le ha sido infringida al pretensor, por lo cual nada impide que esta acción pueda proponerse conjuntamente con el mecanismo procesal previsto por la ley para resolver el asunto (ejemplo: recurso de hecho contra negativa de oír apelación), e, incluso, después de interpuesto aquél (caso de apelación oída en un solo efecto), porque el amparo sólo persigue la suspensión de los efectos del acto cuestionado, como medida de protección provisional del derecho que se alega violado o amenazado, mientras se juzga en forma definitiva sobre el acto recurrido; pero en todos los casos será condición necesaria para su procedencia la demostración del riesgo de irreparabilidad de la violación constitucional, por la sentencia de fondo. La decisión que en este sentido se dicte será revisable, bien por apelación o por consulta, de conformidad con las previsiones del artículo 35 de la Ley Orgánica de Amparo sobre Derechos y Garantías Constitucionales."[464]

Esto fue precisado además, en otra sentencia de la Sala de Casación de la antigua Corte Suprema de 2 de abril de 1997 (Caso: *Andrea María Vaga*), en la cual resolvió:

> "[...] que la acción de amparo propuesta conjuntamente con una de otro tipo participa de todos los caracteres procesales inherentes a la acumulación de acciones, esto es: que ha de ser resuelta por un solo juez (el mismo que sea competente para conocer de la acción principal), y que ambas pretensiones (la de amparo y la de nulidad u otra) deben ser tramitadas en un solo proceso que tiene dos etapas: la del amparo, previa, y la contenciosa, la cual forzosamente cubre, en la decisión final, tanto la medida cautelar que inevitablemente perece en esa oportunidad, como el pronunciamiento judicial

---

464 Consultada en original.

acerca de la nulidad solicitada. En otras palabras, si por las características analizadas el mandamiento de amparo se traduce única y exclusivamente en la suspensión provisional del acto recurrido en nulidad, la sentencia que decida ésta deja sin efecto aquella medida cautelar dictada en forma previa, tanto si el acto cuestionado es anulado como si es confirmado, porque, en uno u otro caso, carece ya de sustentación jurídica".

A tal efecto, concluyó la Sala señalando que "la admisibilidad de este medio de protección constitucional debe estar al cumplimiento de los siguientes requisitos":

"a) Deberá coexistir con otros medios procesales; b) Puesto que el amparo tiene propósitos cautelares, esto es, la suspensión temporal de los efectos del acto cuestionado mientras se decide sobre la legitimidad de aquél, su interposición ha de verificarse por ante el Tribunal al que corresponda conocer del medio procesal ejercido con tales fines; c) La solicitud deberá fundamentarse en la violación directa de un derecho o garantía constitucional, o en la amenaza de que ella se produzca; y d) El agraviado deberá comprobar que la violación constitucional difícilmente podrá ser reparada por la sentencia que juzgue sobre la ilegitimidad del acto. Así se declara".

5. *El llamado "amparo incidental" y un caso específico de la formulación de la pretensión de amparo con otras vías procesales idóneas: la solicitud de nulidad absoluta de actuaciones procesales por violación de garantías constitucionales ("amparo penal")*

En muchos casos, la violación a derechos constitucionales no se produce mediante la sentencia que pone fin al proceso, sino mediante actuaciones que se desarrollan en el proceso, en cuyo caso también se admite la formulación de la pretensión de amparo ante el propio juez. Es lo que definió la Sala Constitucional, como la figura del "amparo incidental," en la sentencia N° 1 de 20 de enero de 2000 (Caso *Mata Millán*), estableciendo la siguiente doctrina jurisprudencial:

"Cuando las violaciones a derechos y garantías constitucionales surgen en el curso de un proceso debido a actuaciones de las partes, de terceros, de auxiliares de justicia o de funcionarios judiciales diferentes a los jueces, el amparo podrá interponerse ante el juez que esté conociendo la causa, quien lo sustanciará y decidirá en cuaderno separado.

Con esta posibilidad, se hace evidente la necesidad de mantener esta importante manifestación del amparo constitucional debido a la ventaja de ser dictada dentro del mismo proceso en el cual se produce la lesión o amenaza de lesión de derechos constitucionales, manteniéndose así el principio de la unidad del proceso, al no tener que abrirse causas procesales distintas -con los retardos naturales que se producirían- para verificar si efectivamente se ha producido la violación denunciada. Igualmente, se lograría la inmediación del juez con la causa que se le somete a conocimiento, la cual no sólo incidiría positivamente en la decisión del amparo interpuesto, sino que también pudiera aportar elementos de juicio necesarios para tomar medidas, bien sean cautelares o definitivas, en la causa principal y en el propio amparo." [465]

Un ejemplo específico de este amparo incidental es la formulación de la pretensión de amparo junto con la solicitud de nulidad absoluta de actuaciones procesales particularmente cometidas por el Ministerio Público, previstas en el artículo 191 del Código Orgánico Procesal Penal (COPP), que puede formularse en el proceso procesal penal, ante el mismo juez de la causa, en caso de violaciones a derechos y garantías constitucionales, y cuyo objeto es depurar el proceso penal generalmente antes de que pase a la fase de juicio.

En efecto, en el proceso penal, en el marco constitucional de protección de derechos y garantías constitucionales, el COPP le atribuye a los jueces de control la obligación de "hacer respetar las garantías procesales" (art. 64); a los jueces de la fase preliminar, la obligación de "controlar el cumplimiento de los principios y garantías establecidos en este Código, en la Constitución de la República, tratados, convenios o acuerdos internacionales suscritos por la República" (Art. 282); y también en general, a los jueces de control, durante las fases preparatoria e intermedia, "la obligación de "respetar las garantías procesales" (art. 531).

Ahora bien, a los efectos de lograr el ejercicio del control judicial efectivo respecto de la observancia de los derechos y garantías constitucionales, el COPP estableció lo que la jurisprudencia del Tribunal Supremo de Justicia ha denominado como un "amparo penal" que es la solicitud o recurso de nulidad absoluta de actuaciones procesales,[466] que se encuentra regulada en el Capítulo II ("De las nulidades") del Título VI ("De los Actos Procesales y las Nulidades"), y que se puede formular por cualquiera de las partes respecto de los actos y actuaciones fiscales y judiciales que puedan haber *violado los derechos y garantías constitucionales*; se puede formular en cualquier estado y grado del proceso siempre que sea antes de dictarse sentencia definitiva; y el juez está obligado a decidirla de inmediato, es decir, perentoriamente, en el lapso de tres días

465 *Revista de Derecho Público,* N° 81, Editorial Jurídica Venezolana, Caracas, 2000, pp. 225-229.

466 Véase por ejemplo, Sentencia N° 1453 de la Sala Constitucional de 10-08-2001, Caso *Pedro Emanuel Da Rocha Almeida, y* otros. Véase en http://www.tsj.gov.ve/decisio-nes/scon/Agosto/1453-100801-01-0458.htm

siguientes como lo dispone el artículo 177 del Código Orgánico, sin que se establezca oportunidad preclusiva única para ser decidido.[467]

Para caracterizar este "amparo penal," el artículo 190 del COPP establece el principio general de que "los actos cumplidos en contravención o con inobservancia de las formas y condiciones previstas en este Código, la Constitución de la República, las leyes, tratados, convenios y acuerdos internacionales suscritos por la República" cuando estén viciados de nulidad absoluta, en ningún caso pueden ser apreciados "para fundar una decisión judicial, ni utilizados como presupuestos de ella;" considerándose como "nulidades absolutas" en el artículo 191, precisamente aquellas "que impliquen *inobservancia o violación de derechos y garantías fundamentales previstos en este Código, la Constitución de la República, las leyes y los tratados, convenios o acuerdos internacionales suscritos por la República.*" Los actos o actuaciones viciadas de nulidad absoluta no pueden siquiera ser saneados (art. 193), ni pueden ser convalidados (art. 194), siendo no sólo una potestad sino una obligación del juez penal, conforme al artículo 195 ("el juez deberá"), el "declarar su nulidad por auto razonado o señalará expresamente la nulidad en la resolución respectiva, de oficio o a petición de parte."

Dejando aparte la actuación de oficio, el COPP consagra en estas normas una solicitud o recurso formal en cabeza de las partes en el proceso penal para requerir del juez penal ("a petición de parte"), que cumpla con su obligación de declarar la nulidad absoluta de las actuaciones fiscales o judiciales que sean violatorias de los "derechos y garantías fundamentales previstos en este Código, la Constitución de la República, las leyes y los tratados, convenios o acuerdos internacionales suscritos por la República," que el propio COPP declara como viciadas de nulidad absoluta, y por tanto, no subsanables ni convalidables. Por ello, precisa el COPPP que "tal declaratoria" no procede "por defectos insustanciales en la forma," por lo que sólo pueden "anularse las actuaciones fiscales o diligencias judiciales del procedimiento que ocasionaren a los intervinientes un perjuicio reparable únicamente con la declaratoria de nulidad" (art. 195).

---

467 Sentencia n° 205 de la Sala de Casación Penal del Tribunal Supremo de 14-05-2009. *Manuel Antonio Sánchez Guerrero y otros).* http://www.tsj.gov.ve/decisiones/scp/Mayo/205-14509-2009-C09-121.html. y sentencia de la Sala Constitucional del Tribunal Supremo en sentencia N° 2061 (Caso: *Edgar Brito Guedes*), de 05-11-2007. Véase en http://www.tsj.gov.ve/deci-siones/scon/Noviembre/2061-051107-07-1322.htm

Sobre esta solicitud o "recurso de nulidad," además, la Sala Constitucional del Tribunal Supremo, también ha precisado que en el actual proceso penal, "ha sido considerada como una verdadera sanción procesal -la cual puede ser declarada de oficio o a instancia de parte- dirigida a privar de efectos jurídicos a todo acto procesal que se celebra en violación del ordenamiento jurídico-constitucional," señalando que "la referida sanción conlleva suprimir los efectos legales del acto írrito."[468] Por su parte, también sobre este "recurso de nulidad," la Sala de Casación Penal del Tribunal Supremo, en sentencia de N° 3 de fecha 11 de enero de 2002,[469] fijó sus características destacando la estrecha vinculación entre el artículo 190 del Código Orgánico Procesal Penal y el artículo 48.8 de la Constitución "donde se advierte la posibilidad de solicitar del Estado el restablecimiento o reparación de la situación viciada por error judicial, retardo u omisión justificada. Lo cual significa que aquellos actos de fuerza, usurpación, así como los ejercidos en franca contrariedad a la ley, acarrean ineficacia, nulidad de lo actuado y responsabilidad individual del funcionario." La Sala explicó así, en sentencia N° 3 de fecha 11 de enero de 2002, que este "principio de nulidad" forma parte "de las reglas mínimas que sustentan el debido proceso," y está fundamentado en la existencia de las nulidades absolutas, no convalidables (absolutas), "las cuales son denunciables en cualquier estado y grado del proceso, pues afectan la relación jurídica procesal," y como tales "tanto las partes y el Juez deben producir la denuncia de la falta cometida a objeto de imponer el correctivo." En estos casos, ha dicho la Sala, el COPP regula las nulidades absolutas por violaciones constitucionales "de manera abierta, sólo atendiendo a la infracción de garantías constitucionales y aquellas que se encontraren planteadas por la normativa internacional de los derechos humanos, en cuyo caso se debe proceder a la nulidad de los actos procesales;" razón por la cual "la nulidad bajo éste régimen abierto que contempla el Código Orgánico Procesal Penal puede ser planteada a instancia de partes o aplicadas de oficio en cualquier etapa o grado del proceso por quien conozca de la causa."[470]

---

468 Sentencia N° 880 del Tribunal Supremo de Justicia en Sala Constitucional del 29-02-2001, Caso *William Alfonso Ascanio*. Véase en http://www.tsj.gov.ve/decisiones/scon/Mayo/880-290501-01-0756%20.htm .En igual sentido la sentencia de la Sala de Casación Penal del Tribunal Supremo de Justicia en sentencia N° 32 de 10-02-2011 (Caso: *Juan Efraín Chacón*). Véase en http://www.tsj.gov.ve/decisiones/scp/Febrero/032-10211-2011-N10-189.html

469 Véase Caso: *Edwin Exequiel Acosta Rubio y otros*, en http://www.tsj.gov.ve/decisiones/scp/Enero/003-110102-010578.htm

470 *Idem*

Por otra parte, el COPP establece además, en su artículo 195 que "el auto que acuerde la nulidad" en los casos de nulidad absoluta, debe ser un auto razonado en el cual se señale "expresamente la nulidad en la resolución respectiva," y en el mismo, se debe "individualizar plenamente el acto viciado u omitido," y se debe determinar "concreta y específicamente, cuáles son los actos anteriores o contemporáneos a los que la nulidad se extiende por su conexión con el acto anulado," así como "cuáles derechos y garantías del interesado afecta, cómo los afecta." El COPP, igualmente regula los efectos del auto judicial mediante el cual se decida el "recurso de nulidad," indicando que "la nulidad de un acto, cuando fuere declarada, conlleva la de los actos consecutivos que del mismo emanaren o dependieren." Además, precisa el COPP que "la declaración de nulidad no podrá retrotraer el proceso a etapas anteriores, con grave perjuicio para el imputado, salvo cuando la nulidad se funde en la violación de una garantía establecida en su favor" (art. 196).

En consecuencia, la decisión del juez a los efectos de declarar la nulidad de actos fiscales o judiciales violatorios de derechos y garantías constitucionales, de acuerdo con lo dispuesto en los artículos 190 a 196 del COPP, puede ser adoptada en todo estado y grado del proceso, cuando la denuncia de nulidad se formule, en el lapso general de tres (3) días siguientes a la formulación de la petición conforme al artículo 177 del Código Orgánico Procesal Penal, y la misma no está restringida legalmente a que sólo pueda ser dictada exclusivamente en alguna oportunidad procesal precisa y determinada, como sería por ejemplo, en la audiencia preliminar. Y no podría ser así, pues como se ha dicho, la petición de nulidad se puede intentar en cualquier etapa y grado del proceso. Ello lo ha confirmado la Casación Penal del Tribunal Supremo de Justicia en sentencia N° 32 de 10 de febrero de 2011,[471] al señalar que la única exigencia en cuando a la solicitud de nulidad absoluta es que su *pedimento se debe formular "con anterioridad al pronunciamiento de la decisión definitiva;"* y la Sala Constitucional del Tribunal Supremo en sentencia N° 201 del 19 de febrero de 2004 al señalar también que *el recurso de nulidad se admite únicamente para que sea decidido por "el sentenciador antes de dictar el fallo definitivo; y, por lo tanto, con la decisión judicial precluye la oportunidad para solicitar una declaratoria de tal*

---

471 Véase sentencia de la Sala de Casación Penal del Tribunal Supremo de Justicia en sentencia N° 32 de 10 de febrero de 2011, Caso *Juan Efraín Chacón.* Véase en http://www.tsj.gov.ve/decisiones/scp/Febrero/032-10211-2011-N10-189.html

índole, pedimento que sería intempestivo... "(Negrillas de la Sala Penal)."[472]

De todo lo anteriormente expuesto, resulta, por tanto, que conforme al COPP, intentado un recurso de nulidad o amparo penal por violación de derechos y garantías constitucionales o de las consagradas en los tratados internacionales sobre derechos humanos, no se exige en forma alguna que el auto declarativo de nulidad absoluta de actuaciones fiscales o judiciales, sólo pueda dictarse en alguna audiencia judicial y menos en la audiencia preliminar. Al contrario, la decisión puede dictarse de oficio o a solicitud de parte en cualquier momento del proceso, pues la naturaleza constitucional de la violación denunciada y la nulidad absoluta que conlleva, obligan al juez a decidir cuando la misma se formule mediante un recurso de nulidad interpuesto por parte interesada, o cuando el propio juez la aprecie de oficio. Por tanto, conforme a los artículos 177 y 190 y siguientes del COPP, el juez no tiene que esperar una oportunidad procesal específica para adoptar su decisión, y está obligado a decidir de inmediato, perentoriamente, en el lapso de los tres (3) días siguientes que prescribe el artículo 177 del Código Orgánico y además, por la obligación que tiene de darle primacía a los derechos humanos.

Todo ello se confirmó en las sentencias de la Sala Constitucional del Tribunal Supremo de fecha 20 de julio de 2007[473] que cita la anterior sentencia N° 256/2002, (caso: *Juan Calvo y Bernardo Priwin*), en la cual se afirmó que "Para el proceso penal, el juez de control durante la fase preparatoria e intermedia hará respetar las garantías procesales, pero el Código Orgánico Procesal Penal no señala una oportunidad procesal para que se pida y se resuelvan las infracciones a tales garantías, lo que incluye las transgresiones constitucionales, sin que exista para el proceso penal una disposición semejante al artículo 10 del Código de Procedimiento Civil, ni remisión alguna a dicho Código por parte del Código Orgánico Procesal Penal." Por ello, la Sala consideró que la decisión la debe adoptar el juez dependiendo de *la etapa procesal en que se formule, de manera que si "se interpone en la fase intermedia, el juez puede resolverla bien antes de la audiencia preliminar o bien como resultado de dicha audiencia, variando de acuerdo a la lesión constitucional alegada,"* lo

---

472 Citada por la misma sentencia de Sala de Casación Penal del Tribunal Supremo de Justicia en sentencia N° 32 de 10-02-2011. Véase en http://www.tsj.gov.ve/decisiones/scp/Febrero/032-10211-2011-N10-189.html

473 Véase sentencia N° 1520 de la Sala Constitucional de 20-07-2007 (Caso Luis Alberto Martínez González). Véase en http://www.tsj.gov.ve/deci-siones/scon/Julio/1520-200707-07-0827.htm

que significa que si hay lesiones que infringen "en forma irreparable e inmediata la situación jurídica de una de las partes," el juez debe decidir a de inmediato, antes de la audiencia preliminar. Sólo si la *"nulidad coincide con el objeto de las cuestiones previas, la resolución de las mismas debe ser en la misma oportunidad de las cuestiones previas; es decir, en la audiencia preliminar"* (Negritas de este fallo)."[474]

Lo cierto es que en esta materia, como en todo lo que concierne al derecho de amparo, en caso de solicitudes de nulidad absoluta por violaciones de derechos y garantías constitucionales, el juez penal está en la obligación de darle preeminencia a los derechos humanos, y privilegiar la decisión sobre las denuncias de nulidades absolutas por violación de los derechos y garantías constitucionales, decidiendo de inmediato las solicitudes de nulidad fundados en dichas violaciones, sin dilaciones y con prevalencia sobre cualquier otro asunto. Ello, por lo demás, deriva de las previsiones de la propia Constitución, conforme a la doctrina sentada por las diversas Salas del Tribunal Supremo de Justicia, según la cual, en Estado Constitucional o Estado de Derecho y de Justicia, la dignidad humana y los derechos de la persona tienen una posición preferente, lo que implica la obligación del Estado y de todos sus órganos a respetarlos y garantizarlos como objetivo y finalidad primordial de su acción pública. Ello ha sido decidido así, por ejemplo, en sentencia No. 224 del 24 de febrero de 2000 de la Sala Política Administrativa del Tribunal Supremo de Justicia (Ponente: *Carlos Escarrá Malaver*), al afirmarse sobre "la preeminencia de la dignidad y los derechos humanos" constituyendo estos últimos, "el sistema de principios y valores que legitiman la Constitución," que garantizar "a existencia misma del Estado," y que "tienen un carácter y fuerza normativa, establecida expresamente en el artículo 7 de la Constitución," lo que "conlleva la sujeción y vinculatoriedad de todos los órganos que ejercen el Poder Público impregnando la vida del Estado (en sus aspectos jurídico, político, económico y social)." De acuerdo con la Sala, ese "núcleo material axiológico, recogido y desarrollado ampliamente por el Constituyente de 1999, dada su posición preferente, representa la base ideológico que sustenta el orden dogmático de la vigente Constitución, imponiéndose al ejercicio del Poder Público y estableciendo un sistema de garantías efectivo y confiable," de lo que concluyó la Sala afirmando que "todo Estado Constitucional o Estado de Derecho y de Justicia, lleva consigo la posición preferente de la dignidad humana y

---

474 Véase sentencia de la Sala Constitucional N° 256 (caso *Juan Calvo y Bernardo Priwin*) de 14-02-2002. Véase en http://www.tsj.gov.ve/decisiones/scon/Febrero/256-140202-01-2181%20.htm

de los derechos de la persona, la obligación del Estado y de todos sus órganos a respetarlos y garantizarlos como objetivo y finalidad primordial de su acción pública;" agregando que "la Constitución venezolana de 1999 consagra la preeminencia de los derechos de la persona como uno de los valores superiores de su ordenamiento jurídico y también refiere que su defensa y desarrollo son uno de los fines esenciales del Estado." De otra sentencia de la misma Sala Constitucional N° 3215 de 15 de junio de 2004, la Sala Constitucional concluyó señalando que en Venezuela, "la interpretación constitucional debe siempre hacerse conforme al principio de preeminencia de los derechos humanos, el cual, junto con los pactos internacionales suscritos y ratificados por Venezuela relativos a la materia, forma parte del bloque de la constitucionalidad."[475]

Precisamente por esta primacía y preeminencia de los derechos humanos, el juez penal, al conocer del recurso de nulidad, actúa como juez constitucional para controlar la constitucionalidad de las actuaciones fiscales y judiciales. Como lo ha dicho la Sala Constitucional del Tribunal Supremo, "El recurso de nulidad en materia adjetiva penal, se interpone cuando en un proceso penal, las partes observan que existen actos que contraríen las formas y condiciones previstas en dicho Código Adjetivo, la Constitución de la República Bolivariana de Venezuela, las leyes y los tratados, convenios o acuerdos internacionales, suscritos por la República, en donde el Juez Penal, una vez analizada la solicitud, o bien de oficio, procederá a decretar la nulidad absoluta o subsanará el acto objeto del recurso;"[476] concluyendo, en sentencia N° 256 de 14 de febrero de 2002 (Caso *Juan Calvo y Bernardo Priwin*) que "*la inconstitucionalidad de un acto procesal –por ejemplo- no requiere necesariamente de una [acción de] amparo, ni de un juicio especial para que se declare, ya que dentro del proceso donde ocurre, el juez, quien es a su vez un tutor de la Constitución, y por lo tanto en ese sentido es Juez Constitucional, puede declarar la nulidad pedida.*"[477] "Esto lo repitió la Sala Constitucional en sentencia N° 1520 de 20 de julio de 2007 al señalar:

---

475 Sentencia N° 3215 de la Sala Constitucional de 15 de junio de 2004 Interpretación del artículo 72 de la Constitución, en http://www.tsj.gov.ve/decisiones/scon/Junio/1173-150604-02-3215.htm

476 Sentencia N° 1453 del Tribunal Supremo de Justicia en Sala Constitucional del 10-08-2001, Expediente N° 01-0458, en *Jurisprudencia del Tribunal Supremo de Justicia, Oscar R. Pierre Tapia*, N° 8, Año II, Agosto 2001.

477 Sentencia N° 256 del Tribunal Supremo de Justicia en Sala Constitucional del 14/02/02, exp N° 01-2181, en http://www.tsj.gov.ve/decisiones/scon/Febrero/256-140202-01-2181%20.htm

"Por otra parte, en sentencia de esta Sala N° 256/2002, caso: *"Juan Calvo y Bernardo Priwin",* se indicó que las nulidades por motivos de inconstitucionalidad (como lo sería el desconocimiento de derechos de rango constitucional) que hayan de ser planteadas en los diferentes procesos judiciales, *no necesariamente deben ser presentadas a través de la vía del [la acción de] amparo constitucional,* pues en las respectivas leyes procesales existen las vías específicas e idóneas para la formulación de las mismas, y que en el caso del proceso penal dicha vía procesal está prevista en los artículos 190 y 191 *eiusdem.*"[478]

Todo lo anterior fue además objeto de una *interpretación vinculante* establecida por la Sala Constitucional conforme al artículo 335 de la Constitución en sentencia N° 221 de 4 de marzo de 2011,[479] "sobre el contenido y alcance de la naturaleza jurídica del instituto procesal de la nulidad," dictada en virtud del "empleo confuso que a menudo se observa por parte de los sujetos procesales en cuanto a la nulidad de los actos procesales cumplidos en contravención o con inobservancia de las formas y condiciones previstas en la ley." En dicha sentencia, la Sala Constitucional del Tribunal Supremo resolvió, citando su anterior sentencia N° 1228 de fecha 16 de junio de 2005, caso: *Radamés Arturo Graterol Arriechi",* que la solicitud de nulidad absoluta no está concebida por el legislador dentro del COPP "como un medio recursivo ordinario, toda vez que va dirigida fundamentalmente a *sanear los actos procesales cumplidos en contravención con la ley, durante las distintas fases del proceso* –artículos 190 al 196 del Código Orgánico Procesal Penal– y, por ello, es que el propio juez que se encuentre conociendo de la causa, debe declararla de oficio". Agregó la Sala para reforzar que el conocimiento de la solicitud de nulidad corresponde al juez de la causa, que "no desconoce el derecho de las partes de someter a la revisión de la alzada algún acto que se encuentre viciado de nulidad, pero, esto *solo es posible una vez que se dicte la decisión que resuelva la declaratoria con o sin lugar de la nulidad* que se solicitó, pues contra dicho pronunciamiento es que procede el recurso de apelación conforme lo establecido en el artículo 196 del Código Orgánico Procesal Penal."[480]

En definitiva, la petición de nulidad absoluta por violación de derechos y garantías judiciales, en el régimen del COOP es en sí misma una

478 Sentencia N° 1520 de 20-07-2007 en http://www.tsj.gov.ve/decisiones/scon/Julio/1520-200707-07-0827.htm

479 Caso: *Francisco Javier González Urbina y otros,* en http://www.tsj.gov.ve/decisiones/scon/Marzo/221-4311-2011-11-0098.html

480 Caso: *Francisco Javier González Urbina y otros,* en http://www.tsj.gov.ve/decisiones/scon/Marzo/221-4311-2011-11-0098.html

pretensión de amparo ("amparo penal"), especialísima en el campo penal, que el juez está obligado a decidir en el lapso brevísimo de tres días como lo exige el artículo 177 del COPP, sin necesidad de que las partes o el acusado estén presentes, estándole además al juez vedado el poder diferir la decisión del amparo constitucional o nulidad absoluta solicitada por violaciones constitucionales, para la oportunidad de celebración de la audiencia preliminar. Y si el juez lo hace, la Sala Constitucional ha considerado que ello constituye una violación indebida al debido proceso por parte del juez. Esta doctrina, en resumen, se ha ratificado en las siguientes sentencias:

1. La sentencia N° 2161 de 5 de septiembre de 2002 (Caso Gustavo Enrique Gómez Loaiza), en la cual la Sala Constitucional expresó que "De la regulación de la nulidad contenida en los artículos 190 al 196 del Código Orgánico Procesal Penal, se colige que los actos procesales pueden adolecer de defectos en su conformación, por lo que las partes pueden atacarlos lo más inmediatamente posible –mientras se realiza el acto o, dentro de los tres días después de realizado o veinticuatro horas después de conocerla, si era imposible advertirlos antes- de conformidad con lo dispuesto en los artículos 192 y 193 eiusdem, precisamente, mediante una solicitud escrita y un procedimiento, breve, expedito, donde incluso se pueden promover pruebas, sino fuere evidente la constatación de los defectos esenciales, a fin de dejar sin efecto alguna actuación por inobservancia e irregularidad formal en la conformación de misma, que afecte el orden constitucional, siendo ésta la hipótesis contemplada en el artículo 4 de la Ley Orgánica de Amparo sobre Derechos y Garantías Constitucionales, cuando prevé que podrá intentarse la acción de amparo si algún órgano jurisdiccional dicte u ordene una resolución, sentencia o acto que lesione un derecho fundamental; esto es, que con tal disposición se busca la nulidad de un acto procesal, pero ya como consecuencia jurídica de la infracción, configurándose entonces una nulidad declarada mediante el amparo como sanción procesal a la cual refiere la doctrina supra citada."[…] Observamos así, que la nulidad solicitada de manera auténtica puede tener la misma finalidad del amparo accionado con fundamento en el artículo 4 de la Ley Orgánica de Amparo sobre Derechos y Garantías Constitucionales, es decir para proteger la garantías, no sólo constitucionales, sino las previstas en los acuerdos y convenios internacionales…[481]

2. La sentencia N° 349 de 26 de febrero de 2002 (Caso *Miguel Ángel Pérez Hernández y otros*) en la cual la Sala Constitucional resolvió que: "La solicitud de nulidad es "un medio que, *además de preexistente, es indiscutiblemente idóneo para la actuación procesal, en favor de los intereses jurí-*

---

481 Véase en http://www.tsj.gov.ve/decisiones/scon/septiembre/2161-050902-01-0623.HTM

dicos cuya protección se pretende en esta causa; más eficaz, incluso, en términos temporales y de menor complejidad procesal que el mismo [acción de] *amparo*, habida cuenta de que la nulidad es decidida conforme a las sencillas reglas de los artículos 212 y 194 del Código Orgánico Procesal Penal."[482]

3. La sentencia N° 100 de 6 de febrero de 2003 (Caso *Leonardo Rodríguez Carabali*), en la cual la Sala Constitucional sostuvo que en el caso "el accionante contaba con un *medio procesal preexistente, tanto o más idóneo, expedito, abreviado y desembarazado que la misma acción de amparo, como era, conforme al artículo 212 del antedicho Código, la solicitud de nulidad* de la misma decisión contra la cual ha ejercido la presente acción tutelar; pretensión esta que *debía ser decidida, incluso, como una cuestión de mero derecho, mediante auto que debía ser dictado dentro del lapso de tres días que establecía el artículo 194 (ahora, 177) de la ley adjetiva*; vale decir, en términos temporales, *esta incidencia de nulidad absoluta tendría que haber en un lapso ostensiblemente menor que el que prevé la ley, en relación con el procedimiento de amparo...*"[483]

De todo lo anterior resulta, precisamente, que en materia penal, la solicitud de nulidad absoluta prevista en los artículos 190 y siguientes del COPP, es la vía procesal idónea para formular en el propio proceso penal la pretensión de amparo por violación de los derechos y garantías constitucionales, como "amparo incidental" a los efectos de poder enervar las lesiones constitucionales aducidas. Dicha pretensión de amparo formulada como solicitud de nulidad absoluta, contra vicios no subsanable, acorde con la inmediatez que requiere la protección constitucional, debe ser obligatoriamente decidida en el lapso breve de tres días previsto en el artículo 177 del COPP, como se ha dicho, sin que le sea permitido al juez diferir la decisión a la audiencia preliminar. Lo importante de la obligación del juez de decidir perentoriamente y depurar el proceso de inconstitucionalidades, es que si no lo hace, no sólo no puede convocar la audiencia preliminar, sino que el juicio quedaría paralizado, sin que exista remedio efectivo contra la inacción para lograr la decisión de nulidad. En estos casos, la posible acción de amparo que pudiera pensarse en intentar contra la inacción o abstención del juez de la causa, lo que podría conducir es a una orden del juez superior para que el juez omiso inferior decida sobre la nulidad absoluta, y nada más; lo que sería totalmente ineficaz para la protección constitucional solicitada que sólo se podría satisfacer con la decisión sobre dicha nulidad o amparo solicitada. Esta inacción u omisión del juez de decidir, por otra parte podría conducir a la aplicación

---

482 Véase http://www.tsj.gov.ve/decisiones/scon/febrero/349-260202-01-0696.HTM

483 Véase http://www.tsj.gov.ve/decisiones/scon/febrero/100-060203-01-1908.HTM

de sanciones disciplinarias contra el juez omiso, incluyendo su destitución, pero de nuevo, ello sería ineficaz para la resolución del tema de fondo que es la petición de nulidad o amparo constitucional y saneamiento del proceso.

Como resulta de todo lo antes analizado, estando concebido el amparo en la Constitución de 1999 como un derecho fundamental de toda persona a ser amparada por los tribunales en sus derechos y garantías constitucionales, contra cualquier forma de lesión o amenaza de lesión de los mismos, dicho derecho no sólo puede ejercerse mediante el ejercicio de una acción de amparo, sino mediante la formulación de una pretensión de amparo conjuntamente con otras vías procesales previstas en el ordenamiento jurídico que sean idóneas para enervar la lesión constitucional.

X. SOBRE LAS CONDICIONES DE ADMISIBILIDAD DE LA ACCIÓN DE AMPARO EN LA LEY ORGÁNICA

La acción de amparo, como todas las acciones judiciales, se encuentra sometida a una serie de condiciones de admisibilidad, en este caso establecidas en la Ley Orgánica de Amparo, particularmente en su artículo 6, muchas de las cuales derivan de las condiciones que deben reunir los daños o amenazas agraviantes, como antes se ha estudiado en una análisis comparativo.

Sin embargo, ahora nos concentraremos en el régimen en Venezuela, no sin antes advertir que las causales de inadmisibilidad establecidas en el artículo 6 de la no son las únicas, pues de otra serie de normas de la Ley Orgánica se derivan otras causales de inadmisibilidad, como las que se refieren al carácter de la violación constitucional y que conduce a la inadmisibilidad cuando se fundamenta la acción en sólo violaciones de carácter legal. Además, la acción de amparo, por su carácter personalísimo, está sometida a determinadas condiciones de admisibilidad relativas al carácter del agraviado (legitimación activa) y del agraviante (legitimación pasiva).

Pero además, la acción de amparo también está sometida a las causales de inadmisibilidad establecidas en el Código de Procedimiento Civil, en virtud de la aplicación supletoria de sus normas al proceso de la acción de amparo, conforme lo establece el artículo 48 de la Ley Orgánica.

1. *La legitimación activa*

La acción de amparo ha tenido fundamentalmente un carácter personalísimo, de manera que el legitimado activo sólo puede ser el agraviado en sus derechos o garantías constitucionales por un hecho, acto u omisión realizado por un *agraviante* preciso. Sin embargo, dada la garantía de la tutela efectiva de los derechos colectivos y difusos establecida en el artículo 26 de la Constitución, la legitimación activa se ha ampliado de manera de proteger esos derechos.

A. *La condición de agraviado*

La acción de amparo tiene en principio un carácter personal, en el sentido de que sólo puede ser intentada por el agraviado, es decir, por la persona que se vea lesionada o amenazada de lesión a su propio derecho constitucional[484]. En consecuencia, nadie puede hacer valer en el proceso de amparo, en nombre propio, un derecho ajeno[485]. Tal como lo señaló la antigua Corte Suprema de Justicia en Sala Político Administrativa, el carácter eminentemente personal del amparo constitucional exige para su admisibilidad:

> "Un interés calificado en quién pretenda la restitución o restablecimiento del derecho o garantía que considere vulnerados, es decir, que la lesión le esté dirigida, y en definitiva, que sus efectos repercutan sobre él en forma directa e indiscutida, lesionando su ámbito de derechos subjetivos que la Carta Magna le confiere. Es únicamente, pues, la persona que se encuentra lesionada en forma directa y especial en sus derechos subjetivos fundamentales, por un acto, hecho u omisión determinados, quien puede acudir a los órganos judiciales competentes para que, mediante un proceso breve y sumario, el juez acuerde inmediatamente el total restablecimiento de la situación jurídica subjetiva infringida"[486].

La acción de amparo, por tanto, es una acción subjetiva[487] para cuya interposición se requiere un interés personal, legítimo y directo del accionante[488], incluso cuando se formula conjuntamente con una acción popu-

---

484 Véase sentencia de la antigua Corte Suprema de Justicia, Sala Político Administrativa de 18–6–92, *Revista de Derecho Público* N° 50, EJV, Caracas, 1992, p. 135 y de 13–8–92, *Revista de Derecho Público,* N° 51, EJV, Caracas, 1992 p. 160.

485 Véase sentencia de la antigua Corte Suprema de Justicia, Sala Político Administrativa de 14–2–90, *Revista de Derecho Público,* N° 41, EJV, Caracas, 1990, p. 101.

486 Véase sentencia de la antigua Corte Suprema de Justicia, Sala Político Administrativa de 27–8–93 (Caso: *Kenet E. Leal*), *Revista de Derecho Público,* N° 55–56, EJV, Caracas, 1993, p 322.

487 Véase sentencia de la Corte Primera de lo Contencioso Administrativa de 18–11–93, *Revista de Derecho Público,* N° 55–56, EJV, Caracas, 1993, pp. 325–327.

488 Véase sentencias de la antigua Corte Suprema de Justicia, Sala Político Administrativa de 22–10–90 y 22–10–92, *Revista de Derecho Público,* N° 52, EJV, Caracas, 1992, p. 140 y de 18–11–93, *Revista de Derecho Público,* N° 55–56, EJV, Caracas, 1993, p. 327.

lar.[489] Por ello, la acción de amparo sólo puede intentarse por el propio agraviado quien es el que tiene la legitimación activa o por su apoderado legítimamente constituido[490].

De acuerdo con la ley, la condición de agraviado para el ejercicio de la acción de amparo la puede tener cualquier "habitante de la República" en el sentido de cualquier persona que se encuentre en el territorio nacional, sea venezolano o no[491]; incluso, una persona no domiciliada ni residenciada en el país, que se encuentre en él de tránsito[492].

Incluso, podría admitirse la acción de amparo intentada por una persona que no se encuentre en territorio venezolano, siempre y cuando sus derechos o garantías constitucionales hayan sido directamente lesionados o amenazados de violación por cualquier acto, hecho u omisión que "se haya realizado, emitido o producido en la República"[493].

En este sentido la antigua Corte Suprema de Justicia en sentencia de 27 de agosto de 1993 resolvió lo siguiente:

"Considera la Sala, en relación con el señalamiento anterior (el accionante en amparo debe ser habitante de la República), que el amparo tiene una amplia consagración constitucional, conforme a la cual abarca los derechos y garantías susceptibles de protección mediante esta vía; la diversidad de actos, hechos o omisiones que puedan ser objeto de la acción, y la naturaleza de las personas y de los entes contra quien puede ser ejecutada, tal como ha sido sostenida reiteradamente por nuestra jurisprudencia. Debe, por tanto, se interpretado en forma tal que, conforme a la expresión "toda persona natural habitante de la República" –empleada en el artículo 1 de la Ley Orgánica respectiva– al referirse ésta a las personas habilitadas para solicitar ante los tribunales competentes el amparo previsto en el artículo 49

489   Véase sentencia de la Sala Constitucional N° 1424 de 30–6–2005 (Caso: *Impugnación del numeral 23 del artículo 6 de la Ley Orgánica del Tribunal Supremo de Justicia*), en *Revista de Derecho Público,* N° 102, EJV, Caracas, 2005, p. 156.

490   Véase sentencia de la Corte Primera de lo Contencioso Administrativo de 21–8–92, *Revista de Derecho Público,* N° 51, EJV, Caracas, 1992, p. 161.

491   Véase sentencia de la antigua Corte Suprema de Justicia, Sala Político Administrativa de 27–10–93 (Caso: *Ana Drossos*), *Revista de Derecho Público,* N° 55–56, EJV, Caracas, 1993, p. 282.

492   Véase sentencia de la antigua Corte Suprema de Justicia, Sala Político Administrativa de 29–9–93, *Revista de Derecho Público,* N° 55–56, EJV, Caracas, 1993, p. 317.

493   Véase sentencia de la antigua Corte Suprema de Justicia, Sala Político Administrativa de 27–8–93 (Caso: *Ana Drossos*), *cit.* en sentencia de la antigua Corte Suprema de Justicia, Sala Político Administrativa de 29–9–93, en *Revista de Derecho Público* no 55–56, EJV, Caracas, 1993, p. 317.

de la Carta Magna, puede acudir a él con éxito un no domiciliado ni residenciado en el país, sino sólo en tránsito, y aun quien no se encontrare en el territorio venezolano: Siempre, claro está, que se den también las condiciones para la admisibilidad y procedencia de la acción."

En esta forma, señaló la antigua Corte, la intención del Constituyente y la del legislador, al utilizar el término "habitante de la República" para referirse a la personas que pueden interponer la acción de amparo, "fue la de permitir que ésta sea ejercida por cualquier sujeto de derecho –sea cual fuere su condición social, nacionalidad o situación legal– siempre y cuando sus derechos o garantías constitucionales hayan sido directamente lesionados o amenazados de violación por cualquier acto, hecho u omisión que "se haya realizado, emitido o producido en la República"[494].

Los mismos criterios se deben aplicar a las personas morales titulares de derechos constitucionales, en el sentido de que pueden ejercer la acción las personas morales constituidas o domiciliadas en el país o que no estándolo, sus derechos constitucionales hayan sido lesionados por una actuación u omisión ocurrida en territorio venezolano.

En todo caso, la consecuencia del carácter personalísimo de la acción de amparo es que la misma sólo puede ejercerse por el agraviado o su representante legalmente constituido, por lo que quien se dice representar a otro debe acreditarlo. Ello se deriva de la previsión del artículo 13 de la Ley Orgánica de Amparo que precisa que la acción puede interponerse "por cualquier persona natural o jurídica, por representación o directamente".

Sobre la representación, en sentencia de 22 de septiembre de 1993 (Caso *Rafael A. Pineda*), la antigua Corte Suprema de la Sala Político Administrativa, interpretó la referencia en la norma en "la forma más amplia posible"[495], admitiéndose por ejemplo la actuación de "los órganos de representación corporativa".[496]

El agraviado, para intentar la acción de amparo, debe además estar asistido de abogado como lo exige el artículo 4° de la Ley de Aboga-

---

494 Véase en *Jurisprudencia Ramírez & Garay*, Tomo CXXVI, p. 667.

495 Véase sentencia de la antigua Corte Suprema de Justicia, Sala Político Administrativa de 22–9–93, *Revista de Derecho Público,* N° 55–56, EJV, Caracas, 1993, p. 356.

496 Véase sentencia de la antigua Corte Suprema de Justicia, Sala Político Administrativa de 30–10–90, *cit.*, por sentencia de la antigua Corte Suprema de Justicia, Sala Político Administrativa de 22–10-92, *Revista de Derecho Público,* N° 52, EJV, Caracas, 1992, p. 141.

dos[497]. La única excepción a la obligación de asistencia por abogado está prevista en la propia Ley Orgánica de Amparo, respecto al ejercicio de la acción de amparo a la libertad personal (*hábeas corpus*), que puede intentarse conforme al artículo 41 por el agraviado o por cualquier persona que gestione en favor de aquél, por escrito, verbalmente o por vía telegráfica, sin necesidad de asistencia de abogado.

B. *El amparo respecto de derechos colectivos y difusos*

Por otra parte, en virtud de reconocimiento constitucional (artículo 26)de la tutela judicial de los intereses difusos y colectivos, la Sala Constitucional del Tribunal Supremo ha admitido la posibilidad del ejercicio de la acción de amparo en protección de derechos colectivos y difusos, como el que tienen los electores en sus derechos políticos, e incluso ha acordado medidas cautelares con efectos *erga omnes* "tanto para las personas naturales y organizaciones que han solicitado la protección de amparo constitucional como para todos los electores en su conjunto"[498].

En cuanto a los intereses difusos, la Sala Constitucional del Tribunal Supremo ha considerado que "son aquellos que garantizan al conglomerado (ciudadanía) en forma general una aceptable calidad de la vida (condiciones básicas de existencia), [cuando] la calidad de la vida de toda la comunidad o sociedad en sus diversos aspectos se ve desmejorada, y surge en cada miembro de esa comunidad un interés en beneficio de él y de los otros componentes de la sociedad en que tal desmejora no suceda, y en que si ya ocurrió sea reparada"[499]. En cuanto a los derechos colectivos, son aquellos que surgen cuando la lesión se localiza concretamente en un grupo, determinable como tal, aunque no cuantificado o individualizado, como serían los habitantes de una zona del país afectados por una construcción ilegal que genera problemas de servicios públicos en la zona. Estos intereses colectivos, ha dicho la misma Sala Constitucional, están "referidos a un sector poblacional determinado (aunque no cuantificado) e identificable, aunque individualmente, dentro del conjunto de

---

497   Véase sentencias de la Corte Primera de lo Contencioso Administrativo de 18–11–93 (Caso: *Carlos G. Pérez*), *Revista de Derecho Público*, N° 55–56, EJV, Caracas, 1993, pp. 353–354; de 14–9–89, *Revista de Derecho Público* N° 40, EJV, Caracas, 1989, p. 105; y de 4–3–93 y 25–3–93, *Revista de Derecho Público*, N° 53–54, EJV, Caracas, 1993, p. 258.

498   Sentencia de la Sala Constitucional N° 483 de 29–05–2000, Caso: *"Queremos Elegir" y otros*, *Revista de Derecho Público*, N° 82, 2000, EJV, pp. 489–491. En igual sentido sentencia de la misma Sala N° 714 de 13–07–2000, Caso: *APRUM*.

499   Véase sentencia de la Sala Constitucional N° 656 de 05–06–2001, Caso: *Defensor del Pueblo vs. Comisión Legislativa Nacional*.

personas existe o puede existir un vínculo jurídico que los une entre ellos. Ese es el caso de las lesiones a grupos profesionales, a grupos de vecinos, a los gremios, a los habitantes de un área determinada, etc.[500].

La Sala Constitucional, por lo demás, ha interpretado el tema de la legitimación *ad procesum* prevista en el artículo 26 de la Constitución en forma amplia en cuanto al ejercicio de la acción de amparo extendida a la protección de derechos colectivos o difusos, señalando lo siguiente:

> "En consecuencia, cualquier persona procesalmente capaz que va a impedir el daño a la población o a sectores de ella a la cual pertenece, puede intentar una acción por intereses difusos o colectivos, y si ha sufrido daños personales, pedir sólo para sí (acumulativamente) la indemnización de los mismos. Esta interpretación fundada en el artículo 26, hace extensible la legitimación activa a las asociaciones, sociedades, fundaciones, cámaras, sindicatos, y demás entes colectivos, cuyo objeto sea la defensa de la sociedad, siempre que obren dentro de los límites de sus objetivos societarios, destinados a velar por los intereses de sus miembros en cuanto a lo que es su objeto.
>
> [...] Quien demanda con base a derechos o intereses colectivos, deberá hacerlo en su condición de miembro o vinculado al grupo o sector lesionado, y que por ello sufre la lesión conjuntamente con los demás, por lo que por esta vía asume un interés que le es propio y le da derecho de reclamar el cese de la lesión para sí y para los demás, con quienes comparte el derecho o el interés. Se trata de un grupo o sector no individualizado, ya que si lo fuese, se estaría ante partes concretas.[501]

C. *La legitimación activa del Defensor del Pueblo*

Por otra parte, teniendo competencia el Defensor del Pueblo, el cual ha sido establecido como órgano constitucional que forma parte del Poder Ciudadano, para la promoción, defensa y vigilancia de los derechos y garantías constitucionales "además de los intereses legítimos, colectivos o difusos de los ciudadanos" (Arts. 280 y 281, 2 C), la Sala Constitucional ha admitido su legitimación activa para intentar acciones de amparo en representación de la globalidad de los ciudadanos, como por ejemplo, contra la amenaza por parte de la Comisión Legislativa Nacional en el 2000 de nombrar a los miembros del Consejo Nacional Electoral sin cumplir con los requisitos constitucionales. La Sala sostuvo, al interpretar

---

500   *Idem.* Véase sentencia de la Sala Constitucional N° 656 de 05–06–2001, caso: *Defensor del Pueblo vs. Comisión Legislativa Nacional.*

501   Véase sentencia de la Sala Constitucional N° 656 de 05–06–2001, Caso: *Defensor del Pueblo vs. Comisión Legislativa Nacional.*

el artículo 280 de la Constitución, que "es forzoso concluir que la Defensoría del Pueblo, en nombre de la sociedad, legitimada por la ley para ello, puede incoar un amparo tendente al control del Poder Electoral, en beneficio de los ciudadanos en general, a fin de que se cumplan los artículos 62 y 70 de la Constitución de la República Bolivariana de Venezuela, los cuales fueron denunciados por la actora como infringidos por la Comisión Legislativa Nacional (derecho a la participación ciudadana)".[502]

Ahora bien, en cuanto a las sentencias de amparo en estos casos de amparo para la protección de intereses colectivos y difusos, la Sala Constitucional en la misma sentencia, consideró que "pueden prohibir una actividad o un proceder específico del demandado, o la destrucción o limitación de bienes nocivos, restableciendo una situación que se había convertido en dañina para la calidad de vida (salud física o psíquica colectiva, preservación del medio ambiente, preservación de la vida, del entorno urbano, del derecho a una relación sana, o de evitar ser convertido en consumidor compulsivo de productos o ideologías, por ejemplo), o que sea amenazante para esa misma calidad de vida". En consecuencia, el fallo produce efectos *erga omnes*, ya que beneficia o perjudica a la colectividad en general o a sectores de ella.[503]

2. *Legitimación pasiva: la condición de agraviante*

El carácter personalísimo de la acción de amparo no sólo moldea la condición del agraviado, excepto en los casos de intereses colectivos y difusos, sino también la del agraviante. Este sólo puede ser la persona que ha originado la lesión o amenaza de lesión al derecho del agraviado, y al cual también nos hemos referido anteriormente en forma comparada.

La antigua Corte Suprema de Justicia, en Sala Político Administrativa lo puntualizó, en sentencia del 15 diciembre de 1992, al considerar que "debe existir una relación directa, específica e indubitable entre la persona que solicita la protección de derechos fundamentales y la persona imputada de dar origen al supuesto agente perturbador, quien viene a ser legitimado pasivo o el sujeto contra quien se deduce la pretensión en el proceso judicial incoado". En otras palabras, es necesario, para la proce-

---

502 Sentencia de la Sala Constitucional N° 656 de 05–06–01, Caso: *Defensor del Pueblo vs. Comisión Legislativa Nacional.*

503 Sentencia de la Sala Constitucional N° 656 de 05–06–01, Caso: *Defensor del Pueblo vs. Comisión Legislativa Nacional.*

dencia de la acción de amparo, que la persona señalada como agraviante sea la que en definitiva originó la supuesta lesión[504]

Tratándose de una persona natural, la identificación y precisión del agraviante no presenta mayores dificultades, siempre que la persona indicada sea la que en definitiva originó la lesión o la amenaza de lesión al derecho del agraviado. La acción de amparo también puede intentarse contra una persona moral cuando ésta, actuando a través de sus órganos, es la causante de la lesión.[505]

Por otra parte, en relación a las personas morales, la acción de amparo podría intentarse contra el órgano de la misma o uno de los órganos, si la lesión ha sido infringida por el mismo; e, incluso, contra el o los titulares individualizados del órgano, si la o las personas naturales titulares del órgano pueden identificarse como agraviante, con independencia del órgano en sí mismo.

Es decir, el agraviante tiene que ser el directo responsable de la conducta que se imputa como violatoria de los derechos o garantías constitucionales del agraviante[506]; y de lo contrario, si se denuncia a una persona como agraviante sin serlo, la acción de amparo debe ser declarada inadmisible[507].

Ello implica que la acción de amparo en los casos de actuaciones de la Administración Pública, exige que se identifique al titular del órgano que efectivamente produjo la lesión o amenaza de lesión de los derechos o garantías, es decir, al sujeto a quien se imputan, que posee conocimiento directo y personal sobre los hechos[508].

Pero el hecho de que se identifique, con precisión, al titular del órgano que causó la lesión, no implica que la acción de amparo se tenga que

---

504 Véase sentencia de la antigua Corte Suprema de Justicia, Sala Político Administrativa de 16–12–92 (Caso: *Haydée Casanova*), *Revista de Derecho Público,* N° 52, EJV, Caracas, 1992, p. 139.

505 Véase sentencia de la Corte Primera de lo Contencioso Administrativo de 7–9–89, *Revista de Derecho Público,* N° 40, EJV, Caracas, 1989, p. 108.

506 Véase sentencias de la Corte Primera de lo Contencioso Administrativo de 12–5–88, *Revista de Derecho Público,* N° 34, EJV, Caracas, 1988, p. 113; y de 16–6–88, *Revista de Derecho Público,* N° 35, EJV, Caracas, 1988, p. 138.

507 Véase sentencia de la antigua Corte Suprema de Justicia, Sala Político Administrativo de 22–11–93, *Revista de Derecho Público,* N° 55–56, EJV, Caracas, 1993, pp. 487–489.

508 Véase sentencia de la Corte Primera de lo Contencioso Administrativo de 16–6–88, *Revista de Derecho Público,* N° 35, EJV, Caracas, 1988, p. 138.

intentar contra dicho titular y no contra el órgano que produjo la lesión. En estos casos, podría cambiar el titular del órgano, es decir, el funcionario, pero no por ello cambia la relación entre agraviado y agraviante.[509]

En consecuencia, en los casos en que el agraviado señale en forma precisa al funcionario público autor del agravio, es a éste y sólo a éste, a quien le corresponde actuar en el proceso, sea cual fuere su jerarquía, y en modo alguno puede actuar en el proceso ni debe ser notificado a tal efecto, por ejemplo, ni el superior inmediato o máximo titular jerárquico del órgano[510], ni el Procurador General de la República en caso de que se trate de un funcionario[511]. En cambio, si la acción de amparo se intenta, por ejemplo, contra un Ministerio como órgano de la República, su actuación sí sería imputable a la persona jurídica "República", de la cual el Ministerio es sólo un órgano, y en ese caso, el representante judicial de la República, quien tendría que actuar en juicio, sería el Procurador General de la República[512].

Sin embargo, al contrario, cuando el amparo está dirigido contra un órgano perfectamente individualizado de la Administración Pública Nacional, y no contra la República, la representación de la República, a través del Procurador General de la República, no tiene relevancia alguna de carácter procesal[513]. Es decir, cuando el amparo está dirigido contra una autoridad administrativa, en cuyo caso debe personalizarse un sujeto específico[514], por ejemplo, contra un Ministro, los representantes de la Procuraduría General de la República no pueden ejercer la representación del mismo en el juicio de amparo[515]. En esos casos en los cuales se inten-

---

509 Véase sentencia de la Corte Primera de lo Contencioso Administrativo de 28–9–93, *Revista de Derecho Público*, N° 55–56, EJV, Caracas, 1993, p. 330.

510 Véase sentencia de la Corte Primera de lo Contencioso Administrativo de 12–5–88, *Revista de Derecho Público*, N° 34, EJV, Caracas, 1988, p. 113.

511 Véase sentencia de la antigua Corte Suprema de Justicia, Sala Político Administrativa de 16–3–89, *Revista de Derecho Público*, N° 38, EJV, Caracas, 1989, p. 110; sentencia de la Corte Primera de lo Contencioso Administrativo de 7–9–89, *Revista de Derecho Público*, N° 40, EJV, Caracas, 1989, p. 107.

512 Véase sentencia de la Corte Primera de lo Contencioso Administrativo de 7–9–89, *Revista de Derecho Público*, N° 40, EJV, Caracas, 1989, p. 107.

513 Véase sentencia de la Corte Primera de lo Contencioso Administrativo de 21–11–90, *Revista de Derecho Público*, N° 44, EJV, Caracas, 1990, p. 148.

514 Véase sentencia de la Corte Primera de lo Contencioso Administrativo de 10–10–90, *Revista de Derecho Público*, N° 44, EJV, Caracas, 1990, p. 142.

515 Véase sentencias de la antigua Corte Suprema de Justicia, Sala Político Administrativa de 1–8–91, *Revista de Derecho Público*, N° 47, EJV, Caracas, 1991, p. 120; y de 15–12–92, *Revista de Derecho Público*, N° 52, EJV, Caracas, 1992, p. 139; y

te la acción de amparo contra un organismo administrativo, se debe individualizar la acción en la persona de su titular o responsable para ese momento, al cual debe notificarse y debe comparecer personalmente[516].

3. *Las condiciones de la lesión*

En el marco general de las condiciones que deben reunir las violaciones o amenazas de violación que hemos estudiado anteriormente con visión comparativa, en cuanto a la lesión a los derechos o garantías constitucionales en el ordenamiento venezolano, los mismos también puede tener su origen tanto en una violación como en una amenaza de violación, a cuyo efecto, la Ley Orgánica de Amparo establece condiciones de admisibilidad en uno u otro caso.

La Ley Orgánica de Amparo, en su artículo 6°, precisa diversas condiciones de admisibilidad de la acción de amparo que tienen relación con la violación de derechos o garantías constitucionales, y que exigen que la violación sea actual, es decir, que no haya cesado; que sea reparable, y que no haya sido consentida.

El artículo 6,1 de la Ley Orgánica de Amparo, en efecto, exige para la admisibilidad de la acción, que la violación no haya cesado, es decir, que sea actual, reciente, viva[517]; condición sobre la cual la Corte Primera de lo Contencioso Administrativo, en sentencia de 7 de mayo de 1987, señaló que:

> "alude esencialmente al hecho de que la lesión esté viva, esté presente con toda su intensidad y que contra ella no exista ningún medio de defensa o de protección idóneos para enervar la fuerza o poder que la produce. Hay amenaza de lesión, o lesiones, como son aquéllas que se producen ante la indefinición de las situaciones jurídicas, que pueden prolongarse en el tiempo, sin que se atenúen sus efectos y sin que los mismos puedan ser contrarrestados por los medios ordinarios que el derecho ofrece. De allí que la actualidad de la lesión se refiere fundamentalmente al carácter presente de la

---

véase sentencia de la Corte Primera de lo Contencioso Administrativo de 30–7–92, *Revista de Derecho Público,* N° 51, EJV, Caracas, 1992, p. 164.

516 Véase sentencia de la antigua Corte Suprema de Justicia, Sala Político Administrativa de 8–3–90, *Revista de Derecho Público*, N° 42, EJV, Caracas, 1990, p. 114; y sentencias de la Corte Primera de lo Contencioso Administrativo de 21–11–90, *Revista de Derecho Público*, N° 44, EJV, Caracas, 1990, p. 148, y en FUNEDA, *15 años de Jurisprudencia, cit.,* p. 164 y de 14–7–88, FUNEDA, *15 años de Jurisprudencia, cit.*, p. 177.

517 Véase sentencia de la Corte Primera de lo Contencioso Administrativo de 13–11–88, FUNEDA, *15 años de la Jurisprudencia, cit.,* p. 134.

misma, no al hecho pasado, acaecido, circunscrito al pretérito, sino a la situación presente que puede prolongarse por un período indefinido de tiempo."[518]

La consecuencia de ello, por ejemplo, es que no puede acordarse el amparo contra un acto administrativo cuando en el curso del procedimiento del juicio, el acto lesivo había sido revocado. Es decir, en el curso del juicio de amparo la lesión no puede haber cesado antes de la decisión del juez; de lo contrario, si cesare, el juez debe declarar, *in limine litis*, inadmisible la acción[519].

El ordinal 3° del artículo 6 de la Ley Orgánica de Amparo establece por otra parte, que no se admitirá la acción de amparo:

"Cuando la violación del derecho o la garantía constitucionales, constituya una evidente situación irreparable, no siendo posible el restablecimiento de la situación jurídica infringida".

Dado el carácter eminentemente restablecedor de la acción de amparo, en el sentido de que mediante la misma no se pueden crear situaciones jurídicas nuevas o modificar las existentes[520], sino lo que se puede es restablecer las cosas al estado en que se encontraban para el momento de la lesión, haciendo desaparecer el hecho o acto invocado y probado como lesivo o perturbador a un derecho o garantía constitucional; cuando la violación de un derecho constitucional convierta la situación jurídica infringida en una situación irreparable, la acción de amparo también es inadmisible. Ello es congruente con el propósito que el artículo 1 de la Ley Orgánica, en desarrollo del artículo 27 de la Constitución, le atribuye a la acción de amparo en el sentido de "que se restablezca inmediatamente la situación jurídica infringida o la situación que más se asemeje a ella".

---

518 Véase sentencia de la Corte Primera de lo Contencioso Administrativo de 7–5–87 (Caso: *Desarrollo 77 C.A.*), en FUNEDA *15 años de Jurisprudencia cit.*, p. 78.

519 Véase sentencias de la antigua Corte Suprema de Justicia, Sala Político Administrativa de 15–12–92, *Revista de Derecho Público* N° 52, EJV, Caracas, 1992, p. 164; y de 27–5–93, *Revista de Derecho Público*, nos 53–54, EJV, Caracas, 1993, p. 264. *Cfr.* sentencia de la Corte Primera de lo Contencioso Administrativo de 12–12–92 (Caso: *Allan R. Brewer–Carías*), *Revista de Derecho Público,* N° 49, EJV, Caracas, 1992, pp. 131–132;

520 Véase sentencias de la antigua Corte Suprema de Justicia, Sala Político Administrativa de 27–10–93 (Caso: *Ana Drossos*), y 4–11–93 (Caso: *Partido Convergencia*), *Revista de Derecho Público,* N° 55–56, EJV, Caracas, 1993, p. 340.

El artículo 6.1 de la Ley Orgánica, en todo caso, precisa que "se entenderá que son irreparables los actos que, mediante el amparo, no puedan volver las cosas al estado que tenían antes de la violación"[521].

Sin embargo, como se dijo, la acción de amparo es admisible cuando la situación infringida pueda restablecerse a una que se asemeje a ella (Art. 1)[522]. Asimismo, la antigua Corte Suprema de Justicia en sentencia de 1 de noviembre de 1990, ha considerado inadmisible la acción de amparo, cuando la única forma de reparar la situación jurídica infringida es la nulidad de un acto administrativo, lo que no puede pronunciarse en una decisión de amparo[523].

Por último, la violación a los derechos y garantías constitucionales que pueden dar lugar al ejercicio de la acción de amparo, *no debe ser consentida* por el agraviado, por lo que, conforme al ordinal 4° del artículo 6 de la Ley Orgánica, no se debe admitir la acción de amparo,

> "Cuando la acción u omisión, el acto o la resolución que violen el derecho o la garantía constitucionales hayan sido consentidos expresa o tácitamente por el agraviado, a menos que se trate de violaciones que infrinjan el orden público o las buenas costumbres."

La norma aclara que "se entenderá que hay consentimiento expreso cuando hubieren transcurrido los lapsos de prescripción establecidos en leyes especiales, o en su defecto, seis meses después de la violación o la amenaza al derecho protegido"; y que "el consentimiento tácito es aquel que entraña signos inequívocos de aceptación".

---

521 Véase sentencia de la Corte Primera de lo Contencioso Administrativo de 14–1–92, *Revista de Derecho Público,* N° 49, EJV, Caracas, 1992, p. 130; y de la antigua Corte Suprema de Justicia, Sala Político Administrativa de 4–3–93, *Revista de Derecho Público,* N° 53–54, EJV, Caracas, 1993, p. 260.

522 En tal sentido, la antigua Corte Suprema de Justicia, Sala Plena declaró inadmisible una acción de amparo contra el cobro indebido de un impuesto, cuando el mismo ha sido ya pagado, considerando que en ese caso no es posible restablecer la situación jurídica infringida, sentencia de 21–3–88– *Revista de Derecho Público,* N° 34, EJV, Caracas, 1988, p. 114. Por otra parte, la Corte Primera de lo Contencioso Administrativo en sentencia de 7–9–89, ha declarado inadmisible una acción de amparo de derechos a la protección de la maternidad (descanso pre y post natal), incoada después del parto. Véase sentencia de la Corte Primera de lo Contencioso Administrativo de 17–9–89, *Revista de Derecho Público* N° 40, EJV, Caracas, 1989, p. 111.

523 Véase sentencia de la antigua Corte Suprema de Justicia, Sala Político Administrativa de 1–11–90, *Revista de Derecho Público,* N° 44, EJV, Caracas, 1990, pp. 152–153; *Cfr.* sentencia de la Corte Primera de lo Contencioso Administrativo de, 10–9–92, *Revista de Derecho Público,* N° 51, EJV, Caracas, 1992, p. 155.

Debe destacarse, en relación a esta causal de inadmisibilidad de la acción de amparo, particularmente cuando la violación o amenaza de violación de un derecho fundamental es provocada por un acto estatal, que de ninguna manera puede admitirse que por el solo transcurso del tiempo puedan convalidarse leyes u otros actos estatales inconstitucionales.

En todo caso, es claro que tal como está concebida la ley, la inadmisibilidad de la acción de amparo, cuando han transcurrido más de 6 meses después de la violación o amenaza de violación, no opera respecto de las leyes y demás actos normativos ni respecto de un acto administrativo o de carencias de la Administración, cuando la acción de amparo se intenta conjuntamente con la acción popular o con el recurso contencioso administrativo de anulación o contra la conducta omisiva.

Ahora bien, sobre esta causal de inadmisibilidad de la acción de amparo, particularmente en lo que se refiere al consentimiento expreso por el transcurso del tiempo, la antigua Corte Suprema de Justicia en sentencia de 24 de octubre de 1990 encontró su justificación al señalar que "dejar transcurrir más de seis meses desde que se genera el acto lesivo para proceder a ejercer una acción de amparo constituye, por parte del agraviado, una demostración de aceptación del presunto daño, y dicha desidia debe ser sancionada, impidiendo el uso de un remedio judicial que se justifica por la necesidad perentoria de restablecer una situación jurídica"[524].

La inadmisibilidad, sin embargo, no se aplica en los casos de violación o lesión continuada[525]. Tampoco se aplica, conforme al ordinal 4° del artículo 6 de la ley Orgánica, cuando se trate de violaciones que infrinjan el orden público o las buenas costumbres; situación, sin duda, de carácter excepcional y que tiene que desprenderse de alguna regla que así lo consagre[526]; considerándose que ello ocurre, cuando se trate, por ejemplo de "violaciones flagrantes a los derechos individuales que no pueden ser denunciados por el afectado; privación de libertad; sometimiento a tortu-

---

524 Véase en *Revista de Derecho Público,* N° 44, EJV, Caracas, 1990, p. 144.

525 Véase por ejemplo sentencias de la Corte Primera de lo Contencioso Administrativo de 22–10–90 (Caso: *María Cambra de Pulgar*), en *Revista de Derecho Público,* N° 44, EJV, Caracas, 1990, pp. 143–144; y N° 1310 de 9–10–2000 (Caso: *Productos Roche S.A. vs. Ministerio de Industria y Comercio*), en *Revista de Derecho Público,* N° 84, EJV, Caracas, 2000, pp. 345 ss.

526 Véase sentencia de la antigua Corte Suprema de Justicia, Sala Político Administrativa de 22–3–88, *Revista de Derecho Público,* N° 34, EJV, Caracas, 1988, p. 114.

ras físicas o psicológicas; vejaciones; lesiones a la dignidad humana y otros casos extremos"[527].

En cuanto a la amenaza de lesión, que significa "hacer temer a otros un daño, o avecinarse un peligro"[528], para que pueda considerarse válida para la procedencia de la acción de amparo, conforme al artículo 2 de la Ley Orgánica, es necesario que "sea inminente" y que no "haya cesado" (Ord. 1°), siendo inadmisible la acción cuando la amenaza contra el derecho o la garantía constitucional no sea "inmediata, posible y realizable por el imputado" (Ord. 2°)[529].

Como lo ha destacado la Sala Constitucional del Tribunal Supremo en sentencia de 9 de marzo del 2001 (Caso: *Frigoríficos Ordaz S.A*):

"[…] la amenaza que hace procedente la acción de amparo es aquella que sea inmediata, posible y realizable por el imputado, estableciendo al efecto que tales requisitos deben ser concurrentes, por lo cual es indispensable –además de la inmediación de la amenaza– que la eventual violación de los derechos alegados –que podría materializarse de no ser protegidos mediante el mandamiento que se solicita– deba ser consecuencia directa e inmediata del acto, hecho u omisión que constituyan el objeto de la acción; de lo cual deviene, por interpretación a (sic) contrario, la improcedencia de la acción, cuando se le imputen al supuesto agraviante resultados distintos a los que eventualmente pudiere ocasionar la materialización de la amenaza que vulneraría los derechos denunciados, o cuando la misma no sea inmediata o ejecutable por el presunto agraviante."[530]

---

527 Véase sentencia de la Corte Primera de lo Contencioso Administrativo de 13–10–88, *Revista de Derecho Público,* N° 36, EJV, Caracas, 1988, p. 95. Este criterio fue acogido textualmente por la antigua Corte Suprema de Justicia, Sala Político Administrativa en sentencias de 1–11–89, *Revista de Derecho Público,* N° 40, EJV, Caracas, 1989, p. 111; y de 1–2–90 (Caso: *Tuna Atlántica C.A.*) y de 30–6–92, *Revista de Derecho Público,* N° 60, EJV, Caracas, 1992, p. 157.

528 Véase sentencia de la Corte Primera de lo Contencioso Administrativo de 16–7–92, *Revista de Derecho Público,* N° 51, EJV, Caracas, 1992, p. 155.

529 Véase sentencias de la antigua Corte Suprema de Justicia, Sala Político Administrativa de 9–6–88, *Revista de Derecho Público,* N° 35, EJV, Caracas, 1988, p. 114; de 14–8–92, *Revista de Derecho Público,* N° 51, EJV, Caracas, 1992, pp. 158–159; y de 24–6–93, *Revista de Derecho Público,* N° 55–56, EJV, Caracas, 1993, p. 289; y sentencia de la Corte Primera de lo Contencioso Administrativo de 30–6–88, *Revista de Derecho Público,* N° 35, EJV, Caracas, 1988, p. 115.

530 Citada en sentencia de la misma Sala N° 96 de 6–2–2003 (Caso: *Corporación Venezolana de Televisión C.A. (Venevisión) vs. Presidente de la República*), en *Revista de Derecho Público,* N° 93–96, EJV, Caracas, 2003, p. 545.

4. *La inexistencia de un recurso judicial paralelo ya intentado*

La Ley Orgánica de Amparo establece como causales de inadmisibilidad de la acción, una serie de supuestos relativos a la existencia de algún recurso paralelo, sea porque el agraviado haya recurrido a una vía judicial de protección o sea porque exista otra vía judicial para la protección constitucional que haga inadmisible la acción. En el primer caso, los ordinales 5 y 7 del artículo 6° de la Ley Orgánica prevén expresamente la inadmisibilidad; en el segundo caso, la inadmisibilidad deriva del carácter subsidiario o extraordinario de la acción.

El primer supuesto para la admisibilidad de la acción de amparo es que el agraviado no hubiese optado por acudir a otras vías judiciales para la protección constitucional, que estuviesen pendientes de decisión. En este supuesto, la Ley Orgánica distingue dos casos de inadmisibilidad: el que se haya optado por ejercer una acción de amparo; o el que se haya optado por utilizar otra vía judicial para la protección constitucional, y que en ambos casos los procesos estén pendientes de decisión.

En efecto, para que la acción de amparo sea admisible, no puede estar pendiente de decisión una acción de amparo intentada previamente por el agraviado en relación con los mismos hechos. En tal sentido, el artículo 6,8 de la Ley Orgánica establece que la acción de amparo es inadmisible:

> "Cuando esté pendiente de decisión una acción de amparo ejercida ante un Tribunal en relación con los mismos hechos en que se hubiese fundamentado la acción propuesta".

La inadmisibilidad de la acción, por tanto, resulta del hecho de que esté pendiente de decisión una acción de amparo previamente intentada[531]; por lo que si esta, por ejemplo, fue desistida, la nueva acción podría intentarse y ser admisible.

Por supuesto, en los casos en los cuales se hubiese intentado previamente una acción de amparo que hubiese sido ya decidida, una nueva acción de amparo podría intentarse en relación con los mismos hechos, siempre que no haya cosa juzgada, en cuyo caso, como se verá, sería inadmisible.

Pero además, la Ley Orgánica de Amparo establece en el artículo 6.5 como causal de inadmisibilidad de la acción de amparo:

---

531 Véase sentencia de la antigua Corte Suprema de Justicia, Sala Político Administrativa de 13–10–93, *Revista de Derecho Público*, N° 55–56, EJV, Caracas, 1993, pp. 348–349.

"Cuando el agraviado haya optado por recurrir a las vías judiciales ordinarias o hecho uso de los medios judiciales preexistentes. En tal caso, al alegarse la violación o amenaza de violación de un derecho o garantía constitucionales, el Juez deberá acogerse al procedimiento y a los lapsos establecidos en los artículos 23, 24 y 26 de la presente Ley, a fin de ordenar la suspensión provisional de los efectos del acto cuestionado".

Esta causal de inadmisibilidad se refiere a los casos en los cuales el agraviado haya optado por recurrir a las vías judiciales ordinarias o hecho uso de los medios judiciales preexistentes, en cuyo caso, allí debe alegar la violación de los derechos o garantías constitucionales y solicitar amparo constitucional.

Por tanto, si esto no ha ocurrido, es decir, si junto con el ejercicio de las vías judiciales ordinarias o el uso de medios judiciales preexistentes, el agraviado no ha alegado violación de derechos constitucionales y solicitado protección constitucional, no habría razón alguna, en nuestro criterio, para declarar inadmisible la acción de amparo que se intente.[532]

Por otra parte, si se hubiese optado por recurrir a las vías judiciales ordinarias o hecho uso de los medios judiciales preexistentes solicitándose protección o amparo constitucional, y los procesos respectivos ya hubiesen concluido, no procedería la aplicación de la causal de inadmisibilidad, quedando sólo a salvo la cosa juzgada que hubiese podido producirse.

En relación a esta causal de inadmisibilidad, la jurisprudencia la ha aplicado en los casos de acciones contencioso administrativas a las que se ha acumulado una pretensión de amparo, cuando conforme al artículo 21, párrafo 22 de la Ley Orgánica de la Tribunal Supremo de Justicia, se haya solicitado la suspensión de efectos del acto administrativo impugnado.[533]

Por otra parte, respecto de la previsión del ordinal 5° del artículo 6° de la Ley Orgánica en cuanto a la causal de inadmisibilidad de la acción de amparo, "cuando el agraviado haya optado por recurrir a las vías judiciales ordinarias o hecho uso de los medios judiciales preexistentes"; es

---

532 Este criterio lo adoptó la Sala Político Administrativa de la antigua Corte Suprema en sentencia de 7–11–95 N° 789, (Caso: *Rafael Aníbal Rivas Ostos*), Consultada en original.

533 Sentencia de 11-5-92, (Caso: *Venalum*), de la Corte Primera de lo Contencioso Administrativo Véase en *Revista de Derecho Público,* N° 50, EJV, Caracas, 1992, pp. 187–188. Este criterio fue sostenido por la Corte Primera en sentencia de 21-2-91, *Revista de Derecho Público,* N° 45, EJV, Caracas, 1991, p. 146.

claro de la norma que se debe tratar de medios *judiciales,* es decir, del ejercicio por el agraviado de acciones, recursos y peticiones ante los tribunales competentes. Por tanto, si el agraviado no ha ejercido contra el acto que causa la lesión los recursos administrativos que prevé, por ejemplo, la Ley Orgánica de Procedimientos Administrativos, en dichos casos no puede declararse inadmisible el amparo.[534]

5. *La inexistencia de otros medios judiciales breves, sumarios y eficaces para la protección constitucional*

La extraordinariedad de la acción de amparo conduce a la inadmisibilidad de la acción cuando exista un medio procesal breve, sumario y suficientemente eficaz para la protección constitucional. En particular cuando se trata del amparo contra actos administrativos, el artículo 5° de la Ley Orgánica de Amparo establece que:

> "La acción de amparo procede contra todo acto administrativo, actuaciones materiales, vías de hecho, abstenciones u omisiones que violen o amenacen violar un derecho o garantía constitucionales, cuando no exista un medio procesal breve, sumario y eficaz, acorde con la protección constitucional."

En este sentido y en relación a la impugnación de los actos administrativos, el recurso contencioso administrativo de anulación, en si mismo y sin posibilidad de suspensión de efectos del acto impugnado, se consideró por la Corte Primera de lo Contencioso Administrativo que no puede constituir "un medio procesal breve para la protección constitucional"[535]. En sentido contrario, sin embargo, la misma Corte Primera de lo Contencioso Administrativo en sentencia de 1 de octubre de 1990 consideró que ante decisiones de los Inspectores del Trabajo, los recursos contencioso administrativos sí eran los medios para actuar contra la parte patronal, constituyendo vías de naturaleza breve, sumaria y eficaz, por lo que la acción de amparo contra dichos actos se consideró inadmisible[536].

---

534 Véase sentencia de la Corte Primera de lo Contencioso Administrativo de 8–3–93 (Caso: *Federico Domingo.* Véase en *Revista de Derecho Público,* N° 53–54, EJV, Caracas, 1994, p. 261. Véase además sentencias de la Corte Primera de lo Contencioso Administrativo de 6–5–94 (Caso: *Universidad Occidental Lisandro Alvarado*), en *Revista de Derecho Público,* N° 57–58, EJV, Caracas, 1994; y de 16–5–2000 (Caso: *Migdalia J. Lugo G. vs. Alcaldía del Municipio Libertador del Distrito Federal*), en *Revista de Derecho Público,* N° 82, EJV, Caracas, 2000, p. 499.

535 Véase sentencia de la Corte Primera de lo Contencioso Administrativo de 29–7–93, (Caso: *Víctor R. Pérez vs. INOS*), *Revista de Derecho Público,* N° 55–56, EJV, Caracas, 1993, p. 349.

536 Véase *Revista de Derecho Público,* N° 44, EJV, Caracas, 1990, p. 153.

Estas contradicciones, sin duda, derivan de la construcción jurisprudencial, también contradictoria a veces, del carácter extraordinario de la acción de amparo, de manera que esta sólo es admisible si no existen otros medios judiciales breves, sumarios y eficaces para la protección constitucional o aún existiéndolos, en el caso concreto, no resulten eficaces para el amparo a los derechos. De allí deriva que cada caso debe analizarse específicamente, no pudiendo formularse reglas absolutas ni siquiera en materia de acciones contencioso administrativa contra actos administrativos pues, si la suspensión de efectos se solicita y ello es suficiente como medio de protección constitucional, la acción autónoma de amparo resultaría inadmisible[537].

Sobre esta causal de inadmisibilidad de la acción de amparo, la Sala Constitucional del Tribunal Supremo en sentencia Nº 963 de 5 de junio de 2001 (Caso: *José A. Guía y otros vs. Ministerio de Infraestructura*) ha sentado el criterio de que la acción de amparo constitucional, opera en su tarea específica de encauzar las demandas contra actos, actuaciones, omisiones o abstenciones lesivas de derechos constitucionales, bajo las siguientes condiciones:

"a) Una vez que los medios judiciales ordinarios han sido agotados y la situación jurídico constitucional no ha sido satisfecha; o

b) Ante la evidencia de que el uso de los medios judiciales ordinarios, en el caso concreto y en virtud de su urgencia, no dará satisfacción a la pretensión deducida.

La disposición del literal a), es bueno insistir, apunta a la comprensión de que el ejercicio de la tutela constitucional por parte de todos los jueces de la República, a través de cualquiera de los canales procesales dispuestos por el ordenamiento jurídico, es una característica inmanente al sistema judicial venezolano; por lo que, en consecuencia, ante la interposición de una acción de amparo constitucional, los tribunales deberán revisar si fue agotada la vía ordinaria o fueron ejercidos los recursos, que de no constar tales circunstancias, la consecuencia será la inadmisión de la acción sin entrar a analizar la idoneidad del medio procedente, pues el carácter tuitivo que la Constitución atribuye a las vías procesales ordinarias les impone el deber de conservar o restablecer el goce de los derechos fundamentales, por lo que bastaría con señalar que la vía existe y que su agotamiento previo es un presupuesto procesal a la admisibilidad de la acción de amparo.

La exigencia del agotamiento de los recursos a que se refiere el aludido literal a), no tiene el sentido de que se interponga cualquier recurso imaginable, sino sólo los que permitan reparar adecuadamente lesiones de dere-

---

537 Véase en *Revista de Derecho Público,* Nº 57–58, EJV, Caracas, 1994.

chos fundamentales que se denuncian. No se obliga, pues, a utilizar en cada caso todos los medios de impugnación que puedan estar previstos en el ordenamiento procesal, sino tan sólo aquellos normales que, de manera clara, se manifiesten ejercitables y razonablemente exigibles. En consecuencia, por ejemplo, ante el agotamiento de la doble instancia en un juicio civil, el actor tendrá la posibilidad de recurrir en casación o en amparo constitucional, pues es sabido que aquélla constituye una vía extraordinaria de revisión.

De cara al segundo supuesto, relativo a que la acción de amparo puede proponerse inmediatamente, esto es, sin que hayan sido agotados los medios o recursos adjetivos disponibles, el mismo procede cuando se desprenda de las circunstancias fácticas o jurídicas que rodean la pretensión que el uso de los medios procesales ordinarios resultan insuficientes al restablecimiento del disfrute del bien jurídico lesionado. Alguna de tales circunstancias podría venir dada cuando, por ejemplo, la pretensión de amparo exceda del ámbito ínter subjetivo para afectar gravemente al interés general o el orden público constitucional; en caso de que el recurrente pueda sufrir una desventaja inevitable o la lesión devenga irreparable por la circunstancia de utilizar y agotar la vía judicial previa (lo que no puede enlazarse el hecho de que tal vía sea costosa o menos expedita que el procedimiento de amparo); cuando no exista vía de impugnación contra el hecho lesivo, o ésta sea de imposible acceso; cuando el peligro provenga de la propia oscuridad o complejidad del ordenamiento procesal; o ante dilaciones indebidas por parte los órganos judiciales, tanto en vía de acción principal como en vía de recurso (debe recordarse, no obstante, que el concepto de proceso sin dilaciones indebidas es un concepto jurídico indeterminado, cuyo contenido concreto deberá ser obtenido mediante la aplicación, a las circunstancias específicas de cada caso, de los criterios objetivos que sean congruentes con su enunciado genérico. Podrían identificarse, como ejemplo, de tales criterios objetivos: la complejidad del litigio, los márgenes ordinarios de duración de los litigios del mismo tipo, la conducta procesal del interesado y de las autoridades implicadas y las consecuencias que de la demora se siguen para los litigantes. Así pues, criterios de razonabilidad pesarán sobre la decisión que se tome en cada caso concreto).

3.   Así, en cuanto al complejo de medios procesales que la Constitución pone a disposición de las personas, esta Sala, en su decisión n° 848/2000 de 28 de julio, afirmó:

> Sin mucha claridad, fallos de diversos tribunales, incluyendo los de varias Salas de la extinta Corte Suprema de Justicia, han negado el amparo al accionante, aduciendo que el mismo ha debido acudir a las vías procesales ordinarias, aunque sin explicar la verdadera causa para ello, cual es que por estas vías se podía restablecer la situación jurídica infringida antes que la lesión causare un daño irreparable, descartando así la amenaza de violación lesiva [...]

Por lo tanto, no es cierto que per se cualquier trasgresión de derechos y garantías constitucionales está sujeta de inmediato a la tutela del amparo, y menos las provenientes de la actividad procesal, ya que siendo todos los jueces de la República tutores de la integridad de la Constitución, ellos deben restablecer, al ser utilizadas las vías procesales ordinarias (recursos, etc.), la situación jurídica infringida, antes que ella se haga irreparable.

Asimismo, en su sentencia n° 1592/2000 de fecha 20 de diciembre, esta Sala sostuvo:

Ahora bien no puede aspirar la parte accionante dejar sin efecto dicho decreto de expropiación a través del ejercicio del amparo autónomo, ni pretender a través de la misma la nulidad de los actos administrativos dictados por un ente distinto al que se señala como agraviante, lo cual colocaría en estado de indefensión al órgano administrativo que dictó el acto.

En este sentido observa la Sala que no resulta posible sustituir a través de la acción de amparo constitucional, el ejercicio del recurso contencioso-administrativo de anulación en el cual el legislador consagró un procedimiento especial donde se otorgan las garantías procesales tanto al recurrente como a la propia Administración autora del acto, es en este procedimiento donde se analizaría la legalidad o inconstitucionalidad del acto administrativo impugnado" (Subrayado posterior).

En una reciente decisión, la N° 331/2001 de 13 de marzo, esta Sala confirmó su doctrina al respecto, en los siguientes términos:

"Para que sea estimada una pretensión de amparo constitucional es preciso que el ordenamiento jurídico no disponga de un mecanismo procesal eficaz, con el que se logre de manera efectiva la tutela judicial deseada. Pretender utilizar el proceso de amparo, cuando existen mecanismos idóneos, diseñados con una estructura tal, capaz de obtener tutela anticipada, si fuere necesario (artículo 136 de la Ley Orgánica de la Corte Suprema de Justicia, las disposiciones pertinentes del Código de Procedimiento Civil o inclusive el amparo cautelar), al tiempo que garantizan la vigencia de los derechos constitucionales de todas las partes involucradas, haría nugatorio el ejercicio de las acciones correspondientes a este tipo de procesos y los efectos que tiene la acción de amparo constitucional, referidos al restablecimiento de situaciones jurídicas infringidas" (Subrayado posterior).

Ejemplo de algunas de las situaciones en las cuales procede la interposición de la acción de amparo en forma directa, fueron referidos por esta Sala en su citada sentencia 848/2000, así tenemos que:

7. Los actos procesales como tales, lesivos a bienes jurídicos constitucionales, son objeto de peticiones de nulidad por las partes afectadas por ellos, y el amparo realmente procederá contra la sentencia que resuelva la nulidad, o contra la omisión del juez o del funcionario judicial (si de él se trata) de dictarla en el lapso legal. Pero a pesar

de ello, los actos judiciales que violen derechos o garantías constitucionales de las partes, que de no corregirse de inmediato sus efectos se
harían irreparables, serán objeto de amparo...

9. Las partes en caso de que las violaciones infrinjan el orden
público, siempre tendrán expedita la vía del amparo, sin las limitaciones del numeral 4 del artículo 6 de la ley especial.

En cuanto a los terceros, el proceso puede afectarlos directa o indirectamente. Dentro del derecho común, los terceros tienen en las tercerías la posibilidad para oponerse a los efectos lesivos a su situación
jurídica que le causen los fallos, actos u omisiones procesales, que contengan infracciones a sus derechos y garantías constitucionales. Resulta una cuestión casuística, de acuerdo a la posibilidad que la lesión se
haga irreparable si no se actúa de inmediato, optar entre la tercería posible o la acción de amparo". (Subrayado posterior).

4.- Precisado lo anterior, visto que en el caso bajo examen, el
requisito del agotamiento de la vía judicial contencioso administrativa
ordinaria no se encuentra satisfecho, pues a él no atiende ninguno de
los alegatos de los accionantes, ni consta de los documentos anexos al
escrito, y sin necesidad de analizar si esa vía es la idónea, en el sentido
de satisfacer la pretensión de los accionantes, debe tomarse en cuenta
lo señalado por esta Sala en cuanto a la potestad que les atribuye a todos los tribunales el artículo 27 constitucional en orden a garantizar los
derechos fundamentales, así como que el artículo 259 constitucional
consagra que "...Los órganos de la jurisdicción contencioso administrativa son competentes para anular los actos administrativos generales o
individuales contrarios a derecho, incluso por desviación de poder;
condenar al pago de sumas de dinero y a la reparación de daños y perjuicios originados en responsabilidad de la Administración; conocer de
reclamos por la prestación de servicios públicos; y disponer lo necesario para el restablecimiento de las situaciones jurídicas subjetivas lesionadas por la actividad administrativa", lo que significa que la Constitución garantiza a los administrados, a través del citado precepto 259,
un plus de garantías que no deja dudas respecto a la potestad que tienen esos tribunales para resguardar los derechos o garantías constitucionales que resulten lesionados por actos o hechos dictados o ejecuta-
dos en ejercicio de la función administrativa u omisiones o abstenciones de órganos o personas obligados por normas de derecho administrativo. En consecuencia, la solicitud en cuestión resulta inadmisible.
Así se decide finalmente."[538]

538 Véase en *Revista de Derecho Público*, N° 85–88, Editorial Jurídica Venezolana,
Caracas 2001, pp. 448 y ss. Véase también, sentencia de la Sala Constitucional N°
727 de 5–5–2005 (Caso: *Procuraduría General de la República*), en *Revista de Derecho Público*, N° 102, Editorial Jurídica Venezolana, Caracas, 2005, pp. 174 ss.

En todo caso, en relación con los actos administrativos, la doctrina más reciente de la Sala Constitucional ha sido la de considerar que la acción autónoma de amparo contra los mismos es inadmisible considerando que "las acciones contencioso-administrativas -entre las cuales se encuentran el recurso de nulidad, el recurso por abstención o la querella funcionarial-, constituyen vías judiciales idóneas, es decir breves, sumarias y eficaces, para el alcance del restablecimiento de la situación jurídica infringida, ello, aunado al amplio poder de restablecimiento que atribuye al juez contencioso administrativo el citado artículo 259 de la Constitución de la República"[539]

6. *La ausencia de cosa juzgada*

De acuerdo con el artículo 346 del Código de Procedimiento Civil, una de las cuestiones previas que pueden promoverse dentro del lapso fijado para la contestación de la demanda es "la cosa juzgada" (ord. 9), la que en materia de amparo puede considerarse como una causal de inadmisibilidad.

Por ello, la Corte Primera de lo Contencioso Administrativo en sentencia de 16 de octubre de 1986 (Caso: *Pedro J. Montilva*), estableció que si en un caso "vuelve a replantearse una acción de amparo que versa sobre el mismo objeto; que denuncia las mismas infracciones; que se basa en los mismos motivos y fundamentaciones y que gira en relación con idéntico objeto al anterior y está dirigida contra igual sujeto"; entonces es evidente que en dicho caso: "se impone la fuerza de la cosa juzgada para impedir tal replanteamiento, ya que la cuestión debatida posee la misma identidad subjetiva y objetiva con la que fuera objeto de decisión definitiva"[540].

Por supuesto, la cosa juzgada en materia de amparo sólo surge respecto de lo debatido y debatible en vía de amparo, que es sólo la violación o amenaza de violación de un derecho o garantía constitucional. Por ello, de acuerdo con el artículo 36 de la Ley Orgánica de Amparo, "la sentencia firme de amparo producirá efectos jurídicos respecto al derecho o garantía objetos del proceso, sin perjuicio de las acciones o recursos que legalmente correspondan a las partes". Es decir, la sentencia de am-

---

539 Véase la sentencia N° 3375 de 4–11–2005 (Caso: *Refinadora de Maíz Venezolana, C.A. (Remavenca), y Procesadora Venezolana de Cereales, S.A. (Provencesa) vs. Ministro de Agricultura y Tierras y efectivos de los componentes Ejército y Guardia Nacional de la Fuerza Armada Nacional)*, en *Revista de Derecho Público*, N° 104, EJV, Caracas, 2005, p. 239.

540 Véase en *Revista de Derecho Público,* N° 28, EJV, Caracas, 1986, p. 106.

paro no necesariamente resuelve el fondo material del asunto, sino solo el aspecto de violación o amenaza de violación del derecho o garantía, que es sobre lo único que produce efectos jurídicos la sentencia de amparo. Por ello, dicha sentencia sólo tiene efectos restitutorios, pues por vía de amparo como lo dijo la antigua Corte Suprema de Justicia "no puede lograrse ninguno de los tres tipos de sentencia conocidos: declarativa, constitutiva o de condena, ni por supuesto, una sentencia interpretativa"[541].

XI. EL PROCEDIMIENTO EN EL PROCESO DE LA ACCIÓN DE AMPARO

La Constitución de 1999, en el artículo 27, al consagrar el derecho de amparo, precisó en términos generales como principios del procedimiento de la acción de amparo constitucional, que el mismo:

"será oral, público, breve, gratuito y no sujeto a formalidad y la autoridad judicial competente tendrá potestad para restablecer inmediatamente la situación jurídica infringida o la situación que más se asemeje a ella."

Para ello, la norma constitucional completa la regulación disponiendo que "todo tiempo será hábil y el tribunal debe tramitar siempre las acciones de amparo con preferencia a cualquier otro asunto."

La secuela lógica de estos principios es el deber de los funcionarios públicos y de los particulares de prestar su colaboración al tribunal de amparo cuando así se les requiera, particularmente para el restablecimiento de las situaciones jurídicas infringidas.

Analizaremos de seguidas aspectos fundamentales del procedimiento judicial en materia de amparo en el derecho comparado, para luego referirnos a sus regulaciones en la Ley Orgánica de Amparo.

1. *Algunas características generales del procedimiento en materia de amparo en el derecho comparado*

En el derecho comparado, derivado del carácter extraordinario de la acción y proceso de amparo, se pueden distinguir una serie de principios generales que normas generales que regulan el procedimiento, y que se refieren a su carácter bilateral; al carácter breve y prevalente del procedimiento; a la función de los tribunales dirigiendo el procedimiento y a la necesidad que la ley sustantiva prevalezca sobre las formalidades.

---

541 Véase sentencia de la Sala Político Administrativa de 15–7–92, *Revista de Derecho Público,* EJV, Caracas, N° 51, 1992, p. 171.

A. *El carácter bilateral del procedimiento*

Uno de los principios fundamentales con respecto al recurso de amparo es que aun siendo de naturaleza extraordinaria, el carácter bilateral debe estar siempre garantizado. Esto implica que el recurso de amparo debe ser siempre iniciado a instancia de las partes lesionadas o agraviadas, de manera que no hay previsión alguna sobre posibles decisiones de amparo *ex officio*.[542] Por tanto, el procedimiento de amparo debe siempre iniciarse mediante una acción o recurso interpuesto por ante el tribunal competente por una parte (agraviado) contra la otra (la lesionante o agraviante) cuyas acciones u omisiones han violado o amenazado de causado el daño a sus derechos constitucionales. Esta parte, en su posición de agraviante, debe siempre ser citada y ida en el proceso para garantizar su derecho a la defensa y al debido proceso.

El resultado final del procedimiento de amparo es siempre una orden judicial, como también ocurre en los Estados Unidos con las órdenes de las *injunctions* o los *mandamus,* los cuales están dirigidos a la parte agraviante ordenándole hacer, abstenerse de hacer, suspender los efectos del acto lesivo o anularlo.[543]

Sin embargo, en América Latina, las leyes de amparo no solo se refieren al amparo como una orden o mandamiento judicial general, ordenando al demandado hacer o refrenarse de hacer algún acto especifico, aplicable en cualquier tipo de proceso y en relación con el reclamo de cualquier tipo de derechos, como sucede en los Estados Unidos, sino que está concebido como un procedimiento específicamente diseñado para tutelar derechos y garantías constitucionales tras un procedimiento contencioso. Todas las fases o etapas del procedimiento están reguladas,

---

542 Solo en caso de habeas corpus, algunas leyes de amparo atribuyen a los tribunales la facultad de iniciar el procedimiento *ex officio*: Guatemala (art. 86), Honduras (art. 20).

543 El recurso de amparo tiene similaridades con la demanda civil de *injunction* que la parte agraviada puede incoar en un tribunal para procurar la tutela o recuperación de sus derechos infringidos o para prevenir la violación de éstos. También puede identificarse con el *mandamus* intentado por la parte agraviada ante un tribunal contra un funcionario público cuya omisión ha causado daños al recurrente con el fin de conseguir una orden mandándole a cumplir la obligación que la ley exige de él pero que rehúsa hacer o se niega a cumplir. El recurso de amparo también tiene similaridades con la *prohibition* u orden de remisión del expediente, intentada ante el tribunal superior competente por la parte agraviada (cuyos derechos constitucionales han sido violados por una decisión judicial), procurando con ello obtener la anulación o enmienda del vicio o error de la decisión del tribunal inferior.

terminando el proceso con una decisión u orden judicial dirigida a amparar los derechos constitucionales de la parte agraviada.

Por consiguiente, la norma general del procedimiento de amparo es que, aun siendo éste breve y sumario, en el mismo se garantiza el contencioso basado en el principio de bilateralidad,[544] asegurando la presencia de ambas partes y el respeto a las garantías constitucionales del debido proceso, particularmente el derecho a la defensa.[545] Es por eso que, por ejemplo, el Código Procesal Civil paraguayo en relación con el procedimiento de amparo expresamente señala que el juez de amparo debe siempre garantizar el principio contencioso o de contradicción dentro del carácter sumario del procedimiento (art. 586).

La única excepción al respecto en América Latina puede encontrarse en Chile, donde en ausencia de una ley reguladora del amparo, conforme a las normas fijadas por la Corte Suprema, el amparo no está considerado como un procedimiento fundamentado en una controversia entre partes sino en una petición formulada por una parte ante el tribunal, siendo la relación procesal aquella establecida entre un recurrente y un tribunal y

---

544 José Luis Lazzarini, *El Juicio de Amparo,* Editorial La Ley, Buenos Aires, 1987, pp. 270 ss. En el procedimiento, también son considerados partes los terceros que pueden ser perjudicados o beneficiados por el recurso y sus resultas, así como el Procurador General de la Nación o el Defensor del Pueblo.

545 Así, la garantía judicial de los derechos constitucionales que constituye el amparo no puede, de ninguna manera, transformarse en un procedimiento violatorio de otras garantías constitucionales como el derecho a la defensa. Excepto respecto de las órdenes judiciales cautelares o preliminares, el principio *audi alteram partem* (que la otra parte sea oída o que ambas partes lo sean) debe ser siempre respetado. Por eso es que, por ejemplo, la antigua Corte Suprema de Justicia de Venezuela, ante un recurso de nulidad de 1996, anuló el artículo 22 de la ley de amparo de 1.988 que permitía a los tribunales tomar decisiones definitivas en materia de amparo en casos de violaciones graves de los derechos constitucionales, restableciendo el derecho constitucional lesionado sin ningún cuestionamiento formal o sumario y sin oír al accionante o a la parte potencialmente agraviante. Aun cuando el artículo pudo haber sido constitucionalmente interpretado como dirigido solo a permitir el tomar medidas cautelares *inaudita partem* o *injunctions* en el procedimiento, la Corte Suprema estimó el artículo como una violación vulgar y flagrante del derecho constitucional a la defensa propia y lo anuló. Véase sentencia de la antigua Corte Suprema de Justicia del 21 de mayo de 1996, *Gaceta Oficial Extra.* Nº 5071 del 29 de mayo de 1996. Véanse comentarios en Allan R. Brewer-Carías, *Instituciones Políticas y Constitucionales*, Vol. V, *Derecho y Acción de Amparo,* Universidad Católica del Táchira, Editorial Jurídica Venezolana, Caracas, 1.998, pp. 389 ss.; y en Rafael Chavero, *El Nuevo Régimen del Amparo Constitucional en Venezuela,* Caracas, 2001, pp. 212, 266 ss. y 410 ss.

no entre dos partes, la agraviada y la agraviante.[546] No obstante, cualquier persona afectada puede hacerse parte en el procedimiento.

Pero excepto en este caso de Chile, el carácter bilateral del procedimiento de amparo impone el respeto a las garantías del debido proceso, tendiendo a garantizarse el derecho de los demandados, y partes interesadas, a defenderse.

Es por esto que ningún mandamiento u orden definitiva de amparo puede pronunciarse sin la participación del agraviante o, al menos, sin su conocimiento de la existencia del proceso; siendo muy rara la excepción a esta norma, como es el caso de Colombia, donde el decreto 2591 de la ley tutela permite al tribunal la posibilidad de conceder la protección constitucional la tutela *in limine litis*, es decir, "prescindiendo de cualquier consideración formal y sin ninguna averiguación previa, siempre y cuando el fallo se funde en un medio de prueba del cual se pueda deducir una grave e inminente violación o amenaza del derecho" (art. 18).

La previsión colombiana indudablemente estuvo inspirada en la Ley Orgánica de Amparo venezolana de 1988 en la cual también prevé la posibilidad de que el juez de amparo pudiera inmediatamente "restablecer la situación jurídica infringida, prescindiendo de consideraciones de mera forma y sin ningún tipo de averiguación sumaria," exigiendo en esos casos que "el mandamiento de amparo debía ser motivado y estar fundamentado en un medio de prueba que constituyera presunción grave de la violación o de la amenaza de violación." (art. 22).

Sin embargo, dicha norma fue anulada por la antigua Corte Suprema de Justicia, la cual se negó incluso a interpretarlo "conforme a la Constitución" y reducirlo a ser una previsión solo aplicable a la adopción de medidas cautelares o preliminares, y no dirigida a la adopción de una decisión de amparo definitiva que pudiera ser pronunciada *inaudita parte*, pues sería inconstitucional. En particular, en el proceso de acción popular seguido ante la antigua Corte Suprema de Justicia contra dicho artículo en el cual se alegó dicha inconstitucionalidad, se solicitó a la Corte la posibilidad de interpretar la norma de acuerdo con la Constitución – *secundum constitutionem*– en el sentido de precisar que lo que la misma

---

546 Véase por ejemplo, Sergio Lira Herrera, *El recurso de protección. Naturaleza jurídica, doctrina, jurisprudencial, derecho comparado*, Santiago de Chile, 1.990, pp. 157 ss.; Juan Manuel Errazuziz G. y Jorge Miguel Otero A, *Aspectos procesales del recurso de protección*, Editorial Jurídica de Chile, Santiago, 1989, pp. 39, 40 y 157. En sentido contrario, véase Enrique Paillas quien considera que en el recurso de tutela, aplica el principio de bilateralidad, en Enrique Paillas, *El recurso de protección ante el derecho comparado*, Editorial Jurídica de Chile, Santiago, 1990, pp. 105.

perseguía era establecer una autorización legal para que los tribunales pudieran adoptar de manera inmediata medidas preliminares protectoras (mientras se resolvía el caso), pero no decisiones definitivas de amparo. No obstante, el tribunal rechazó esta interpretación y anuló el artículo 22 de la Ley de Amparo de 1988[547] considerando que violaba flagrantemente el derecho constitucional a la defensa. La consecuencia adjetiva fue que, no habiéndose interpretado el artículo de acuerdo con la Constitución, en la ley especial de amparo no se podía encontrar fundamento legal podía que permitiera a los tribunales tomar medidas provisionales o prelimina-res,[548] por lo que entonces, las mismas fueron adoptadas aplicándose las disposiciones generales del código de procedimiento civil.

B. El carácter breve y sumario del procedimiento

Debido a que la acción de amparo es un recurso extraordinario para la inmediata protección de los derechos constitucionales, el rasgo princi-pal del proceso que origina es el carácter breve y sumario del procedi-miento, el cual se explica gracias por el principio de la inmediatez, es decir, su propósito de proteger a las personas inmediatamente en casos de daños irreparables o amenazas a los derechos constitucionales.

Este carácter irreparable del daño o la inminencia de la amenaza y la inmediata necesidad de protección, han sido los elementos claves que han moldeado las reglas procesales no solo del procedimiento de amparo en América Latina, sino también las *injunctions* en los Estados Unidos, don-de la doctrina judicial en la materia es también que "una *injunction* solo se concede cuando es requerida para evitar un daño inmediato e irrepara-ble a derechos legalmente reconocidos, tales como derechos de propie-dad, derechos constitucionales o contractuales."[549]

---

547 Sentencia del 21 de mayo de 1.996. v. *Gaceta Oficial Extra* N° 5071 29 de mayo de 1.996. Véanse comentarios en Allan R. Brewer-Carías, *Instituciones Políticas y Constitucionales*, Vol. V, *Derecho y Acción de Amparo*, Editorial Jurídica Venezo-lana, Caracas, 1998, pp. 388–396; Rafael Chavero Gazdik, *El nuevo régimen del amparo constitucional en Venezuela*, Edit. Sherwood, Caracas, 2001, pp. 212, 266 ff., 410 ss.

548 Véanse comentarios en Allan R. Brewer-Carías, *Instituciones Políticas y Constitu-cionales*, Vol. V, *Derecho y Acción de Amparo*, Universidad Católica del Táchira, Editorial Jurídica Venezolana, Caracas, 1998, pp. 398.

549 Por consiguiente, "debe haber una necesidad vital para recurrir a la *injunction* a fin de que (sin ella) una de las partes no sea lesionada y dejada sin un recurso adecua-do". *Treadwell v. Investment Franchises, In*c., 273 Ga. 517,543 S.E.2d 729 (2001). En otras palabras "para justificar una *injunction* debe ordinariamente mostrarse con claridad que algún acto se ha hecho, o se amenaza hacer, que producirá un daño

Los mismos principios aplican también al procedimiento de amparo, originando la configuración de un procedimiento breve y sumario precisamente justificado debido al propósito tutelar del recurso y la inmediata protección requerida ante las violaciones o amenazas de violaciones a los derechos constitucionales.

Para estos fines, muchas leyes de amparo latinoamericanas expresamente establecen algunos lineamientos básicos que contienen principios generales que deben regular el procedimiento. Por ejemplo, en Colombia, el decreto 2.591 de la ley de tutela se refiere a "los principios de publicidad, prevalencia del derecho sustancial, economía, celeridad y eficacia" (art. 13). En Ecuador, la ley se refiere a "los principios de celeridad procesal e inmediatez" (art. 59); en Honduras se hace mención de "los principios de independencia, moralidad en el debate, informalidad, publicidad, prevalencia del derecho sustancial, gratuidad, celeridad, economía procesal, eficacia y debido proceso" (art. 45); y en Perú, el Código Procesal Constitucional se refiere "a los principios de dirección judicial del proceso, gratuidad en la actuación del demandante, economía, inmediación y socialización procesales." (art. III).

Es en este contexto que el artículo 27 de la Constitución venezolana también establece expresamente que el procedimiento de la acción constitucional de amparo debe ser oral, pública, breve, libre y no sujeta a formalidades.[550]

---

irreparable a la parte solicitante (de la injunction). *U.S. v. American Friends Service Committee*, 419 U.S. 7, 95 S.Ct. 13, 42 L. Ed. 2d 7 (1974). En el mismo sentido se ha establecido que: "La mismísima función de la injunction es la de disponer de un recurso preventivo ante un entuerto o daño irreparable y este recurso no será concedido cuando esté claro, a satisfacción del tribunal, que el daño reclamado no tiene ese carácter" *State Com'n on Human Relations v. Talbot County Detention Center*, 370 Md. 115, 803 A.2d 527 (2002). Aún más, una *injunction* "no será, como regla general, concedida donde no se demuestre que un daño irreparable sea inmediatamente inminente y que será infligida al recurrente antes que el caso pueda llegar a su conclusión, independientemente de cuanto parezca que el solicitante prevalecerá al fondo". *Packaging Industries Group, Inc. v. Cheney*, 380 Mass. 609, 405 N.E.2d. 106 (1980). Véase la referencia a los casos correspondientes en John Bourdeau *et al.*, "Injunctions," en Kevin Schroder, John Glenn and Maureen Placilla, *Corpus Juris Secundum*, Volume 43A, Thomson West, 2004, pp. 76–78.

550 Respecto de algunos de estos principios, la Corte Primera de lo Contencioso-Administrativo venezolana, aun antes de la sanción de la Ley de Amparo de 1.988, dispuso que debido al carácter breve del procedimiento, debe entenderse como teniendo "la condición de ser urgente, debe seguirse rápidamente y decidirse en el menor tiempo posible," y adicionalmente debe ser sumario, en el sentido de que "el procedimiento debe ser simple, sin complicaciones, sin incidencias ni formalidades com-

C. *El carácter preferente del procedimiento y la función de los tribunales*

Una de las consecuencias del carácter breve y sumario del procedimiento de la acción de amparo es su carácter preferente que impone, como se dispone en la Constitución venezolana, que "todo tiempo será hábil y el tribunal lo tramitará con preferencia a cualquier otro asunto" (art. 27); principios éstos que están previstos en casi todas las leyes de amparo de Latinoamérica cuando expresamente disponen que la acción de amparo puede ser intentada en cualquier momento,[551] incluso en días feriados y fuera de horas laborales.[552]

Este carácter preferente del procedimiento también implica que el mismo debe seguirse con prelación a cualquier otro, de manera que cuando un recurso de amparo es intentado, los tribunales deben posponer todo otro proceso de distinta naturaleza.[553] La excepción a esta regla es en materia de habeas corpus, en la que la preeminencia de la libertad personal sobre otros derechos impone la necesidad de continuar con este procedimiento.[554]

Como regla general y debido a su carácter breve, en el procedimiento de amparo los plazos procesales no pueden extenderse, suspenderse ni interrumpirse, salvo los casos expresamente previstos en la ley;[555] siendo

---

plejas." Véase sentencia de 17 de enero de 1.985, en *Revista de Derecho Público*, N° 21, Editorial Jurídica Venezolana, Caracas, 1985, p. 140. De acuerdo con estos principios, la Ley de amparo de 1.988 reguló un procedimiento breve, inmediato y sumario para el recurso de amparo hasta la aprobación de la Constitución de 1.999. A partir de ésta, la Sala Constitucional del Tribunal Supremo de Justicia interpretó las disposiciones de la ley, de acuerdo con la nueva Constitución, rehaciendo de cierta manera sus disposiciones a través de la interpretación constitucional. Véase sentencia de la Sala Constitucional del Tribunal Supremo de Justicia N° 7 del 1 de febrero de 2.000 (Caso *José Amando Mejía*), en la *Revista de Derecho Público*, N° 81, Editorial Jurídica Venezolana, Caracas, 2000, pp. 245 ss. Véanse los comentarios en Allan R. Brewer-Carías, *El sistema de justicia constitucional en la Constitución de 1999. Comentarios sobre su desarrollo jurisprudencial y su explicación, a veces errada, en la Exposición de Motivos*, Editorial Jurídica Venezolana, Caracas, 2000; y en Rafael Chavero Gazdik, *El nuevo régimen del amparo constitucional en Venezuela*, Edit. Sherwood, Caracas, 2001, pp. 203 ss.

551 Véase Colombia, arts. 1 y 15; Honduras, art. 16; Guatemala, art. 5.

552 Véase Costa Rica, art. 5; Ecuador, art. 47; El Salvador, art. 79; Paraguay, art. 585.

553 Véase Guatemala, art. 5; Honduras, art. 4,3; Perú; Venezuela, art. 13. Al contrario, la Ley de Amparo de la República Dominicana establece que el ejercicio del recurso de amparo no suspenderá ningún procedimiento judicial en curso (art. 5).

554 Véase Colombia, art. 15; Brasil, art. 17; Costa Rica, art. 39; Honduras, art. 51.

555 Véase Costa Rica, arts. 8 y 39; El Salvador, art. 5; Honduras, art. 4; Perú, art. 33,8.

responsabilidad de los tribunales cualquier demora en el procedimiento.[556]

En particular, en el procedimiento de amparo no son admisibles las incidencias.[557] Además, en algunos casos no son admisibles, o están restringidas, las recusaciones a jueces;[558] y algunas leyes de amparo disponen de reglas procesales breves y específicas respecto de casos inhibiciones o impedimentos del juez competente para resolver la acción.[559]

Además, se establece que las notificaciones por parte del tribunal puedan ser efectuadas mediante cualquier medio, incluyendo medios técnicos o electrónicos.[560]

D. *El rol activo del juez en el proceso de amparo*

Otro rasgo general que se encuentra en el proceso de amparo en los países de América Latina es el rol activo que las leyes de amparo atribuyen a los tribunales para la conducción del procedimiento, facultándolos, en algunos casos, para actuar incluso *ex officio*[561] particularmente en materia de pruebas,[562] no siendo la inercia de las partes válida para justificar ningún retraso.[563]

---

556 Véase Costa Rica, art. 8; Honduras, art. 4,8; Perú, art. 13.Al respecto, por ejemplo, el Reglamento del Recurso de Amparo de Filipinas de 2007 enumeró ampliamente las diferentes defensas y mociones que están prohibidas en materia de procedimiento de amparo: "1. moción para desestimar la admisión del recurso; 2. prórrogas de los plazos para las contestaciones, excepciones, declaraciones juradas, posiciones y otras defensas; 3. excepciones dilatorias; 4. promoción de acusaciones, cargos o demandas; 5. contrademanda y citas en saneamiento; 6. tercerías; 7. réplicas; 8. moción para que el tribunal que oye la apelación declare contumaz a la parte no apelante; 9. hacerse parte en juicio; 10. informes; 11. reconsideración de medidas interlocutorias o preventivas; 12. recursos de *certiorari*, mandamus o prohibiciones contra medidas interlocutorias." (sec.11).

557 Véase Honduras, art. 70; Uruguay, art. 12; Panamá, art. 2.610; Paraguay, art. 586; Uruguay, art. 12.

558 Véase Argentina, art. 16; Colombia, art. 39; Ecuador, arts. 47 y 59; Honduras, art. 18; Panamá, art. 2.610; Paraguay, art. 586; Perú, arts. 33, 1 y 2; Venezuela, art. 11.

559 Véase Costa Rica, art. 6; Guatemala, arts. 17 y 111; México, art. 66; Panamá, art. 2.610; Perú, art. 52; Venezuela, art. 11; República Dominicana, art. 8.

560 Véase El Salvador, art. 79.

561 Véase El Salvador, art. 5; Guatemala, art. 6; Honduras, art. 4,4; Perú, art. III; República Dominicana, art. 17.

562 Véase República Dominicana, art. 5.

563 Véase Costa Rica, art. 8; El Salvador, art. 5.

E. *La preeminencia de la ley sustantiva*

Otro principio aplicable a las reglas procesales de amparo para garantizar el carácter breve y sumario del procedimiento, es el principio de preeminencia de la ley sustantiva sobre las reglas formales, a las cuales se refiere, por ejemplo, la Ley de Justicia Constitucional de Honduras cuando dispone que "prevalecerá el fondo sobre la forma" y así "los defectos procesales no impedirán la expedita sustanciación de los asuntos" del procedimiento. Eventualmente, se trata de la preeminencia de la *justicia sustantiva* sobre la *justicia formal*.

Por consiguiente, se dispone que "las partes podrán corregir sus propios errores, siempre que fueren subsanables" y, asimismo, los tribunales estarán autorizados para corregirlos *ex officio*.[564] Es por eso que, por ejemplo, el Código Procesal Constitucional peruano especifica que "el Juez y el Tribunal Constitucional deben adecuar la exigencia de las formalidades previstas en este Código al logro de los fines de los procesos constitucionales" (art. III), que son la protección inmediata de los derechos constitucionales.

2. *Características generales del procedimiento de amparo en la Ley Orgánica*

A. *El principio de la bilateralidad) y el principio inquisitivo*

El proceso de amparo constitucional, a pesar de la brevedad del procedimiento, ante todo se rige por el principio de la bilateralidad, de manera que el mismo da origen a un verdadero juicio entre partes, que se rige por el principio de la igualdad que obliga al juez a mantener entre ellas la absoluta igualdad material, conforme a la ley, debiendo quedar excluido del proceso la aplicación de cualquier privilegio o prerrogativa procesal.. Ello implica que cuando el agraviante sea una autoridad pública, deben quedar excluidos del procedimiento de amparo los privilegios procesales; lo que significa que no tienen aplicación las normas de la Ley Orgánica de la Procuraduría General de la República que regulan tales prerrogativas en relación a la actuación de la República en juicio.

El carácter contencioso, producto de la bilateralidad del juicio, fue lo que condujo en 1996 a la antigua Corte Suprema de Justicia, como antes se mencionó, a declarar la inconstitucionalidad del artículo 21 de la Ley Orgánica de 1988, que permitía al juez de amparo que al recibir la solici-

---

564 Véase Honduras, art. 4,5; Guatemala, art. 6; Paraguay, art. 586; y El Salvador, art. 80.

tud de amparo, pudiera adoptar el mandamiento de amparo, es decir, restablecer inmediatamente la situación jurídica infringida, "prescindiendo de consideraciones de mera forma y sin ningún tipo de averiguación sumaria que la preceda", lo cual, implicaba el que pudiera adoptar dicho mandamiento de amparo, definitivo *in limine litis* e *inaudita parte*.[565]

Esto, sin duda, como antes se dijo, era violatorio de la garantía constitucional de la inviolabilidad del derecho a la defensa "en todo estado y grado de la investigación y del proceso" como lo impone la Constitución (Art. 49.1) y del mismo principio del mantenimiento de la "absoluta igualdad" entre las partes, que también recogía el artículo 21 de la Ley Orgánica, que el Juez de amparo está obligado a mantener.[566] Sin embargo, en relación con dicha norma, estimábamos al sancionarse la Ley Orgánica, que la potestad del artículo 22 debió haberse interpretado conforme a la Constitución en el sentido de referirla exclusivamente a la adopción de medidas cautelares o preventivas ("amparo temporal o provisional"), exigiéndose en cambio, siempre, la previa audiencia al presunto agraviante, antes de la adopción de la decisión definitiva de amparo.[567]

Ahora bien, en 2013, la Sala Constitucional del Tribunal Supremo mediante sentencia N° 993 de 16 de julio de 2013 (Caso: *Ministerio Público vs. Decisión Sala N° 2 de la Corte de Apelaciones del Circuito Judicial Penal del Área Metropolitana de Caracas de 17-9-2012*), al contrario de lo postulado por el principio de la bilateralidad, estableció como doctrina vinculante, la posibilidad de que se decreten mandamiento de amparo definitivos, *in limene litis*, "en las demandas de amparo en las cuales se ventilen la resolución de un punto de mero derecho, el Juez constitucional podrá, en la oportunidad de la admisión de la solicitud de amparo, decretar el caso como de mero derecho y pasar a dictar, sin necesidad de convocar y celebrar la audiencia oral, la decisión de fondo que

---

565 Véase sentencia de la antigua Corte Suprema de Justicia, en Corte Plena, mediante sentencia de 21-5-1996 en *Gaceta Oficial Extra* N° 5071 de 29-5-96.

566 Debe mencionarse, sin embargo, al contrario, que la Sala Constitucional del Tribunal Supremo en sentencia N° 993 de 16 de julio de 2013, ha establecido como doctrina vinculante que "en las demandas de amparo en las cuales se ventile la resolución de un punto de mero derecho, el Juez constitucional podrá, en la oportunidad de la admisión de la solicitud de amparo, decretar el caso como de mero derecho y pasar a dictar, sin necesidad de convocar y celebrar la audiencia oral, la decisión de fondo que permita restablecer inmediatamente y en forma definitiva la situación jurídica infringida o la situación que más se asemeje a ella."Véase en *Revista de Derecho Público*, N° 134, Editorial Jurídica Venezolana, Caracas 2013, pp. 144-148.

567 Véase Allan R. Brewer–Carías, *Instituciones Políticas y Constitucionales*, Vol. VI, *Derecho y acción de amparo, op. cit.*, pp. 388 ss.

permita restablecer inmediatamente y en forma definitiva la situación jurídica infringida o la situación que más se asemeje a ella".

La Sala, en efecto, luego de referirse a la doctrina jurisprudencial precedente establecida en la antes mencionada sentencia N° 644, del 21 de mayo de 1996, de la antigua Corte Suprema de declaración de nulidad del artículo 22 de la Ley Orgánica de Amparo sobre Derechos y Garantías Constitucionales, que fue ratificada por la misma Sala en la sentencia N° 7, del 1° de febrero de 2000 (caso: *José Amando Mejía*), y de reconocer que en la sentencia N° 988 del 15 de octubre de 2010 (caso: *Clarense Daniel Rusian Pérez*) había negado una petición de amparo in *limene Litis*, volvió a analizar el artículo 27 de la Constitución, constatando que el mismo, al regular el amparo, lo hizo más como un "derecho de amparo" que como una "una acción de amparo," disponiendo que "la autoridad judicial competente tendrá la potestad para restablecer inmediatamente la situación jurídica infringida o la situación que más se asemeje a ella." De ello dedujo la Sala que "la inmediatez y el restablecimiento de la situación jurídica infringida" propia del derecho de amparo "debe prevalecer en la ponderación con otros derechos constitucionales de igual rango como lo sería el derecho a la defensa."

Con base en esto, la Sala dedujo entonces que no necesariamente deba abrirse un contradictorio en el proceso de amparo, y por tanto, que dicho contradictorio puede o no abrirse, dependiendo "del hecho de que el juez constitucional estime el procedimiento más conveniente para el restablecimiento inmediato de la situación jurídica infringida que es lo medular en la vía del amparo." De lo contrario, afirmó la sala que "si ello no fuese así, el amparo carecería de eficacia," concluyendo en consecuencia que.

> "cuando el mandamiento de amparo se fundamente en un medio de prueba fehaciente constitutivo de presunción grave de la violación constitucional, debe repararse inmediatamente, en forma definitiva, y sin dilaciones la situación infringida, sin que se haga necesario abrir el contradictorio, el cual, sólo en caso de duda o de hechos controvertidos, justificará la realización de una audiencia oral contradictoria. Si ello no fuera así se desvirtuaría la inmediatez y eficacia del amparo.

En definitiva, la Sala Constitucional consideró que "existen situaciones de mero derecho o de tan obvia violación constitucional que pueden ser resueltas con inmediatez y sin necesidad del previo debate contradictorio porque se hace obvia igualmente la situación jurídica infringida," poniendo como ejemplo:

"el caso en el cual se interponga una demanda de amparo contra una decisión judicial, firme, que condenó a un ciudadano a la ejecución de una pena de muerte o a cumplir una pena de prisión de cuarenta años. En estos supuestos, esperar la celebración de la audiencia oral para resolver el mérito de la controversia planteada, atentaría contra la posibilidad de la restitución inmediata de la situación jurídica infringida, ya que bastaría, con la sola interposición del amparo y la consignación de la copia de la decisión adversada, que el Juez constitucional concluyera *ipso iure*, por tratarse el asunto de un punto de mero derecho, que toda condena de muerte o la aplicación de una pena que exceda de treinta años es contrario a lo que disponen los artículos 43 y 44.3 de la Constitución de la República Bolivariana de Venezuela, respectivamente.

De modo que, condicionar la resolución del fondo del amparo a la celebración de la audiencia oral sería inútil en aquellos casos en los cuales se intenta el amparo contra una decisión judicial por un asunto de mero derecho o de obvia violación constitucional, toda vez que ello ocasionaría la violación del derecho a la tutela judicial efectiva prevista en el artículo 26 *eiusdem*, que se concreta en materia de amparo constitucional en el artículo 27 *ibidem*, debido a que el Estado no garantizaría, en estos casos, una justicia *"expedita."*[568]

Ahora bien, y dejando aparte esta excepción establecida por la Sala Constitucional, como principio rige el principio de la bilateralidad, el cual sin embargo, no impide que en el procedimiento de la acción de amparo se otorguen al juez amplísimos poderes para conducir el procedimiento e, incluso, para evacuar pruebas de oficio a los efectos de garantizar la protección constitucional. En particular, el artículo 17 de la Ley Orgánica, faculta al Juez que conozca de la acción de amparo para ordenar, siempre que no signifique perjuicio irreparable para el actor, la evacuación de las pruebas que juzgue necesarias para el esclarecimiento de los hechos que aparezcan dudosos y oscuros. En tal sentido se entiende que hay perjuicio

---

568 En el caso, la Sala Constitucional precisó que el mismo versaba exclusivamente sobre un punto de mero derecho, que era "la aplicabilidad o no, en el proceso penal primigenio, de la prerrogativa del antejuicio de mérito establecida en el artículo 266.3 de la Constitución de la República Bolivariana de Venezuela, no siendo necesario, a los fines de la resolución de fondo de la controversia, la convocatoria y sucedánea celebración de la audiencia oral, toda vez que lo señalado en la solicitud de amparo y el contenido del expediente penal original que consignó la parte actora, constituyen elementos suficientes para que la Sala se pronuncie inmediatamente sobre el fondo de la presente controversia, dado que las partes y los terceros involucrados no aportarían nada nuevo en esa audiencia oral." Véase en http://www.tsj.gov.ve/decisio-nes/scon/Julio/993-16713-2013-13-0230.html. Igualmente en *Revista de Derecho Púbico*, N° 135, Editorial Jurídica Venezolana, Caracas 2013, pp. 198 ss.

irreparable cuando exista otro medio de comprobación más acorde con la brevedad del procedimiento o cuando la prueba sea de difícil o improbable evacuación.

B. *Brevedad, informalidad y gratuidad*

El artículo 27 de la Constitución, al consagrar el derecho de amparo, como hemos visto precisa que el mismo debe ser " oral, público, breve, gratuito y no sujeto a formalidad.

El carácter breve del procedimiento había sido interpretado por la Corte Primera de lo Contencioso Administrativo aún antes de que se dictara la Ley Orgánica de 1988, considerando que debía entenderse "en el sentido de tener por si la condición de ser urgente, en tal condición, será tramitado con celeridad y debe ser resuelto en el menor tiempo posible"; además, debe ser sumario, en el sentido de que "debe ser simple, sencillo, despojado de incidencias, carente de formalidades complejas"[569]. Además, consideró que debía impedirse que el procedimiento en materia de amparo "se transformara en una situación procesal compleja, confusa, limitada en el tiempo a resolver las múltiples y variadas impugnaciones opuestas como puntos previos".[570]

Todo lo anterior lo precisó la Sala Constitucional del Tribunal Supremo de Justicia, en sentencia N° 1356 de 19 de octubre de 2009, al ratificar lo que había resuelto en sentencia N° 642 del 23 de abril de 2004, indicando que

"…en el procedimiento de amparo no hay incidencias distintas a las existentes en la propia Ley de Amparo sobre Derechos y Garantías Constitucionales, por requerir la protección constitucional de un procedimiento cuya característica sea sumaria, efectiva y eficaz.

La necesidad de que el procedimiento de amparo sea célere comprende que su sustanciación no sea desviada por aplicación de incidencias procesales, salvo, como lo ha venido implementando la Sala, que sea necesario en aras de preservar idóneamente el derecho a la defensa y la efectividad del sistema de justicia, la adopción de determinadas modalidades a las cuales se les recurre para asegurar las resultas del mandamiento de tutela…". [571].

---

569   Véase la sentencia de 17–1–85 *Revista de Derecho Público,* N° 21, EJV, Caracas, 1985, p. 140.

570   *Idem.*

571   Véase en *Revista de Derecho Público*, N° 120, Editorial Jurídica Venezolana, Caracas 2009, pp. 162

Ahora bien, la Ley Orgánica de Amparo, siguiendo estas orientaciones, reguló un procedimiento breve y sumario que permite al Juez de amparo, sin mayores consideraciones formales, restablecer la situación jurídica infringida, prescribiendo para ello, lapsos procesales precisos y breves, de estricto cumplimiento hasta el punto de que el artículo 34 establece que la autoridad disciplinaria judicial "registrara como falta grave al incumplimiento de sus obligaciones" la inobservancia por parte de los jueces, de los "lapsos establecidos en esta Ley para conocer y decidir sobre las solicitudes de amparo."

Este procedimiento, respecto del cual se aplican supletoriamente tanto las normas del Código de Procedimiento Civil como las "normas procesales en vigor" (art. 48), se rige por una serie de principios que guían la brevedad y sumariedad prescritas. Además, de acuerdo al artículo 16 de la Ley Orgánica la acción de amparo "es gratuita por excelencia", por lo que para su tramitación, no se emplea papel sellado ni estampillas.

En cuanto a la dedicación del tribunal para conocer de la acción de amparo, el artículo 31 de la Ley señala que "todo el tiempo será hábil y el Tribunal dará preferencia al trámite de amparo sobre cualquier otro asunto".

A los efectos de facilitar la brevedad y celeridad, el artículo 16 de la Ley permite que la acción de amparo, en caso de urgencia, pueda interponerse por vía telegráfica, en cuyo caso, debe ser ratificada personalmente o mediante apoderado dentro de los tres (3) días siguientes. La Ley también establece que el ejercicio de la acción de amparo pueda efectuarse en forma verbal, en cuyo caso, el Juez debe recogerla en un acta (Art. 16). Esta puede ser un acta levantada *ad hoc* para formular la acción de amparo; o esta puede formularse, por ejemplo, en un acto judicial –una inspección judicial, por ejemplo–, en cuyo caso debe constar en el acta respectiva.

Por otra parte, la Ley Orgánica precisa las modalidades de inhibición y prohíbe la recusación de los jueces en materia de amparo ya que prescribe que "En ningún caso será admisible la recusación" (Art. 11). En cuanto a las inhibiciones, el artículo 11 establece que:

"cuando un juez que conozca de la acción de amparo, advirtiera una causal de inhibición prevista en la Ley, se abstendrá de conocer e inmediatamente levantara un acta y remitirá actuaciones, en el estado en que se encuentren, al Tribunal competente. Si se tratare de un Magistrado de la Corte Suprema de Justicia, el Presidente de la Sala convocara de inmediato al Suplente respectivo, para integrar el Tribunal de Amparo."

Por otra parte, y a pesar de la función constitucional del Ministerio Público de "garantizar en los procesos judiciales el respeto de los derechos y garantías constitucionales" (Art. 285,1), la Ley Orgánica es cuidadosa en no afectar la agilidad del procedimiento de amparo, debido a la no intervención del Ministerio Público. En tal sentido, luego de establecer en su artículo 14 que "las atribuciones inherentes al Ministerio Público no menoscaban los derechos y acciones de los particulares", esta norma prescribe que "la no intervención del Ministerio Público en la acción de amparo no es causal de reposición ni de acción de nulidad".

Por otra parte, el artículo 15 expresamente señala que "los jueces que conozcan de la acción de amparo no podrán demorar el tramite o diferirlo so pretexto de consultas al Ministerio Público". Además establece esa misma norma que "se entenderá a derecho en el proceso de amparo el representante del Ministerio Público a quien el Juez competente le hubiese participado, por oficio o por telegrama, la apertura del procedimiento".

La brevedad y sumariedad del procedimiento, por otra parte, implica la exclusión de todo tramite incidental, por lo que la promoción de cuestiones previas, conforme al artículo 346 del Código de Procedimiento Civil, o la oposición de alguna de las causales de inadmisibilidad establecidas en el artículo 6° de la Ley Orgánica, deben ser resueltas por el Juez de amparo en la decisión definitiva del proceso de amparo.

Por último, debe señalarse que en muchas otras de sus normas, la Ley Orgánica insiste en el carácter breve y sumario del procedimiento. Por ejemplo, el artículo 10 al regular la acumulación de autos, exige que ello se haga "sin dilación procesal alguna y sin incidencias"; y el artículo 12, al regular los conflictos de competencia, señala que "los tramites serán breves y sin incidencias procesales".

En esta forma, en los casos en los cuales el juez ante el cual se interponga una acción de amparo, se considerare incompetente para conocer de la misma, deberá remitir las actuaciones inmediatamente al que tenga competencia (art. 7). En los supuestos de conflictos sobre competencia que se susciten en materia de amparo entre Tribunales de Primera Instancia, serán decididos por el Superior respectivo, y los trámites serán breves y sin incidencias procesales (Art. 12).

La Ley Orgánica, en su artículo 10, regula la posibilidad de acumulación de acciones de amparo, "cuando un mismo acto, hecho u omisión en perjuicio de algún derecho o garantía constitucionales afectare el interés de varias personas", en cuyo caso establece que "conocerá de todas estas acciones el juez que hubiese prevenido, ordenándose, sin dilación procesal alguna y sin incidencias, la acumulación de autos".

C. *Carácter de orden público*

De acuerdo a lo establecido en el artículo 14 de la Ley Orgánica, "la acción de amparo, tanto en lo principal como en lo incidental, y en todo lo que de ella derive, hasta la ejecución de la providencia respectiva, es de eminente orden público".

Por ello, de acuerdo al artículo 25 de la Ley Orgánica:

"[...] quedan excluidas del procedimiento constitucional del amparo todas las formas de arreglo entre las partes, sin perjuicio de que el agraviado pueda, en cualquier estado y grado de la causa, desistir de la acción interpuesta, salvo que se trate de un derecho de eminente orden público o que pueda afectar las buenas costumbres".

En todo caso, conforme a la misma norma, el desistimiento malicioso o el abandono del trámite por el agraviado podrá ser sancionado por el juez de la causa o por el superior, según el caso, con multa.

3. *El iter procesal en el proceso de amparo de acuerdo con la Ley Orgánica de 1988 y la jurisprudencia anterior a 2000*

Como se ha dicho, la acción de amparo se reguló inicialmente en la Ley Orgánica de 1988, la cual sin duda fue una de las leyes más importantes dictadas en ejecución de la Constitución de 1961. La promulgación de la Constitución de 1999, sin embargo, exigía su adaptación a los nuevos principios procesales que en ella se establecieron, lo que implicó ajustes interpretativos y jurisprudenciales en la aplicación judicial de la ley. Para comprender bien analizaremos la evolución del régimen del procedimiento, estudiando en primer lugar, sus principios de acuerdo con la Ley Orgánica de 1988 y la jurisprudencia anterior a 2000, y en segundo lugar, la adaptación del procedimiento decidida en 2000 por la Sala Constitucional en su jurisprudencia vinculante.

En efecto, el escueto procedimiento general contemplado en el Título IV de la Ley Orgánica de 1988 (artículos 19, 23, 24, 26, 29, 30, 31, 32 y 35) para el trámite de la acción de amparo, se aplicaba cualquiera fuera la forma de amparo (salvo el que regulaba la protección de los derechos de libertad y seguridad personales), y conforme lo resolvió la antigua Corte Suprema de Justicia en Corte Plena en sentencia de 18 de octubre de 1994, se desarrollaba en la forma siguiente:

"Introducción de la solicitud, que ha de llenar los requisitos del artículo 18; examen de la solicitud por el juez a los fines de verificar si la misma es suficientemente clara y llena los requisitos contemplados en el antes citado artículo 18. De faltar los elementos últimamente aludidos, el juez deberá notificar al solicitante para que corrija el defecto u omisión dentro del lapso de cuarenta y ocho (48) horas siguientes a la notificación. La falta de oportuna corrección implica la declaratoria de su inadmisibilidad.

Siguiendo el camino procesal señalado, el nuevo paso previsto en la ley es necesariamente el del examen de los presupuestos de admisibilidad previstos en el artículo 6 de la Ley Orgánica de Amparo sobre Derechos y Garantías Constitucionales, que están redactados en forma tal que al juez le corresponde verificar la inexistencia de los supuestos enunciados en dicho artículo, a los fines de declarar admisible o no la acción. Este examen da lugar a un auto de admisión o inadmisión, según el caso, con lo cual el tribunal afirma los elementos básicos para el conocimiento de la causa.

La etapa inmediata del proceso es la prevista en el artículo 22 que permite al juez restablecer la situación jurídica que se denuncia infringida sin ningún tipo de averiguación sumaria que la proceda. Esta facultad extraordinaria que se enuncia igualmente en el artículo 5, sólo podrá operar en casos extremos en los cuales resulte evidente para el juez, por su total demostración, la lesión constitucional infringida al actor, o su inminente amenaza. Como se señalara precedentemente la aplicación del artículo 22 en cualquier procedimiento de amparo es violatorio del derecho a la defensa de los eventuales afectados por la decisión. Si el juez no opta por el ejercicio de tal facultad, lo cual constituye la regla general, debe ordenar al sujeto del cual deriva la lesión, su comparecencia para que informe sobre las circunstancias que motivaron la solicitud de amparo, lo cual ha de hacer en el término de cuarenta y ocho (48) horas contadas a partir de su notificación. Concluido el lapso anterior se procede a la celebración de la audiencia pública constitucional dentro de las noventa y seis (96) horas siguientes a la presentación del informe o a la extinción del término correspondiente, efectuada la audiencia deberá dictarse en las veinticuatro (24) horas siguientes a la decisión sobre la solicitud de amparo.

Este procedimiento, como se señaló, es común para el trámite de todas las acciones de amparo, salvo las que versan sobre la libertad y seguridad personales, que se rigen por el Título IV de las tantas veces mencionada Ley de Amparo, el cual, sin embargo, no difiere sustancialmente del que precedentemente se enunciara."[572.]

Este *iter* procesal, de acuerdo con la Ley Orgánica de 1988, se sujetó entonces a las siguientes reglas:

A. *Legitimación ad causam y ad procesum*

De acuerdo con el artículo 13 de la Ley Orgánica de 1988, la acción de amparo constitucional podía "ser interpuesta ante el juez competente por cualquier persona natural o jurídica, por representación o directamen-

---

572 Consultada en original.

te" siempre que, por supuesto, fuera la persona lesionada en su derecho o garantía constitucional por la violación o amenaza de violación de las mismas. La legitimación activa correspondía, por tanto, a la persona agraviada, quien podía intentar la acción directamente o mediante representantes, en cuyo caso debía acreditarse tal carácter bien fuera por tratarse del órgano de una persona jurídica, o por actuar mediante poder.

Por supuesto, para el ejercicio de la acción de amparo, quedaban a salvo las atribuciones del Defensor del Pueblo, por ejemplo, en casos de acciones de amparo para la protección de los derechos colectivos y difusos.

Asimismo, conforme al artículo 168 del Código de Procedimiento Civil, aun sin poder, podían intentar la acción de amparo, el heredero por su coheredero, en causas originadas por la herencia, y el comunero por su condueño, en lo relativo a la comunidad.

B. *Formalidades del libelo de la acción*

La solicitud de amparo debía formularse, en principio, por escrito, aun cuando también podía formularse por vía telegráfica, e incluso vía correo electrónico o Internet,[573] en cuyo caso debía ratificarse personalmente o mediante apoderado dentro de los tres (3) días siguientes (Art. 16). También podía ejercerse la acción de amparo en forma verbal, en cuyo caso el Juez debía recogerla en un acta (Art. 16).

En todo caso, fuera que se ejerciera por escrito, telegráficamente (con la ratificación posterior) o verbalmente, la solicitud de amparo, conforme al artículo 18 de la Ley Orgánica de 1988, debía expresar lo siguiente:

"1) Los datos concernientes a la identificación de la persona agraviada y de la persona que actúe en su nombre, y en este caso con la suficiente identificación del poder conferido;

2) Residencia, lugar y domicilio, tanto del agraviado como del agraviante;

3) Suficiente señalamiento e identificación del agraviante, si fuere posible, e indicación de la circunstancia de localización;

---

573 Véase sentencia de la Sala Constitucional N° 523 de 9–4–2001 (Caso: *Oswaldo Álvarez vs. Sala Político Administrativa y Sala Plena del Tribunal Supremo de Justicia*), en *Revista de Derecho Público*, N° 85–88, EJV, Caracas 2001, p. 457; y sentencia de la Sala Electoral N° 57 de 11–5–2004 (Caso: *Grecia Bellatriz Hernández R. vs. Alcalde del Municipio Baruta*), en *Revista de Derecho Público*, N° 97–98, EJV, Caracas, 2004, p. 443.

4)   Señalamiento del derecho o de las garantías constitucionales violados o amenazados de violación;

5)   Descripción narrativa del hecho, acto, omisión y demás circunstancias que motiven la solicitud de amparo;

6)   Y cualquiera explicación complementaria relacionada con la situación jurídica infringida, a fin de ilustrar el criterio del juez".

Como se señaló, en caso de instancia verbal, se debía exigir, en lo posible, estos mismos requisitos.

Por supuesto, con la solicitud debían aportarse los medios de prueba que permitieran al Juez apreciar la violación o amenaza de violación denunciada, y en particular, las pruebas documentales.

Como lo señaló la Sala Constitucional en la sentencia N° 7 del 1 de febrero de 2000 (Caso: *José A. Mejía y otros*)[574],

> "el accionante además de los elementos prescritos en el citado artículo 18 deberá también señalar en su solicitud, oral o escrita, las pruebas que desea promover, siendo esta una carga cuya omisión produce la preclusión de la oportunidad, no solo la de la oferta de las pruebas omitidas, sino la de la producción de todos los instrumentos escritos, audiovisuales o gráficos, con que cuenta para el momento de incoar la acción y que no promoviere y presentare con su escrito o interposición oral; prefiriéndose entre los instrumentos a producir los auténticos.
>
> El principio de libertad de medios regirá estos procedimientos, valorándose las pruebas por la sana critica, excepto la prueba instrumental que tendrá los valores establecidos en los artículos 1359 y 1360 del Código Civil para los documentos públicos y en el artículo 1363 del mismo Código para los documentos privados auténticos y otros que merezcan autenticidad, entre ellos los documentos públicos administrativos".

De acuerdo al artículo 19 de la Ley Orgánica de 1988, si la solicitud era oscura o no llenare los requisitos exigidos anteriormente especificados, el Juez debía notificar al solicitante del amparo para que corrigiera el defecto u omisión dentro del lapso de cuarenta y ocho (48) horas siguientes a la correspondiente notificación. Si no lo hiciere, la acción de amparo debía ser declara inadmisible.

C. *Notificación al Ministerio Público*

Al darle entrada a la solicitud contentiva de la acción de amparo, el Juez debía participar por oficio o por telegrama al representante del Mi-

---

574   Véase en *Revista de Derecho Público*, N° 81, EJV, Caracas, 2000.

nisterio Público, de la apertura del procedimiento, en virtud de las atribuciones establecidas en el artículo 42, ordinal 19° de la Ley Orgánica del Ministerio Público a los Fiscales del Ministerio Público de "intervenir en los recursos de amparo". Dicho representante se entendía que quedaba a derecho a partir de dicha participación (Art. 15).

D. *Admisión de la acción*

Conforme al artículo 6 de la Ley Orgánica de 1988 y a las otras normas que se referían a la admisión, la primera actuación procesal del juez, una vez presentado correctamente el libelo de la acción, era la decisión sobre la admisibilidad o inadmisibilidad de la misma.

Es decir, el juez necesariamente debía examinar los presupuestos de admisibilidad previstos en el artículo 6 de la Ley Orgánica de 1988, que estaban redactados en forma tal que al juez le correspondía verificar la inexistencia de los supuestos enunciados en dicho artículo, a los fines de declarar admisible o no la acción. Este examen daba lugar a un auto de admisión o inadmisión, según el caso, con lo cual el tribunal afirmaba los elementos básicos para el conocimiento de la causa.

E. *Solicitud de informe al presunto agraviante o imputado*

En el auto de admisión, el Juez debía ordenar a la autoridad, entidad, organización social o a los particulares imputados de violar o amenazar el derecho o la garantía constitucionales, su comparecencia para que en el termino de cuarenta y ocho (48) horas contadas a partir de la respectiva notificación, informasen sobre la pretendida violación o amenaza que había motivado la solicitud de amparo, (Art. 23).

De acuerdo al artículo 25 de la Ley de 1988, este informe debía contener una relación sucinta y breve de las pruebas en las cuales el presunto agraviante pretendía fundamentar su defensa, sin perjuicio de la potestad evaluativa que la Ley confería al Juez competente (Art. 17).

La Ley Orgánica de 1988 establecía (Art. 14) que la falta de informe correspondiente se debía entender como "aceptación de los hechos incriminados", razón por la cual ello debía dar origen a la decisión de amparo con el consiguiente restablecimiento inmediato de la situación jurídica infringida. Sin embargo, aun en estos casos, la decisión debía adoptarse luego de realizada la audiencia oral de las partes.

F. *Medidas cautelares*

La Ley Orgánica de 1988, y esa era una de sus reales carencias, no previó expresamente la potestad del Juez de amparo de adoptar medidas cautelares o preventivas en caso de solicitudes de amparo, lo que sin embargo, podía considerarse que había sido prevista –aún cuando deficientemente regulado - en el anulado artículo 22 de la Ley Orgánica de 1988,[575] si se hubiera interpretado acorde con la Constitución.

En todo caso, por la aplicación supletoria del Código de Procedimiento Civil (Art. 48), conforme al artículo 588 de dicho Código, los jueces de amparo siempre adoptaron las medidas cautelares adecuadas para la protección constitucional, cuando había "fundado temor" de que una de las partes, particularmente el presunto agraviante, pudiera causar "lesiones graves o de difícil reparación al derecho de la otra", en concreto, el agraviado. En estos casos, para evitar el daño, el Juez de amparo podía "autorizar o prohibir la ejecución de determinados actos y adoptar las providencias que tengan por objeto hacer cesar la continuidad de la lesión".

G. *La audiencia pública y oral*

En todo caso, al vencerse el término de cuarenta y ocho (48) horas para la remisión del informe solicitado, sin que ello hubiera ocurrido, o al presentarse el informe por el presunto agraviado, el Juez de amparo debía fijar la oportunidad para que las partes o sus representantes legales expresasen, en forma oral y pública, los argumentos respectivos (Art. 26), en una audiencia que debía realizarse dentro del lapso de noventa y seis (96) horas siguientes a la presentación del mencionado informe o al vencimiento del lapso de 48 horas que tenía el agraviante para presentarlo.

H. *Oportunidad de la decisión*

Efectuado dicho acto de audiencia oral, el Juez disponía de un término improrrogable de veinticuatro (24) horas para decidir la solicitud de amparo constitucional (Art. 26).

4. *Los principios de la reforma constitucional de 1999 y las normas procesales en materia de amparo establecidas por la Sala Constitucional*

El artículo 27 de la Constitución de 1999 puede decirse que siguió la orientación del artículo 49 de la Constitución de 1961, al regular la institución del amparo definitivamente como un derecho constitucional, el cual como hemos dicho se puede ejercer a través de múltiples medios o

_____

575 Véase en *Gaceta Oficial Extra* N° 5071 de 29-5-96.

recursos judiciales de protección, incluyendo la acción de amparo;[576] conforme a lo cual se habían dictado la Ley Orgánica de 1988.

Ahora bien, con motivo de la entrada en vigencia de la Constitución, la norma de la Constitución de 1999 relativa al amparo (artículo 27), fue interpretada por la Sala Constitucional del Tribunal Supremo de Justicia, procediendo mediante sentencias dictadas en casos concretos, a modificar la Ley Orgánica de Amparo, no sólo en cuanto a la determinación de la competencia judicial, sino en especial, en materia del procedimiento judicial en los juicios de amparo, asumiendo en forma irregular una función de "legislador positivo,"[577] supuestamente a los efectos de "adaptar" el procedimiento regulado en la Ley Orgánica de Amparo de 1988 al texto de la nueva Constitución, con lo cual estableció, en realidad, un *nuevo procedimiento* modificando y reformando, impropiamente, el regulado en la Ley Orgánica de Amparo de 1988,[578] que sólo podía ser reformado mediante otra Ley

---

576 Véase Allan R. Brewer–Carías, *El Derecho y la Acción de Amparo,* Tomo V *Instituciones Políticas y Constitucionales, op. cit.,* pp. 163 y ss. Véase en general, Hildegard Rondón de Sansó, "La acción de amparo constitucional a raíz de la vigencia de la Constitución de 1999", en *Revista de la Facultad de Ciencias Jurídicas y Políticas de la UCV,* Nº 119, Caracas, 2000, pp. 147–172; Richard D. Henríquez Larrazábal, "El problema de la procedencia del amparo constitucional en el Derecho venezolano", en *Bases y principios del sistema constitucional venezolano (Ponencias del VII Congreso Venezolano de Derecho Constitucional realizado en San Cristóbal del 21 al 23 de Noviembre de 2001),* Volumen II, pp. 403–475; Víctor R. Hernández–Mendible, "El amparo constitucional desde la perspectiva cautelar", en *El Derecho Público a comienzos del siglo XXI. Estudios homenaje al Profesor Allan R. Brewer–Carías,* Tomo I, *op. cit.,* pp. 1219–1301.

577 Véase en general, Allan R. Brewer-Carías, "El juez constitucional como legislador positivo y la inconstitucional reforma de la Ley Orgánica de Amparo mediante sentencias interpretativas," en Eduardo Ferrer Mac-Gregor y Arturo Zaldívar Lelo de Larrea (Coordinadores), *La ciencia del derecho procesal constitucional. Estudios en homenaje a Héctor Fix-Zamudio en sus cincuenta años como investigador del derecho,* Instituto de Investigaciones Jurídicas, Universidad Nacional Autónoma de México, México 2008, Tomo V, pp. 63-80; y en Eduardo Ferrer Mac-Gregor, Arturo Zaldívar Lelo de Larrea (Coordinadores), *La Ciencia del Derecho Procesal Constitucional (Estudios en homenaje a Héctor Fix-Zamudio en sus 50 años como investigador del Derecho. Homenaje Venezolano),* Universidad Nacional Autónoma de México (UNAM), Fundación de Estudios de Derecho Administrativo (FUNEDA), Editorial Jurídica Venezolana (EJV), Caracas 2012, pp. 261-279. Publicado también en *Crónica sobre la "In" Justicia Constitucional. La Sala Constitucional y el autoritarismo en Venezuela,* Colección Instituto de Derecho Público. Universidad Central de Venezuela, Nº 2, Editorial Jurídica Venezolana, Caracas 2007, pp. 545-563.

578 Véase en general, Humberto Enrique Tercero Bello Tabares, "El procedimiento de Amparo Constitucional, según la sentencia Nº 7 dictada por la Sala Constitucional

En efecto, en la sentencia N° 7 de 1° de febrero de 2000 (Caso: *José A. Mejía y otros*),[579] la Sala Constitucional, teniendo en cuenta que por mandato del artículo 27 de la Constitución el procedimiento de la acción de amparo constitucional "será oral, público, breve, gratuito y no sujeto a formalidades;" siendo las características de oralidad y ausencia de formalidades que rigen estos procedimientos las que permiten a la autoridad judicial restablecer inmediatamente, a la mayor brevedad, la situación jurídica infringida o la situación que más se asemeje a ella; y considerando que el artículo 27 de la Constitución es de aplicación inmediata; estimó que debía "adaptar" el procedimiento de la acción de amparo establecido en la Ley Orgánica de 1988 a las prescripciones del artículo 27 de la Constitución, aplicando además, el 49 de la Constitución. Esta norma impone el debido proceso, cuyos elementos deben estar presentes en el procedimiento de amparo, cuyas normas procesales también deben adecuarse a dicha norma, prescribiendo que el procedimiento de las acciones de amparo debe contener los elementos que conforman el debido proceso.

Como consecuencia de esta orientación, "la Sala Constitucional, obrando dentro de la facultad que le otorga el artículo 335 *ejusdem*, de establecer interpretaciones sobre el contenido y alcance de las normas y principios constitucionales, las cuales serán en materia de amparo *vinculantes* para los tribunales de la República, interpreta los citados artículos 27 y 49 de la Constitución de la República Bolivariana de Venezuela, en relación con el procedimiento de amparo previsto en la Ley Orgánica de Amparo sobre Derechos y Garantías Constitucionales, distinguiendo si se trata de amparos contra sentencias o de los otros amparos, excepto el cautelar"; estableció un conjunto de normas procesales que estimó las adecuadas para desarrollar los principios constitucionales, reformando la Ley Orgánica de Amparo de 1988, con lo cual, sin duda, usurpó la potestad del legislador y atentó contra la seguridad jurídica.

---

del Tribunal Supremo de Justicia, de fecha 01 de febrero de 2000. Caso *José Amando Mejía Betancourt y José Sánchez Villavicencio*, en *Revista de derecho del Tribunal Supremo de Justicia,* N° 8, Caracas, 2003, pp. 139 a 176; María Elena Toro Dupouy, "El procedimiento de amparo en la jurisprudencia de la Sala Constitucional del Tribunal Supremo de Justicia (Años 2000–2002)", en *Revista de Derecho Constitucional,* N° 6, enero–diciembre–2002, Editorial Sherwood, Caracas, 2003, pp. 241 a 256; María Elena Toro Dupouy, "El amparo contra decisiones judiciales en la jurisprudencia de la Sala Constitucional del Tribunal Supremo de Justicia. El Amparo sobrevenido", en *Revista de Derecho Constitucional,* N° 7, enero–junio 2003, Editorial Sherwood, Caracas, 2003, pp. 207 a 222.

579 Véase en *Revista de Derecho Público*, N° 81, Editorial Jurídica Venezolana, Caracas, 2000, pp. 349 ss.

En particular, en los casos de ejercicio de la acción autónoma de amparo, siempre que no sea contra sentencias, la Sala dictó las siguientes normas modificatorias del régimen legal:

A. *Principios generales del procedimiento no sujeto a formalidades*

En cuanto a los principios generales del procedimiento, la Sala señaló que:

"Debido al mandato constitucional de que el procedimiento de amparo no estará sujeto a formalidades, los trámites como se desarrollarán las audiencias y la evacuación de las pruebas, si fueran necesarias, las dictará en las audiencias el tribunal que conozca del amparo, siempre manteniendo la igualdad entre las partes y el derecho de defensa".

"Todas las actuaciones serán públicas, a menos que por protección a derechos civiles de rango constitucional, como el comprendido en el artículo 60 de la Constitución de la República Bolivariana de Venezuela, se decida que los actos orales sean a puerta cerrada, pero siempre con inmediación del tribunal".

B. *La derogación de la exigencia legal del informe del agraviado, la citación del agraviante y la creación de la audiencia constitucional*

La Sala Constitucional estableció en su sentencia que una vez admitida la acción, el juez debe ordenar:

"La citación del presunto agraviante y la notificación del Ministerio Público, para que concurran al tribunal a conocer el día en que tendrá lugar la audiencia oral, la cual tendrá lugar, tanto en su fijación como para su práctica, dentro de las noventa y seis (96) horas a partir de la última notificación efectuada".

La Sala, en cuanto a la citación, pero refiriéndola como "notificación", reguló nuevas formas de hacerla ni siquiera establecidas en el Código de Procedimiento Civil, así:

"Para dar cumplimiento a la brevedad y falta de formalidad, la notificación podrá ser practicada mediante boleta, o comunicación telefónica, fax, telegrama, correo electrónico, o cualquier medio de comunicación interpersonal, bien por el órgano jurisdiccional o bien por el Alguacil del mismo, indicándose en la notificación la fecha de comparecencia del presunto agraviante y dejando el Secretario del órgano jurisdiccional, en autos, constancia detallada de haberse efectuado la citación o notificación y de sus consecuencias".

C. *La reforma del régimen de la audiencia constitucional pública y oral*

La Sala Constitucional, en su sentencia, también reformó el régimen de la audiencia pública y oral en el proceso del juicio de amparo. Al eliminar la exigencia legal del informe escrito que debe requerirse y presentar el agraviante, dispuso la realización de la audiencia oral y pública, con el siguiente régimen:

Una vez admitida la acción, de acuerdo con la sentencia de la Sala Constitucional:

"se ordenará la citación del presunto agraviante y la notificación del Ministerio Público, para que concurran al tribunal a conocer el día en que tendrá lugar la audiencia oral, la cual tendrá lugar, tanto en su fijación como para su práctica, dentro de las noventa y seis (96) horas a partir de la última notificación efectuada.

Para dar cumplimiento a la brevedad y falta de formalidad, la notificación podrá ser practicada mediante boleta, o comunicación telefónica, fax, telegrama, correo electrónico, o cualquier medio de comunicación interpersonal, bien por el órgano jurisdiccional o bien por el Alguacil del mismo, indicándose en la notificación la fecha de comparecencia del presunto agraviante y dejando el Secretario del órgano jurisdiccional, en autos, constancia detallada de haberse efectuado la citación o notificación y de sus consecuencias".

Conforme a la sentencia de la Sala:

"En la fecha de la comparecencia que constituirá una audiencia oral y pública, las partes, oralmente, propondrán sus alegatos y defensas ante la Sala Constitucional o el tribunal que conozca de la causa en primera instancia, y esta o este decidirá, si hay lugar a pruebas, caso en que el presunto agraviante podrá ofrecer las que considere legales y pertinentes, ya que este es el criterio que rige la admisibilidad de las pruebas. Los hechos esenciales para la defensa del agraviante, así como los medios ofrecidos por él se recogerán en un acta, al igual que las circunstancias del proceso".

Sobre los poderes del juez en la audiencia, la Sala señaló:

"Los Jueces Constitucionales siempre podrán interrogar a las partes y a los comparecientes".

Sobre los efectos de la falta de comparecencia de las partes a la audiencia la Sala, en la sentencia citada, dispuso que

"La falta de comparecencia del presunto agraviante a la audiencia oral aquí señalada producirá los efectos previstos en el artículo 23 de la Ley Orgánica de Amparo Sobre Derechos y Garantías Constitucionales.

La falta de comparecencia del presunto agraviado dará por terminado el procedimiento, a menos que el Tribunal considere que los hechos alegados afectan el orden público, caso en que podrá inquirir sobre los hechos alegados, en un lapso breve, ya que conforme al principio general contenido en el artículo 11 del Código de Procedimiento Civil y el artículo 14 de la Ley Orgánica de Amparo Sobre Derechos y Garantías Constitucionales, en materia de orden público el juez podrá tomar de oficio las providencias que creyere necesarias".

En relación con las pruebas, la Sala señaló:

"El órgano jurisdiccional, en la misma audiencia, decretará cuáles son las pruebas admisibles y necesarias, y ordenará, de ser admisibles, también en la misma audiencia, su evacuación, que se realizará en ese mismo día, con inmediación del órgano en cumplimiento del requisito de la oralidad o podrá diferir para el día inmediato posterior la evacuación de las pruebas".

Sobre el desarrollo de la actividad probatoria en la audiencia la Sala estableció que:

"Cuando se trate de causas que cursen ante tribunales cuyas decisiones serán conocidas por otros jueces o por esta Sala, por la vía de la apelación o consulta, en cuanto a las pruebas que se evacuen en las audiencias orales, se grabarán o registrarán las actuaciones, las cuales se verterán en actas que permitan al juez de la Alzada conocer el devenir probatorio. Además, en la audiencia ante el Tribunal que conozca en primera instancia en que se evacuen estas pruebas de lo actuado, se levantará un acta que firmarán los intervinientes. El artículo 189 del Código Procedimiento Civil regirá la confección de las actas, a menos que las partes soliciten que los soportes de las actas se envíen al Tribunal Superior".

En cambio, en el régimen establecido en la Ley Orgánica de 1988, que derogó la Sala Constitucional, la audiencia se realizaba en una oportunidad posterior a la presentación del informe por parte del agraviante. Con la nueva norma se le eliminó al agraviado la posibilidad de analizar el texto escrito del informe con anterioridad, a los efectos de poder contestarlo efectivamente, a los efectos de reforzar su denuncia inicial en la audiencia oral,

Es decir, la Sala Constitucional le cercenó el derecho que tenía el agraviado, tal como se lo garantizaba la Ley Orgánica de 1988, en un procedimiento dispuesto para proteger sus derechos, que le permitía conocer por escrito los alegatos que formulara el presunto agraviante, sin lesionarle el derecho a su defensa. En el procedimiento que estableció la Sala Constitucional, en cambio, se obligó al agraviado a conocer de los alegatos que expresase sólo oralmente el agraviante en la audiencia oral, en la cual el juez además, siempre podía interrogar a las partes y a los comparecientes, y al final de la cual, la Sala Constitucional dispuso que se debía dictar la sentencia.

D. *Régimen de la oportunidad de la sentencia de amparo*

El régimen de la sentencia de amparo también se reformó con sentencia de la Sala Constitucional, modificándose el establecido en la Ley Orgánica de 1988, el cual se sustituyó por el siguiente:

"Una vez concluido el debate oral o las pruebas, el juez o el Tribunal en el mismo día estudiará individualmente el expediente o deliberará (en los caso de los Tribunales colegiados) y podrá:

a) Decidir inmediatamente; en cuyo caso expondrá de forma oral los términos del dispositivo del fallo; el cual deberá ser publicado íntegramente dentro de los cinco (5) días siguientes a la audiencia en la cual se dictó la decisión correspondiente. El fallo lo comunicará el juez o el presidente del Tribunal Colegiado, pero la sentencia escrita la redactará el ponente o quien el Presidente del Tribunal Colegiado decida.

El dispositivo del fallo surtirá los efectos previstos en el artículo 29 de la Ley Orgánica de Amparo Sobre Derechos y Garantías Constitucionales, mientras que la sentencia se adaptará a lo previsto en el artículo 32 *ejusdem*.

b) Diferir la audiencia por un lapso que en ningún momento será mayor de cuarenta y ocho (48) horas, por estimar que es necesaria la presentación o evacuación de alguna prueba que sea fundamental para decidir el caso o a petición de alguna de las partes o del Ministerio Público".

E. *Apelación y consulta*

En relación con la apelación y consulta de las sentencias de amparo, la sentencia de la Sala Constitucional dispuso en su mencionada sentencia n° 7, lo siguiente:

"Contra la decisión dictada en primera instancia, podrá apelarse dentro de los tres (3) días siguientes a la publicación del fallo, la cual se oirá en un sólo efecto a menos que se trate del fallo dictado en un proceso que, por excepción, tenga una sola instancia.

De no apelarse, pero ser el fallo susceptible de consulta, deberá seguirse el procedimiento seguido en el artículo 35 de la Ley Orgánica de Amparo sobre Derechos y Garantías Constitucionales, esto es, que la sentencia será consultada con el Tribunal Superior respectivo, al cual se le remitirá inmediatamente el expediente, dejando copia de la decisión para la ejecución inmediata. Este Tribunal decidirá en un lapso no mayor de treinta (30) días.

La falta de decisión equivaldrá a una denegación de justicia, a menos que por el volumen de consultas a decidir se haga necesario prorrogar las decisiones conforme al orden de entrada de las consultas al Tribunal de la segunda instancia".

F. *El procedimiento en la acción de amparo contra sentencias*

En cuanto a las acciones de amparo contra sentencias, la sentencia de la Sala señaló lo siguiente:

"2. Cuando el amparo sea contra sentencias, las formalidades se simplificarán aún más y por un medio de comunicación escrita que deberá anexarse al expediente de la causa donde se emitió el fallo, inmediatamente a su recepción, se notificará al juez o encargado del Tribunal, así como a las partes en su domicilio procesal, de la oportunidad en que habrá de realizarse la audiencia oral, en la que ellos manifestarán sus razones y argumentos respecto a la acción. Los amparos contra sentencias se intentarán con copia certificada del fallo objeto de la acción, a menos que por la urgencia no pueda obtenerse a tiempo la copia certificada, caso en el cual se admitirán las copias previstas en el artículo 429 del Código Procedimiento Civil, no obstante en la audiencia oral deberá presentarse copia auténtica de la sentencia.

Las partes del juicio donde se dictó el fallo impugnado podrán hacerse partes, en el proceso de amparo, antes y aún dentro de la audiencia pública, mas no después, sin necesidad de probar su interés. Los terceros coadyuvantes deberán demostrar su interés legítimo y directo para intervenir en los procesos de amparo de cualquier clase antes de la audiencia pública.

La falta de comparecencia del Juez que dicte el fallo impugnado o de quien esté a cargo del Tribunal, no significará aceptación de los hechos, y el órgano que conoce del amparo, examinará la decisión impugnada".

De lo anterior resulta, por tanto, que a partir de 2000, el procedimiento en la acción de amparo no sólo estaba regulado en la Ley Orgánica de 1988, sino en una sentencia de la Sala Constitucional, con lo cual la seguridad jurídica, en consecuencia, pareció no ser un valor fundamental en la mente de algunos Magistrados de dicha Sala, pues de lo contrario hubieran hecho una exhortación a la Asamblea Nacional para la reforma de la Ley Orgánica de Amparo.

5. *La potestad cautelar del juez de amparo*

A. *El régimen general*

Como hemos señalado, el amulado artículo 22 de la Ley Orgánica, en nuestro criterio, pudo haberse interpretado con el criterio *favor constitucione*, como estableciendo la potestad cautelar del juez de amparo, al atribuirle la potestad para restablecer la situación jurídica infringida, "prescindiendo de consideraciones de mera forma y sin ningún tipo de averiguación sumaria que la preceda"; para lo cual exigía que el mandamiento cautelar de amparo fuera motivado y estuviese fundamentado "en un medio de prueba que constituya presunción grave de la violación o de la amenaza de violación".

Tal como estaba concebida esta norma, sin embargo, también podía interpretarse como autorizando a que se pudiera adoptar el mandamiento de amparo *inaudita parte,* dado que disponía que sólo si el juez no optaba por "restablecer inmediatamente la situación jurídica infringida" es que debía proceder a solicitar informe al presunto agraviante y a darle audiencia.

Era evidente, sin embargo, que cualquier interpretación jurisprudencial de la norma debía excluir toda decisión definitiva *inaudita parte,* pues hubiera sido violatorio del artículo 68 de la Constitución de 1961 que garantiza la inviolabilidad del derecho a la defensa en todo estado y grado del proceso, y contradictorio con el artículo 21 de la propia Ley Orgánica que obliga al Juez de amparo a mantener la "absoluta igualdad entre las partes", lo que permitía concluir que el proceso de amparo debe ser de carácter bilateral.

Por tanto, consideramos como antes argumentamos, que esta disposición del artículo 22 de la Ley Orgánica, debió haberse interpretarse como la potestad del Juez de amparo de poder adoptar de inmediato medidas cautelares o preventivas ("amparo temporal"), restableciendo de inmediato la situación jurídica infringida, mientras duraba el juicio; y, en todo caso, debía proceder a continuar el procedimiento breve previsto, solicitando el informe respectivo y dando audiencia al presunto agraviante o imputado. [580] Sin embargo, y con el objeto de despejar las dudas, a los pocos días de haberse promulgado la Ley Orgánica de Amparo en 1988, intentamos una acción de inconstitucionalidad contra la norma del artículo 22 de la Ley Orgánica[581], proceso que no fue decidido, habiéndose sin embargo decidido otra acción de inconstitucionalidad que concluyó

---

580 Véase Allan R. Brewer–Carías, "Introducción general al régimen del derecho de amparo a los derechos y garantías constitucionales", en Allan R. Brewer–Carías y Carlos M. Ayala Corao, *Ley Orgánica de Amparo sobre Derechos y Garantías Constitucionales,* Caracas, 1988, p. 90.

581 Véase en Allan R. Brewer–Carías, *Instituciones Políticas y Constitucionales,* Vol VI, *Derecho y acción de amparo, op. cit,* pp. 388 ss.

con la declaratoria de la inconstitucionalidad de la norma mediante sentencia de la Corte Suprema de 21 de mayo de 1996.[582]

La consecuencia de esta decisión fue entonces la construcción del régimen de las medidas cautelares en materia de amparo conforme a los previsiones del Código de Procedimiento Civil, excepto la suspensión de los efectos de los actos impugnados cuando se formula la pretensión de amparo conjuntamente con la acción de inconstitucionalidad de las leyes o el recurso contencioso administrativo de nulidad de actos administrativos.

En efecto, por la aplicación supletoria del Código de Procedimiento Civil (Art. 48), es evidente que tiene aplicación el artículo 588 del mismo, como ya lo habían venido realizando los tribunales de instancia en los procesos de amparo que habían conducido.

En esta forma, los jueces de amparo tienen el poder general cautelar previsto particularmente en el parágrafo primero del artículo 588 del Código, que les permite "acordar las providencias cautelares que considere adecuadas", cuando hubiere "fundado temor" de que una de las partes, particularmente el presunto agraviante, pueda causar "lesiones graves o de difícil reparación al derecho de la otra", en concreto, el agraviado. En estos casos, para evitar el daño, el Juez de amparo puede "autorizar o prohibir la ejecución de determinados actos y adoptar las providencias que tengan por objeto hacer cesar la continuidad de la lesión".

A tal efecto, el juez debe analizar en primer término, *el fumus boni iuris*, con el objeto de concretar la presunción grave de violación o amenaza de violación del derecho constitucional alegado por la parte quejosa y que lo vincula al caso concreto; y en segundo lugar, el *periculum in mora*, elemento éste determinable por la sola verificación del requisito anterior, pues la circunstancia de que exista presunción grave de violación de un derecho de orden constitucional, el cual por su naturaleza debe ser restituido de forma inmediata, conduce a la convicción de que debe preservarse *ipso facto* la actualidad de ese derecho, ante el riesgo inminente de causar un perjuicio irreparable en la definitiva a la parte que alega la violación.[583]

---

582 Véase en *Gaceta Oficial Extra* N° 5071 de 29–5–96.

583 Véase por ejemplo, sentencia del 20-03-2001 de la Sala Político Administrativa del Tribunal Supremo, caso *Marvin Enrique Sierra Velasco*, Expediente n° 0904, consultada en la página web del Tribunal Supremo de Justicia.

B. *El nuevo régimen establecido por la Sala Constitucional*

En relación con los supuestos de ejercicio conjunto de la pretensión de amparo con otros medios de impugnación y los efectos cautelares suspensivos, la Sala Constitucional del Tribunal Supremo también estableció modalidades nuevas de procedimiento, en la sentencia N° 88 de 14 marzo de 2000 (Caso: *Ducharme de Venezuela, C.A.*), en la siguiente forma:

En cuanto a las modalidades de ejercicio de la acción de amparo, la Sala indicó lo siguiente:

"Observa esta Sala, que mediante la sentencia de la entonces Corte Suprema de Justicia en Pleno, del 21 de mayo de 1996, que anuló el artículo 22 de la Ley Orgánica de Amparo sobre Derechos y Garantías Constitucionales, se establecieron las distintas alternativas de tramitación de los amparos ejercidos de forma conjunta con otras acciones, basándose para ello en la potestad consagrada en el artículo 102 de la Ley Orgánica de la Corte Suprema de Justicia, en los siguientes términos:

1.   Tramitar la solicitud de amparo constitucional de conformidad con lo dispuesto en los artículos 23 y siguientes de la Ley Orgánica de Amparo.

2.   En caso de que la solicitud de amparo sólo tenga por objeto la suspensión de los efectos del acto administrativo recurrido, darle el mismo tratamiento de beneficio que la suspensión de efectos prevista en el artículo 136 de la Ley Orgánica de la Corte Suprema de Justicia.

3.   Si la solicitud de amparo tiene por objeto la obtención de una medida cautelar de las previstas en el parágrafo primero del artículo 588 del Código de Procedimiento Civil, tramitarla de conformidad con lo previsto en el Título II del Libro Tercero de dicho Código.

No obstante, se observa que la potestad prevista en el artículo 102 de la Ley Orgánica de la Corte Suprema de Justicia otorgada al juez Contencioso Administrativo, le permite a éste la aplicación de otros procedimientos de acuerdo a la naturaleza del caso y a las exigencias de la protección constitucional. (Subrayado de la Sala).

Con fundamento en la sentencia parcialmente transcrita, en concordancia con el artículo 102 de la Ley Orgánica de la Corte Suprema de justicia, y atendiendo a los principios procesales consagrados en la nueva Constitución que se inspira en lograr la preservación de la tutela judicial efectiva y una pronta decisión a los asuntos sometidos a los órganos jurisdiccionales (artículo 26), esta Sala Constitucional del Tribunal Supremo de Justicia establece el siguiente procedimiento para tramitar las acciones de nulidad interpuestas conjuntamente con medida cautelar de amparo."

La Sala estableció, como primer aspecto, la necesidad de que el juez se pronuncie sobre la admisibilidad de la acción principal, indicando lo siguiente:

"1. Una vez recibida en esta Sala la acción de nulidad, interpuesta conjuntamente con amparo constitucional, el Juzgado de Sustanciación de la Sala decidirá mediante auto sobre la admisibilidad de la acción principal, a menos que por la urgencia del caso la Sala decida pronunciarse sobre la admisión de la misma, supuesto en que también la Sala se pronunciará sobre el amparo ejercido conjuntamente con la referida acción de nulidad.

2. En caso de que se declare inadmisible la acción principal, se dará por concluido ejercicio y se ordenará el archivo del expediente".

Admitida la acción principal, de acuerdo con lo indicado por la Sala:

"3. En el mismo auto se ordenará abrir cuaderno separado en el cual se designará Ponente, a los efectos de decidir sobre el amparo constitucional.

4. El procedimiento de nulidad continuará su trámite por ante el Juzgado de Sustanciación, y la Sala decidirá sobre la procedencia o no del amparo constitucional".

En relación con la decisión sobre la pretensión de amparo cautelar y convocatoria a la audiencia constitucional, la sentencia de la Sala indicó:

"En el caso que se acuerde el amparo se le notificará de dicha decisión al presunto agraviante, para que, si lo estima pertinente, formule oposición contra la medida acordada, dentro de las cuarenta y ocho (48) horas siguientes a su notificación, supuesto en el cual se convocará para una audiencia oral y pública que se efectuará en el tercer (3°) día siguiente a la formulación de la oposición, a fin de que las partes expongan sus alegatos. En el auto en el que se fije la celebración de la audiencia oral y pública, se ordenará la notificación del Ministerio Público".

De acuerdo con la sentencia antes citada, una vez concluido el debate oral, la Sala en el mismo día deliberará y puede tomar la decisión sobre el amparo luego de la audiencia, así:

"a) Pronunciarse inmediatamente sobre la oposición, en cuyo caso se expondrá de forma oral los términos de la decisión, la cual deberá ser publicada íntegramente dentro de los cinco (5) días siguientes a la audiencia en la cual se dictó aquélla.

b) Diferir la audiencia oral por un lapso que en ningún momento será mayor de cuarenta y ocho (48) horas por estimar que es necesario la presentación o evacuación de alguna prueba que sea fundamental para decidir el caso, o a petición de alguna de las partes o del Ministerio Público".

Conforme se indica en la sentencia, en estos casos:

"6. La decisión recaída sobre el amparo constitucional en nada afecta la tramitación de la causa principal."

C. *El amparo cautelar en los casos de ejercicio de la pretensión de amparo conjunta con la acción contencioso administrativo de anulación ante la Jurisdicción contencioso administrativa*

La Ley Orgánica de la Jurisdicción Contencioso Administrativa de 2010, al regular las medidas cautelares estableció un procedimiento en el artículo 103 que "regirá la tramitación de las medidas cautelares, incluyendo las solicitudes de amparo constitucional cautelar," con lo que se hizo referencia a los casos en los cuales con las demandas de nulidad o contra abstenciones se puede formular una pretensión de amparo, la cual tiene carácter cautelar.

Se trata en este caso, de demandas de nulidad de actos administrativos, o de las demandas contra las abstenciones de la Administración en las cuales la pretensión de anulación o de condena a actuar está acompañada de una pretensión de restablecimiento de una garantía o derecho constitucional violado por el acto recurrido, conforme se regula expresamente en la Ley Orgánica de Amparo.

En este caso, cuando la lesión al derecho o garantía constitucional la produce un acto administrativo o la abstención de la Administración, como se ha dicho, la vía ordinaria de amparo constitucional es la demanda contencioso administrativa que puede ser ejercida por el titular del derecho o garantía constitucional vulnerado (legitimación activa), en la cual además de buscarse la anulación del acto que perturba el derecho o que la Administración actúe (lo cual es el fundamento del amparo en este caso) se busca restablecer la situación jurídica subjetiva infringida. De allí lo previsto en el artículo 5 citado de la Ley Orgánica de Amparo. sobre Derechos y Garantías Constitucionales de 22 de enero de 1988.[584]

Por tanto, la acción autónoma de amparo procede también contra actos administrativos o contra conductas omisivas de la Administración que violen o amenacen violar un derecho o garantía constitucionales, pero siempre que no exista "un medio procesal breve, sumario y eficaz, acorde con la protección constitucional". En consecuencia, si dicho medio existe

---

584 Véase *Gaceta Oficial* N° 33.891 de 22-01-1988.

no procede la acción de amparo; y es la propia Ley Orgánica de Amparo la que se ocupa de prever dicho "medio procesal breve, sumario y efectivo, acorde con la protección constitucional", y ese es, en principio, el recurso contencioso-administrativo de anulación, o demanda de nulidad, siempre que exista en la localidad un tribunal con competencia contencioso-administrativa.

En estos casos, prevé la Ley que la acción de amparo puede ejercerse contra actos administrativos de efectos particulares o contra abstenciones o negativas de la Administración, ante el Juez Contencioso- Administrativo competente, si lo hubiere en la localidad, "conjuntamente con el recurso contencioso-administrativo de anulación de actos administrativos o contra las conductas omisivas, respectivamente, que se ejerza". En estos casos agrega el artículo 5 de la Ley Orgánica de Amparo, el Juez, "en forma breve, sumaria, efectiva, si lo considera procedente para la protección constitucional suspenderá los efectos del acto recurrido como garantía de dicho derecho constitucional violado, mientras dure el juicio".

En esta forma, para que pueda ser completamente efectiva la protección y amparo de derechos constitucionales por vía del recurso contencioso-administrativo de anulación, la Ley Orgánica de Amparo ha previsto algunos correctivos en el procedimiento del mismo, por ejemplo, al ampliar la procedencia de la suspensión de efectos de los actos impugnados en forma más expedita, cuando se alegue violación de un derecho constitucional, es decir, la nulidad absoluta del acto recurrido; al eliminar el lapso de caducidad de seis (6) meses para la impugnación de los actos administrativos violatorios de derechos y garantías constitucionales que son nulos, de nulidad absoluta, conforme lo establece el artículo 25 de la Constitución; y al eximir al recurrente de la necesidad de agotamiento previo de la vía administrativa para ejercer el recurso de nulidad y amparo.

En definitiva, frente a los actos administrativos, el amparo de los derechos constitucionales se puede lograr a través del recurso contencioso administrativo de anulación, que es un medio judicial de amparo, resultando inadmisible intentar contra ellos la acción autónoma de amparo, cuando exista un juez contencioso-administrativo en la localidad, por ser la vía contencioso-administrativa de anulación y amparo, conforme a la propia Ley Orgánica de Amparo, un medio procesal breve, sumario y eficaz, acorde con la protección constitucional.

Por último, el otro elemento que debe destacarse respecto del proceso contencioso-administrativo de anulación y amparo, se refiere a los poderes del juez. En este caso, de acuerdo a los artículos 259 y 25 de la Constitución, el juez contencioso-administrativo tiene "potestad para restablecer la situación jurídica infringida o en su caso, para disponer lo necesario para su restablecimiento. Esto significa que el juez del contencioso de anulación y amparo, una vez anulado el acto, puede directamente restablecer el derecho constitucional infringido y sustituirse a la Administración, y además, adoptar mandamientos de hacer o de no hacer en relación con la Administración, para asegurar no sólo dicho restablecimiento, sino además, impedir la sucesiva vulneración del derecho o garantía constitucional por la Administración. Por supuesto, además, y de acuerdo a lo señalado anteriormente, en caso de proceder, y conforme a lo solicitado, el juez podría adoptar las decisiones de condena respecto de la Administración, por los daños y perjuicios que se pudieran haber causado al recurrente por el acto anulado.

XII. EL SENTIDO DE LA PROTECCIÓN CONSTITUCIONAL Y LA DECISIÓN EN MATERIA DE AMPARO

1. *El sentido y alcance de la protección constitucional en el derecho comparado*

El objetico del proceso de amparo, para la parte agraviada, básicamente es conseguir la protección judicial (amparo, tutela o protección) reclamada para sus derechos constitucionales ilegítimamente lesionados o amenazados por la parte agraviante.

Por consiguiente, el resultado final del proceso, caracterizado por su naturaleza bilateral que impone la necesidad de que los accionados tengan el derecho a participar y ser oídos,[585] es una decisión judicial formal u orden dictada por el tribunal para la protección de los derechos amenazados o la restitución del disfrute del derecho lesionado, la cual puede consistir, por ejemplo, en una decisión ordenando o previniendo una actuación o en una orden de hacer, no hacer o deshacer alguna acción.[586]

---

585 De manera similar, respecto de las i*njunctions* definitivas, éstas solo pueden declararse si se libra compulsa de la demanda y se ha hecho citación del accionado. Véase por ejemplo, los casos: *U.S. v. Crusco*, 464 F.2d 1060, Cir. 1972*; Murphy v. Washington American League Baseball Club, Inc.*, 324 F2d. 394, D.C. Cir. 1963, en John Bourdeau *et al.*, "Injunctions," en Kevin Schroder, John Glenn and Maureen Placilla, *Corpus Juris Secundum*, Volumen 43A, Thomson West, 2004, p. 339.

586 En la *injunction* de los Estados Unidos, la orden puede ser ejecutiva o preventiva de virtualmente cualquier tipo de acción (*Dawkins v. Walker*, 794 So. 2d 333, Ala. 2001; *Levin v. Barish*, 505 Pa. 514, 481 A.2d 1183, 1984) o puede ordenar a alguien que deshaga un ilícito o un daño (*State Game and Fish Com'n v. Sledge*, 344 Ark. 505, 42 S.W.3d 427, 2001). Es una orden judicial demandando a una persona a hacer o abstenerse de hacer determinados actos (*Skolnick v. Altheimer & Gray*, 191 Ill 2d 214, 246 Ill. Dec. 324, 730 N.E.2d 4, 2000), por cualquier periodo de tiempo

Esto quiere decir que el mandamiento de amparo, como la *injunction* norteamericana,[587] es un decreto judicial de protección judicial de los derechos fundamentales.

En su emisión, la función del tribunal de amparo es, por una parte, la de impedir al agraviante infligir más daños al accionante, teniendo la sentencia es ese caso, carácter prohibitivo u obligatorio; o, por otra parte, la de corregir la situación presente mediante la cesación de los efectos del ilícito cometido.[588]

Es por eso que la orden judicial de amparo en América Latina, aun cuando no exista en nuestros países la distinción entre recursos del "*Equity*" y recursos del "*Law*," es muy similar en sus objetivos y efectos no solo respecto de la *injunction* de los Estados Unidos sino también respecto de los otros recursos del *Equity* y los recursos extraordinarios fuera del *Equity*, como el *mandamus y el prohibition* y los recursos legales declarativos.

De acuerdo a lo anterior, por tanto, en particular, el mandamiento u orden de amparo puede ser, primero, de carácter prohibitivo, similar a las *injunctions* prohibitivas decretadas para restringir una acción, para impedir determinados actos o para ordenar a una persona abstenerse de realizarlos.

Segundo, puede ser también de carácter obligatorio, o sea, como la *injunction* obligatoria imponiendo el deshacer un acto o la restauración de un *status quo*; y como el decreto norteamericano de *mandamus* emitido para forzar una acción o la ejecución de algún acto, o para ordenar a una persona realizarlo.

Tercero, la orden de amparo también puede ser similar a los norteamericanos decretos de *prohibition* o decreto de *error* cuando la orden está dirigida a un tribunal,[589] cosa que normalmente pasa con las acciones de amparo interpuestas contra decisiones judiciales.

---

independientemente de su propósito (*Sheridan County Elec. Co-op v. Ferguson*, 124 Mont. 543, 227 P.2d 597, 1951). *Idem*, p. 19.

587 Véase caso *Nussbaum v. Hetzer*, 1, N.J. 171, 62 A. 2d 399 (1948). *Idem*, p. 19.

588 Similar a la "*injunction* preventiva" y a la "*injunction* restitutoria o indemnizatoria" en los Estados Unidos. Véase William M. Tabb y Elaine W. Shoben, *Remedies*, Thomson West, 2005, pp. 86–89; John Bourdeau *et al*., "Injunctions," en Kevin Schroder, John Glenn y Maureen Placilla, *Corpus Juris Secundum*, Volumen 43A, Thomson West, 2004, pp. 28 ss.

589 Véase William M. Tabb y Elaine W. Shoben, *Remedies*, Thomson West, 2005, pp. 86 ss. 246 ss.; y en John Bourdeau *et al*., "Injunctions," en Kevin Schroder, John

Y cuarto, puede ser también similar al recurso declarativo por el cual los tribunales son llamados a declarar el derecho constitucional del accionante respecto de las otras partes.

Por lo tanto, en los procedimientos de amparo, los tribunales latinoamericanos tienen poderes muy amplios para proveer soluciones y efectivamente proteger derechos constitucionales, decretando órdenes de hacer, no hacer, restringir hacer o deshacer algo.[590] Los problemas yacen en la efectividad de las funciones judiciales y en la autonomía e independencia de los tribunales.[591]

Los contenidos de la decisión final de amparo han sido regulados en las leyes de amparo y pueden consistir, como se establece en el artículo 86 de la Constitución colombiana, en una orden dirigida a la persona "respecto de quien se solicita la tutela, [para que] actúe o se abstenga de hacerlo." En el decreto 2591 regulador de la tutela se estipula, en una forma más general, que la decisión judicial debe establecer "la conducta a cumplir con el fin de hacer efectiva la tutela" (art. 29.4).[592] En sentido similar, se regula en Argentina (art. 12.b);[593] República Dominicana (art. 24, c; 26); Honduras (art. 63,3);[594]; México (art. 77.III); Nicaragua (art. 45); Paraguay (art. 578, b); Perú (art. 17, 5); Uruguay (art. 9, b);[595] y Venezuela (art. 45.2),[596] donde las leyes de amparo establecen que la deci-

---

Glenn y Maureen Placilla, *Corpus Juris Secundum*, Volumen 43A, Thompson West, 2004, pp. 21 ss.; 28 ss.

590 Véase. Allan R. Brewer-Carías, *Instituciones Políticas y Constitucionales,* Vol. V, *Derecho y Acción de Amparo,* Editorial Jurídica Venezolana, Caracas, 1998, pp. 143 ss.

591 Contrario a lo que sucede en los Estados Unidos y Bretaña. Véase F. H. Lawson, *Remedies of English Law,* Londres, 1980, p. 175; B. Schwartz y H. W. R. Wade, *Legal control of government,* Oxford, 1978, p. 205.

592 Véase Juan Carlos Esguerra Portocarrero, *La protección constitucional del ciudadano,* Legis, Bogotá, 2004, p. 153.

593 Véase Néstor Pedro Sagüés, *Derecho procesal Constitucional,* Vol. 3, "Acción de amparo," Editorial Astrea, Buenos Aires, 1988, p. 434; Alí Joaquín Salgado, *Juicio de amparo y acción de inconstitucionalidad,* Editorial Astrea, Buenos Aires, 1987, p. 100; José Luis Lazzarini, *El juicio de amparo,* Ed. La Ley, Buenos Aires, 1987, pp. 345, 359.

594 Véase Edmundo Orellana, *La justicia constitucional en Honduras,* Universidad Nacional Autónoma de Honduras, Tegucigalpa, 1993, pp. 181, 208, 216.

595 Véase Luis Alberto Viera, *Ley de Amparo,* Ediciones Idea, Montevideo, 1993, p. 52, 207 ss.

sión final de amparo debe "determinar la conducta a ser cumplida", teniendo en cuenta, como se establece en la Ley de Justicia Constitucional de Honduras, que el objetivo de las decisiones de los tribunales es "garantizar al agraviado en el pleno goce de sus derechos fundamentales y volver las cosas, siempre que sea posible, al estado anterior a la violación."(art. 63).

2. La sentencia de amparo en la Ley Orgánica

De acuerdo con el artículo 27 de la Constitución, el amparo tiene por objeto proteger el goce y ejercicio de los derechos y garantías constitucionales, por lo que el juez tiene "potestad para restablecer inmediatamente la situación jurídica infringida o la situación que más se asemeje a ella," es decir, el derecho violado o amenazado de violación.

A tal efecto, aun cuando no se haya reglado expresamente en la Ley Orgánica, el juez de amparo tiene los más amplios poderes para restablecer las situaciones jurídicas infringidas, pudiendo disponer de todas las medidas que considere pertinentes a fin de garantizar la efectiva ejecución del fallo para que no se haga ilusorio.

La decisión del proceso de amparo puede consistir en el restablecimiento de la situación jurídica infringida mediante un mandamiento de amparo lo que, como se ha dicho, debe producirse luego del brevísimo procedimiento descrito.. La decisión puede consistir también en la desestimación de la acción de amparo constitucional lo cual en principio no afecta la responsabilidad civil, penal o administrativa en que hubiese podido incurrir el autor del agravio, ni prejuzga sobre ninguna otra materia.

La sentencia que acuerde el amparo, es decir, el mandamiento de amparo, conforme al artículo 32 de la Ley Orgánica, debe cumplir con las siguientes exigencias formales:

A) Mención concreta de la autoridad, del ente privado o de la persona contra cuya resolución o acto u omisión se conceda el amparo;

B) Determinación precisa de la orden a cumplirse, con las especificaciones necesarias para su ejecución;

C) Plazo para cumplir lo resuelto."

---

596 Véase Rafael Chavero G. *El nuevo amparo constitucional en Venezuela,* Ed. Sherwood, Caracas, 2001, p. 185 ss., 327 ss.; Allan R. Brewer-Carías, *Instituciones Políticas y Constitucionales,* Vol. V, *Derecho y Acción de Amparo,* Editorial Jurídica Venezolana, Caracas, 1998, pp. 399 ss.

De acuerdo con esta norma, la esencia de la decisión de amparo es la determinación "de la orden a cumplirse"[597] relativa a la protección y al restablecimiento en el goce y ejercicio de un derecho o garantía constitucionales violado o amenazado de violación; y esta orden a cumplirse, en definitiva se formula contra "la autoridad, el ente privado o la persona" cuya resolución o acto u omisión produjo la violación del derecho constitucional; orden que puede ser de dar, de hacer, de no hacer o de deshacer, según los casos, o puede ser una decisión de restablecer directamente la situación jurídica infringida, si ello es posible con la sola decisión judicial[598], o disponer una situación la más parecida a la infringida .

El efecto judicial de la acción de amparo, por supuesto, es el aspecto mas importante de la misma, pues es por los poderes atribuidos al juez que la protección en el goce y ejercicio de los derechos constitucionales puede ser efectiva. Por ello, las amplias posibilidades judiciales que la norma del artículo 27 de la Constitución abre a los jueces de amparo, permiten señalar que estos se encuentran, al igual que los jueces norteamericanos e ingleses[599] con una amplia gama de "remedios" judiciales que pueden utilizar para hacer efectivo el amparo de los derechos fundamentales. Por tanto, y las múltiples sentencias de tribunales de instancia en materia de amparo que se han venido produciendo lo confirman, la decisión del Juez puede consistir, en mandamientos de dar, de hacer o de deshacer (órdenes) o en mandamientos de no hacer (prohibiciones). En cuanto a los mandamientos de dar, puede tratarse de una condena a restituir un bien, por ejemplo, cuando se ampara el derecho de propiedad, o a restituir esta a la situación que mas se asemeje a la que tenía al ser vulnerada. Por su parte, los mandamientos de hacer se traducen en órdenes dadas a quien ha violado el derecho amparado, de realizar actos en senti-

---

597 La Corte Primera de lo Contencioso-Administrativo, por ejemplo, en una sentencia de 3–10–85, respecto a de una acción de amparo interpuesta por un trabajador a fin de que una empresa diera cumplimiento a la orden de reenganche dictada por una Comisión Tripartita Laboral así como al pago de salarios caldos, que "la acción de amparo se traduce en una condena a una obligación de hacer (reenganche) y otra de dar (pagar sumas de dinero) en contra de una empresa con participación estatal decisiva". Véase en *Revista de Derecho Público*, N° 24, EJV, Caracas, 1985, p. 134.

598 Como lo ha señalado H. Rondón de Sansó, "la informalidad del amparo faculta al juez para darle el contenido que juzgue necesario. El eventual contenido del amparo puede ser: acordar un plazo para obtener una respuesta; obligar a la destrucción de una obra; prohibir la difusión o representación; impedir la realización de un acto; dispensar de un trámite". Véase en "El amparo constitucional en Venezuela", *Revista de Derecho Público*, n° 26, EJV, Caracas, 1986, p. 61.

599 Véase F. H. Lawson, *Remedies of English Law,* Londres, 1980, p. 175, B. Schwartz y H. W. R. Wade, *Legal control of government,* Oxford, 1978, p. 205.

do positivo[600] necesarios para restablecer el derecho infringido. En estos supuestos están los casos de decisiones de amparo contra conductas omisivas de funcionarios (abstención o negativa de actuar cuando están obligados a ello), en cuyo caso el artículo 30 de la Ley Orgánica es expreso al establecer que:

"Cuando la acción de amparo se ejerciere con fundamento en violación de un derecho constitucional por acto o conducta omisiva, o por falta de cumplimiento de la autoridad respectiva, la sentencia ordenara la ejecución inmediata e incondicional del acto incumplido".

En cuanto a los mandamientos de deshacer, pueden consistir en la orden u obligación impuesta a un sujeto, cuando ello sea posible, de destruir algo, o cancelar o deshacer una actividad realizada cuando ello es necesario para restablecer el derecho infringido. Por último, los mandamientos de no hacer, se traducen normalmente en prohibiciones[601] u órdenes negativas, es decir de abstención, dadas a quien ha violado un derecho, para impedir otras violaciones o para restablecer el derecho violado.

Pero los poderes del Juez de amparo van mas allá, pues no solo está facultado para dar órdenes o imponer prohibiciones a quien ha violado un derecho constitucional para ampararlo, sino que esta facultado para restablecer directamente, cuando ello es posible, con la sola decisión judicial, el derecho infringido, sustituyendo con su decisión cualquier actividad adicional por parte de otro sujeto de derecho o autoridad[602].

---

600 Por ejemplo, equivalentes a las *mandatory injunctions* del derecho norteamericano. Véase L.J. Jaffe, *Judicial control of Administrative Action,* Boston, 1965, p. 176.

601 Por ejemplo equivalentes a las *prohibitory order or injunctions* del derecho inglés. Véase F. H. Lawson, *op. cit., n.* 179; o a las *injunctions* del derecho norteamericano. Véase B. Schwartz y H. W. R. Wade, *op. cit.,* p. 221; L.L. Jaffe, *op. cit.,* p. 193.

602 Por ejemplo, cuando el juez directamente decide la incautación de publicaciones que vulneran el derecho al honor. *Caso Cisneros,* sentencia del Juzgado Cuarto de Primera Instancia en lo Civil de la Circunscripción Judicial del Distrito Federal y Estado Miranda de 15–2–85. Véase el texto en el libro *El amparo constitucional en Venezuela,* Colegio de Abogados del Estado Lara, 1987, Tomo II, p. 269 y ss. Como ejemplo de estos poderes del juez de amparo de pronunciar órdenes de hacer y eventualmente sustituirse a la Administración en el cumplimiento de un acto, dispensando al particular de obtenerlo, puede citarse la sentencia de la Corte Primera de lo Contencioso-Administrativo de 20 de febrero de 1986, en la cual con motivo de un amparo solicitado por un contribuyente municipal, ante la negativa de una Municipalidad de expedirle el certificado de solvencia del impuesto inmobiliario urbano, requisito indispensable para hacer registrar el documento de venta del inmueble, la Corte decidió lo siguiente: primero. ordenó al funcionario competente a fijar y liquidar el impuesto respectivo en un plazo de 30 días; segundo, ordenó que

En otros casos la decisión judicial de amparo será de mera declaración cuando, por ejemplo, en el amparo contra leyes, el Juez de amparo decide "la inaplicación de la norma impugnada" respecto del accionante (art. 3).

Por último, a los efectos de asegurar el cumplimiento de las sentencias de amparo, la Ley Orgánica establece expresamente en su artículo 29 que:

"El Juez que acuerde el restablecimiento de la situación jurídica infringida ordenará, en el dispositivo de la sentencia, que el mandamiento sea acatado par todas las autoridades de la República, so pena de incurrir en desobediencia a la autoridad".

En todo caso, de acuerdo al artículo 31 de la Ley Orgánica, "quien incumpliere el mandamiento de amparo constitucional dictado por el Juez", sea funcionario o particulares, "será castigado con prisión de seis (6) a quince (15) meses". El juez de amparo, sin embargo, no tiene poderes directos de sancionar la desobediencia a sus decisiones, como lo tienen los jueces norteamericanos (*contempt of court*).

El juez de amparo, sin embargo, tiene poderes amplios de ejecución de su decisión, de manera que en caso de que el mandamiento de amparo no sea cumplido por el accionado, además del procedimiento penal, destinado a sancionar el delito constituido por tal omisión –e independientemente de la suerte que corra tal procedimiento–, como lo ha resuelto la Corte Primera de lo Contencioso Administrativo, "debe el juez de la causa proceder a la ejecución forzosa de lo decidido, a través del mecanismo más adecuado a la naturaleza del amparo concedido".[603]

---

cumplido lo anterior y una vez pagado el impuesto por el contribuyente, en un plazo de tres días el funcionario debía expedir la solvencia de pago del impuesto; y tercero, advirtió a la Municipalidad que vencido el termino de 30 días "sin que hubiere cumplido con lo ordenado" en la sentencia, se dispensaba al contribuyente del trámite de presentación de la solvencia municipal para Protocolizar la venta del inmueble. Véase sentencia de 20–2–86 (ponente R. J. Duque Corredor), Caso *H. Romero Muci vs. Municipalidad del Distrito Sucre del Estado Miranda*. Véase en *Revista. de Derecho Público*, N° 25, EJV, Caracas, 1986, p. 122–123.

603 Véase sentencia de 13–4–2000 (Caso: *Aerolink International, S.A. vs. Instituto Autónomo Aeropuerto Internacional de Maiquetía*), en *Revista de Derecho Público*, n° 82, EJV, Caracas 2000, p. 530. En otra decisión de 1–6–2000, (Caso: *Mercedes M. Mendoza Z. vs. Universidad del Zulia*), la Corte Primera recurrió para fundamentar la ejecución forzosa en lo dispuesto en el artículo 11 de la Ley Orgánica del Poder Judicial que señala: *"Artículo 11: Los tribunales para la ejecución de sus sentencias y de todos los actos que decreten o acuerden, pueden requerir de las demás autoridades el concurso de la fuerza pública que de ellas dependa y, en ge-*

Por otra parte, los jueces de amparo no pueden anular actos administrativos ni las leyes, es decir, la sentencia no tiene efectos anulatorios[604], salvo en materia de amparo contra sentencias donde la sentencia de amparo si tiene efectos anulatorios[605]. Además, la sentencia de amparo tampoco tiene contenido indemnizatorio, ni mediante dichas sentencias se pueden crear nuevas situaciones jurídicas[606]. Como lo ha sostenido la Corte Primera de lo Contencioso Administrativo "los pedimentos de indemnizaciones monetarias escapan de la naturaleza y objeto del amparo, el cual se ha previsto como un medio restablecedor de situaciones jurídicas infringidas –o de las que más se asemejen a éstas– mediante el cese de la constatada violación constitucional".[607]

---

neral, valerse de todos los medios legales coercitivos de que dispongan. Se exceptúa el caso de conflicto de poderes, el cual deberá ser sometido a la decisión de la Corte Suprema de Justicia. La autoridad requerida por un tribunal que obre en ejercicio de sus atribuciones, debe prestar su concurso sin que te corresponda calificar el fundamento con que se le pida, ni la legalidad o la justicia de la sentencia o decreto que se trate de ejecutar". Véase en Revista de Derecho Público, n° 82, EJV, Caracas, 2000, p. 533.

604 Véase por ejemplo, sentencia de la Corte primera de lo Contencioso administrativo de 13–4–2000 (Caso: Inversora Pano, C.A. vs. Oficina Subalterna del Tercer Circuito de Registro del Municipio Libertador del Distrito Federal), en Revista de Derecho Público, n° 82, EJV, Caracas, 2000, p. 497.

605 Véase por ejemplo, sentencia de la Sala Constitucional n° 2212 de 9–11–2001 (Caso: Agustín R. Hernández F. vs. Juzgado Primero de Primera Instancia en lo Civil, Mercantil y del Tránsito de la Circunscripción Judicial del Área Metropolitana de Caracas), en Revista de Derecho Público, N° 85–88, EJV, Caracas 2001, p. 443; y sentencia de la sala Electoral n° 25 de 23–3–2004 (Caso: Pedro A. Matute y otros vs. Junta Directiva Club Campestre Paracotos), en Revista de Derecho Público, n° 97–98, EJV, Caracas, 2004, p. 448.

606 La Corte Primera de lo Contencioso Administrativo ha considerado que mediante el amparo no se puede crear un título o derecho. Sentencia N° 1679 de 14–12–2000 (Caso: Administradora Futuro, S.A. vs. Alcaldía del Municipio Baruta del Estado Miranda), Revista de Derecho Público, N° 84, EJV, Caracas, 2000, p. 365.

607 Véase sentencia de 5–5–2000 (Caso: Pedro A. Flores R. vs. Dirección General Sectorial de los Servicios de Inteligencia y Prevención (DISIP), en Revista de Derecho Público, N° 82, EJV, Caracas 2000, p. 473. Sin embargo, en otra sentencia N° 1424 de 2–11–2000 (Caso: Raquel M. Pacheco P. vs. Hospital "Victorino Santaella" y otro) la misma Corte Primera "que del estudio de cada caso en particular se debe determinar cuando el restablecimiento de la situación jurídica vulnerada pone de manifiesto una deuda debida por el accionado al accionante, circunstancia en la que la protección del juez debe llegar hasta la condena de dicha suma de dinero, pues lo contrario implicaría que tuviera el sentenciador que separarse de la realidad en la que la pretensión de condena parece indisoluble del restablecimiento del derecho infringido, dejando de resolver la controversia en su total dimensión lo cual, a

Ahora bien, lo más importante que debe precisarse en materia de amparo, son los efectos de la decisión de amparo en cuanto al derecho o garantía constitucionales violados. El tema de la cosa juzgada lo resuelve expresamente el artículo 36 de la Ley Orgánica al establecer lo siguiente:

"La sentencia firme de amparo producirá efectos jurídicos, respecto al derecho o garantía objetos del proceso, sin perjuicio de las acciones o recursos que legalmente correspondan a las partes".

Por supuesto, hay tantas y múltiples situaciones derivadas de las pretensiones de amparo, que respecto de ellas no puede darse más solución general que la expresada en la norma en cuanto a los efectos de la sentencia de amparo. Ella sólo produce efectos "respecto al derecho o garantía objeto del proceso" en cuanto al mandamiento de restablecimiento o restitución del goce y ejercicio del mismo. En algunos casos, esto basta y no es necesario resolver ninguna cuestión jurídica adicional por otros medios judiciales; sin embargo, en otros casos, pueden quedar cuestiones jurídicas pendientes que deben resolverse por vías distintas; por ello la norma señala que la decisión de amparo se adopta "sin perjuicio de las acciones o recursos que legalmente correspondan a las partes".

Esta situación se plantea, por ejemplo, siempre que se intente la acción autónoma de amparo contra un acto administrativo por ante el tribunal de primera instancia o si no lo hay en la localidad, el Juez de mayor jerarquía que exista en ella (Art. 9°). En estos casos, como se dijo, la decisión de amparo no puede pronunciarse sobre la nulidad del acto administrativo, en el sentido de que aun cuando se pronuncie sobre su ilegitimidad e inconstitucionalidades, no puede anularlo. En estos supuestos, la decisión de amparo solo tiene efectos sobre el derecho o garantía objeto del proceso, en el sentido que el juez de amparo al restablecer la situación jurídica infringida, lo que hace es suspender los efectos del acto administrativo frente al cual se ha solicitado amparo, pero no lo anula; razón por la cual el acto administrativo formalmente sigue vigente, con su carácter de ejecutividad por la presunción de legalidad que lo acompaña. Lo único que hace la decisión de amparo es suspender su ejecutoriedad respecto del agraviado, pero no lo anula ni lo extingue. Por ello, en estos casos, la decisión de amparo se adopta sin perjuicio de la acción contencioso administrativa de nulidad que debe intentarse ante los órganos judiciales competentes. Por ello, conforme al artículo 5° de la Ley Orgánica si existen tribunales contencioso administrativos en la localidad, la acción

---

todas luces, escapa de la exigencia misma del acto de administrar justicia", en *Revista de Derecho Público*, n° 84, EJV, Caracas, 2000, p. 365.

de amparo se debería intentar ante dichos Tribunales conjuntamente con el recurso contencioso administrativo de anulación, siendo la decisión de suspensión de efectos del acto recurrido, la decisión cautelar de amparo a los derechos infringidos, sin perjuicio de que continúe el juicio de nulidad[608].

Este efecto de la decisión de amparo también se plantea con frecuencia, en casos de amparos contra violaciones de derechos cometidas por particulares.[609].

El único problema que queda por resolver en estos casos, o cuando se solicite amparo contra actos administrativos ante los jueces de instancia, es que no hay plazo para que las acciones se intenten. En el caso de conflicto de intereses privados, no habría inconveniente porque el interés de las personas en dilucidar judicialmente el conflicto provocaría la introducción de las acciones respectivas. Pero en materia de actos administrativos, la situación se complica: una vez que el agraviado obtiene por vía de la acción de amparo (intentada ante un tribunal que no sea competente en materia contencioso administrativa) el restablecimiento de su derecho violado (que frente a un acto administrativo no es mas que la suspensión individualizada de sus efectos), puede quedar tentado a no sentirse obligado a acudir ante los Tribunales contencioso administrativos competentes para que se declare la nulidad del acto administrativo, que continua vigente formalmente, pero cuyos efectos están suspendidos (por el amparo) respecto de su derecho. Esto daría origen a una situación irregular jurídicamente hablando: la existencia formal de un acto administrativo con fuerza ejecutiva, y una decisión que suspende su ejecutoriedad. Estimamos que en estos casos, la situación debería ser resuelta por el Juez de amparo, obligando al agraviado amparado en su derecho, a acudir ante los Tribunales contencioso administrativos para solicitar la nulidad del acto administrativo, y que se desarrolle el juicio de nulidad del mismo, de manera que al decidirse este se confirme o no el amparo concedido, al anularse o no el acto impugnado. De acuerdo a los poderes que le otorga la Ley, el Juez de amparo incluso podría, en estos casos, imponer-

---

608 Por ello, la Corte Primera de lo Contencioso Administrativo he dado efectos temporales a la decisión de amparo, a los efectos de que el agraviado intente el recurso contencioso correspondiente. Véase por ejemplo, sentencia N° 962 de 19–7–2000 (Caso: *Elizett C. Abreu A. y otros vs. Instituto de Tecnología de Maracaibo*), en *Revista de Derecho Público*, n° 83, EJV, Caracas, 2000, pp. 357 ss.

609 Véase el texto publicado, por orden de la propia decisión, en *El Universal*, 27-12-87, p. 2-5.

le al agraviado un plazo para que acuda ante la jurisdicción contencioso administrativa.

Cuando el amparo se dicte contra actuaciones (actos o vías de hecho) de la Administración, de acuerdo al artículo 27 de la Ley Orgánica:

"El Tribunal que conozca de la solicitud de amparo remitirá copia certificada de su decisión a la autoridad competente, a fin de que resuelva sobre la procedencia o no de medida disciplinaria contra el funcionario público culpable de la violación o de la amenaza contra el derecho o la garantía constitucionales, sin perjuicio de las responsabilidades civiles o penales que le resulten atribuibles. A tal efecto, el Tribunal remitirá también los recaudos pertinentes al Ministerio Público."

Por otra parte, en cuanto a las costas, el artículo 33 de la Ley sólo prevé expresamente la imposición de costas cuando se trate de procesos de amparo frente a particulares, en la forma siguiente:

"Cuando se trate de quejas contra particulares, se impondrán las costas al vencido, quedando a salvo las acciones a que pudiere haber lugar.

No habrá imposición de costas cuando los efectos del acto u omisión hubiesen cesado antes de abrirse la averiguación. El Juez podrá exonerar de costas a quien intentare el amparo constitucional por fundado temor de violación o amenaza, o cuando la solicitud no haya sido temeraria."

En consecuencia, de esta disposición resultaría que cuando se trate de acciones de amparo contra actos, vías de hecho u omisiones de funcionarios y autoridades públicas, no procedería la imposición de costas conforme al artículo 274 del Código de Procedimiento Civil, lo que en nuestro criterio resulta totalmente injustificado. No habría razón para establecer este privilegio procesal a favor de los funcionarios públicos, y menos cuando el artículo 21 de la Ley Orgánica, como hemos señalado, los excluye. La Sala Constitucional, sin embargo, ha resuelto que cuando la acción de amparo es interpuesta contra un órgano del poder público, y particulares se hacen terceros coadyuvantes en defensa de los intereses de las partes del amparo, sin embargo, con respecto a ellos el proceso deviene en una acción entre particulares, por lo que el perdidoso puede resultar condenado en costas, sobre todo, cuando es un litis consorte facultativo.[610]

---

610 Véase sentencia n° 320 de 4–5–2000 (Caso: *Seguros La Occidental, C.A. vs. Juzgado Superior del Tránsito y del Trabajo de la Circunscripción Judicial del Estado Zulia*), en *Revista de Derecho Público*, N° 82, EJV, Caracas 2000, p. 527.

Por último, debe señalarse que dado el carácter personal o subjetivo de los juicios de amparo, la sentencia tiene efectos *inter partes* y en relación con las autoridades que deben cumplir el mandamiento judicial. Sin embargo, dada la consagración constitucional de la tutela judicial efectiva de los intereses colectivos y difusos, en estos casos de amparo protegiendo dichos derechos, los efectos de la decisión se tornan *erga omnes*.

Esto ha sido analizado por la Sala Constitucional del Tribunal Supremo sentencia n° 2675 de 17 de diciembre de 2001 (Caso: *Ministerio del Interior y de Justicia*), y en relación con los efectos señaló "que existen situaciones o relaciones jurídicas que vinculan a personas en una misma situación jurídica" llevando a la Sala a sostener que en "las acciones para ejercer derechos o intereses difusos o colectivos, deba ordenarse la citación por edictos a todos los interesados, y en algunos casos en que no se publicó el edicto, la Sala consideró que a pesar de ello los efectos directos de la sentencia podían extenderse a otras personas que no eran partes, si les favorecían"[611]

Respecto del contenido del derecho a la tutela judicial efectiva, y particularmente haciendo referencia a los derechos e intereses colectivos o difusos, la misma Sala Constitucional sostuvo en decisión del 30 de junio de 2000 (Caso: *Defensoría del Pueblo vs. Comisión Legislativa Nacional*) la posibilidad de la extensión de los efectos del mandamiento de amparo a favor de todos aquellos beneficiarios de la situación concreta lo que conduce a la protección de un segmento relativamente importante de la sociedad, indicando que:

"Debe acotarse, que en los casos en los cuales la acción de amparo es interpuesta con base en un derecho o interés colectivo o difuso, el mandamiento a acordarse favorecerá bien a un conjunto de personas claramente identificables como miembros de un sector de la sociedad, en el primer caso; bien a un grupo relevante de sujetos indeterminados apriorísticamente, pero perfectamente delimitable con base a la particular situación jurídica que ostentan y que les ha sido vulnerada de forma específica, en el segundo supuesto.

Así, no resulta cierto que el amparo destinado a proteger tales situaciones jurídicas de múltiples sujetos, posea efectos *erga omnes*, tal como lo señalara el a quo, pues, como se ha visto, sus beneficiarios son susceptibles de una perfecta determinación y la tutela a ellos brindada es siempre concreta, mas nunca de modo genérico.

---

611 Caso: *Glenda López y otros vs. IVSS*, Véase en *Revista de Derecho Público*, N° 85–88, EJV, Caracas 2001, pp. 453 y ss.

Una de las características de algunas sentencias del ámbito constitucional es que sus efectos se apliquen a favor de personas que no son partes en un proceso, pero que se encuentren en idéntica situación a las partes, por lo que requieren de la protección constitucional, así no la hayan solicitado con motivo de un juicio determinado.

Resulta contrario a la eficacia del proceso, a su idoneidad y a lo célere (expedito) del mismo, que sí las partes de un juicio obtienen una declaratoria de infracción constitucional de derechos que vulneran su situación jurídica, otras personas que se encuentran en idéntica situación y que han sufrido la misma infracción, no puedan gozar del fallo que restablezca tal situación jurídica de los accionantes, y tengan que incoar una acción cuya finalidad es que se reconozca la misma infracción, así como la existencia de la misma situación vulnerada y su idéntico restablecimiento, con el riesgo de que surjan sentencias contrarias o contradictorias.

El restablecimiento de la situación jurídica, ante la infracción constitucional, tiene que alcanzar a todos lo que comparten tal situación y que a su vez son perjudicados por la violación, ya que lo importante para el juez constitucional, no es la protección de los derechos particulares, sino la enmienda de la violación constitucional, con el fin de mantener la efectividad y supremacía constitucional; y en un proceso que busca la idoneidad, la efectividad y la celeridad, como lo es por excelencia el constitucional, resulta contrario a los fines constitucionales, que a quienes se les infringió su situación jurídica, compartida con otros, víctima de igual trasgresión, no se les restablezca la misma, por no haber accionando, y que tengan que incoar otras acciones a los mismos fines, multiplicando innecesariamente los juicios y corriendo el riesgo que se dicten sentencias contradictorias.

En estos casos, se está en presencia de efectos procesales que se extienden a una comunidad en la misma situación jurídica, la cual es diversa de la comunidad de derecho contemplada en el Código Civil, pero existente con relación a las infracciones constitucionales que a todos aquejan y que no puede sostenerse que existe con respecto a unos (los que demandaron y obtuvieron sentencia favorable) y no con respecto a otros, los no demandantes.

Tratándose de derechos subjetivos de las personas, los no demandantes pueden renunciar o no a ellos, pero existe una declaración a favor de todos los que se encontraban en la misma situación jurídica, de la cual se aprovecharan o no, conforme a sus conveniencias y mientras no le caduque su acción, ya que de caducarles ellos no tendrían derecho a la fase ejecutiva de una acción caduca.

En consecuencia, acciones como las de amparo constitucional, si son declaradas con lugar, sus efectos se hacen extensibles a todos los que se encuentran en la misma e idéntica situación así no sean partes en el proceso".[612]

En consecuencia, como lo resolvió la Sala Constitucional en otro caso, en estos casos, "el fallo produce efectos *erga omnes*, ya que beneficia o perjudica a la colectividad en general o a sectores de ella."[613]

3. *Aspectos generales sobre la naturaleza de la decisión de amparo: aproximación comparativa*

A. *La naturaleza preventiva y restitutoria del amparo*

La orden judicial de amparo puede ser de naturaleza restitutoria o preventiva. En el primer caso, puede consistir en una orden procurando el reestablecimiento de la situación jurídica del accionante al estado que tenía antes de la violación del derecho, o al estado más parecido al que tenía antes de dicha violación; y en el segundo caso, en cuanto al amparo de naturaleza preventiva, puede consistir en forzar al agraviante a hacer o a refrenarse de hacer determinados actos para mantener el disfrute de los derechos del accionante.

Tal como lo provee expresamente la Ley de Amparo mexicana (art. 80), respecto de los efectos positivos o negativos del acto impugnado:

Artículo 80.- La sentencia que conceda el amparo tendrá por objeto restituir al agraviado en el pleno goce de la garantía individual violada, restableciendo las cosas al estado que guardaban antes de la violación, cuando el acto reclamado sea de carácter positivo; y cuando sea de carácter negativo, el efecto del amparo será obligar a la autoridad responsable a que obre en el sentido de respetar la garantía de que se trate y a cumplir, por su parte, lo que la misma garantía exija.[614]

---

612   Véase en *Revista de Derecho Público*, N° 85–88, Editorial Jurídica Venezolana, Caracas, 2001, pp. 473 y ss. Véase además, la sentencia N° 412 de 8 de marzo de 2002, en *Revista de Derecho Público*, N° 89–92, EJV, Caracas, 2002.

613   Sentencia de la Sala Constitucional N° 656 de 05–06–01, Caso: *Defensor del Pueblo vs. Comisión Legislativa Nacional*.

614   Como ha sido explicado por Baker: "Cuando el acto impugnado es de naturaleza positiva, el recurso de amparo tiene la forma de una *injunction* prohibitiva, más cualesquiera elementos adicionales que sean necesarios para reparar los daños ya infligidos. Esto último es para cumplirse mediante la restitución de la situación que existía antes que la Constitución fuese infringida. Cuando el acto es de naturaleza negativa, el recurso toma la forma de un decreto ordenando a la autoridad responsable cumplir positivamente con las disposiciones de la garantía constitucional infringida. En ambos casos, el objetivo de la sentencia es el de restablecer al accionante el goce pleno y libre de sus derechos constitucionales y, de acuerdo con este objetivo,

Una previsión similar está establecida en la Ley de Jurisdicción Constitucional de Costa Rica (art. 49); así como en la Ley de Amparo de Nicaragua (art. 46).

Según esto puede decirse que una de las principales características del proceso de amparo en todos los países latinoamericanos, cuando las acciones se dirigen contra perjuicios causados por conductas positivas, es su propósito restitutorio o restaurador. Como se estipula, por ejemplo, en el decreto 2591 sobre la tutela de Colombia: "Cuando la solicitud se dirija contra una acción de la autoridad, el fallo que conceda la tutela tendrá por objeto garantizar al agraviado el pleno goce de su derecho, y volver al estado anterior a la violación, cuando fuere posible" (art. 23). Una previsión similar está establecida en las Leyes de amparo de El Salvador (art. 35), Costa Rica (art. 49) y Perú (art. 1) donde, además, el artículo 55,3 del Código Procesal Constitucional provee como uno de los contenidos de la decisión de amparo la "restitución o restablecimiento del agraviado en el pleno goce de sus derechos constitucionales ordenando que las cosas vuelvan al estado en que se encontraban antes de la violación," así como la prescripción de la conducta que ha de cumplirse para el cumplimiento efectivo de la decisión (art. 55,4).

Respecto de estos efectos de la decisión de amparo, la Ley de Amparo en Guatemala provee que en relación con el reclamante, el tribunal debe suspender la aplicación de la ley, el reglamento, la resolución o acto impugnado y, cuando fuese necesario, debe ordenar el restablecimiento de la situación jurídica lesionada o la terminación de la medida en cuestión (art. 49.a). Una norma similar está estipulada en Ecuador (art. 51), y Honduras (Ley de Justicia Constitucional, art. 63,2). En Colombia, según el Decreto 2591 sobre la tutela (art. 29.6), "cuando la violación o amenaza de violación derive de la aplicación de una norma incompatible con los derechos fundamentales, la providencia judicial que resuelva la acción interpuesta deberá además ordenar la inaplicación de la norma impugnada en el caso concreto."

Sin embargo, la decisión de amparo puede también tener un carácter protector cuando es decretada contra omisiones o acciones negativas de una autoridad pública, en cuyos casos, como lo prevé el Decreto 2591 de tutela de Colombia, "cuando lo impugnado hubiere sido la denegación de un acto o una omisión, el fallo ordenará realizarlo o desarrollar la acción

---

la indemnización pecuniaria no resulta un remedio apropiado al amparo." Véase Richard D. Baker, *Judicial Review in México. A Study of the Amparo Suit,* University of Texas Press, Austin 1971, p. 238.

adecuada, para lo cual se otorgará un plazo prudencial perentorio" (art. 23). Una provisión similar está establece en la leyes de amparo de El Salvador (art. 35), Ecuador (art. 51), Guatemala (art. 49,b) y Costa Rica (art. 49). En este último país, adicionalmente, está establecido que en casos en los que la acción de amparo sea interpuesta contra omisiones de las autoridades (por ejemplo la omisión de reglamentar una ley), la Sala Constitucional, en su decisión, debe determinar los elementos básicos a ser aplicados en el caso de acuerdo con los principios generales del derecho (art. 49.c); además se establece un término de dos meses para que la autoridad sancione la norma (art. 49).

Aun así, respecto de las amenazas a los derechos, las decisiones de amparo pueden tener también una naturaleza preventiva, como también está previsto, por ejemplo, en la Ley de Jurisdicción Constitucional de Costa Rica (art. 49) y en el decreto 2591 de tutela de Colombia (art. 23), estableciendo respecto de la decisión de tutela que si se tratase "de una mera conducta o actuación material, o de una amenaza, se ordenará su inmediata cesación, así como evitar toda nueva violación o amenaza, perturbación o restricción."

Asimismo, en casos en los cuales, si para el momento cuando la protección de tutela es concedida el acto impugnado ha cesado en sus efectos o ya los ha producido (haciendo imposible restaurar el disfrute de sus derechos al accionante), el tribunal puede advertir terminantemente a la autoridad pública no causar otra vez las acciones u omisiones que originaron la acción de tutela (Colombia, art. 24). De modo similar se provee en el Código Procesal Constitucional de Perú (art. 1).

B. *La regla del contenido no anulatorio del amparo*

Aun siendo de carácter restitutorio, en términos generales, cuando la acción de amparo es interpuesta contra actos, particularmente actos no judiciales de las autoridades (causando daños o peligros a los derechos constitucionales), el efecto inmediato de la decisión es suspender los efectos del acto impugnado respecto del accionante, no teniendo el proceso, normalmente, el propósito de anular esos actos del Estado. Tomar decisiones anulando leyes o actos administrativos es, en principio, competencia exclusiva de los tribunales de jurisdicción constitucional y de jurisdicción administrativa, y no de los jueces de amparo. Sólo cuando el amparo se intenta contra un acto administrativo ante los tribunales contencioso administrativos, como lo establece por ejemplo la Ley venezolana (art. 14), entonces en su decisión el juez si tiene poder anulatorio respecto de los actos administrativos impugnados.

Ahora bien, respecto de las leyes y específicamente aquellas autónomas, cuando una acción de amparo es interpuesta directamente contra ellas y según como lo disponen las leyes de amparo de México,[615] Guatemala[616] y Honduras,[617] el juez de amparo al dictar su decisión no tiene poder para anularlas y, en orden a proteger el derecho lesionado o amenazado, lo que puede hacer es declarar la inaplicabilidad de ellas al accionante en el caso particular.

Particularmente y en relación con las leyes, en países donde el método concentrado de control de constitucionalidad es aplicado (como es el caso en todos los países latinoamericanos excepto Argentina), la anulación de leyes es una atribución judicial reservada a las jurisdicciones constitucionales (Cortes Supremas o Constitucionales), no siendo factible para los jueces de amparo anular leyes. Por otra parte, en países donde es aplicado el método difuso de control de constitucionalidad, los tribunales ordinarios no tienen atribución judicial para anular leyes, estando facultados solo para declarar su inconstitucionalidad y para decidir su inaplicabilidad respecto del caso particular, aplicando preferentemente la Constitución

En Costa Rica existe un sistema de control de constitucionalidad concentrado absoluto, conforme al cual se asigna a la Sala Constitucional de la Corte Suprema el poder para decidir ambas acciones: las acciones de amparo, así como las acciones de nulidad de leyes inconstitucionales. Aun ahí, la Ley de Jurisdicción Constitucional ha establecido que cuando el amparo es interpuesto contra una ley o cuando la Sala Constitucional determina que los actos impugnados están fundamentados en una ley, la misma no puede anular la ley en el proceso de amparo, limitándose a suspender su aplicación, solicitando al accionante que presente una petición separada para el control de la inconstitucionalidad de la ley, la cual debe ser presentada ante la misma Sala en el término de 15 días (art. 48).

En Venezuela, en relación con la facultad de todas las Salas del Tribunal Supremo para decidir casos aplicando el método difuso de control de constitucionalidad de las leyes, la ley reguladora del Tribunal Supre-

615 Véase Eduardo Ferrer Mac-Gregor, *La acción constitucional de amparo en México y España. Estudio de derecho comparado*, Editorial Porrúa, México, 2002, pp. 262–263; Richard D. Baker, *Judicial Review in México. A Study of the Amparo Suit*, University of Texas Press, Austin, 1971, p. 270.

616 Véase en Jorge Mario García Laguardia, *Jurisprudencia constitucional. Guatemala, Honduras, México. Una Muestra*, Guatemala, 1986, pp. 23, 24, 92, 93.

617 Véase Edmundo Orellana, *La justicia constitucional en Honduras*, Universidad Nacional Autónoma de Honduras, Tegucigalpa, 1993, pp. 208, 221.

mo provee que, en esos casos, al decidir un caso particular (incluyendo casos de amparo) las Salas deben notificar a la Sala Constitucional para que ésta, si lo estima, proceda a examinar la constitucionalidad de la ley de forma abstracta y, eventualmente, declare su nulidad.(art. 33).[618]

En relación con los actos administrativos, la regla general es también que las decisiones de amparo no pueden anular el acto administrativo impugnado, estando el juez de amparo facultado solamente para suspender sus efectos y aplicación al accionante. En términos generales y en estos casos, la facultad de anular actos administrativos es también exclusivamente una facultad atribuida a los tribunales de jurisdicción administrativa, como es el caso en Venezuela,[619] los cuales como ahora también tiene la competencia exclusiva para conocer de las acciones de amparo contra los mismos, entonces si pueden pronunciar su anulación al decretar el mandamiento de amparo.

No obstante el principio general antes indicado, algunas excepciones se pueden identificar respecto de la tendencia general en esta materia de amparo contra actos administrativos, cuando se intenta ante tribunales que no son parte de la jurisdicción contencioso administrativa, permitiéndose en algunos países, en el caso de acciones de amparo contra actos administrativos, los jueces de amparo tengan facultades anulatorias. Es el caso de México donde, dado el hecho de que una de las modalidades de la acción de amparo es el amparo contra actos administrativos (de manera similar a los procedimientos contencioso-administrativos en otros países), la decisión de amparo en tales casos tiene efectos anulatorios.

Por otra parte, el Código Procesal Constitucional de Perú expresamente dispone que la decisión de amparo debe contener la "declaración de nulidad de la decisión, acto o resolución que hayan impedido el pleno ejercicio de los derechos constitucionales protegidos con determinación, en su caso, de la extensión de sus efectos" (art. 55).[620] También en Costa Rica, según el artículo 49 de la Ley de Jurisdicción Constitucional, en casos de acciones de amparo contra actos administrativos, la concesión

---

618 Véase Allan R. Brewer-Carías y Víctor Hernández Mendible, *Ley Orgánica del Tribunal Supremo de Justicia*, Editorial Jurídica Venezolana, Caracas, 2010.

619 Véase Rafael Chavero G., *El nuevo amparo constitucional en Venezuela*, Ed. Sherwood, Caracas, 2001, pp. 358 ss.; Allan R. Brewer-Carías, *Instituciones Políticas y Constitucionales*, Vol. V, *Derecho y Acción de Amparo*, Editorial Jurídica Venezolana, Caracas, 1998, pp. 144; 400.

620 Véase Samuel B. Abad Yupanqui, *El proceso constitucional de amparo*, Gaceta Jurídica, Lima, 2004, p. 186.

del amparo implica los efectos anulatorios del acto administrativo impugnado.

Por otra parte, en relación con las acciones de amparo interpuestas contra decisiones judiciales, los efectos de la sentencia concediendo la protección constitucional de amparo también consisten en la anulación del acto judicial o decisión impugnada, como es el caso de Venezuela.[621]

C. *El carácter no indemnizatorio de la decisión de amparo*

Otro aspecto que debe mencionarse respecto de las decisiones de amparo en América latina, es que, en términos generales, ellas no tienen carácter indemnizatorio,[622] porque la función de los tribunales en estos procesos es sólo la protección de los derechos del accionante y no pronunciar decisiones de condena contra el agraviante, para el pago al agraviado de indemnización alguna por daños resultantes del agravio.[623] Es decir, el procedimiento de amparo es, en términos generales, un procedimiento preventivo y restitutorio, y no indemnizatorio,[624] estando los tribunales facultados para prevenir daños o restituir el goce de un derecho (como, por ejemplo, mediante la suspensión de los efectos agraviantes del acto), pero no para la condena del agraviante a pagar una indemnización.

---

621 Véase Rafael Chavero G., *El nuevo amparo constitucional en Venezuela,* Ed. Sherwood, Caracas, 2001, p. 511; Allan R. Brewer-Carías, "Derecho y Acción de Amparo, Vol. V, *Instituciones Políticas y Constitucionales* Editorial Jurídica Venezolana, Caracas, 1998, p. 297; Allan R. Brewer-Carías, "El problema del amparo contra sentencias o de cómo la Sala de Casación Civil remedia arbitrariedades judiciales," en *Revista de Derecho Público,* N° 34, Editorial Jurídica Venezolana, Caracas, abril-junio 1988, pp. 157–171.

622 De manera similar a las *injunctions* de los Estados Unidos. Véase e caso *Simenstad v. Hagen,* 22 Wis. 2d 653, 126 N.W.2d 529, 1964, en John Bourdeau *et al.,* "Injunctions," in Kevin Schroder, John Glenn and Maureen Placilla, *Corpus Juris Secundum,* Volume 43A, Thomson West, 2004, p. 20.

623 Por ejemplo, en el caso de una orden administrativa ilegitima dictada por una autoridad municipal demoliendo un edificio -aun si fuese ejecutada y aun infringiendo un derecho constitucional a la propiedad-, la acción de amparo no tiene el propósito de indemnizar, siendo en este caso inadmisible particularmente dado el carácter irreparable del daño.

624 Véase José Luis Lazzarini, *El juicio de amparo,* Ed. La Ley, Buenos Aires, 1987, pp. 346–347; Néstor Pedro Sagüés, *Derecho procesal Constitucional,* Vol. 3, *Acción de amparo,* Editorial Astrea Buenos Aires, 1988, p. 437; Rafael Chavero G., *El nuevo amparo constitucional en Venezuela,* Ed. Sherwood, Caracas, 2001, pp. 185, 242, 262, 326, 328; Allan R. Brewer-Carías, *Instituciones Políticas y Constitucionales,* Vol. V, *Derecho y Acción de Amparo,* Editorial Jurídica Venezolana, Caracas, 1998, p. 143.

Sin embargo, esta tendencia general también tiene algunas excepciones en algunas leyes de amparo de América Latina que dan carácter indemnizatorio al proceso de amparo. Este es el caso de Bolivia[625] y Guatemala[626] donde los tribunales de amparo deben determinar la existencia de la responsabilidad civil y penal del agraviante, fijando el monto de los daños y perjuicios a pagar al agraviado.

En otras legislaciones, como la de Colombia y Costa Rica, los efectos indemnizatorios de la decisión de amparo son permitidos pero sólo en forma abstracta. A tal fin, en Costa Rica, el artículo 51 de la Ley de Jurisdicción Constitucional prevé que "toda resolución que acoja el recurso condenará en abstracto a la indemnización de los daños y perjuicios," correspondiendo la determinación concreta de ellos a la etapa de la ejecución de la sentencia.[627]

También en Colombia, el artículo 25 del Decreto 2591 regulador de la tutela dispone que cuando la parte agraviada no tiene otros medios y la violación de sus derechos es manifiesta, clara e indisputablemente consecuencia de una arbitrariedad, el tribunal, *ex officio*, en la decisión concediendo la tutela, puede ordenar de forma abstracta la indemnización por los daños causados, siempre que ello sea necesario para asegurar el goce

---

625 En Bolivia, el artículo 102, II de la ley, respecto del contenido de la decisión de amparo, establece que al decretar el amparo el tribunal determinará la existencia de responsabilidad civil y penal fijando el monto de los daños y perjuicios a pagarse.

626 También en Guatemala, el artículo 59 de la ley menciona los daños y perjuicios, estableciendo que cuando el tribunal en su decisión condena al pago de daños y perjuicios, el mismo debe fijar el monto o, al menos, establecer las bases para su determinación (artículo 59).

627 El artículo 52 de la Ley de Jurisdicción Constitucional dispone que cuando la acción de amparo es incoada contra las autoridades, la condena será declarada contra el estado o contra la entidad donde el accionado trabaja y con éste último solidariamente si ha actuado con dolo o culpa y sin excluir toda otra responsabilidad administrativa, civil o penal. También cuando el procedimiento de amparo está en curso y el acto del estado es revocado, paralizado o suspendido, el amparo será concedido solo para efectos de la correspondiente decisión que reconoce la indemnización (art. 52). En estos casos la determinación concreta será realizada por los tribunales de jurisdicción administrativa. En casos donde la acción de amparo es incoada contra individuos, el artículo 53 de dicha ley dispone que, al conceder el amparo, el tribunal debe también condenar la persona o entidad responsable a pagar los daños y perjuicios; la determinación de los cuales se realizará en la ejecución judicial civil de la decisión. Véase Rubén Hernández, *Derecho Procesal Constitucional*, Editorial Juricentro, San José 2001, p. 268; José Luis Villalobos, "El recurso de amparo en Costa Rica," en Humberto Nogueira Alcalá (Editor), *Acciones constitucionales de amparo y protección: realidad y perspectivas en Chile y América Latina*, Editorial Universidad de Talca, Talca, 2000, p. 229.

efectivo del derecho. Asimismo, en forma similar a lo que se prevé en la Ley costarricense, el artículo 23 de la Ley colombiana prescribe que la condena será decretada contra la entidad donde el agraviante trabaja, y contra éste solidariamente, cuando haya actuado con dolo o culpa, sin perjuicio de toda otra responsabilidad civil o penal. La determinación concreta de la indemnización corresponde a los tribunales de la jurisdicción contencioso administrativo en un procedimiento incidental que debe tener lugar dentro de los seis meses siguiente.[628]

Excepto en estos casos de Bolivia, Guatemala, Colombia y Costa Rica, en todos los otros países latinoamericanos las acciones judiciales tendientes a procurar indemnización por parte del agraviante por su responsabilidad como consecuencia del agravio infligido al derecho constitucional del accionante, debe demandarse mediante un recurso judicial ordinario por separado para ese efecto ante la jurisdicción civil o administrativa. Esto se dispone en la leyes de amparo de El Salvador (art. 35); y Panamá (art. 2.627).

D. *El pago de las costas procesales*

Finalmente y en relación con las consecuencias económicas de la demanda de amparo, en las leyes latinoamericanas, en general, tal como se prevé en Argentina (art. 14); Bolivia (art. 102,III); Colombia (art. 25); Costa Rica (arts. 51, 53); El Salvador (art. 35); Guatemala (arts. 44, 45, 100); Honduras (art. 105); Paraguay (art. 587) y Perú (art. 56), la parte contra quien se dirige la decisión debe pagar las costas del proceso.

E. *Los efectos de la sentencia de amparo*

Otro aspecto importante de las decisiones definitivas de amparo está relacionado con sus efectos. Primero, en relación con su alcance, sobre si son de efectos generales o de efectos *inter partes*; segundo, en relación con los efectos de lo decidido, y su valor o no de *res iudicata* o *cosa juzgada;* y tercero, sobre el carácter obligatorio de la sentencia y sus consecuencias.

---

628 Véase Juan Carlos Esguerra Portocarrero, *La protección constitucional del ciudadano*, Legis, Bogotá, 2004, p. 155. También cuando el procedimiento de amparo está en curso y el acto del Estado es revocado, paralizado o suspendido, la tutela será concedida solo para efectos de la correspondiente decisión reconociendo la indemnización (art. 26).

a. *El efecto inter partes y sus excepciones*

La regla general respecto de los efectos de las decisiones judiciales de amparo es que ellas solamente tienen efectos *inter partes*, es decir, solamente tienen efectos entre las partes del proceso (el accionante, el accionado y terceros coadyuvantes) y aquellos que han participado en el proceso. Esto está expresamente estipulado en las leyes mexicanas[629] y nicaragüenses (art. 44) de amparo.

Es decir, en forma similar a las *injunctions* en los Estados Unidos,[630] las decisiones de amparo en América Latina tienen efectos vinculantes respecto de las partes del proceso y solo respecto de la controversia; siendo esta la consecuencia más importante del carácter individual del amparo como una acción principalmente diseñada para la protección de derechos y garantías constitucionales personales.[631]

La única excepción a este principio en los Estados Unidos son las sentencias sobre cuestiones constitucionales cuando son decididas por la Corte Suprema, en cuyo caso y debido a la doctrina del precedente o *stare decisis*, todos los tribunales están obligados a aplicar la misma regla constitucional en casos donde se planteen controversias similares.[632]

La misma regla existe en algunos países latinoamericanos como, por ejemplo, cuando la Corte Suprema de México sienta una "jurisprudencia," o como sucede en los casos relativos a interpretaciones constitucionales por parte de las Cortes Supremas o Constitucionales, a las cuales se le ha conferido efectos *erga omnes* e incluso vinculantes. Este es el caso

---

629 El artículo 76 de la Ley de Amparo establece que "Las sentencias que se pronuncien en los juicios de amparo sólo se ocuparán de los individuos particulares o de las personas morales, privadas u oficiales que lo hubiesen solicitado, limitándose a ampararlos y protegerlos, si procediere, en el caso especial sobre el que verse la demanda, sin hacer una declaración general respecto de la ley o acto que la motivare."

630 Véase el caso *ESP Fidelity Corp. v. Department of Housing & Urban Development*, 512 F.2d 887, (9th Cir. 1975), en John Bourdeau *et al.*, "Injunctions," en Kevin Schroder, John Glenn and Maureen Placilla, *Corpus Juris Secundum*, Volume 43A, Thomson West, 2004, pp. 414.

631 Las regulaciones venezolanas pueden destacarse en este aspecto. En principio, las decisiones de la corte han sido constantes en otorgar a las acciones de amparo un carácter individual donde la legitimidad corresponde al individuo directamente afectado por la violación del derecho o garantía constitucional. Véase por ejemplo, la decisión de la Sala Constitucional del 15 de marzo de 2.000 en *Revista de Derecho Público*, N° 81, Editorial Jurídica Venezolana, Caracas 2000, pp. 322–323.

632 Véase M. Glenn Abernathy and Barbara A. Perry, *Civil Liberties under the Constitution*, University of South Carolina Press, 1993, p. 5.

de Venezuela, respecto de las sentencias de la Sala Constitucional (art. 336 de la Constitución) y de Perú respecto de las decisiones del Tribunal Constitucional (art. VII, Código Procesal Constitucional), en os procesos de anulación de las leyes.

Aun con esta excepción, la regla general respecto de las sentencias en los procesos de amparo es que las decisiones solamente tienen efectos vinculantes en relación con las partes del proceso (aunque incluyendo también terceros beneficiarios o terceras partes en el caso).

No obstante, este principio general tiene también sus excepciones debido al desarrollo progresivo de la naturaleza colectiva de algunos derechos constitucionales como, por ejemplo, es el caso de la violación de los derechos ambientales, de los derechos de las comunidades indígenas y de otros derechos difusos,[633] en cuyos casos[634] la sentencia definitiva puede beneficiar otras personas diferentes de aquellas que han participado activamente en el proceso como accionantes.

Este es el caso de las decisiones de amparo sobre derechos e intereses colectivos como los ambientales en Argentina y Brasil. En Venezuela, debido a la disposición constitucional respecto de intereses difusos o colectivos, la Sala Constitucional del Tribunal Supremo a partir de 2000 admitió las acciones de amparo procurando la protección y ejercicio de esos derechos colectivos, entre otros, por ejemplo, los derechos al sufragio. En tales casos, la Sala incluso, en un caso relativo a derechos electorales, le otorgó efectos *erga omnes* a las medidas precautelares, que beneficiaron no sólo a los individuos que interpusieron la acción para la protección constitucional, sino a todos los demás electores considerados como un grupo.[635]

---

633 Véase Rafael Chavero G. *El nuevo amparo constitucional en Venezuela*, Ed. Sherwood, Caracas, 2001, pp. 333 ss.

634 Como también ocurre en relación con las *Class Actions* o acciones colectivas en los Estados Unidos. Véase M. Glenn Abernathy and Barbara A. Perry, *Civil Liberties under the Constitution*, University of South Carolina Press, 1993, p. 6.

635 Véase decisión de la Sala Constitucional Nº 483 del 29 de mayo de 2.000, caso de *"Queremos Elegir" y otros*, en *Revista de Derecho Público*, Nº 82, Editorial Jurídica Venezolana, 2000, pp. 489–491. En el mismo sentido, la decisión de la misma Sala Nº 714 del 13 de Julio de 2.000, caso *APRUM* en *Revista de Derecho Público*, Nº 83, 2000, Editorial Jurídica Venezolana, pp. 319 ss. La Sala Constitucional ha decidido que "toda persona puede acceder ante la justicia para ventilar derechos e intereses difusos o colectivos" y ha extendido "la legitimación activa a las asociaciones, sociedades, fundaciones, cámaras, sindicatos, y demás entes colectivos, cuyo objeto sea la defensa de la sociedad, siempre que obren dentro de los límites de sus objetivos societarios, destinados a velar por los intereses de sus miembros en cuanto

Por otra parte, debe destacarse que la Defensoría del Pueblo en Venezuela tiene competencia para promover, defender y salvaguardar los derechos y garantías constitucionales y además, los intereses legítimos, colectivos y difusos de los ciudadanos (arts. 280 y 281,2 de la Constitución); siendo por consiguiente admitida su legitimación para presentar demandas de amparo en nombre de los ciudadanos como un todo.[636] En todos estos casos, por lo tanto, la sentencia judicial beneficia a todas las personas a quienes corresponde el ejercicio de los derechos e intereses colectivos en cuestión.

b. *La cuestión del alcance de los efectos de la cosa juzgada*

Por otra parte, como todas las decisiones judiciales definitivas, las decisiones de amparo en los países latinoamericanos también tienen efectos de cosa juzgada, dando estabilidad a la sentencia. Eso quiere decir que las decisiones de los tribunales son vinculantes no solo para las partes en el proceso, o sus beneficiarios, sino también para el mismo tribunal que no puede modificar su sentencia (inmutabilidad).

La cosa juzgada implica, por tanto, la imposibilidad que una nueva demanda sea admitida respecto de la misma materia ya decidida o que una decisión sea tomada en un sentido diferente al sentido con que se adoptó en el proceso anterior.[637]

---

a lo que es su objeto." v. Decisión de la Sala Constitucional N° 656 de 30-6-2000, caso *Defensor del Pueblo vs. Comisión Legislativa Nacional*, que se refiere en la decisión N° 379 de febrero 26 de 2003, caso *Mireya Ripanti et vs. Presidente de Petróleos de Venezuela S.A. (PDVSA)*, en *Revista de Derecho Público*, N° 93-96, Editorial Jurídica Venezolana, Caracas, 2003, pp. 152 ss.

636 En un caso el Defensor del Pueblo actuó contra una amenaza de la Comisión Legislativa Nacional del año 2000 de designar miembros del Consejo Nacional Electoral sin cumplir con los requisitos constitucionales. En ese caso la Sala Constitucional decidió que "la Defensoría queda legitimada para interponer acciones cuyo objeto es hacer valer los derechos o intereses difusos y colectivos" sin requerir la aquiescencia de la sociedad en nombre de quien actúa, pero esta disposición no excluye o prohíbe el acceso de los ciudadanos al sistema judicial en defensa de los derechos e intereses colectivos (art. 26). Véase sentencia de la Sala Constitucional N° 656 del 6 de mayo de 2001, caso: *Defensor del Pueblo vs. Comisión Legislativa Nacional, Idem.*

637 En contraste, estos efectos de la cosa juzgada, como regla general, no son aplicables a las órdenes de las *injunctions* en los Estados Unidos, las cuales pueden ser modificadas por el tribunal. Como ya se ha resumido respecto de la doctrina judicial en esta materia: "Las *injuncions* son distintas de otras sentencias en el contexto de la cosa juzgada porque las partes están frecuentemente sujetas a la jurisdicción continua del tribunal y el tribunal debe hallar un equilibrio entre las políticas de la cosa juzgada y el derecho del tribunal a aplicar medidas modificadas a circunstancias cambiadas."

Aun cuando los efectos de *cosa juzgada* constituyen principios generales en América Latina, respecto de las decisiones de amparo han surgido discusiones en muchos países en relación con el alcance de esos efectos basados en la tradicional distinción que se ha establecido en el derecho procesal, entre los llamados efectos "sustanciales" o materiales y los efectos "formales" de la *cosa juzgada* con el objeto de determinar cuál de ellos aplica a la sentencia de amparo.

En términos generales, la *"cosa juzgada* formal" se aplica a decisiones judiciales en el sentido de que no impide el desarrollo de un nuevo proceso entre las partes, siempre que la materia no haya sido decidida al fondo en el procedimiento de amparo. En cuanto a la *"cosa juzgada* sustancial" se aplica cuando la decisión judicial ha entrado al fondo del asunto, no permitiendo que otros procesos se desarrollen sobre ella.

El fondo de la materia decidida en el procedimiento de amparo es aquella relacionada con el manifiesto daño o amenaza ilegítima y arbitraria causada por una parte agraviante en relación con determinado derecho o garantía constitucional del accionante. Es decir, el fondo en los procesos de amparo se reduce a determinar la existencia de la ilegitima y manifiesta violación del derecho, independientemente de otras posibles materias que puedan resolverse por las partes en otros procesos.

Al respecto, por ejemplo, la Ley N° 16.986 de Amparo de Argentina establece lo siguiente:

> *Art. 13.* La sentencia firme declarativa de la existencia o inexistencia de la lesión, restricción alteración o amenaza arbitraria o manifiestamente ilegal de un derecho o garantía constitucional, hace cosa juzgada respecto del amparo, dejando subsistente el ejercicio de las acciones o recursos que puedan corresponder a las partes, con independencia del amparo. [638]

Véase el caso *Town of Durham v. Cutter*, 121 N.H. 243, 428 A. 2d 904 (1981), *en* John Bourdeau *et al.*, "Injunctions," *en* Kevin Schroder, John Glenn and Maureen Placilla, *Corpus Juris Secundum*, Volume 43A, Thomson West, 2004, p. 416; y Owen M. Fiss and Doug Rendleman, *Injunctions*, The Foundation Press, 1984, pp. 497–498, 526.

[638] Esta disposición, relativa a los efectos de la cosa juzgada, ha sido interpretada de dos maneras: Por una parte, Lazzarini ha considerado que la disposición establece los efectos de la "*cosa juzgada* sustantiva" de la decisión de amparo protectiva, alegando que la alusión que el artículo hace con relación a otras acciones o recursos, se está refiriendo a acciones penales tendientes a sancionar los agravios (causantes del daño) o a acciones civiles que procuran indemnización, pero no a otras acciones en las cuales el amparo puede ser nuevamente litigado. Véase José Luis Lazzarini, *El juicio de Amparo*, Ed. La Ley, Buenos Aires, 1987, pp. 356 ss. Por su parte Sagüés ha considerado que, aun cuando la acción de amparo es un proceso bilateral debido a

Una disposición similar está estipulada en las leyes de amparo paraguaya (art. 579) y uruguaya (art. 11).[639]

La ley de amparo venezolana, de manera similar a la disposición argentina y con el mismo criterio diferenciador respecto de los efectos de la cosa juzgada sustancial o formal[640] dispone que "La sentencia firme de amparo producirá efectos jurídicos respecto al derecho o garantía objeto del proceso, sin perjuicio de las acciones o recursos que legalmente correspondan a las partes" (art. 44).

Según esta norma, la *cosa juzgada* en la sentencia de amparo solo se refiere a lo que ha sido litigado y decidido en el caso, respecto de la violación o agravio infligido al derecho o garantía constitucional.[641] En términos generales, por tanto, la decisión de amparo no resuelve todas las otras cuestiones posibles que pudiesen surgir de la lesión, sino solo el aspecto de la violación o lesión de los derechos o garantías constitucionales, siendo éste el único punto respecto del cual la decisión produce efectos de *cosa juzgada*. En estos casos, después que la decisión de amparo, otros asuntos legales pueden permanecer pendientes de solución para otros procesos y es por esto que la decisión de amparo en estos casos es pronunciada "sin perjuicio de las acciones y recursos que puedan legal-

---

su carácter breve y sumario con las consiguientes restricciones respecto de pruebas y formalidades, no puede haber una decisión sobre el fondo del caso; así que ninguna *cosa juzgada* sustantiva puede producirse sino solo una *cosa juzgada* formal, siendo posible que el fondo de la materia pueda ser resuelto mediante los medios judiciales ordinarios, siempre que las partes aleguen que ha ocurrido un lesión a su derecho de defensa en el procedimiento de amparo (por ejemplo, en relación con las pruebas). Véase Néstor Pedro Sagüés, *Derecho procesal Constitucional*, Vol. 3, *Acción de amparo*, Editorial Astrea, Buenos Aires, 1988, pp. 449 ss.

639 Véase Luis Alberto Viera, *Ley de Amparo*, Ediciones Idea, Montevideo, 1993, p. 40.

640 Al respecto, la Antigua Corte Primera de lo Contencioso-Administrativo en una sentencia de 16-10-1986, caso "*Montilva*", decidió que si en un caso "la acción de amparo es intentada con el mismo objeto, denunciando las mismas violaciones, basada en los mismos motivos y con idéntico objeto a la anterior y dirigida contra la misma persona, entonces es evidente que en ese caso, la fuerza de la *res judicata* se aplica para evitar la repetición del caso, dado el hecho de la controversia a ser resuelta tiene la misma identidad subjetiva y objetiva que la previamente decidida." Véase. Rafael Chavero G., *El nuevo amparo constitucional en Venezuela*, Ed. Sherwood, Caracas, 2001, pp. 338 ss.; Gustavo Linares Benzo, *El proceso de amparo en Venezuela*, Caracas, 1999, p. 121.

641 Véase en *Revista de Derecho Público*, N° 28, Editorial Jurídica Venezolana, Caracas, 1986, p. 106.

mente corresponder a las partes." En este caso, como se ha dicho, la decisión de amparo tiene efectos de cosa juzgada formal.[642]

En muchos otros casos, naturalmente, la decisión de amparo, al pronunciarse sobre la violación del derecho constitucional provocada por acciones u omisiones ilegítimas, no deja espacio para discutir ningún otro punto legal a través de ningún otro procedimiento posterior, en cuyos casos, la sentencia de amparo tiene efectos de *cosa juzgada* sustancial.

Esta distinción entre los efectos de *cosa juzgada* respecto de las decisiones de amparo ha sido expresamente establecida, por ejemplo, en la Ley de Amparo de El Salvador en la cual se prescribe lo siguiente:

"*Art. 81.*- La sentencia definitiva en los dos procesos mencionados en el artículo anterior produce los efectos de cosa juzgada contra toda persona o funcionario, haya o no intervenido en el proceso, sólo en cuanto a que el acto reclamado es o no constitucional, o violatorio de preceptos constitucionales. Con todo, el contenido de la sentencia no constituye en sí declaración, reconocimiento o constitución de derechos privados subjetivos de los particulares o del Estado; en consecuencia la resolución dictada no puede oponerse como excepción de cosa juzgada a ninguna acción que se ventile posteriormente ante los Tribunales de la República."

Las leyes de amparo hondureña (art. 72) y guatemalteca también disponen en términos similares que "las resoluciones dictadas en procesos de amparo son de efecto declarativo y no causan excepción de cosa juzgada, sin perjuicio de las disposiciones relativas a la jurisprudencia en materia de amparo" (art. 190).

---

642 Véase al respecto, Juan Manuel Errázuriz y Jorge Miguel Otero A., *Aspectos procesales del recurso de protección*, Editorial Jurídica de Chile, Santiago, 1989, pp. 195 ss. y 202. Estos efectos de la decisión de amparo también existen respecto de la acción de amparo contra individuos y un caso puede ilustrar el punto: en 1.987 surgió una controversia en una universidad venezolana privada en Caracas -la Universidad Santa Maria- en relación con el cargo para la presidencia de la institución (rector), un cargo que era disputado por dos profesores alegando que habían sido designados por los órganos universitarios. La Corte Primera de lo Contencioso-Administrativo, en una decisión del 17 de diciembre de 1.987 pronunció una decisión de amparo en la materia demandada por uno de los rectores a fin de garantizar la seguridad jurídica a la comunidad universitaria dado el hecho de que el punto de quién era el *rector* de la universidad no podía permanecer sin solución indefinidamente. Sentenció considerando legitima la designación de uno de los *rectores* hasta que la controversia relativa a la legitimidad de los entes a cargo de las designaciones se resolviera en vía judicial." Véase en *El Universal,* Caracas, 27 de diciembre de 1.987, p. 2–5. De acuerdo con esta decisión, era necesaria que una acción civil adicional fuese resuelta a fin de decidir el fondo del asunto.

Finalmente, en el Perú, el Código Procesal Constitucional no resuelve la discusión y se limita a estipular que "En los procesos constitucionales sólo adquiere la autoridad de cosa juzgada la decisión final que se pronuncie sobre el fondo" (art. 6).[643]

F. El carácter obligatorio de las sentencias de amparo y la sanción al desacato judicial

Un último aspecto debe resaltarse respecto de los efectos de la decisión de amparo y es en relación con su carácter obligatorio. Como todas las decisiones judiciales, la sentencia de amparo es obligatoria no solo para las partes del proceso sino también respecto de todas las otras personas y funcionarios públicos que deben aplicarlas. El agraviante, por ejemplo, está obligado a acatarla de inmediato como expresamente lo dispone las leyes de amparo de Bolivia (art. 102); Colombia (arts. 27, 30); Costa Rica (art. 53); Ecuador (art. 58); Honduras (art. 65); Nicaragua (art. 48); Paraguay (art. 583); Perú (arts. 22, 24) y Venezuela (art. 35).

En orden a ejecutar la decisión, los tribunales pueden *ex officio*, o a petición de parte, tomar todas las medidas dirigidas a su cumplimiento, estando facultados, por ejemplo, en la ley guatemalteca, para decretar órdenes y librar oficios a las autoridades y funcionarios públicos de la administración pública o a las personas obligadas (art. 55). Los tribunales de amparo según lo dispuesto en las leyes de amparo de Guatemala (art. 105), Ecuador (art. 61), El Salvador (art. 61) y Nicaragua (art. 77) también están facultados para usar los medios de fuerza pública para asegurar el cumplimiento de sus decisiones.

Aun así los jueces de amparo en América Latina no tienen facultad directa de castigar, mediante la imposición de sanciones penales, el desacato a sus órdenes. En otras palabras, no tienen la facultad inherente de hacerlo, cosa que, en contraste, es una de los caracteres más importantes del sistema de la *injunction* en los Estados Unidos.[644] Estas facultades de

---

643 Véase Samuel B. Abad Yupanqui, *El proceso constitucional de amparo*, Gaceta Jurídica, Lima, 2004, pp. 194 ss.

644 Esto es particularmente importante con respecto a la contumacia penal, la cual fue establecida desde el caso *In Re Debs* (158 U.S. 564, 15 S.Ct. 900, 39 L.Ed. 1092 (1895)), donde de acuerdo con el magistrado Brewer quien pronunció la sentencia de la Corte Suprema, se decidió así: "Pero el poder de un tribunal de emitir una orden lleva consigo el poder también de sancionar por una desobediencia a tal orden y la pregunta acerca de la desobediencia ha sido, desde tiempos inmemoriales, la función especial del tribunal. Y esto no es un tecnicismo. Para que un tribunal pueda compeler obediencia a su orden debe tener el derecho a cuestionar si ha habido desobediencia a su orden. El someter la cuestión de la desobediencia a otro tribunal, sea

sancionar penalmente fueron las que precisamente dieron a la *injunction* en los Estados Unidos su efectividad en relación con cualquier desobediencia, estando el mismo tribunal facultado para reivindicar su propio poder mediante la imposición de sanciones penales y pecuniarias con prisión y multas.[645] Los tribunales latinoamericanos, en contraste, no tienen esas facultades o éstas son muy débiles.

En efecto, aun cuando el desacato a la sentencia de amparo sea sancionable en las leyes de amparo latinoamericanas, no está en las manos del mismo tribunal de amparo el aplicar sanciones afectando personalmente al renuente. Estas facultades sancionatorias están atribuidas sea a la administración pública sea a un diferente tribunal penal. Así, por ejemplo, en caso de desacato, el tribunal de amparo debe procurar el comienzo de un procedimiento disciplinario administrativo contra el funcionario público rebelde que debe ser decidido por el órgano superior correspondiente en la administración pública, como está establecido en Colombia (art. 27), Perú (art. 59) y Nicaragua (art. 48).

Respecto de la aplicación de sanciones penales al rebelde, los tribunales de amparo, o la parte interesada, deben procurar el inicio de un proceso judicial penal en contra de aquél, el cual debe ser desarrollado por ante los tribunales penales competentes, como es la regla general establecida en Bolivia (art. 104); Colombia (arts. 27, 52, 53); Costa Rica (art. 71); Ecuador (art. 58); El Salvador (arts. 37, 61); Guatemala (arts. 32, 54, 92); Honduras (art. 62); México (arts. 202, 209); Nicaragua (art. 77); Panamá (art. 2632); Paraguay (art. 584)y Venezuela. En algunos

---

un jurado u otra corte, equivaldría a privar los procedimientos de la mitad de su eficacia. En *Watson v. Williams,* 36 Miss. 331, 341, se declaró: "El poder de multar y encarcelar por contumacia ha sido considerado, desde la historia más antigua del derecho, como la necesaria faceta y atributo de un tribunal sin el cual no podría existir más de lo que pudiera existir sin un juez. Es un poder inherente a todos los tribunales de los que se tiene cuenta y coexistente con ellos por las sabias disposiciones del *Common Law.* Un tribunal sin el poder efectivo de protegerse a si mismo contra los asaltos de los desaforados o de ejecutar sus órdenes, sentencias o decretos contra los rebeldes a sus disposiciones, sería una desgracia al derecho y un estigma a la era que lo produjo." Véase Owen M. Fiss and Doug Rendleman, *Injunctions*, The Foundation Press, 1984, p. 13. v.t. William M. Tabb and Elaine W. Shoben, *Remedies*, Thomson West, 2005, pp. 72 ss.

645 En Filipinas, el Reglamento sobre el Recurso de Amparo, faculta al tribunal competente a "ordenar al accionado que se niega a responder, o que responda falsamente, o a cualquier persona que de cualquier otro manera desobedezca o se resista a un proceso legítimo u orden del tribunal, a ser sancionado por contumacia. El contumaz puede ser encarcelado o multado."

casos excepcionales, como en Colombia (art. 27), el juez de tutela puede imponer (pero solo eso) detenciones administrativas a la parte renuente.

Por lo tanto, los jueces de amparo en América Latina, en general, no tienen el poder para directamente imponer sanciones disciplinarias o penales a aquellos que desacatan sus órdenes y solo en algunos países tienen poder para directamente imponer multas (*astreintes*) a las partes renuentes de manera continua y hasta el cumplimiento de la orden. Este es el caso de Colombia (art. 27); República Dominicana (art. 28); Guatemala (art. 53); Nicaragua, (art. 66) y Perú (art. 22).[646]

XIII. LA ACCIÓN DE AMPARO A LA LIBERTAD O SEGURIDAD PERSONAL (HABEAS CORPUS)

De acuerdo con lo establecido en el mismo artículo 27 de la Constitución, "la acción de amparo a la libertad o seguridad podrá ser interpuesta por cualquier persona, y el detenido será puesto bajo la custodia del tribunal de manera inmediata, sin dilación alguna". La acción de habeas corpus, por tanto, en Venezuela, es la misma acción de amparo, y por tanto, se rige en general por todos los principios que la gobiernan, salvo las disposiciones especiales que establece la Ley Orgánica de Amparo.

Entre las previsiones especiales, por supuesto, están las previstas en la misma Constitución, en cuanto a que cualquier persona puede interponer la acción de habeas corpus en nombre de la persona agraviada, y a la obligación para el presunto agraviante, de poner a la persona en cuya protección se interpone la acción bajo custodia del tribunal que conozca de la acción, de manera inmediata, sin dilación.

La Ley Orgánica legitima para intentar la acción de amparo, a "toda persona que fuere objeto de privación o restricción de su libertad, o se viere amenazada en su seguridad personal, con violación de las garantías constitucionales" (art. 39).

De acuerdo con el artículo 41 de la Ley Orgánica, la solicitud de amparo a la libertad personal puede ser hecha por el agraviado o por cualquier persona que gestione en favor de aquel (sin que necesariamente tenga poder para ello), por escrito, verbalmente o por vía telegráfica, sin necesidad de asistencia de abogado.[647] En cuanto a las solicitudes de am-

---

646 Véase Samuel B. Abad Yupanqui, *El proceso constitucional de amparo*, Gaceta Jurídica, Lima 2004, p. 136.

647 Véase por ejemplo, sentencia de la sala Constitucional N° 742 de 19–7–2000 (Caso: *Rubén D. Guerra vs. Juzgado Segundo de Primera Instancia en lo Civil, Mercantil*

paro referidas a la seguridad personal se tramitaran, en cuanto les resulten aplicables, conforme a lo antes señalado (art. 41).

De acuerdo con los artículos 7 y 40 de la Ley Orgánica, los juzgados de primera instancia en lo penal serían los competentes para conocer y decidir sobre el amparo a la libertad y seguridad personales. Dentro de dichos Juzgados de primera instancia en lo penal, el competente será el que tenga jurisdicción "en el lugar donde se hubiese ejecutado el acto causante de la solicitud o donde se encontrare la persona agraviada" (art. 39).

La Sala Constitucional, en relación con la acción de habeas corpus, también se ha ocupado de delinear principios sobre la competencia judicial, a cuyo efecto en sentencia n° 165 de 13 de febrero de 2001 (Caso: *Euclides S. Rivas vs. Juzgado de Control N° 2, Circuito Judicial Penal, Estado Nueva Esparta*), expuso lo siguiente:

"El criterio sostenido por esta Sala Constitucional, es que la procedencia del hábeas corpus depende de que la detención haya sido impuesta por una autoridad administrativa, policial, o judicial, con violación de normas constitucionales, y sólo en aquellos casos en que la autoridad, se exceda en el ejercicio de sus atribuciones legales o en los plazos en que se mantiene la detención, podría ser considerada la privación de la libertad ilegítima.

Aunado a ello, el ordinal 4° del artículo 60 del Código Orgánico Procesal Penal, establece que los tribunales de control serán los competentes para conocer de la acción de amparo a la libertad y seguridad personales, imponiéndose así el criterio de la competencia exclusiva para los Jueces de Primera Instancia en función de Control de la Investigación; sentido que fue precisado por esta Sala en decisión de fecha 20 de enero de 2000, referida con anterioridad (*Vid. Caso: Emery Mata Millán vs. Ministro y Vice–Ministro del Interior y Justicia, exp. N° 00–001*). Como excepción y tomando en cuenta el artículo 8 de la Ley Orgánica de Amparo sobre Derechos y Garantías Constitucionales, cuando la decisión o acto que se entienda lesivo provenga de los altos funcionarios u órganos mencionados en dicha disposición, o de otros que ostenten igual rango o jerarquía en la conformación institucional del Estado, tal competencia le corresponde exclusivamente a la Sala Constitucional del Tribunal Supremo de Justicia.

No obstante el razonamiento de esta Sala, se presentan dificultades en cuanto al orden jerárquico para atribuir a los jueces de control la competencia para conocer de los amparos interpuestos con ocasión de presuntas violaciones a la libertad y seguridad personales –*hábeas corpus*–, provenientes

---

y del Tránsito del Estado Lara), en *Revista de Derecho Público*, n° 83, EJV, Caracas, 2000, p. 346.

de un órgano jurisdiccional superior o de igual rango a los Juzgados de Primera Instancia en Función de Control; es decir, cuando el presunto agraviante sea otro Tribunal de Primera Instancia o una Corte de Apelaciones en lo Penal, como por ejemplo, en materia Penal, aquellos que conocen en otra fase del proceso, como son los tribunales de juicio o de ejecución. En estos casos resulta contrario a la teoría general del proceso, que un tribunal de la misma o inferior jerarquía revise una decisión –aun cuando sea por la vía de una acción de amparo–, pues esto quebranta el orden lógico de la organización institucional en la que se ve reflejada la concepción del ejercicio de la función jurisdiccional, la cual atiende al contenido de valores que nutren el fin último de dicha función. Tal orden se trastocaría, ciertamente, en la conjetura de decisiones de órganos de superior jerarquía que deban ser revisadas, con lo cual decimos valoradas, y quizás revertidas, por instancias de igual o inferior jerarquía.

Debe señalarse que, "ambas figuras –amparo contra decisiones judiciales y *Hábeas Corpus*–, se encuentran consagradas en la Ley Orgánica de Amparo sobre Derechos y Garantías Constitucionales, de manera separada, siendo que la primera va dirigida a restituir la situación jurídica infringida ocasionada por un acto, resolución o sentencia emanada de un Tribunal, actuando fuera del ámbito de su competencia –entiéndase con abuso o extralimitación de poder o con usurpación de funciones– que lesiona derechos y garantías protegidas por la Constitución; en tanto que el hábeas corpus se concibe como la tuición fundamental de la esfera de la libertad individual, como una verdadera garantía contra posibles arrestos y detenciones arbitrarias", incluso provenientes de los órganos judiciales actuando en vía disciplinaria (la privación ilegítima de libertad). Ver sentencia de fecha 17 de marzo de 2000.

Para rectificar la diversidad de criterios que se originó a raíz de la promulgación de la Ley Orgánica de Amparo sobre Derechos y Garantías Constitucionales, esta Sala Constitucional dijo: *"...haciendo una interpretación armónica y coherente que garantice una adecuada aplicación de ambos institutos, debe entenderse que el mandamiento de hábeas corpus resulta procedente cuando se trata de proteger al ciudadano frente a arbitrarias detenciones administrativas, sin embargo, el mismo también es ejercible en aquellos casos en los cuales exista de por medio una detención de carácter judicial, pero únicamente, cuando dichas decisiones no cuenten con un medio ordinario de impugnación o éste no sea acorde con la protección constitucional que se pretende"*. De tal manera que, en el supuesto de privaciones ilegítimas por detenciones policiales o administrativas, incluidas las practicadas en acatamiento de sanciones disciplinarias decretadas por los jueces, debemos reiterar que corresponde la competencia en primera instancia, como regla general, a los jueces de control –primera instancia en lo penal.

En el otro supuesto, si la acción va dirigida contra una privación judicial preventiva de libertad ordenada por un Juez, por considerarse que actuó con abuso de poder o con extralimitación de funciones en cualquiera de las fases del proceso penal, es decir, actuando con facultad jurisdiccional –no administrativa– con ocasión de la comisión de un delito o falta, con fundamento en el Código Orgánico Procesal Penal o en cualquier otra ley penal, aun cuando el contenido de la pretensión involucre un hábeas corpus por alegarse que tal detención en sí misma resulta ilegítima o que por extensión excesiva de la misma en el tiempo haya adquirido el carácter de ilegitimidad, se atenderá al orden de gradación del órgano en contra de quien se acciona. No cabe duda, entonces, de que el caso deberá analizarse bajo la óptica del artículo 4 de la Ley de Amparo, y la competencia corresponderá a un Tribunal Superior, en el orden jerárquico, de aquél que emitió el pronunciamiento, puesto que se trata de un acto, resolución o sentencia emanados de un órgano jurisdiccional actuando en tal condición."[648.]

El juez competente, al recibir la solicitud, tal como lo prescribe el artículo 41 de la Ley Orgánica, debe abrir una averiguación sumaria, ordenando inmediatamente al funcionario bajo cuya custodia se encuentre la persona agraviada, que informe dentro del plazo de veinticuatro (24) horas, sobre los motivos de la privación o restricción de la libertad.

La solicitud de amparo a la libertad y seguridad personales tiene por objeto que el juez competente "expida un mandamiento de *hábeas corpus* (Art. 39), a cuyo efecto, conforme al artículo 42 de la Ley Orgánica, el juez, haya o no recibido el informe del funcionario respectivo, debe decidir

"en un término no mayor de noventa y seis (96) horas después de recibida la solicitud, la inmediata libertad del agraviado o el cese de las restricciones que se le hubiesen impuesto, si encontrare que para la privación o restricción de la libertad no se hubieren cumplido las formalidades legales".

La Ley Orgánica autoriza al juez, en caso de considerarlo necesario, para sujetar esta decisión "a caución personal o a prohibición de salida del país de la persona agraviada, por un término no mayor de treinta (30) días".

Por supuesto, la decisión también puede consistir en la negativa de la solicitud formulada, si la privación o restricción de la libertad **se** hubiere efectuado cumpliéndose las formalidades legales.

---

648 Véase en *Revista de Derecho Público*, N° 85–88, Editorial Jurídica Venezolana, Caracas, 2001, pp. 489 y ss.

De acuerdo a los artículos 40 y 43 de la Ley Orgánica, el mandamiento de *hábeas corpus* o, en su defecto, la decisión que lo niegue, se consultara con el tribunal superior, al que deberán enviarse los recaudos en el mismo día o en el siguiente. Por supuesto, la consulta no impedirá la "ejecución inmediata de la decisión". En todo caso, prescribe la Ley que el tribunal superior debe decidir dentro de las setenta y dos (72) horas después de haber recibido los autos.

XIII. ALGO SOBRE LA ACCIÓN DE HABEAS DATA

El cuanto a las normas de procedimiento en los proceso en los casos de habeas data, en ausencia de normas legales, fueron estableciéndose progresivamente por la jurisprudencia de la Sala Constitucional, hasta haber sido recogidas por la Ley Orgánica del Tribunal Supremo de Justicia de 2010, aun cuando en forma transitoria.

1. *La doctrina jurisprudencial de la Sala Constitucional en materia de habeas data*

A. *Sobre el derecho de habeas data*

En efecto, el artículo 28 de la Constitución de 1999, siguiendo la orientación de las Constituciones latinoamericanas recientes, estableció expresamente en Venezuela la acción de *habeas data*,[649] mediante la cual se garantiza a todas las personas el derecho de acceder a la información y a los datos que sobre sí misma o sobre sus bienes consten en registros oficiales o privados, con las excepciones que establezca la ley, así como conocer el uso que se haga de los mismos y su finalidad, y a solicitar ante el tribunal competente la actualización, la rectificación o la destrucción de aquellos, si fuesen erróneos o afectasen ilegítimamente sus derechos.

Estos derechos, como lo señaló la Sala Constitucional del Tribunal Supremo de Justicia en sentencia de 9 de noviembre de 2009 (Caso: Mercedes Josefina Ramírez, Acción de Habeas Data),

---

649 Véase Allan R. Brewer-Carías, "El proceso constitucional de las acciones de habeas data en Venezuela: las sentencias de la sala constitucional como fuente del derecho procesal constitucional," en Eduardo Andrés Velandia Canosa (Coordinador), *Homenaje al Maestro Héctor Fix Zamudio. Derecho Procesal Constitucional. Memorias del Primer Congreso Colombiano de Derecho Procesal Constitucional* Mayo 26, 27 y 28 de 2010, Bogotá 2010, pp. 289-295; y en *Revista de Derecho Público*, Nº 120, (octubre-diciembre 2009), Editorial Jurídica Venezolana, Caracas 2009, pp. 185-191 en *Revista de Derecho Público*, Nº 85–88, Editorial Jurídica Venezolana, Caracas, 2001, pp. 489 y ss.

"no involucran directamente nulidades, ni indemnizaciones, sino otorgan situaciones jurídicas esenciales al ser humano: como lo es la existencia de un recurso sobre su persona en archivos públicos o privados, por lo que no resulta vinculante para el Juez Constitucional lo que pida el quejoso, sino la situación fáctica ocurrida en contravención a los derechos y garantías constitucionales y los efectos que ella produce, que el actor trata que cesen y dejen de perjudicarlo; o simplemente la información sobre sí mismo que tiene derecho a conocer existente en los registros público o privados."[650]

Por otra parte, el artículo 28 de la Constitución también consagra el derecho de toda persona de acceder a documentos de cualquier naturaleza que contengan información cuyo conocimiento sea de interés para comunidades o grupos de personas, quedando a salvo el secreto de las fuentes de información periodística y de otras profesiones que determine la ley.

La norma, por tanto, consagra dos derechos distintos, sobre los cuales la Sala Constitucional en sentencia de 23 de agosto de 2000 (Caso: *Veedores de UCAB*) expresó en materia de derecho de acceso:

"el artículo 28 separa el acceso a la información y a los datos, del acceso a documentos que contengan información, la cual debe ser puntual, sobre cualquier tópico, sean o no dichos documentos soportes de bases de datos, que tengan interés para las comunidades o grupos. El acceso a estos documentos es distinto al de las bases de datos, de cualquier tipo. Se trata de acceder a documentos en sentido amplio, escritos o meramente representativos (de allí que la norma expresa que son documentos de cualquier naturaleza), que por alguna razón contienen información de interés para el grupo, o para la comunidad. Tal interés debe ser decidido por el juez, para ordenar su exhibición, por lo que debe ser alegado, no bastando la subjetiva apreciación del actor en ese sentido".[651]

Estos derechos de habeas data, por otra parte, son también distintos al derecho garantizado en el artículo 143 de la misma Constitución que tienen todos los ciudadanos a ser informados oportuna y verazmente por la Administración Pública, sobre el estado de las actuaciones en que estén directamente interesados, y a conocer las resoluciones definitivas que se adopten sobre el particular. Asimismo, consagra la norma el derecho de acceso a los archivos y registros administrativos, sin perjuicio de los límites aceptables dentro de una sociedad democrática en materias relativas a seguridad interior y exterior, a investigación criminal y a la intimidad de

---

650 Véase en http://www.tsj.gov.ve/decisiones/scon/Noviembre/1511-91109-2009-09-0369.html

651 Véase en *Revista de Derecho Público*, N° 85–88, Editorial Jurídica Venezolana, Caracas 2001, pp. 500–501.

la vida privada, de conformidad con la ley que regule la materia de clasificación de documentos de contenido confidencial o secreto. La norma prohíbe, en todo caso, la censura a los funcionarios públicos en relación a lo que informen sobre asuntos bajo su responsabilidad.

En cuanto al derecho de habeas data que consagra el artículo 28 de la Constitución, la Sala Constitucional del Tribunal Supremo de Justicia en su sentencia N° 1050 del 23 de agosto de 2000 (caso: *Ruth Capriles y otros*), determinó que se trata de un "derecho de las personas a conocer la información que sobre ellas, hayan sido compiladas por otras" consecuencia del hecho de que "tanto el Estado, como los particulares, mediante diversas formas de compilación de datos: manuales, computarizados, etc., registran y almacenan datos e informaciones sobre las personas o sobre sus bienes, y en vista que tal recopilación puede afectar la vida privada, la intimidad, el honor, la reputación, la vida económica y otros valores constitucionales de las personas naturales o jurídicas, la Constitución, para controlar tales registros, otorga varios derechos a la ciudadanía que aparecen recogidos en el artículo 28 citado." Estos derechos en criterio de la Sala Constitucional son los siguientes:

"1) El derecho de conocer sobre la existencia de tales registros.

2) El derecho de acceso individual a la información, la cual puede ser nominativa, o donde la persona queda vinculada a comunidades o a grupos de personas.

3) El derecho de respuesta, lo que permite al individuo controlar la existencia y exactitud de la información recolectada sobre él.

4) El derecho de conocer el uso y finalidad que hace de la información quien la registra.

5) El derecho de actualización, a fin que se corrija lo que resulta inexacto o se transformó por el transcurso del tiempo.

6) El derecho a la rectificación del dato falso o incompleto.

7) El derecho de destrucción de los datos erróneos o que afectan ilegítimamente los derechos de las personas."

A los efectos de ejercer esta acción de habeas data, la Sala Constitucional en su sentencia de 2000 precisó que se trata de derechos que giran alrededor de los datos recopilados sobre las personas o sobre sus bienes, por lo que la legitimación activa corresponde a quienes tengan "un interés, personal, legítimo y directo en quien ejerza estos derechos, ya que es la información sobre su persona y bienes el que lo origina." En otras palabras, dijo la Sala, quien quiere hacer valer estos derechos que conforman el habeas data, "lo hace porque se trata de datos que le son personales." Es decir, "quien no alega que el habeas data se solicita para obtener información sobre sus datos registrados, carece de interés legítimo en tal acción, ya que no hace uso del derecho que otorga dicha norma, con los otros derechos que nacen de la misma, los cuales giran alrededor de las informaciones personales."

La doctrina anterior fue ratificada por la Sala Constitucional en sentencia N° 332 de 14 de marzo de 2001 (Caso: *Insaca vs. Ministerio de Sanidad y Asistencia Social),* en la cual volvió a analizar la norma del artículo 28 de la Constitución, en cuanto a la justiciabilidad de los derechos que contiene, concluyendo que daban origen a acciones autónomas distintas y no siempre vinculadas al amparo constitucional;[652] ratificando el criterio de que en virtud de que para ese momento no se había sancionado ley reguladora alguno del procedimiento constitucional a seguir para la justiciabilidad de esos derechos, la Sala Constitucional se reservó la competencia, como Jurisdicción Constitucional, para conocer "de las controversias que surjan con motivo de las normas constitucionales aun no desarrolladas legislativamente, hasta que las leyes que regulan la Jurisdicción Constitucional, decidan lo contrario", agregando que:

> "Con esta doctrina la Sala evita la dispersión que ocurre en otros países, donde la acción de habeas data que se incoa autónomamente, ha sido conocida por Tribunales Civiles, o de otra naturaleza, tomando en cuenta la afinidad de la materia que conoce el tribunal con la que se pretende ventilar con el habeas data.
>
> Existiendo en el país una Sala Constitucional, específica para conocer lo relativo a las infracciones de la Carta Fundamental, no parece lógico, ante el silencio de la ley, atribuir el conocimiento de estas causas a tribunales distintos. Tal interpretación es vinculante a partir de esta fecha (14–03–2001 y así se declara." [653]

Por otra parte, en cuanto a las condiciones de admisibilidad de la acción de habeas data, la Sala ratificó la legitimación para accionar respecto de las persona que reseñadas en lo personal o en sus bienes, en los registros mencionados, sin necesidad de alegar daño alguno en los casos en que pide el acceso a la información o el conocimiento de la finalidad para la cual la mantiene el recopilador; agregando que para poderse intentar la acción respectiva, el acceso a la información debía haber sido previamente denegado por la autoridad administrativa, es decir, los derechos:

---

652 Véase en *Revista de Derecho Público,* N° 85–88, Editorial Jurídica Venezolana, Caracas 2001, p. 488.

653 *Idem.* 492.

"han de ser ejercidos previamente (incluso extrajudicialmente y tal vez hasta por vía administrativa en algunos casos) ante el recopilador real o supuesto, por lo que la lesión al titular de los derechos nace de ese ejercicio extrajudicial fallido. Si se le niega extrajudicialmente el ejercicio, porque no se le da acceso a la información, se le da errónea, o no se explica legalmente para qué se registra, se le infringe su situación jurídica que nace directamente de la Constitución.

Ante tal negativa, la víctima puede optar entre un juicio ordinario, para hacer valer su derecho negado, acumulando pretensiones; o un amparo a los mismos fines si se dan los supuestos para ello, para que se le restablezca la situación de acceder o conocer realmente, ante la necesidad de precaver la situación jurídica de una lesión irreparable."[654]

Además, dijo la Sala Constitucional que el accionante "debe fundar la demanda en la existencia cierta de un sistema de información que lleva una persona, dentro del cual existen datos e informaciones referentes al accionante (datos e informaciones en plural, es decir, varios que permitan delinear en alguna materia un perfil de la persona, o de sus bienes)."[655]

B. La determinación del procedimiento para los procesos de habeas data

a. La doctrina establecida en 2003

Posteriormente, mediante sentencia N° 2551 de 24 de septiembre de 2003 (caso: Jaime Ojeda Ortiz),[656] tratándose en el caso de una solicitud de destrucción de una información que se encontraba en una base de datos, a los efectos de hacer efectivo los derechos a que se refiere el artículo 28 constitucional (derecho de acceso a la información, derecho de conocer uso y finalidad de los datos, derecho de actualización, rectificación y destrucción de la información), en virtud de que la Asamblea Nacional no había dictado la legislación necesaria para ello, la Sala pasó a establece el procedimiento a seguir en estos casos, en uso de la facultad que le confería el artículo 102 de la derogada Ley Orgánica de la Corte Suprema de Justicia, decidiendo "aplicar al presente caso, mientras no se haya establecido por ley el procedimiento propio de la acción de habeas data, el proceso establecido en el Código de Procedimiento Civil para el juicio oral, pero con las variantes destinadas a potenciar la oralidad, brevedad,

---

654 *Idem.* 492.

655 *Idem.* pp. 492–495.

656 Véase   en   http://www.tsj.gov.ve/decisiones/scon/Septiembre/2551-240903-03-0980.htm

concentración e inmediación de esta clase de procesos," conforme a las siguientes reglas procesales:

1) Al admitirse la acción, se debe comunicar al accionante que tiene la carga de promover en un lapso de cinco (5) días después de su notificación, a menos que se encuentren a derecho, toda la prueba documental de que dispongan, así como la mención del nombre, apellido y domicilio de los testigos si los hubiere.

2) Los llamados a juicio como demandados, deben proceder a contestar por escrito la demanda, sin que sean admisibles cuestiones previas, produciendo un escrito de contestación que debe contener sus defensas o excepciones de manera escrita, sin citas jurisprudenciales ni doctrinales, y que además debe contener la promoción y producción de la prueba documental de que dispongan y de los testigos que rendirán declaración en el debate oral.

3) A partir de la contestación, el tribunal debe aplicará para la sustanciación de la causa, lo dispuesto en los artículos del 868 al 877 del Código de Procedimiento Civil, pudiendo las partes promover, en el término señalado en el artículo 868 citado, las pruebas que creyeren convenientes ofrecer, conforme al artículo 395 *eiusdem*. La audiencia preliminar prevista en el artículo 868 del Código de Procedimiento Civil debe ser dirigida por la Sala.

b. *La doctrina establecida en 2009*

Posteriormente mediante sentencia de 9 de noviembre de 2009 (caso *Mercedes Josefina Ramírez, Acción de Habeas Data*),[657] la Sala hizo un balance en retrospectiva de los resultados obtenidos con la tramitación del *habeas data* a través de dicho procedimiento, llegando a la conclusión que, "por carecer de unidad del acto oral, durante el trámite se prolonga en demasía la decisión sobre el fondo del asunto, en el cual, se supone, está en controversia un derecho constitucional que exige tutela efectiva de la justicia constitucional."

En consecuencia, la Sala decidió modificar el procedimiento establecido en la sentencia N° 2551 del 24 de septiembre de 2003 (caso: Jaime Ojeda Ortiz) en materia de habeas data, estableciendo ahora "un procedimiento judicial especial preferente y sumario," por tanto, "más breve" de manera que permita pronta decisión judicial, y por tanto, "más idóneo

---

657 Véase en http://www.tsj.gov.ve/decisiones/scon/Noviembre/1511-91109-2009-09-0369.html

con la necesidad de tutela expedita de los derechos constitucionales aludidos en el artículo 28 Constitucional." Para ello, invocó la aplicación inmediata del artículo 27 de la Constitución y la atribución conferida en el artículo 335 de la misma, apartándose del precedente asentado en el antes mencionado fallo N° 2551 de 24 de septiembre de 2003 (caso: *Jaime Ojeda Ortiz*), de manera de "llenar el vacío legislativo que existe en torno a esta novísima acción constitucional de habeas data." A tal efecto, dado el carácter vinculante de la sentencia, la Sala resolvió implementar a partir de la fecha de la sentencia, y hasta tanto la Asamblea Nacional legisle al efecto, el siguiente procedimiento:

1. El proceso se debe iniciar por escrito y el demandante debe señalar en su solicitud las pruebas que desea promover. El incumplimiento de esta carga produce la preclusión de la oportunidad, no sólo la de la oferta de las pruebas omitidas, sino también de la producción de todos los instrumentos escritos, audiovisuales o gráficos con que cuenta el demandante para incoar la acción. Las pruebas se deben valorar por la sana crítica, excepto la prueba instrumental que tiene los valores establecidos en los artículos 1359 y 1360 del Código Civil para los documentos públicos, y en el artículo 1363 *eiusdem* para los documentos privados auténticos y otros que merezcan autenticidad, entre ellos los documentos públicos administrativos.

2. La parte accionante debe consignar, conjuntamente con el libelo de la demanda, el documento fundamental de su pretensión, con el objeto de cumplir con lo señalado en la sentencia N° 1281/2006, caso: *Pedro Reinaldo Carbone Martínez*. En efecto, con anterioridad a esta último fallo de 2006, la sala había admitido acciones de *habeas data* que no habían sido acompañadas con algún documento fundamental o indispensable que comprobara por ejemplo, la existencia de los registro policiales que se pretendían destruir o actualizar (por ejemplo, fallo N° 2.829 del 7 de diciembre de 2004), criterio que sin embargo fue cambiado la sentencia N° 1281 de 2006, exigiéndose en lo sucesivo que con las demandas se consigne el documento fundamental de su pretensión, de manera que conforme al párrafo quinto del artículo 19 de la Ley Orgánica del Tribunal Supremo de Justicia, la falta de consignación del documento indispensable o fundamental acarrea la declaratoria de inadmisibilidad de las acciones. A tal efecto la sala consideró que por ejemplo en materia policial, existiendo procedimientos administrativos destinados a la exclusión de datos, la presentación por parte del accionante del dictamen de respuesta expedido por la autoridad policial, caso de que éste no satisfaga enteramente la solicitud del requirente, se debe entender que cumple cabalmente con el requisito de admisibilidad de presentación de documento fundamental, dispuesto en el párrafo quinto del artículo 19 de la Ley Orgánica del Tribunal Supremo de Justicia para la presentación el habeas data. Ello no excluye, sin embargo, que el accionante pueda presentar sustitutivamente cualquier otro documento que sirva como medio probatorio de la existencia indiscutible de los registros policiales.

3. Admitida la acción se debe ordenar la notificación del presunto agraviante para que concurra ante la Secretaría de la Sala Constitucional a conocer el día y la hora en que se celebrará la audiencia oral, la cual debe tener lugar, tanto en su fijación como para su práctica dentro de las noventa y seis (96) horas siguientes a partir de la última de las notificaciones ordenadas. Para dar cumplimiento a la brevedad y para no incurrir en excesivos formalismos, la notificación puede ser practicada mediante boleta, o comunicación telefónica, fax, telegrama, correo electrónico o cualquier medio de comunicación interpersonal, dejando el Secretario de la Sala constancia detallada en autos de haberse efectuado la notificación y de sus consecuencias.

4. Se debe ordenar la notificación del Fiscal General de la República.

5. En la oportunidad fijada para la celebración de la audiencia oral y pública las partes oralmente deben proponer sus alegatos y defensas. La Sala debe decidir si hay lugar a pruebas, y las partes pueden ofrecer las que consideren legales y pertinentes. Los hechos esenciales para la defensa por el presunto agraviante, así como los medios que ofrezca se deben recoger en un acta al igual que las otras circunstancias del proceso.

6. En la misma audiencia, la Sala Constitucional debe decretar cuáles son las pruebas admisibles y necesarias; y de ser admisibles debe ordenar su evacuación en la misma audiencia, pudiendo diferir la oportunidad para su evacuación.

7. La audiencia oral debe realizarse con presencia de las partes, pero la falta de comparecencia del presunto agraviado dará por terminado el procedimiento, a menos de que el Tribunal considere que los hechos alegados afectan el orden público, caso en el cual puede inquirir sobre los hechos alegados en un lapso breve. La falta de comparecencia del presunto agraviante no acarrea la admisión de los hechos, pero la Sala puede diferir la celebración de la audiencia o solicitar al presunto agraviante que presente un informe que contenga una relación sucinta de los hechos. La omisión de la presentación del referido informe se debe entender como un desacato.

8. En caso de litis consorcios necesarios activos o pasivos, cualquiera de los litis consortes que concurran a los actos representará al consorcio.

9. El desarrollo de las audiencias y la evacuación de las pruebas están bajo la dirección de la Sala Constitucional manteniéndose la igualdad entre las partes y el derecho de defensa. Todas las actuaciones deben ser públicas, salvo que la Sala decida que la audiencia sea a puerta cerrada de oficio o a solicitud de parte por estar comprometidas la moral y las buenas costumbres, o porque exista prohibición expresa de ley.

10. Una vez concluido el debate oral los Magistrados deben deliberar y podrán:

a) decidir inmediatamente; en cuyo caso deben exponer de forma oral los términos del dispositivo del fallo; el cual debe ser publicado íntegramente dentro de los cinco (5) días siguientes a la audiencia en la cual se dictó la decisión correspondiente. El dispositivo del fallo lo debe comunicar el Magistrado o la Magistrada presidente de la Sala Constitucional, pero el extenso de la sentencia lo debe redactar el Magistrado Ponente.

b) Diferir la audiencia por estimar que es necesaria la presentación o evacuación de alguna prueba o recaudo que sea fundamental para decidir el caso. En el mismo acto se debe fijar la oportunidad de la continuación de la audiencia oral.

11. Lo correspondiente a la recusación y demás incidencias procesales y, en general, en todo lo no previsto en el presente procedimiento se debe aplicar lo dispuesto en la Ley Orgánica del Tribunal Supremo de Justicia."

En esta forma, ante la carencia del legislador de establecer el procedimiento de las acciones de habeas data, fue el Juez Constitucional el que suplió la abstención, estableciendo en sus sentencias el procedimiento a seguir. Es decir, una vez más, el Juez Constitucional venezolano ha asumido el rol de Legislador positivo en materia de derecho procesal constitucional.[658].

2. El procedimiento transitorio en las demanda de Habeas Data

Luego de toda esta doctrina jurisprudencial, la Ley Orgánica del Tribunal Supremo de Justicia de 2010 ha regulado transitoriamente el procedimiento de la acción de habeas data, en la siguiente forma.

A. El derecho de habeas data y el proceso

De acuerdo con el artículo 167 de la Ley, toda persona tiene derecho a conocer los datos que a ella se refieran así como su finalidad, que consten en registros o bancos de datos públicos o privados; y, en su caso, exigir la supresión, rectificación, confidencialidad, inclusión, actualización o el uso correcto de los datos cuando resulten inexactos o agraviantes. A tal efecto se establece la demanda de habeas data, para cuya tramitación el artículo 168 de la Ley, dispone que todo tiempo sea hábil, no admitiéndose incidencias procesales.

---

658 Véase Allan R. Brewer-Carías, "El juez constitucional como legislador positivo y la inconstitucional reforma de la Ley Orgánica de Amparo mediante sentencias interpretativas," en Eduardo Ferrer Mac-Gregor y Arturo Zaldívar Lelo de Larrea (Coordinadores), *La ciencia del derecho procesal constitucional. Estudios en homenaje a Héctor Fix-Zamudio en sus cincuenta años como investigador del derecho*, Instituto de Investigaciones Jurídicas, Universidad Nacional Autónoma de México, México 2008, Tomo V, pp. 63-80.

La ley Orgánica, además, en su artículo 175, dispone un proceso sumario de corrección en los casos de errores numéricos o materiales, tales como cambio de letras, palabras mal escritas o escritas con errores ortográficos, transcripción o traducción errónea de nombres y apellidos, y otros semejantes, el procedimiento se reducirá a demostrar ante el juez la existencia del error por los medios de prueba admisibles y el juez, con conocimiento de causa, resolverá lo que considere conveniente.

En particular, las correcciones de los errores en las actas del Registro Civil se deben tramitar ante los tribunales y órganos administrativos correspondientes según lo que disponen en las leyes especiales correspondientes.

B. *Condición de admisibilidad de la acción: la abstención de respuesta*

La demanda de habeas data, como lo precisa el artículo 167 de la Ley, sólo puede interponerse en caso de que el administrador de la base de datos se abstenga de responder el previo requerimiento formulado por el agraviado dentro de los 2 días hábiles siguientes al mismo o lo haga en sentido negativo, salvo que medien circunstancias de comprobada urgencia.

C. *Requisitos de la demanda y competencia de los tribunales municipales contencioso administrativos*

La demanda de habeas data, tal como lo exige el artículo 169 de la Ley, debe presentarse por escrito ante el Tribunal de Municipio con competencia en lo Contencioso Administrativo y con competencia territorial en el domicilio del solicitante, conjuntamente con los instrumentos fundamentales en los que se sustente su pretensión, a menos que acredite la imposibilidad de su presentación.

D. *Principio de publicidad en el procedimiento*

De acuerdo con lo que establece el artículo 177 de la Ley, todas las actuaciones serán públicas. Sin embargo, el Tribunal, de oficio o a solicitud de parte, cuando estén comprometidas la moral y las buenas costumbres, o cuando exista disposición expresa de ley, podrá ordenar la reserva del expediente y que la audiencia sea a puerta cerrada.

E. *Las notificaciones*

En particular, en estos procesos de habeas data, conforme se dispone en el artículo 178 de la Ley, las notificaciones pueden ser practicadas mediante boleta, o comunicación telefónica, fax, telegrama, correo electrónico o cualquier medio de comunicación interpersonal, dejando el Secretario constancia detallada en autos de haberse efectuado y de sus consecuencias, con arreglo a lo que disponen en los artículos 91, 92 y 93 de la misma Ley.

F. *Informe del agraviante y su contradicción*

Después de la admisión de la demanda de habeas data, el Tribunal debe ordenar al supuesto agraviante que presente un informe sobre el objeto de la controversia y que remita la documentación correspondiente, dentro de los 5 días siguientes a su notificación. La falta de remisión del informe debe ser sancionada con multa conforme al régimen que establecen los artículos 121 y siguientes de la ley, sin perjuicio de la responsabilidad a que hubiere lugar (Art. 170).

En cualquier caso el Tribunal puede ordenar la evacuación de las pruebas que juzgue necesarias para el esclarecimiento de los hechos.

Una vez que sea recibido el informe o sean evacuadas las pruebas que hubieren sido ordenadas por el Tribunal, deben transcurrir 3 días para que el solicitante formule observaciones. Tras la conclusión de este lapso, el Tribunal debe decidir dentro de los 5 días siguientes (Art. 171).

G. *Medidas cautelares*

En cualquier estado y grado del proceso las partes pueden solicitar al tribunal y éste puede acordar, aun de oficio, las medidas cautelares que estime pertinentes. A tal efecto, conforme al artículo 176 de la Ley, el tribunal cuenta con los más amplios poderes cautelares para garantizar la tutela judicial efectiva, teniendo en cuenta las circunstancias del caso y los intereses en conflicto.

H. *Audiencia pública y la decisión*

Antes de emitir decisión, el Tribunal puede convocar a una audiencia pública cuando la complejidad del caso así lo amerite, para lo cual debe seguir las reglas que se estipulan en los artículos 157 al 160 de la Ley respecto de las demandas de protección de derechos e intereses colectivos o difusos (Art. 171).

La sentencia que declare con lugar el habeas data ordenará al agraviante de forma inmediata la exhibición, supresión, rectificación, confidencialidad, inclusión, actualización o el uso correcto de los datos, según corresponda. Quien incumpliere con esta orden será penado con prisión de 6 meses a un año, a cuyo efecto el Tribunal debe oficiar al Ministerio Publico para que inicie la averiguación penal correspondiente (Art. 172).

I. *Apelación*

Contra la decisión que se dicte en primera instancia, conforme se establece en el artículo 173, se oirá apelación en un solo efecto ante la alzada correspondiente, dentro de los 3 días siguientes a su publicación o notificación.

Después de que el expediente sea recibido por el Juzgado Superior, el artículo 174 dispone que deban transcurrir 5 días de despacho para que las partes presenten sus escritos ante la alzada. Concluido este lapso, el Juzgado Superior debe decidir la apelación dentro de los 30 días continuos siguientes.

La decisión que dicte el Tribunal de Alzada no será objeto de casación.

XIV. LA REVISIÓN DE LA DECISIÓN EN LOS PROCESOS DE AMPARO

Conforme lo establece el artículo 35 de la Ley Orgánica, contra la decisión dictada en primera instancia sobre la solicitud de amparo, se oirá apelación en un solo efecto. Sin embargo, si transcurridos tres (3) días de dictado el fallo, las partes, el Ministerio Público o los Procuradores no interpusieren apelación, el fallo será consultado con el tribunal superior respectivo, al cual se le remitirá inmediatamente copia certificada de lo conducente. Este Tribunal decidirá dentro de un lapso no mayor de treinta (30) días.

Sin embargo, en los casos en los cuales conforme al artículo 9° de la Ley Orgánica, se intente la acción de amparo ante cualquier juez de la localidad cuando en ella no funcionen tribunales de primera instancia, la decisión del juez respectivo se enviara en consulta ante el tribunal de primera instancia competente, dentro de las veinticuatro (24) horas siguientes a la adopción de la decisión.

La Ley Orgánica de Amparo no previó que contra las sentencias dictadas en materia de amparo proceda recurso de casación, razón por la cual es necesario acudir a las normas del Código de Procedimiento Civil. En esta materia, sin embargo, debe mencionarse la doctrina desarrollada por la jurisprudencia de la Sala de Casación de la antigua Corte Suprema de Justicia, en el sentido de la improcedencia del recurso de casación contra las decisiones de última instancia que se adopten en juicios de amparo. Esta doctrina se expuso inicialmente en 1971, por la Sala de Casación Penal, en la cual simplemente se señaló que siendo el recurso de casación "de carácter extraordinario, debe estar previsto expresamente en la Ley y la enumeración de los casos en que procede es, necesariamente, taxativa", y por cuanto "ni el artículo 49 de la Constitución, ni la Disposición Transitoria Quinta de la misma, ni los artículos 333, 58, primera parte y 62 del Código de Enjuiciamiento Criminal, ni ninguna otra disposición legal, establecen que se admitirá recurso de casación contra las decisiones de los Tribunales Superiores que resuelvan hacerse, del recurso de amparo", lo consideró inadmisible.[659]

Por su parte, la Sala de Casación Civil de la antigua Corte Suprema, en sentencia de 14 de diciembre de 1983, basada en argumentos formales, también negó la admisibilidad del recurso de casación contra decisiones adoptadas con motivo de acciones de amparo, considerando que el procedimiento en las acciones de amparo no constituye un "juicio civil o mercantil", siendo que la admisibilidad del recurso de casación, conforme al artículo 418 del Código de Procedimiento Civil vigente para la época, sólo estaba prevista en estos. La Sala de Casación, en efecto, señaló que el recurso de casación "no se lo concibe sin la existencia de la relación procesal denominada juicio", que esa Sala ha definido como "las controversias judiciales suscitadas por conflictos ínter subjetivos de intereses que el órgano judicial debe resolver por sentencia, previa sustanciación de la causa a través de las formas procesales previstas por la Ley". Ahora bien, al analizar los aspectos adjetivos de la acción de amparo, la Sala de Casación Civil señaló que:

> "[...] en manera alguna se trata de una acción a seguirse dentro del procedimiento ordinario ni centra de los procedimientos especiales, destinada a obtener pronunciamiento, sentencia, que decida una controversia suscitada entre partes."[660]

Esta doctrina se ratificó por la misma Sala de Casación Civil en sentencia de 31 de enero de 1985, en la cual se insistió en que como "las actuaciones o procedimientos seguidos para acordar o negar un mandamiento de amparo constitucional no constituyen un juicio en los términos señalados por el artículo 418 del Código de Procedimiento Civil, ninguna actuación procesal que directa o indirectamente se relacione con el amparo constitucional sometida al recurso de casación"[661]

---

659 Sentencia de 13–5–71. Véase en *Repertorio Forense,* N° 1.761, 26–8–71, pp. 4–6. Igual criterio lo sentó la Sala de Casación Penal de la Corte Suprema de Justicia en decisión de 12–8–71, *Repertorio Forense,* N° 1.864 de 28–11–71. pp. 4–6.

660 Sentencia de 14–12–83 transcrita y ratificada en su doctrina por sentencia de la misma Sala de Casación Civil de 31–1–85 (consultada en original).

661 *Idem. En* el Código de Procedimiento Civil de 1986, el artículo 312 utiliza las mismas expresiones "juicios civiles o mercantiles".

Frente a esta doctrina formalista, en nuestro criterio, en la Ley Orgánica de Amparo, precisamente por el carácter de medio de protección constitucional de los derechos fundamentales que tiene el amparo, debió prever el recurso de casación contra las decisiones de última instancia adoptadas como resultado de acciones de amparo.[662] Siendo el recurso de casación un medio de control de la constitucionalidad y legalidad de las decisiones judiciales, dada la importancia y repercusiones de las decisiones en materia de amparo, estas deberían ser sometidas al recurso de casación que, a su vez, debería servir de vía judicial de amparo contra las decisiones de los jueces superiores violatorias de los derechos y garantías constitucionales. De acuerdo con el artículo 1 de la Ley Orgánica del Tribunal Supremo de Justicia, a éste corresponde garantizar "la supremacía y efectividad de las normas y principios constitucionales," por lo que el recurso de casación, en cuanto a las decisiones judiciales en materia de amparo, en su momento debió haber sido precisamente el medio judicial que debía estar abierto para el ejercicio de dicha vigilancia.

Toda esta carencia reguladora, sin embargo, se resolvió posteriormente en la Constitución de 1999, al establecerse la competencia de la Sala Constitucional para revisar, discrecionalmente, las decisiones definitivamente firmes de amparo dictadas por los tribunales de la República, mediante el ejercicio de un recurso de revisión ante la Sala (artículo 336.10).[663]

Esta potestad revisora de la Sala, como lo propusimos a la Asamblea Nacional Constituyente,[664] es de ejercicio discrecional a los efectos evitar que se pueda abrir un recurso de obligatoria admisión y decisión por la Sala, contra todas las sentencias referidas, lo cual sería imposible de manejar por la magnitud de casos. De allí la discrecionalidad que tiene la

---

662 En este sentido la Ley Orgánica de la Corte Suprema de Justicia establece que corresponde a la Corte "conocer del recurso de casación en los juicios civiles, mercantiles, del trabajo y en cualesquiera otros en que se consagre dicho recurso *por ley especial* (Art. 42, 33).

663 Véase en general, José V. Haro G., "El mecanismo extraordinario de revisión de sentencias definitivamente firmes de amparo y control difuso de la constitucionalidad previsto en el artículo 336, numeral 10 de la Constitución", en *Revista de Derecho Constitucional*, N° 3 (julio-diciembre), Editorial Sherwood, Caracas, 2000, pp. 231-266; Adán Febres Cordero, "La revisión constitucional", en *Nuevos estudios de derecho procesal, Libro Homenaje a José Andrés Fuenmayor,* Vol. I, Tribunal Supremo de Justicia, Colección Libros Homenaje, N° 8, Caracas, 2002 pp. 489 a 508.

664 En cierta forma, el recurso es similar al denominado *writ of cerciorari* del sistema norteamericano. Véase Allan R. Brewer-Carías, *Judicial Review in Comparative Law, op. cit.,* p. 141. Véase los comentarios de Jesús María Casal, *Constitución y Justicia Constitucional,* Caracas 2000, p. 92.

Sala Constitucional para escoger los casos en los cuales juzga conveniente conocer del recurso de revisión. En definitiva, como lo ha señalado la Sala Constitucional en su sentencia N° 727 de 8 de abril de 2003, la norma constitucional:

> "[n]o dispone, de manera alguna, la creación de una tercera instancia en los procesos cuyas decisiones son sometidas a revisión. El precepto constitucional que se refirió lo que incorpora es una potestad estrictamente excepcional y facultativa para la Sala Constitucional que, como tal, debe ejercerse con la máxima prudencia en cuanto a la admisión y procedencia de recursos de revisión de sentencias definitivamente firmes."[665]

En la propuesta que formulamos ante la Asamblea Nacional Constituyente el 31 de octubre de 1999 sobre el control difuso de la constitucionalidad de las leyes, consideramos que en la Constitución:

> "También debería atribuirse a la Sala Constitucional una competencia para conocer de un recurso extraordinario de revisión que pueda intentarse contra las sentencias de *última instancia* en las cuales se resuelvan cuestiones constitucionales relativas a las leyes, de conocimiento discrecional por la Sala. En esta forma, en materia de cuestiones de constitucionalidad, la Sala Constitucional de la Suprema Corte, a su juicio, podría tener la última palabra en estas materias y en los casos en los que estime necesario estatuir con fuerza de precedente y uniformizar la jurisprudencia."[666]

Ahora bien, ante la ausencia de legislación reguladora de la Jurisdicción Constitucional, la Sala Constitucional fue construyendo sucesivamente, mediante su labor interpretativa, los contornos del recurso extraordinario de revisión y el alcance de su potestad revisora. Ya a finales de 2000, como consecuencia de las sentencias Nos. 1, 2, 44 y 714 de ese mismo año, la Sala resumía el conjunto de reglas o condiciones que debía presentar una sentencia para que procediera dicho recurso, así:

> "1°) La sentencia que se pretenda someter a revisión debe haber cumplido con la doble instancia, bien sea por la vía de la apelación o de la consulta, por lo cual no debe entenderse como una nueva instancia.
>
> 2°) La revisión constitucional se admitirá sólo a los fines de preservar la uniformidad de la interpretación de normas y principios constitucionales o cuando exista una deliberada violación de preceptos de ese rango, lo cual será analizado por la Sala Constitucional, siendo siempre facultativo de ésta su procedencia.

665 Caso: *Revisión de la sentencia dictada por la Sala Electoral en fecha 21 de noviembre de 2002*), en *Revista de Derecho Público*, N° 93-96, Editorial Jurídica Venezolana, Caracas, 2003.

666 Véase Allan R. Brewer-Carías, *Debate Constituyente,* Tomo III, *op. cit.,* p. 105.

3°) Como corolario de lo anterior, a diferencia de la consulta, el recurso de revisión constitucional no procede *ipso iure*, ya que éste depende de la iniciativa de un particular, y no de la del juez que dictó la decisión, a menos que la propia Sala Constitucional de oficio así lo acuerde, tomando en cuenta siempre la finalidad del recurso"[667].

La doctrina que fue elaborando la Sala Constitucional, incluso ampliando las sentencias objeto de revisión,[668] por lo demás, particularmente en relación con la revisión de sentencias de las otras Salas del Tribunal Supremo de Justicia, fue recogida por la Ley Orgánica del Tribunal Supremo de Justicia de 2010, en los numerales 10, 11 y 12 del artículo 25, en los cuales, además de asignarse competencia a la Sala para revisar las sentencias definitivamente firmes en las que se haya "ejercido el control difuso de la constitucionalidad de las leyes u otras normas jurídicas," se le asignó competencia para revisar las sentencias definitivamente firmes "cuando hayan desconocido algún precedente dictado por la Sala Constitucional; efectuado una indebida aplicación de una norma o principio constitucional; o producido un error grave en su interpretación; o por falta de aplicación de algún principio o normas constitucionales;" o cuando incurran en "violación de principios jurídicos fundamentales que estén contenidos en la Constitución, tratados, pactos o convenios internacionales suscritos y ratificados válidamente por la República o cuando incurran en violaciones de derechos constitucionales."

En todo caso, la única norma procesal respecto de este recurso extraordinario de revisión de sentencias en la Ley Orgánica, se consagró en su artículo 35 en el cual se dispone que:

"Artículo 35. Cuando ejerza la revisión de sentencias definitivamente firmes, la Sala Constitucional determinará los efectos inmediatos de su decisión y podrá reenviar la controversia a la Sala o Tribunal respectivo o conocer la causa, siempre que el motivo que haya generado la revisión constitucional sea de mero derecho y no suponga una nueva actividad probatoria; o que la Sala pondere que el reenvío pueda significar una dilación inútil o indebida, cuando se trate de un vicio que pueda subsanarse con la sola decisión que sea dictada."

---

667 Véase sentencia de 02-11-2000 (Caso: *Roderick A. Muñoz P. vs. Juzgado de los Municipios Carache, Candelaria y José Felipe Márquez Cañizales de la Circunscripción Judicial del Estado Trujillo*) en *Revista de Derecho Público*, N° 84, (octubre-diciembre), Editorial Jurídica Venezolana, Caracas, 2000, p. 367.

668 En sentencia de la Sala Constitucional N° 899 de 31-5-2002, la Sala se había arrogado la competencia para de oficio dejar sin efecto dediciones judiciales que considerase quebrantaban preceptos constitucionales. Véase en *Revista de Derecho Público*, N° 85-88, Editorial Jurídica Venezolana, Caracas 2001, pp. 393-394.

EL AMPARO CONSTITUCIONAL EN VENEZUELA

Por: Carlos M. Ayala Corao y

Rafael J. Chavero Gazdik

INTRODUCCIÓN

El amparo constitucional constituye una de las instituciones jurídicas contemporáneas más importantes para la defensa de los derechos humanos, la democracia y el Estado de Derecho. El amparo constitucional es expresión del ejercicio del derecho fundamental a la tutela judicial efectiva de los derechos consagrados en la Constitución, en las leyes y en los instrumentos internacionales sobre derechos humanos, así como de cualquier otro derecho inherente a la persona humana aunque no figure como reconocido en esos instrumentos.

Los valores y principios por los que ha venido luchando la humanidad quedarían en entredicho, si no existieran los remedios judiciales como el amparo, encargados de hacer realidad los derechos fundamentales. La consolidación de estas garantías no fueron descubrimientos o inspiraciones del trasnocho, sino más bien producto de la necesidad de asegurar la protección efectiva y oportuna de estas cláusulas elementales de toda persona humana, mediante un proceso abreviado y de fácil acceso.

Hoy día existen compromisos internacionales consolidados que obligan a los Estados a proteger judicialmente a toda persona, mediante un proceso rápido y sencillo, exento de formalidades innecesarias, para velar por el respeto de los derechos humanos[1]. Se reconoce que la justicia de protección de derechos es al mismo tiempo un derecho, y de allí que los jueces deben dar preferencia a estos asuntos, a los efectos de contar con una protección efectiva.

---

1   Entre otros, el artículo 25 de la Convención Americana sobre Derechos Humanos y el artículo 14 del Pacto Internacional de Derechos Civiles y Políticos.

En Venezuela este derecho a la tutela efectiva inmediata de los derechos se denomina el *amparo constitucional*, y se encuentra consagrado en la Constitución (art. 27) y regulado por la Ley Orgánica de Amparo sobre Derechos y Garantías Constitucionales[2] (en lo adelante "Ley Orgánica de Amparo), la cual ha sido modificada sustancialmente por la jurisprudencia de la entonces Corte Suprema de Justicia y a partir del año 2000 por la Sala Constitucional del Tribunal Supremo de Justicia. En virtud de ello, uno de los principales problemas que presenta actualmente esta institución en Venezuela es que su regulación se encuentra dispersa en la jurisprudencia, y principalmente la de la Sala Constitucional. De allí la importancia del estudio y sistematización del *amparo constitucional* en Venezuela, para tener un verdadero conocimiento del contenido y alcance del mismo.

De hecho, hasta el procedimiento legislativo para tramitar estas acciones ha sido modificado por vía jurisprudencial, lo que ha generado cierta inseguridad jurídica, toda vez que la Ley Orgánica de Amparo ya no contiene las pautas necesarias para guiar al operador jurídico que se involucre en un proceso de esta naturaleza, sino más bien puede confundirlo.

En las presentes líneas nos permitiremos abordar las principales regulaciones legales y judiciales del amparo constitucional en Venezuela, toda vez que son bien particulares, si la comparamos con otros ordenamientos jurídicos. Básicamente, el amparo constitucional en Venezuela se caracteriza por su *amplitud, universalidad, extraordinariedad* y *sencillez.*

En efecto, destaca su *amplitud* y *universalidad*, toda vez que puede ser ejercido por cualquier persona (natural o jurídica) privada o pública contra cualquier autoridad pública o contra cualquier particular; puede ser ejercido incluso sin estar asistido de abogado; puede cuestionarse cualquier situación, acto, hecho, omisión actual o hasta su amenaza inminente; puede intentarse en defensa de cualquier derecho que se considere inherente a la persona humana, esté o no reconocido expresamente en la Constitución o en los instrumentos internacionales sobre derechos humanos; y excepcionalmente puede presentarse ante cualquier juez, si el competente para conocer del asunto resulta de difícil acceso para el agraviado.

Resalta su carácter *extraordinario*, debido a que el amparo constitucional en Venezuela, al menos en principio, no requiere del agotamiento previo de las vías judiciales ordinarias, sino que puede intentarse directamente, si el agraviado demuestra que los remedios procesales ordinarios

---

2   Ley Orgánica de Amparo sobre Derechos y Garantías Constitucionales, *Gaceta Oficial* N° 33.891 de 22-1-88.

para restablecer su situación jurídica infringida no son efectivos para obtener la tutela constitucional.

Por último, resulta emblemática (y para algunos hasta exagerada) su *sencillez*, pues la Ley y la jurisprudencia se han encargado de diseñar este proceso judicial de la manera más sencilla posible, para tratar de llevarlo al ciudadano común, y para que no quede en un asunto sólo de abogados o en un asunto complejo al cual no se puede acceder. Así, el juicio de amparo puede iniciarse en forma escrita, oral y por cualquier otro mecanismo de comunicación interpersonal (telegrama, fax, teléfono, correo electrónico, etc.). Además, como hemos dicho ya, ni siquiera se requiere que sea presentada por un abogado. Sus trámites procesales son bastante breves, pues una vez interpuesta la acción, admitida y notificada, resta únicamente la celebración de una audiencia pública, en la cual ambas partes, en pocos minutos, debaten sus argumentos y presentan sus pruebas, y en ese mismo momento el juez está obligado a decidir la controversia, para luego publicar el texto definitivo dentro de los 5 días siguientes.

En suma, la figura del amparo constitucional en Venezuela tiene ciertas características peculiares que conviene destacar para poder compararlas con otros ordenamientos jurídicos. Obviamente, como en todas las latitudes, el amparo ha sido objeto de fuertes polémicas, al punto que se ha llegado a sugerir hasta su eliminación. Sin embargo, creemos que el amparo constitucional, entendido como un remedio expedito de protección judicial de derechos fundamentales, es esencial, toda vez que un ordenamiento jurídico donde se garantice la tutela judicial efectiva, requiere de la existencia de procesos adecuados y efectivos para cada tipo de conflicto. Y en virtud de la prioridad de la defensa de los derechos fundamentales, debe entonces garantizarse siempre la existencia de un procedimiento rápido y sencillo para la efectiva tutela de los mismos.

Sin embargo, a pesar de estas características positivas del amparo, los estudios preliminares de los niveles de tutela judicial efectiva en el país, es decir de los amparos estimados o declarados con lugar, no revelan que en los últimos años sea un mecanismo verdaderamente efectivo en la mayoría de los casos y mucho menos frente a los poderes públicos, especialmente frente al Poder Ejecutivo o al Poder Electoral.

I.   BREVES ANTECEDENTES HISTÓRICOS

La génesis de la figura del amparo como medio expedito y sumario para proteger los derechos y garantías de los ciudadanos es el origen mismo del enfrentamiento del súbdito contra las arbitrariedades del poder supremo. Por tanto, en los múltiples esfuerzos de la doctrina universal por encontrar las raíces de esta institución suelen destacarse innumerables acontecimientos históricos que determinan su nacimiento.

En este sentido, las inquietudes de los autores han llegado incluso a señalar como remoto antecedente del amparo a la tragedia griega de Sófocles *Antígona* o la muerte de *Lucrecia*, narrada por Tito Livio: cuando el Juez Appio falló en favor de Claudio ordenando que se le entregara a Lucrecia como su esclava, el pueblo se escandalizó y el Juez aceptó "suspender sus funciones de Juez y retrasar la ejecución de la sentencia, hasta el otro día".[3]

Aparte de algunos antecedentes españoles y coloniales, ya en la historia constitucional de Venezuela se muestra una temprana incorporación de tenues mecanismos que buscaban consolidar o imponer un Estado de Derecho. Nuestra primera Constitución de 1811, consagró la posibilidad de proteger la supremacía constitucional, señalando en su artículo 199:

Que todas y cada una de las cosas constituidas en la anterior declaración de derechos, están exentas y fuera del alcance del Poder general ordinario del gobierno y que conteniendo o apoyándose sobre los indestructibles y sagrados principios de la naturaleza, toda ley contraria a ellas que se expida por la legislatura federal o por la provincia será absolutamente nula.

Disposiciones similares se fueron repitiendo, entre otras Constituciones, en las de 1830, 1864, 1874, 1881, 1891 y 1893, pero nunca se llegó a precisar un *remedio pronto y seguro* ni en las Constituciones ni en leyes especiales para que se hiciera efectiva la protección de los derechos fundamentales de los ciudadanos. Y, aún con la existencia de algunas leyes que señalaban disposiciones sobre amparo y protección de la libertad personal, nuestros tribunales fueron excesivamente "conservadores" por formalistas a la hora de implementarlo.

Durante el siglo XX vale la pena destacar la Constitución de 1947, donde se llegó a consagrar expresamente el *hábeas corpus*, pero limitada esta protección breve y sumaria a las violaciones de la libertad personal. Fue en la Constitución de 1961, cuando se incorporó expresamente la consagración del amparo constitucional como medio expedito para proteger todos los derechos garantizados por la Constitución (artículo 49). Sin embargo, el dispositivo de esta norma constitucional no tuvo una feliz interpretación en las primeras decisiones judiciales, las cuales comenzaron a argumentar la ausencia de un texto legal que desarrollara el principio cons-

---

3 Véase Jorge Arenas Salazar, *La tutela, una acción humanitaria*, Librería Doctrina y Ley, Santa Fé de Bogotá, 1992. En el mismo sentido, Rafael J. Chavero Gazdik, *El Nuevo Régimen del Amparo Constitucional en Venezuela*, Sherwood, Caracas, 2001.

titucional y la falta de su competencia para conocer de este tipo de acciones.

Por tanto, por más de 20 años, con algunas minúsculas excepciones, el amparo constitucional no jugó ningún papel relevante en nuestro foro. Pero una conocida decisión dictada por el Juzgado Cuarto de Primera Instancia en lo Civil de la Circunscripción Judicial del Distrito Federal y Estado Miranda, recaída en el caso del centro educativo *Rondalera*, advirtió que la disposición del artículo 49 no podía ser entendida como una norma programática, y por tanto su utilización era perfectamente posible, aún en ausencia de una Ley que reglamentara el amparo constitucional.

La publicidad que alcanzó el caso generó múltiples comentarios por parte de la doctrina nacional, y fue la antesala de la conocida decisión dictada por la Sala Político-Administrativa de la Corte Suprema de Justicia del 20 de octubre de 1983 en el caso del candidato presidencial *Andrés Velázquez*, el cual abrió definitivamente las puertas al ejercicio y desarrollo del amparo constitucional[4]. Este fallo -aun cuando fue desestimado en definitiva- consolida el carácter vinculante para todos los jueces de la República (respetando el principio de la afinidad como en el mismo fallo se señala) del dispositivo del artículo 49 de la Constitución de 1999, aún cuando manifiesta el temor a la exageración en la utilización de este medio de defensa. En este sentido expresó:

Al admitir la posibilidad del ejercicio actual del recurso de amparo, no puede la Corte dejar de advertir que los Tribunales de la República deben hacer un uso prudente y racional de la norma contenida en el artículo 49 de la Constitución, tratando de suplir por medio de la analogía y demás instrumentos de interpretación de que los provee el sistema jurídico venezolano, la lamentable ausencia de una ley reglamentaria de la materia.

Posteriormente, resaltan diversas decisiones, principalmente de la Corte Suprema de Justicia, donde se van delineando las principales características del amparo constitucional que van a ser recogidas más tarde en la Ley Orgánica de Amparo sobre Derechos y Garantías Constitucionales. En este sentido, comenzaron a proliferar los Proyectos de Ley de Amparo, lo que ponía de manifiesto la relevancia que había adquirido en el medio forense

---

4. Transcurrieron 22 años desde que entró en vigencia la Constitución de 1961 para que definitivamente se aceptara el ejercicio del amparo constitucional como medio para proteger los derechos y garantías de los particulares, situación similar a la ocurrida en México donde en una primera etapa se consideró la disposición constitucional como una norma programática, pero luego los tribunales fueron dándole vida al texto fundamental. Lamentablemente en México ello sucedió con más de un siglo de anticipación que en Venezuela.

el amparo constitucional como mecanismo para contrarrestar los largos y engorrosos procesos ordinarios destinados a controlar las arbitrariedades del Poder Público, que vulneraren derechos fundamentales.

Este escenario condujo a la promulgación de la Ley Orgánica de Amparo sobre Derechos y Garantías Constitucionales publicada en la Gaceta Oficial N° 33.891 del 22 de enero de 1988, la cual ha tenido una sola reforma parcial formal en septiembre de ese mismo año[5].

Por último, con la transformación constitucional de 1999, el derecho de amparo quedó consagrado en el artículo 27 de la nueva Constitución, en la forma siguiente:

Toda persona tiene derecho a ser amparada por los tribunales en el goce y ejercicio de los derechos y garantías constitucionales, aun de aquellos inherentes a la persona que no figuren expresamente en esta Constitución o en los instrumentos internacionales sobre derechos humanos.

"El procedimiento de la acción de amparo constitucional será oral, público, breve, gratuito y no sujeto a formalidad, y la autoridad judicial competente tendrá potestad para restablecer inmediatamente la situación jurídica infringida o la situación que más se asemeje a ella. Todo tiempo será hábil y el tribunal lo tramitará con preferencia a cualquier otro asunto.

La acción de amparo a la libertad o seguridad podrá ser interpuesta por cualquier persona, y el detenido o detenida será puesto o puesta bajo la custodia del tribunal de manera inmediata, sin dilación alguna.

El ejercicio de este derecho no puede ser afectado, en modo alguno, por la declaración del estado de excepción o de la restricción de garantías constitucionales".

Si bien esta disposición constitucional no introduce cambios trascendentes en materia de amparo constitucional, toda vez que las mejoras que resaltan a simple vista, habían sido, de una u otra forma, logradas por la jurisprudencia, es el caso que con la creación de la Sala Constitucional en el Tribunal Supremo de Justicia, como máximo intérprete de la Constitución, se han producido una serie de decisiones que han venido a alterar el régimen legal del amparo constitucional en Venezuela.

---

5. El único punto de la reforma consistió en incluir en el fuero especial de competencia en la Corte Suprema de Justicia, consagrado en el artículo 8° de la Ley, al "Consejo Supremo Electoral y los demás organismos electorales del país", con la finalidad de centralizar en un sólo órgano del Poder Judicial las solicitudes de amparo referidas a los actos, hechos u omisiones adoptados por los organismos electorales que vulneren derechos políticos.

En efecto, importantes decisiones de la Sala Constitucional han afectado, entre otras cosas, el régimen de competencia en materia de amparo; la legitimación activa e institucional; el procedimiento judicial para su tramitación; el alcance del amparo en régimen de restricción de garantías constitucionales; los mecanismos de revisión de la sentencia; y en fin muchos otros aspectos de este especial procedimiento, los cuales trataremos de resumir más adelante. Sin embargo, es importante insistir que el estudio del amparo en Venezuela ya no va a depender únicamente del análisis de la Ley Orgánica de Amparo, sino también de muchas decisiones de la Sala Constitucional que han venido modificando, anulando e interpretando las disposiciones de esta Ley.

En virtud de las modificaciones judiciales se requiere –y hasta con carácter de urgencia- de una revisión de la Ley Orgánica de Amparo, a los fines de actualizarla y adaptarla, para tratar de garantizar un mayor grado de seguridad y certeza jurídica en esta importante institución.

II. EL AMPARO COMO UN DERECHO HUMANO INTERNACIONAL

En virtud que Venezuela –como todos los Estados latinoamericanos- ha ratificado la Convención Americana sobre Derechos Humanos o "Pacto de San José de Costa Rica", el derecho a la protección judicial de los derechos humanos consagrado en ese instrumento internacional, debe ser garantizado en la jurisdicción de dicho Estado parte, fundamentalmente a través del amparo constitucional o cualquier otra acción o recurso judicial expedito destinado al control de derechos fundamentales[6]. En efecto, la Convención Americana consagra el derecho de toda persona, a un recurso sencillo y rápido o a cualquier otro recurso efectivo ante los jueces o tribunales competentes, para que la ampare contra actos que violen sus derechos fundamentales reconocidos por la Convención[7].

Este derecho constituye un "estándar mínimo común" para los Estados partes de la Convención Americana, que consiste en la obligación de garantizar la protección judicial de los derechos consagrados en la propia Convención (además de sus Constituciones y leyes), mediante recursos sencillos, rápidos y efectivos. Este derecho es en definitiva, una determinación

---

6   Seguimos aquí lo expuesto en Carlos Manuel Ayala Corao, *Del amparo constitucional al amparo interamericano como institutos para la protección de los derechos humanos*. Instituto Interamericano de Derechos Humanos y Editorial Jurídica Venezolana. Caracas/San José, 1998.

7   Artículo 25, Convención Americana sobre Derechos Humanos (C.A.D.H.).

específica, de la obligación internacional asumida por todos los Estados partes de esa Convención, de "respetar los derechos y libertades reconocidos en ella y a garantizar su libre y pleno ejercicio a toda persona que esté sujeta a su jurisdicción"[8]. En este sentido, la Corte Interamericana de Derechos Humanos ha establecido que[9]:

> "La obligación de los Estados partes de suministrar recursos judiciales efectivos a las víctimas de violación de los derechos humanos (artículo 25), que deben ser sustanciados con la reglas del debido proceso (artículo 8.1.), está comprendida en la obligación general a cargo de los mismos Estados, de garantizar el libre y pleno ejercicio de los derechos reconocidos por la Convención".

En relación al derecho consagrado en el artículo 25.1 de la Convención y su vinculación con la institución de amparo constitucional, la Corte Interamericana ha sostenido que,[10]

> "El texto citado es una disposición de carácter general que recoge la institución procesal del amparo, entendido como el procedimiento judicial sencillo y breve que tiene por objeto la tutela de todos los derechos reconocidos por las constituciones y leyes de los Estados Partes y por la Convención. Puesto que todos los derechos son susceptibles de suspensión en situaciones de emergencia.

> El hábeas corpus en su sentido clásico, regulado por los ordenamientos americanos, tutela de manera directa la libertad personal o física contra detenciones arbitrarias, por medio del mandato judicial dirigido a las autoridades correspondientes a fin de que se lleve al detenido a la presencia del juez para que éste pueda examinar la legalidad de la privación y, en su caso, decretar su libertad. En la Convención este procedimiento aparece en el artículo 7.6... Si se examinan conjuntamente los dos procedimientos, puede afirmarse que el amparo es el género y el hábeas corpus uno de sus aspectos específicos...."

En relación al requisito de "efectividad" exigido por la Convención a las acciones o recursos de amparo y sus equivalentes, la jurisprudencia de

---

8   Artículo 1.1., C.A.D.H.

9   Corte IDH, caso *Velázquez Rodríguez y otros*, sentencia de fecha 26-6-87, párrafos 90 a 92. Ver, autores varios, *Sistematización de la jurisprudencia contenciosa de la Corte Interamericana de Derechos Humanos 1981-1991*, Secretaría de la Corte Interamericana de Derechos Humanos. San José de Costa Rica. 1996.

10 Corte IDH, *Opinión Consultiva OC-8/87*, Ver texto en Manuel Ventura, y Daniel Zovatto, *La función consultiva de la Corte Interamericana de Derechos Humanos*, Madrid, 1989, párrafos 32 y 33.

la Corte Interamericana ha interpretado su idoneidad y naturaleza reparadora, en los siguientes términos[11]:

"Según este principio, la existencia de un recurso efectivo contra las violaciones a los derechos reconocidos por la Convención constituye una transgresión de la misma por el Estado parte en el cual semejante situación tenga lugar. En ese sentido debe subrayarse que, para que tal recurso exista, no basta con que esté previsto por la Constitución o la ley o con que sea formalmente admisible, sino que se requiere que sea realmente idóneo para establecer si se ha incurrido en una violación a los derechos humanos proveer lo necesario para remediarla. No pueden considerarse efectivos aquellos recursos que, por las condiciones generales del país o incluso por las circunstancias particulares de un caso dado, resulten ilusorios. Ello puede ocurrir, por ejemplo, cuando su inutilidad haya quedado demostrada por la práctica; porque el Poder Judicial carezca de la independencia necesaria para decidir con imparcialidad o porque falten los medios para ejecutar sus decisiones; por cualquier otra situación que configure un cuadro de denegación de justicia, como sucede cuando se incurre en retardo injustificado en la decisión; o, por cualquier causa, no se permita al presunto lesionado el acceso al recurso judicial".

El amparo y el *hábeas corpus* han sido catalogados por la Corte Interamericana, como garantías judiciales indispensables para la protección de los derechos humanos, en toda época y circunstancia, aún en estado de excepción, pues son también inherentes para la preservación del Estado de Derecho.[12] Precisamente estas garantías judiciales indispensables para la protección de los derechos intangibles, no pueden ser "suspendidas", a tenor de lo dispuesto por la propia Convención Americana[13]. La Corte Interamericana ha precisado, que esas garantías judiciales indispensables para la protección de los derechos humanos no son suspendibles, ya que no es posible impedir su pleno y efectivo ejercicio, ni siquiera en estados de excepción.[14]

"Los razonamientos anteriores llevan a la conclusión de que los procedimientos de hábeas corpus y de amparo son de aquellas garantías judiciales indispensables para la protección de varios derechos cuya suspensión está vedada por el artículo 27.2. y sirven, además, para preservar la legalidad en una sociedad democrática

---

11   Corte IDH, *Opinión Consultiva* OC-9/87, sec. 24, Ver, Manuel Ventura y Daniel Zovatto "La función consultiva" ..., *op. cit.*, pp. 458 y 459.

12   Corte IDH OC-8/87, Ver en M. Ventura, y D. Zovatto, *op. cit.* párrafos 25 y siguientes; pp. 459 y ss.

13   Artículo 27.2, C.A.D.H.

14   Corte IDH OC-8, párrafos 42 y 43, ratificados en la *OC-9,* párrafos 37 y 38, Ver en M. Ventura y D. Zovatto, *op.cit.*

Por otra parte debe advertirse que aquellos ordenamientos constitucionales y legales de los Estados Partes que autoricen, explícita o implícitamente, la suspensión de los procedimientos de hábeas corpus o de amparo en situaciones de emergencia, deben considerarse incompatibles con las obligaciones internacionales que a esos Estados impone la Convención".

En consecuencia, el derecho de amparo consagrado en el artículo 25 de la Convención Americana, implica como estándar mínimo común para los Estados partes, la existencia real de un recurso judicial breve, sencillo y efectivo en el Derecho Interno, para la protección de los derechos fundamentales consagrados en la Constitución, la ley, y la propia Convención.

III. LOS ÓRGANOS DE PROTECCIÓN JUDICIAL

Uno de los puntos menos precisos de la Ley Orgánica de Amparo ha sido la fórmula escogida por el legislador para la determinación del órgano judicial encargado de decidir la controversia sobre la vulneración de derechos o garantías constitucionales, esto es, el tribunal competente para conocer y decidir el amparo constitucional. Y ello, debido a que el legislador optó -quizás por ser la alternativa menos problemática- por unos criterios no muy claros que, en definitiva, van a depender en buena medida de la forma de argumentación de las partes o del criterio particular del juez de amparo. Es decir, el criterio principal para determinar la competencia en materia de amparo constitucional va a resultar netamente casuístico.

En efecto, los criterios rectores para residenciar los amparos en los distintos tribunales competentes[15] han sido denominados comúnmente por la doctrina como el *criterio material* y el *criterio orgánico*, a pesar de que exista cierta imprecisión en el uso de estos términos. Estos criterios consisten en lo siguiente:

---

15 En algunos países la acción de amparo constitucional se intenta ante un sólo órgano judicial que puede ser una Sala Constitucional o un Tribunal Constitucional como es el caso de Costa Rica, España, Austria, Alemania, El Salvador, etc. En estos casos, lógicamente, no existirá problema alguno para determinar en cada caso concreto el tribunal competente, como en efecto, sucede en muchísimos casos en Venezuela donde la competencia se encuentra distribuida en una globalidad de tribunales. Pero consideramos que en nuestro país sería absurdo atribuir a la Sala Constitucional el conocimiento de todas las acciones de amparo, puesto que debido a la cantidad de amparos que circulan en nuestros tribunales se le haría colapsar inmediatamente. Sin embargo, tal y como se indicará más adelante, pensamos que a través del recurso extraordinario de revisión, previsto en el numeral 10° del artículo 336 de la Constitución de 1999, se permite un control efectivo de las decisiones de amparo constitucional, sin que ello implique un acaparamiento de casos en la Sala Constitucional.

1. *El criterio de la afinidad (llamado comúnmente material)*

El criterio de la *afinidad* es el criterio rector o principal, y se encuentra consagrado en el artículo 7 de la Ley Orgánica de Amparo. Básicamente consiste en atribuir la competencia de las acciones de amparo a los *tribunales en primera instancia*, que se encuentren más familiarizados por su competencia ordinaria con los derechos o garantías constitucionales que sean denunciados. Señala expresamente el artículo mencionado:

> "Son competentes para conocer de la acción de amparo, los **Tribunales de Primera Instancia** que lo sean en la **materia afín con la naturaleza del derecho o de la garantía constitucionales** violados o amenazados de violación, en la jurisdicción correspondiente al lugar donde ocurrieren el hecho, acto u omisión que motivaren la solicitud de amparo.
>
> En caso de duda, se observarán, en lo pertinente, las normas sobre competencia en razón de la materia.
>
> Si un Juez se considerare incompetente, remitirá las actuaciones inmediatamente al que tenga competencia.
>
> Del amparo de la libertad y seguridad personales conocerán los Tribunales de Primera Instancia en lo Penal, conforme al procedimiento establecido en esta Ley. (Resaltados añadidos)".

De esta forma, entendemos que la intención de la Ley fue la de atribuir la competencia en materia de amparo a aquél juez que tuviera mejor conocimiento del derecho o garantía constitucional que se iba a debatir durante el proceso de amparo constitucional (afinidad).

Al mismo tiempo, el legislador no quiso atribuirle competencia para conocer de las acciones de amparo constitucional a cualquier juez, sino que prefirió hacerlo a los *jueces de primera instancia*, los cuales disponen de una jerarquía intermedia en nuestra organización judicial. Con ello, se trató de buscar mayor seguridad jurídica en la tramitación de estos procesos constitucionales, al evitar que cualquier juez de inferior jerarquía (v.g. jueces de municipios) tuviera competencia para tramitar un proceso constitucional al cual se le ha dado significativa importancia. Sin embargo, tal y como veremos más adelante, se estableció una excepción para los casos en que no existieran jueces de primera instancia cercanos a la localidad donde se produjo el acto, hecho u omisión vulnerador de derechos fundamentales (artículo 9).

Igualmente, en relación con la competencia en razón del territorio, el legislador determinó que el tribunal competente debe ser aquél de primera instancia -afín a la naturaleza de los derechos denunciados- *del lugar donde se produjo el acto, hecho u omisión*. Hay que resaltar que independientemente del lugar del domicilio de las partes, lo determinante en el amparo es el sitio donde se produjo la lesión constitucional.

Ahora bien, este criterio de la afinidad con el derecho o garantía denunciados ha traído innumerables controversias prácticas, debido a que, entre otras razones, en muchos casos existe la dificultad de determinar el tribunal competente al denunciarse varios derechos fundamentales de naturaleza distinta y, adicionalmente, encontramos el problema de los derechos denominados por la jurisprudencia como *neutros*, a los cuales resulta difícil asimilarlos a una determinada materia o grupos de tribunales.

En efecto, por lo general, en una misma acción de amparo constitucional en virtud de la naturaleza de la lesión producida, se suelen denunciar diversos derechos o garantías fundamentales y, con bastante frecuencia, de naturaleza distinta. En estos casos nos encontramos con que el criterio rector no parece darnos una respuesta, o al menos una única respuesta. La práctica forense parece haber resuelto este problema –la mayor de las veces sin decirlo expresamente- de una manera muy pragmática, sencillamente admitiéndose la competencia del tribunal donde se introdujo el amparo, si tan sólo alguno de los derechos constitucionales denunciados es de naturaleza afín con su competencia. Sin embargo, esta posición ha conllevado en algunos casos, a que el verdadero o principal asunto sea tratado por un tribunal no del todo especializado con la afinidad del verdadero derecho lesionado.

El otro problema que presenta el criterio rector es que del catálogo de derechos y garantías consagrados -expresa o implícitamente- en nuestra Constitución no puede desprenderse fácilmente una relación directa o matemática entre cada uno de estos derechos y cada una de la competencia de los tribunales existentes[16]. A manera de ejemplo, cuando se habla del derecho constitucional a la defensa, es imposible, *per se*, relacionarlo con una determinada competencia judicial; o es el caso de ciertos derechos como el derecho de reunión, libertad de expresión, asociación, etc. Por lo cual, habrá que observar además las circunstancias del caso particular, para de-

---

16   No obstante ello, el profesor Brewer-Carías trató de hacer esta relación en la primera publicación doctrinal que salió con posterioridad a la entrada en vigencia de la Ley Orgánica de Amparo, realizando un "ensayo preliminar de distribución de la competencia en materia de amparo". Véase, Allan Brewer-Carías, y Carlos M. Ayala Corao, en *Ley Orgánica de Amparo Sobre Derechos y Garantías Constitucionales*, Editorial Jurídica Venezolana, Caracas, 1989, páginas. 46 y ss. En el mismo sentido en materia contencioso administrativa, puede verse, Carlos M. Ayala Corao, "La competencia judicial en el amparo constitucional, con especial referencia a la Administración Pública", en *Revista de Derecho Público* n° 36, Editorial Jurídica Venezolana, Caracas, 1998, p. 5 y ss.

terminar dentro de qué tipo de proceso judicial, administrativo o legislativo, se está vulnerando el derecho.

En definitiva, el criterio de la *afinidad* previsto en la Ley Orgánica de Amparo trae el inconveniente de que no siempre es posible obtener con precisión la relación entre el derecho denunciado y la competencia del tribunal, pero si se complementa este criterio con la intención del legislador, se llega a la justa conclusión de que el juez más familiarizado con la naturaleza del fondo de la controversia, es el que debe conocer de la acción de amparo constitucional.

2. *El criterio privilegiado u orgánico*

La Ley Orgánica de Amparo consagró un fuero especial privilegiado en favor de altas autoridades nacionales en la antigua Corte Suprema de Justicia, el cual se encuentra consagrado en el artículo 8, que textualmente dispone:

> "La Corte Suprema de Justicia conocerá, en única instancia y mediante aplicación de los lapsos y formalidades previstos en la Ley, en la Sala de competencia afín con el derecho o la garantía constitucionales violados o amenazados de violación, de la acción de amparo contra el hecho, acto u omisión emanados del Presidente de la República, de los Ministros, del Consejo Supremo Electoral y demás organismos electorales del país, del Fiscal General de la República, del Procurador General de la República o del Contralor General de la República"[17].

Como puede observarse de esta norma, el legislador dispuso que el Máximo Tribunal de la República, en la Sala de competencia afín con el derecho o garantía constitucional denunciado como violado -se repite el criterio de afinidad-, conociese de las acciones de amparo que se intentaren contra los actos, hechos u omisiones de ciertos órganos de rango constitucional y con competencia nacional.

Con las modificaciones en la estructura del Estado surgidas como consecuencia de la nueva Constitución de 1999, y sobre todo con la creación

---

17 La Sala Constitucional incluyó en este fuero especial previsto en el artículo 8 de la Ley Orgánica de Amparo, los actos emanados del resto de las más altas autoridades del Poder Público, toda vez que con la entrada en vigencia de la nueva constitución se crearon y/o modificaron varios órganos de jerarquía constitucional y con competencia nacional. Sin tratar de exponer una lista taxativa de los órganos de alta jerarquía y con competencia nacional, debe ahora entenderse que el artículo 8 incluye también al la Asamblea Nacional, el Vicepresidente Ejecutivo, el Consejo de Estado, la Dirección Ejecutiva de la Magistratura, el Consejo Moral Republicano, el Defensor del Pueblo, el Banco Central de Venezuela, el Consejo de Defensa de la Nación, entre otros.

de la Sala Constitucional del Tribunal Supremo de Justicia, se alteró notablemente este régimen diseñado por el legislador, toda vez que esta Sala pasó a asumir en forma exclusiva, entre otras competencias, la asignada por el artículo 8 de la Ley Orgánica de Amparo; es decir, el fuero del Máximo Tribunal de la República, para conocer de las denuncias de lesiones constitucionales causadas por las más altas autoridades nacionales.

Cabe destacar que ello no es consecuencia del texto constitucional, pues de ninguna de sus normas se desprende que la Sala Constitucional debía asumir esta competencia a que hace referencia el artículo 8 de la Ley Orgánica de Amparo, sino que ello fue producto de la primera decisión dictada por esta Sala (de fecha 20-1-00, caso: *Emery Mata Millán*), en la que ella misma consideró conveniente adjudicársela de manera exclusiva[18].

Estimamos que la idea que debió guiar a los Magistrados de la Sala Constitucional, fue la de tratar de concentrar todas las materias de control de la constitucionalidad, y dentro de éstas, los amparos constitucionales, para ir dando las pautas interpretativas uniformes de la nueva Constitución en todos los asuntos que se elevaran a su conocimiento. Ello, seguramente se pensó, iba a coadyuvar a mantener un hilo jurisprudencial uniforme, lo que sin duda alguna repercutiría en la solidez del sistema constitucional y en el respeto de la seguridad jurídica.

Sin embargo, ha preocupado profundamente que al haber asumido la Sala Constitucional tantas competencias además de la que aquí analizamos, se ha sacrificado uno de los principios fundamentales del proceso de amparo constitucional, como es, la celeridad. Y hacemos esta afirmación, toda vez que ante el gran número de causas que han llegado a esta Sala con motivo de esta política judicial asumida, los retrasos y demoras ya han pasado a ser la regla general. Al punto, que hemos visto con frecuencia como la Sala se ha tenido que tomar entre 4 a 6 meses sólo para admitir acciones de amparo constitucional, algo que –según veremos– debería suceder en el mismo día de su interposición. Ello seguramente es consecuencia del exceso de causas pendientes –bastantes complejas e importantes, por cierto- que se encuentran en esta Sala.

3. *Regímenes especiales o de excepción a los criterios rectores de distribución de competencias en materia de amparo*

Una vez analizados los criterios principales o rectores para determinar la competencia en materia de amparo constitucional, conviene revisar algu-

---

18   El texto íntegro de la sentencia puede verse en Rafael J. Chavero Gazdik, *El Nuevo Régimen del Amparo Constitucional en Venezuela*, op. cit., pp. 66 y ss.

nas excepciones a estos criterios, las cuales se encuentran previstas en la propia Ley Orgánica de Amparo, en la Constitución y en otras leyes especiales.

A. *El juez de la localidad*

La primera excepción al régimen de distribución de competencias previsto en la Ley Orgánica de Amparo, se encuentra prevista en el artículo 9 *eiusdem*, y la misma se refiere a los casos donde no sea posible o efectivo acudir a un juez de primera instancia, por razones de ubicación geográfica. La mencionada norma textualmente dispone:

> "Cuando los hechos, actos u omisiones constitutivos de la violación del derecho o de la garantía constitucional se produzcan en lugar donde no funcionen Tribunales de Primera Instancia, se interpondrá la acción de amparo ante cualquier **Juez de la localidad** quien decidirá conforme a lo establecido en esta Ley. Dentro de las veinticuatro (24) horas siguientes a la adopción de la decisión, el Juez la enviará en consulta al Tribunal de Primera Instancia competente. (Resaltados añadidos)".

Mediante la norma transcrita, se ha querido evitar que por circunstancias de orden territorial puedan quedar exentos de protección los derechos fundamentales consagrados en nuestra Carta Magna. En efecto, puede darse el caso que en determinadas localidades del país se haga difícil o costoso el acceso a un tribunal de primera instancia competente para conocer de acciones de amparo constitucional, en ese supuesto y bajo el sano criterio de apreciación por el juez respectivo de esta situación excepcional, siempre y cuando circunstancias de urgencia así lo ameriten, se permite la interposición del amparo ante *un juez de la localidad*, para la sustanciación y decisión de este remedio judicial expedito[19].

B. *Los amparos ejercidos en forma conjunta*

La segunda excepción al régimen rector de distribución de competencia en materia de amparo, se refiere al ejercicio de esta acción de manera conjunta con otras vías procesales. En efecto, de conformidad con lo dispuesto en los artículos 3 y 5 de la Ley Orgánica de Amparo es posible ejercer conjuntamente con una acción de inconstitucionalidad o con un recurso contencioso administrativo de anulación y abstención, una acción de amparo constitucional, en cuyo caso el tribunal competente para conocer de la

---

19 Sobre el alcance de esta norma puede verse la sentencia de fecha 8-12-00, caso: *Yoslena Chanchamire Bastardo*, donde se hace un análisis pormenorizado de la extensión de esta excepción.

pretensión de amparo será el mismo que conozca del juicio principal[20]. En estos casos, la acción de amparo constitucional tendrá una naturaleza cautelar, accesoria y dependerá de la suerte del proceso principal[21], cualquiera que sea en este caso el juez competente para conocer este último.

C. El amparo contra decisiones judiciales

Igualmente, el régimen de competencia para los amparos constitucionales que se intenten contra decisiones judiciales es distinto a los criterios rectores que rigen la competencia de los amparos autónomos ejercidos contra el resto de los actos, hechos u omisiones que emanen de los otros órganos del Poder Público o de particulares.

Lógicamente, esto obedece a la lógica de que debe ser un órgano judicial de superior jerarquía el que revise una supuesta vulneración de derechos o garantías constitucionales que pudiera causar un determinado fallo, pues de aplicar los criterios normales de atribución de competencia en los amparos autónomos, serían los Tribunales de Primera Instancia según su materia afín, los que juzgarían la denuncia de violación constitucional de un determinado fallo.

Por tanto, el segundo párrafo del artículo 4 de la Ley Orgánica de Amparo sobre Derechos y Garantías Constitucionales señala, en relación con la competencia para conocer del amparo contra decisiones judiciales, que:

> "En estos casos la acción de amparo debe interponerse por ante el **tribunal superior al que emitió el pronunciamiento**, quien decidirá en forma breve, sumaria y efectiva[22]. (Resaltados añadidos)".

D. Algunos casos de leyes especiales

Apartándose de los criterios rectores establecidos en la propia Ley Orgánica de Amparo, algunas leyes especiales han venido atribuyendo la competencia para conocer de las acciones de esta naturaleza a un determinado tribunal.

---

20 Rabel J., Chavero Gazdik, *El Nuevo Régimen del Amparo Constitucional en Venezuela, op. cit.*, pp. 346 y ss.

21 Véase, entre tantas decisiones, la sentencia del 12-8-92, dictada por la Sala Político-Administrativa de la Corte Suprema de Justicia, para el caso del amparo ejercido conjuntamente con una acción de inconstitucionalidad, y la sentencia dictada por esa misma Sala del 04-07-89 para los casos de amparos ejercidos conforme a lo dispuesto en el artículo 5 de la Ley Orgánica de Amparo.

22 *Ibídem*, pp. 481 y ss.

Así, por ejemplo, la Ley para el Control de los Casinos, Salas de Bingo y Máquinas Traganíqueles, en el artículo 56 le atribuyó a la Corte Suprema de Justicia el conocimiento de las acciones de amparo autónomas que se intenten como consecuencia de la aplicación de esta Ley. Actualmente, esta competencia con base en los criterios antes expuestos, la ejerce la Sala Constitucional del Tribunal Supremo de Justicia[23].

Se trata, entonces, de una tendencia legislativa y judicial que busca escapar de los criterios rectores de determinación de competencia en materia de amparo constitucional, lo que si bien puede traer en muchos casos seguridad jurídica, al concretar cual sería el órgano judicial competente para conocer conflictos de determinados asuntos, también ha causado una centralización excesiva en la Sala Constitucional como la primera y única instancia y un abultamiento de los casos pendientes en esa Sala.

E. El avocamiento

Por último, debe al menos mencionarse la facultad extraordinaria y bastante controversial, por cierto, que disponen todas las Salas del Tribunal Supremo de Justicia para avocarse al conocimiento de algún expediente que curse ante cualquier otro tribunal de la República, lo que puede implicar que cualquiera de ellas asuma la competencia, a solicitud de parte y hasta de oficio, de alguna acción que se encuentre en trámite ante un tribunal de inferior jerarquía[24]. Con base en esta controvertida competencia extraordinaria, la Sala Constitucional está facultada para avocarse a cualquier asunto que se encuentre en trámite ante un tribunal de inferior jerarquía –e incluso en otros asuntos ante otras Salas del Tribunal Supremo de Justicia–[25].

F. Otras excepciones creadas por la Sala Constitucional

Jurisprudencialmente han sido creadas otras excepciones para determinar la competencia en materia de amparo constitucional. Así, si la acción de amparo constitucional se ejerce en defensa de *derechos colectivos o intereses difusos*, la Sala Constitucional ha dicho que la competencia del amparo debe ser conocida única y exclusivamente por ella misma[26].

---

23 Véase decisión dictada por la Sala Constitucional, en fecha 1º de marzo de 2001, caso: *Henrique Capriles Radonski.*

24 Artículo 18 de la Ley Orgánica del Tribunal Supremo de Justicia. Sobre el controversial tema del avocamiento puede verse José, Peña Solis, "El avocamiento judicial como instrumento de abuso de poder en Venezuela, en *La Guerra de las Salas del TSJ frente al Referéndum Revocatorio*, Editorial Aequitas, Caracas, 2004, pp. 59 y ss.

25 Artículo 5.4 de la Ley Orgánica del Tribunal Supremo de Justicia.

26 Véase la sentencia de fecha 19 de febrero de 2002, caso: *Eglee Acurero.*

Lo mismo ha dicho la Sala Constitucional con los casos de *habeas data*, es decir, cuando se busca proteger el derecho relacionado con el acceso y privacidad de la información[27].

Obviamente, el problema que ha generado estos cambios jurisprudenciales es la enorme inseguridad jurídica que ello produce, pues al romperse los principios consagrados en la Ley Orgánica de Amparo, se obliga al operador jurídico a estar pendiente de la gran cantidad de decisiones que dicta la Sala Constitucional anualmente. Además del excesivo número de causas que tiene pendiente en instancia única dicha Sala, como señaláramos antes.

4. *La competencia subjetiva*

La competencia subjetiva consiste en revisar la especial posición o vinculación subjetiva del juez con los sujetos que intervienen en el proceso de amparo constitucional (agraviante, agraviado y terceros interesados)[28].

A los efectos de evitar mayores dilaciones en los procesos de amparos constitucionales, confiando siempre en la honestidad del juez que deberá inhibirse una vez descubierta la causal respectiva, el artículo 11 de la Ley Orgánica de Amparo establece la figura de la inhibición, pero la verdadera peculiaridad en materia de competencia subjetiva consiste en haber prohibido expresamente la *recusación*. Sin embargo, esta prohibición puede considerarse violatoria del derecho constitucional y humano a ser juzgado por un juez imparcial, como parte de las garantías del debido proceso.

IV. LOS DERECHOS TUTELADOS

El amparo constitucional se ha configurado en los ordenamientos latinoamericanos, como un instituto especial para la protección de los derechos consagrados expresa o implícitamente en la Constitución. Ello ha tenido lugar fundamentalmente a través de tres modalidades: el amparo como mecanismo de protección de todos los derechos y garantías constituciona-

---

27 Véase la decisión del 14 de marzo de 2001, caso: *INSACA*, la cual realizó toda una serie de extensas consideraciones referentes a esta novedosa garantía constitucional y a la forma de hacerla efectiva.

28 Se excluye cualquier relación subjetiva que pueda existir entre el Juez y el Fiscal del Ministerio Público o la Defensoría del Pueblo quienes intervienen como terceros imparciales en el proceso de amparo constitucional, pues esta intervención no sólo es facultativa sino que además es simplemente para garantizar el apego del proceso a la Constitución. Sin embargo, creemos que si el Fiscal o el Defensor del Pueblo actúan como accionantes, ahí si podría presentarse conflictos subjetivos que den lugar a inhibiciones.

les; el amparo como mecanismo de protección de los derechos constitucionales, excepto de aquéllos protegidos por otras acciones o recursos (ej. la libertad a través del *habeas corpus*); y el amparo (y otras acciones o recursos) circunscrito exclusivamente a ciertos y determinados derechos constitucionales.[29]

En el caso de Venezuela, el objeto del proceso de amparo constitucional es, en pocas palabras, *la protección de derechos y garantías constitucionales*. Esa es la finalidad de esta institución, pues se trata de consagrar en el ordenamiento jurídico un proceso autónomo y algunos otros remedios adicionales para los procesos ordinarios (medidas cautelares), con la intención de agilizar la tutela judicial de los principios elementales de las personas.

Son muchas y diversas las fórmulas que han escogido los ordenamientos en materia de protección de derechos fundamentales[30]. Unos dejan en manos del Poder Judicial, a través de remedios expeditos y directos como el amparo, el control de todos los derechos consagrados en la Constitución e incluso otros, que sin estar expresamente contenidos en ésta, se consideran inherentes a la persona humana. Otros sistemas reducen el catálogo de derechos tutelables a través de acciones judiciales a un número determinado de derechos, los cuales suelen catalogarse como "fundamentales"[31], dejando en manos de los otros poderes del Estado la ejecución de políticas y planes de garantías individuales o colectivas.

Nuestro país se enmarca dentro del primer grupo, es decir, opta por una protección plena de todos los derechos constitucionales e inherentes a la persona humana, pues conforme a lo dispuesto en el artículo 27 de la Constitución del 99, "toda persona tiene derecho a ser amparada por los tribunales en el goce y ejercicio de los derechos y garantías constitucionales, aun de aquellos inherentes a la persona que no figuren expresamente en esta Constitución o en los instrumentos internacionales sobre derechos humanos". Igualmente, el artículo 1 de la Ley Orgánica de Amparo repite este mandato constitucional, sin establecer ningún tipo de limitaciones.

---

29   Ver el estudio comparativo sobre el tema expuesto en Carlos Manuel, Ayala Corao, *Del amparo constitucional al amparo interamericano como institutos para la protección de los derechos humanos, op. cit.*

30   Sobre el tema de los derechos fundamentales, puede consultarse Antonio Pérez Luño, Antonio, *Los derechos fundamentales,* Tecnos, Madrid, 1993.

31   Para un análisis comparado de casi todos los sistemas del Derecho Comparado, puede consultarse Allan R., Brewer-Carías, *El amparo a los derechos y garantías constitucionales (una aproximación comparativa)*, Editorial Jurídica Venezolana, Caracas, 1993.

De manera tal, que en Venezuela los derechos objeto de tutela a través de la acción de amparo constitucional son todos los derechos, tanto los consagrados expresamente en la Constitución y en los instrumentos internacionales sobre derechos humanos, como los demás derechos implícitos que siendo "inherentes" a la persona humana no se hallen reconocidos expresamente en dichos instrumentos. En este sentido, la Constitución de 1999 dispone:

> *Artículo 22.-* La enunciación de los derechos y garantías contenidos en esta Constitución y en los instrumentos internacionales sobre derechos humanos no debe entenderse como negación de otros que, siendo inherentes a la persona, no figuren expresamente en ellos. La falta de ley reglamentaria de estos derechos no menoscaba el ejercicio de los mismos.

Por otro lado, esta cobertura universal de todos los derechos protegibles a través del amparo constitucional en Venezuela se vio reforzada en la Constitución de 1999, mediante el establecimiento de la jerarquía constitucional de los tratados relativos a derechos humanos[32]:

> *Artículo 23.-* Los tratados, pactos y convenciones relativos a derechos humanos, suscritos y ratificados por Venezuela, tienen jerarquía constitucional y prevalecen en el orden interno, en la medida en que contengan normas sobre su goce y ejercicio más favorables a las establecidas por esta Constitución y la ley de la República, y son de aplicación inmediata y directa por los tribunales y demás órganos del Poder Público.

Obviamente que con la amplia gama de derechos que fueron incorporados al texto de la Constitución de 1999, son muy pocos los derechos inherentes a la persona humana que no pueden encontrarse en ese texto o que al menos puedan derivarse del mismo. Sin embargo, por el carácter universal del objeto de protección del amparo en Venezuela, ello no excluye la posibilidad de otros derechos específicos u otros derechos de nuevo desarrollo (*v.g.* el derecho a la paternidad a través de medios reproductivos artificiales), puedan ser protegidos mediante la invocación del artículo 22 de la Constitución. Estas cláusulas tienen mayor impacto en Constituciones más sencillas como la estadounidense, donde son muy pocos los derechos constitucionales recogidos expresamente en ese texto. Sin embargo, son raras las veces que la Suprema Corte de Justicia de los Estados Unidos de América ha invocado la Enmienda IX (cláusula abierta de derechos fundamentales) para constitucionalizar otros derechos no consagrados expresamente en el Texto Fundamental. Una notable excepción fue el caso *Griswold v. Con-*

---

32 Ver sobre este tema el libro de Carlos Manuel, Ayala Corao, *La jerarquía constitucional de los tratados relativos a derechos humanos y sus consecuencias*, Fundación Universitaria de Derecho, Administración y Política (Funda), México, 2004.

necticut, donde el Magistrado GOLDBERG, en su opinión concurrente, analizó la historia de esta enmienda y se apoyó en la misma para invalidar una ley que prohibía el uso de preservativos[33].

De modo que en Venezuela la acción de amparo tiene por objeto tutelar todos los derechos y garantías constitucionales reconocidos expresamente en su Texto Fundamental o en instrumentos internacionales sobre derechos humanos; y también aquellos derechos implícitos que sin estar expresamente señalados en ningún texto, puedan calificarse como inherentes a la persona humana.

1. *Los derechos de naturaleza colectiva y difusa*

Es importante destacar que la Constitución de 1999 reconoce como derechos constitucionales una serie de normas definidoras de deberes y tareas sociales del Estado, las cuales podrían ser alegadas como fundamento de una acción de amparo constitucional, pues pudieran dar lugar a mandamientos concretos, a fin de lograr que el Estado disponga de los recursos pertinentes para atender estos deberes y mediante políticas concretas para cumplirlos. Además, estas normas fundamentales pueden ser invocadas en forma conjunta con derechos individuales que requieren de una urgente protección y, en todo caso, la invocación de estas normas pueden ser de extraordinaria importancia para interpretar otros derechos fundamentales que, como derechos derivados o conexos, puedan justificar tales demandas, y en algunos casos -como veremos más adelante- pueden imponer exigencias inmediatas para el sujeto agraviante.

Es un hecho cierto que casi todas las Constituciones latinoamericanas y una importante cantidad de Constituciones europeas recogen una gran gama de lo que se ha denominado derechos económicos, sociales y culturales, claro está, en la mayoría de los casos como normas definidoras de tareas esenciales del Estado[34] y no como derechos subjetivos tutelables en todos los casos. Así, han tenido respaldo constitucional el derecho al trabajo, a la educación, a la seguridad social, a una vivienda adecuada, a un ambiente sano, a la salud, entre otros. Como dijimos, la Constitución de 1999 constitucionalizó una amplia diversidad de derechos humanos de esta natu-

---

33 *Griswold v. Connecticut* 381 U.S. 479, 486 (1965) (Goldberg, J., concurring).

34 Se entiende que las raíces de estos derechos aparecen, dentro de la línea de pensamiento socialista, en la Constitución mexicana de 1917 y se extienden al constitucionalismo europeo a raíz de la primera postguerra, para hacerse ya generales en la segunda. Eduardo, García De Enterría, y Tomás Ramón, Fernández, *Curso de Derecho Administrativo,* Tomo II, Civitas, Madrid, 1991.

raleza, al incorporarlos en forma expresa a nuestro Texto Fundamental (Capítulos V, VI, VII, VIII y IX del Título III).

Ahora bien, en la mayoría de los casos, la consagración de estas tareas y deberes esenciales del Estado como derechos constitucionales o fundamentales pasan a ser más una aspiración que una experiencia concreta de la vida cotidiana de sus ciudadanos y porque no decirlo, muchas veces han servido para despertar en la colectividad falsas expectativas incumplidas[35]. La consolidación de estos derechos ha tenido como cortapisa en algunos casos las grandes crisis económicas que atraviesan no sólo los llamados países tercermundistas, sino también los países más desarrollados. Pérez Luño, nos revela la lamentable y cruda paradoja de que precisamente en los países donde mayor urgencia reviste el reconocimiento de los derechos fundamentales esto no se logra porque en ellos no existe un Estado de Derecho, mientras que donde funciona tal estructura política, y precisamente por ello, la protección de los derechos fundamentales, aunque siempre necesaria, se hace menos perentoria[36].

En nuestro caso y debido a la configuración constitucional y la evolución internacional de estos derechos sociales, económicos y culturales, los debemos considerar como verdaderos derechos fundamentales y tutelables a través del amparo constitucional o a través de lo que más recientemente la jurisprudencia ha denominado como acciones en defensa de derechos colectivos. Por ello rechazamos la inadmisión o rechazo de las acciones de amparo constitucional para proteger los derechos de esta naturaleza, con el simple argumento de que no son derechos subjetivos y por tanto no susceptibles de amparo, pues ello no sólo resulta una injusticia, sino que además sería inconsistente con la propia Constitución e incluso con algunas importantes decisiones de nuestro Máximo Tribunal. En efecto, y a manera de ejemplo, el derecho a la salud además de ser considerado como una tarea esencial del Estado es un derecho perfectamente exigible a través de una acción de amparo constitucional, particularmente en casos donde la urgencia, la gravedad de la lesión y la falta de prestación efectiva del servicio por parte de los órganos competentes, requieren de una intervención del Poder Judicial –quien, claro está, no es el que en principio está llamado a atender estos asuntos- para que restablezca inmediatamente un derecho fundamental social, cuya trasgresión ha producido un daño grave en un individuo o a un grupo de personas o a una comunidad.

---

35 Incluso un sector de la doctrina ha llegado al extremo de calificarlos como *derechos imposibles*.

36 Antonio, Pérez Luño, *Los derechos fundamentales, op. cit.* pp. 26 y ss.

Existen varios ejemplos jurisprudenciales que han declarado procedentes acciones de amparo constitucional en protección al derecho a la salud, a pesar de que en otros muchos casos ha sido considerado como una norma programática y no subjetiva. En efecto, en la decisión dictada por la Sala Político-Administrativa, de fecha 8-3-90, caso: *Luz Magaly Serna Rugeles*, se ordenó al Ministerio de Sanidad y Asistencia Social a que prestara a la agraviada, en un establecimiento adecuado del Estado venezolano, el tratamiento médico y hospitalario adecuado para procurar el restablecimiento de su salud en virtud de la intoxicación mercurial crónica que padecía. Igualmente, en los casos de los enfermos renales y de los enfermos de SIDA, la Sala Político-Administrativa llegó a ordenar, incluso, hasta la rectificación de partidas presupuestarias a fin de atender las emergencias médicas que se le estaban presentando a los accionantes[37].

Corresponderá a la Sala Constitucional de nuestro Tribunal Supremo servir de guía para la tutela efectiva de estos derechos que pueden presentar situaciones complejas y difusas, dictando pautas concretas que sirvan de precedente vinculante para todos los jueces de amparo, que impidan soluciones desiguales. Sin embargo debemos tener presente que el Poder Judicial no puede ser el único constructor de una sociedad más justa y digna, sino que deben ser principalmente los órganos elegidos directamente, como legítimos representantes del pueblo, los primeros encargados de atender estas exigencias de la dignidad humana.

En definitiva, todos los derechos constitucionales y humanos pueden ser objeto de tutela mediante la acción de amparo en Venezuela[38].

V. LOS SUJETOS QUE INTERVIENEN EN EL PROCESO DE AMPARO CONSTITUCIONAL

Corresponde referirnos brevemente a las partes que protagonizan el procedimiento de amparo constitucional. Para ello nos referiremos a la legitimación del accionante (activa); la del presunto agraviante (pasiva); la de los terceros interesados (activa o pasiva); y la institucional (Ministerio Público y/o Defensoría del Pueblo).

---

37 Véase la decisión dictada por la Sala Político-Administrativa, en fecha 14-8-98, en el caso: *enfermos del SIDA.*

38 Como veremos más adelante, la jurisprudencia de la Sala Constitucional pareciera haber creado un procedimiento distinto para el trámite de los amparos en defensa de derechos colectivos e intereses difusos, pero con mucha inconsistencia, lo que imposibilita notablemente la sistematización procesal de esta modalidad.

1. La legitimación activa

Por legitimación se entiende la aptitud para ser parte en un determinado proceso o la relación que existe entre quien pide y acerca de lo que pide, es decir, el nexo que vincula a la persona con el derecho[39]. Y, en este sentido, se puede afirmar que la legitimación para ejercer una acción de amparo constitucional en Venezuela la tiene todo aquél que se vea lesionado o amenazado de violación en sus derechos o garantías constitucionales, con la finalidad que se le restablezca su situación jurídica infringida, o la situación que más se asemeje.

La Constitución de 1999 y la jurisprudencia anterior y posterior a su entrada en vigencia han venido reconociendo como capacitados para el ejercicio de las acciones de amparo todas *las personas humanas y a las personas jurídicas.* De tal manera que, si los derechos constitucionales de cualquier sujeto están siendo vulnerados en Venezuela, éste se encontrará habilitado para intentar la acción de amparo correspondiente.

Es importante destacar que la Ley Orgánica de Amparo no establece como causal de inadmisibilidad la falta de legitimación del accionante, como si sucede en el caso de los recursos contencioso-administrativos de nulidad[40], lo que da a entender que la oportunidad procesal para que el juez disponga sobre la falta de legitimación del accionante es al momento de producirse la sentencia de fondo. Sin embargo, en innumerables ocasiones los tribunales se han pronunciado sobre la ausencia de legitimación del accionante al momento de admitir la acción de amparo, declarando en muchos casos la inadmisibilidad de la acción por falta de interés o legitimación[41].

Problema de mayor envergadura es el referente a la protección de *derechos constitucionales colectivos,* toda vez que no puede negarse que la conducta ciudadana ante los actos del Poder Público ha variado en tiempos recientes y esto ha llevado a una colectivización de los derechos fundamentales, lo que implica, necesariamente, el tener que aceptar una ampliación razonable en la legitimación en estos procesos constitucionales. Y más que una ampliación en la legitimación activa, lo que se busca es hacer compatible la idea de la consagración de un conjunto de derechos colectivos establecidos en nuestra Carta Magna, con la posibilidad de tutelarlos efectiva-

---

39 Miguel, Marienhoff, "La legitimación en las acciones contra el Estado", *La Ley,* 1986-C-899.

40 Artículo 21 de la Ley Orgánica del Tribunal Supremo de Justicia.

41 Por ejemplo, la sentencia *Simón Hebert Faull,* dictada por la Sala Político-Administrativa de la Corte Suprema de Justicia, el 2 de mayo de 1996.

mente. Hoy, más que nunca, existe una conciencia ciudadana y una preocupación colectiva por el mantenimiento del Estado de Derecho, sobre todo con la complejidad y dimensión que ha alcanzado el ordenamiento jurídico, pues no sólo ha aumentado el número de normas que rigen a la colectividad sino que además se ha intensificado su especialidad. Ello ha ocasionado el surgimiento de una serie de instituciones y asociaciones encargadas de velar por aquellos derechos y situaciones que el ciudadano común no puede ocuparse por razones de tiempo y/o especialidad.

Sin embargo, no queremos sugerir con ello que la acción de amparo constitucional deba convertirse en una acción popular en la que cualquier ciudadano puede intentarla por el simple interés de defender la legitimidad de los actos, hechos y omisiones de los órganos del Poder Público o de los particulares, pero si implica que debe cambiar la óptica que han mantenido la mayoría de los tribunales del país en materia de legitimación en los procesos de amparo, al menos en lo referente a la protección de los derechos colectivos.

Por esta razón, consideramos acertada la solución que los norteamericanos y los italianos consagran para los casos de *acciones de clase* ("*class actions*"). Estos ordenamientos le dan facultades al juez para calificar si la o las partes accionantes son lo suficientemente representativas del colectivo y, además, si están bien representadas por abogados con experiencia en el ramo respectivo. Con ello, lo que se pretende es que las acciones de naturaleza colectiva sean intentadas por las personas más representativas y mejor asesoradas.

En nuestro criterio, las consideraciones que deben revisar los jueces, a la hora de conocer acciones de amparos constitucionales interpuestas por organizaciones en defensa de derechos colectivos son: 1) quienes son los sujetos afectados; 2) quien es la organización que presuntamente los representa; y 3) el grado de vinculación entre unos y otros.

Por otra parte, es necesario precisar que existen diferencias entre los llamados derechos colectivos y la protección de los intereses difusos, y en esto existen bastantes contradicciones conceptuales en la doctrina. Por nuestra parte, nos convence más la clara distinción realizada por el procesalista Vigoriti, quien entiende, que son difusos aquellos intereses que tienen una posición de ventaja reconocida a ciertos particulares sin identificar; mientras que colectivos son los que tienen una representación adecuada. Una perspectiva similar tiene Bricola, para quien los intereses difusos, que pueden coincidir con los intereses generales en cuanto a su extensión, se caracterizan por la fragmentación o pluralidad de situaciones subjetivas relativas a sujetos singulares, mientras que los intereses colectivos son más acotados, al corresponder a una categoría, clase o grupo de sujetos, vinculados por una situación de conflicto[42].

Estas distinciones se complican más si nos percatamos que un mismo acto, hecho u omisión pudiera generar diversos intereses en el colectivo. Esto se explica mejor con un ejemplo, muy frecuentemente utilizado por la doctrina. En efecto, si existe un derrame de alguna sustancia tóxica, el propietario del inmueble colindante al lugar del derrame tendrá un derecho subjetivo en atacar la lesión constitucional, mientras que algunas asociaciones o fundaciones protectoras del ambiente tendrán legitimación para solucionar el problema, como derecho colectivo. Y, por último, cualquier transeúnte o visitante de la zona, podría tener legitimación, como ostentador de un interés difuso, en buscar alguna solución judicial al asunto.

Desprendemos de este ejemplo una diferencia entre los intereses colectivos y los difusos, entendiendo que los primeros requieren de una mayor concreción dado que están referidos a un grupo con suficiente estructura organizativa, con características y aspiraciones comunes para hacer valer ese interés hacia el exterior; en cambio los intereses difusos se refieren a esos ciudadanos que por razones de solidaridad social, buscan proteger el ordenamiento jurídico. Por tanto, como entiende González Cano, "la diferencia no está en el dato objetivo del interés, del tipo de interés, sino en el grado de subjetivización del mismo; en cualquier momento cualquier interés, identificado con un derecho del ciudadano, puede ser colectivo o difuso, dependiendo de la concreción subjetiva de los afectados, es decir, de la existencia o no de una comunidad unificada, determinable en cuanto a sus componentes"[43]

A pesar de esta distinción, y tomando en cuenta el estado actual de nuestro ordenamiento, nuestra jurisprudencia ha venido admitiendo la posibilidad de que cualquier persona pueda presentar una acción de amparo constitucional, en defensa, también de derechos de naturaleza difusa, pero con contradicciones bastante evidentes, lo que dificulta mucho la sistematización de su doctrina[44].

---

42 Ambos autores citados por Osvaldo A., Gozaini, *El derecho de amparo*, Depalma, Buenos Aires, 1998, pp. 123 y ss.

43 María Isabel, González Cano, *La protección de los intereses legítimos en el proceso administrativo*, Tirant Monografías, Valencia, 1997.

44 Véase, al respecto, Rafael J. Chavero Gazdik, *El Nuevo Régimen del Amparo Constitucional en Venezuela*, *Suplemento 2002*, Ediciones Paredes, Caracas, 2002, pp. 47 y ss.

También es importante resaltar que los órganos del Poder Público pueden presentarse al proceso de amparo constitucional en calidad de sujetos activos, pues tanto los entes públicos territoriales como los funcionales pueden ser titulares de ciertos derechos fundamentales y los mismos pueden ser lesionados por algún acto, hecho u omisión, en cuyo caso, no habría ninguna razón legítima para negarles el acceso al proceso de amparo constitucional. En efecto, tanto un Estado, como un Municipio, un Instituto Autónomo o una Empresa del Estado, pueden verse vulnerados en sus derechos fundamentales, tales como la propiedad, la defensa, la igualdad, entre otros.

Así, y a manera de ejemplo, una decisión judicial podría atentar contra derechos garantizados por la Constitución a las entidades públicas, como podría ser una sentencia que decrete una medida ejecutiva o preventiva sobre un bien -afectado a un servicio público- propiedad de un Instituto Autónomo o de una Empresa del Estado que goce de las misma prerrogativas que la República, en cuyo caso se podría intentar una acción de amparo constitucional contra ese fallo, de conformidad con el artículo 4° de la Ley Orgánica de Amparo.

Sin embargo, los derechos fundamentales no deben ser confundidos con los privilegios, ni con las competencias o atribuciones de los órganos del poder público, los cuales no son objeto de tutela mediante el amparo constitucional. La Sala Constitucional ha incurrido en este grave error, particularmente en relación con las atribuciones constitucionales del Ministerio Público, al confundirlas como derechos fundamentales del mismo.

Por último, en relación a la legitimación activa, vale la pena insistir en que nuestra Sala Constitucional ha permitido la posibilidad de presentar las acciones de amparo sin necesidad de asistencia de abogado y, luego, si el accionante no consigue un abogado por sus propios medios, obliga a que la Defensoría del Pueblo a que le facilite uno[45].

2. *La legitimación pasiva*

La legitimación para comparecer en el proceso de amparo constitucional como parte demandada corresponde a la persona particular u órgano del Estado que se señale como presunto agraviante, el cual debe estar perfectamente identificado en el escrito de solicitud de tutela (artículo 18, ordinales 2° y 3°). De esta forma, en el caso de los amparos intentados contra algún ente de la Administración Pública deberá indicarse el órgano respectivo y el titular del despacho para el momento de la interposición de la ac-

---

45   Decisión de fecha 4.05.00, caso: *C.A. Seguros La Occidental.*

ción de amparo, mientras que en los casos de amparos ejercidos contra decisiones judiciales, el sujeto agraviante será el Tribunal que profirió la sentencia cuestionada.

Es necesario precisar que el artículo 18, ordinal 3° de la Ley Orgánica de Amparo deja abierta la posibilidad de que no se precise plenamente al sujeto agraviante, en caso de que ello no fuere posible. En efecto, la mencionada norma dispone que es requisito de la solicitud el "suficiente señalamiento e identificación del agraviante, *si fuere posible*, e indicación de la circunstancia de localización". Con ello, el legislador quiso evitar que se negara la protección constitucional por la imposibilidad -surgida por cualquier circunstancia- de identificar al sujeto agraviante. Por tanto, si al agraviado le es imposible identificar con claridad, debido a que desconoce la identidad cierta del agraviante, el juez de amparo no puede limitarse a devolverle su solicitud, conforme a lo dispuesto en el artículo 19 de la Ley Orgánica de Amparo y, posteriormente, a declarar la inadmisibilidad de la acción, pues ello es contrario al carácter de orden público de este procedimiento y al principio de informalidad que debe regir en esta institución.

Piénsese por un instante en un caso donde la lesión constitucional denunciada consiste en haber recibido amenazas anónimas de muerte. Pues bien, en este caso el juez de amparo constitucional, si considera inminente estas amenazas, pudiera ordenar a las autoridades encargadas de velar por la seguridad ciudadana, la protección efectiva del sujeto agraviado, a pesar de que éste no haya podido identificar al agraviante.

En definitiva, hay casos donde por una u otra razón no será posible la identificación o concreción del sujeto agraviante, para lo cual los jueces deberán asumir su rol de directores del proceso de amparo y proveer lo conducente para evitar de que se consolide una violación de derechos fundamentales, claro está, siempre y cuando los hechos narrados en la acción le aporten elementos suficientes para identificar, al menos, la lesión constitucional[46].

3. *La participación del Ministerio Público y/o de la Defensoría del Pueblo*

La Ley Orgánica de Amparo reconoce la legitimación del Ministerio Público, así como la legitimación de los Procuradores de Menores, Agrarios y del Trabajo en los procesos de amparo constitucional (artículo 13).

---

46 A pesar de lo afirmado, muchas veces hemos podido observar como nuestros jueces se limitan a exigir requisitos formales de Ley, aun en los casos que tienen claro la existencia de una vulneración constitucional.

Mientras que el artículo 15 *eiusdem* establece que el Ministerio Público estará a derecho en el proceso de amparo una vez que el juez de la causa le participe la existencia del juicio, por oficio o por telegrama. Adicionalmente, la Ley Orgánica del Ministerio Público establece en su artículo 42, ordinal 19, que corresponde a los Fiscales de este organismo "intervenir en los procesos de amparo". Estas atribuciones resultaban, a su vez, acorde con la función que la Constitución de 1961 le señalaban a esta institución, la cual consistía en "velar por el respeto de los derechos y garantías constitucionales",[47] es decir, como portador del interés público en la integridad y efectividad de tales derechos.

Ahora bien, con la entrada en vigencia de la Constitución de 1999, las potestades judicial-institucionales más importantes parecen haber quedado en manos del Defensor del Pueblo, a pesar de que se le sigue dejando al Ministerio Público la competencia para "garantizar en los procesos judiciales el respeto de los derechos y garantías constitucionales"[48]. Claro está, ahora no cabe duda de que el Defensor del Pueblo no sólo debe limitarse a participar como tercero garante de los derechos fundamentales en los procesos de amparo, sino que ahora tiene asignada directamente legitimación activa en estos juicios, de conformidad con lo dispuesto en el artículo 281.3. Y esta legitimación activa se refiere a todo tipo de interés, es decir, este funcionario podrá interponer acciones de amparo no sólo para proteger intereses difusos, sino también derechos colectivos y derechos subjetivos individuales de cualquier sujeto. Lógicamente, ello también implica que el Defensor del Pueblo tendrá todo tipo de potestades dentro del proceso de amparo, es decir, podrá solicitar la evacuación de pruebas, apelar, etc.

En todo caso, la participación del Ministerio Público o de la Defensoría del Pueblo en los procesos de amparo deriva de una legitimación institucional, en virtud de las que tanto la Constitución como la Ley Orgánica que rige las funciones de este órgano con autonomía funcional le imponen. Se trata, por tanto, del ejercicio de un derecho ajeno en nombre propio.[49]

Debe destacarse que la intervención del Ministerio Público y/o de la Defensoría del Pueblo en el proceso de amparo constitucional no es obligatoria, de modo que aun cuando no se haya presentado el informe requerido por el tribunal que conozca de la acción, éste no debe detener el proceso bajo ese pretexto (artículo 15 de la Ley Orgánica de Amparo).

---

47.   Artículo 220, ordinal primero, de la Constitución de 1961.

48   Artículo 285 de la Constitución de 1999.

49.   Carlos M., Ayala Corao, *Ley Orgánica de Amparo Sobre Derechos y Garantías Constitucionales, op. cit.,* p. 133.

4. *Los terceros en el proceso de amparo*

El proceso de la acción de amparo constitucional se desarrolla, tradicionalmente, entre dos partes, el sujeto activo o presunto agraviado y el tribunal que dictó la decisión judicial o presunto agraviante, quedando siempre a salvo la participación del Ministerio Público y/o la Defensoría del Pueblo. Ahora bien, este principio de dualidad de partes no excluye la posibilidad de que en este proceso concurran más de dos sujetos procesales, para apoyar a una u otra de las posiciones de ataque y defensa asumidas por las partes principales.

Adicionalmente, también se permite en el proceso de amparo, conforme a lo dispuesto en los artículos 370, ordinal 3°, 379 y 380 del Código de Procedimiento Civil, aplicable supletoriamente, el acceso a los interesados adhesivos, haciendo valer "todos los medios de ataque o defensa admisibles en tal estado de la causa, siempre que sus actos y declaraciones no estén en oposición con los de la parte principal".

En relación con la oportunidad para que los terceros interesados accedan al proceso de amparo constitucional, deben regir los mismos principios que orientan el comportamiento de las partes principales en el proceso, de modo de garantizar el derecho de la defensa, el principio de contradicción, de celeridad y urgencia de este juicio.

VI. EL CARÁCTER EXTRAORDINARIO DE LA ACCIÓN DE AMPARO CONSTITUCIONAL

Es importante referirnos a la relación del amparo constitucional con el resto de los remedios judiciales que coexisten en nuestro ordenamiento jurídico, o para decirlo con la acepción más común, al *carácter extraordinario* de la acción de amparo constitucional.

Como lo ha advertido la jurisprudencia desde los propios inicios de la institución del amparo constitucional, es necesario para su admisibilidad y procedencia, además de la denuncia de violación de derechos fundamentales, que no exista "otro medio procesal ordinario y adecuado".[50]

Sin duda alguna, la consagración de un remedio judicial expedito capaz de proteger todos los derechos y garantías constitucionales contenidos en la Constitución y además de aquellos otros que a pesar de no estar recogidos en el Texto Fundamental pueden considerarse como inherentes a la persona humana, trae al foro jurídico una irresistible tentación de abando-

---

50   Consúltese al respecto, la famosa decisión de principios dictada por la Sala Político-Administrativa en fecha 7-7-86, caso: *Registro Automotor Permanente*.

nar los remedios judiciales largos y engorrosos para tratar de canalizarlos a través de una institución que, mal que bien, produce decisiones en un lapso de tiempo bastante decente.

Lógicamente, no hace falta acudir a un análisis jurisprudencial minucioso para poder afirmar que con el amparo constitucional se corre el riesgo de eliminar o reducir a su mínima expresión el resto de los mecanismos judiciales previstos en el ordenamiento jurídico. De allí la importancia de establecer un sistema equilibrado de convivencia entre el amparo y el resto de las acciones o recursos judiciales[51].

La adaptación del amparo constitucional con el resto de los remedios judiciales existentes ha tenido, como bien lo explica la mayor parte de la doctrina nacional, una evolución importante en nuestra jurisprudencia. Sin embargo, podemos identificar algunos elementos que tanto la doctrina como la jurisprudencia han entendido como indispensables para adentrarse al tema del carácter extraordinario de la acción de amparo constitucional. Ellos son la *urgencia* de obtener un mandato judicial restablecedor de los derechos fundamentales, la *ineficacia o lentitud* de las vías judiciales ordinarias y la *gravedad de la lesión constitucional*. En efecto, en relación a este último elemento hay que admitir que cuando el hecho lesivo transgrede abierta y manifiestamente derechos y garantías constitucionales elementales, el análisis del requisito de procedencia referido al carácter extraordinario del amparo constitucional se hace mucho más relajado, mientras que si la controversia que se presente es mucho más debatida o complicada, el análisis de este requisito se hace mucho más riguroso. Aunque esto no se ha afirmado mucho en doctrina y mucho menos en jurisprudencia, creemos que es clave para enfrentarse al análisis de la admisión o no de una determinada acción de amparo.

Lo importante es retener que la clave del análisis de este requisito de procedencia debe girar en torno a la eficacia de los mecanismos alternos de que dispone el particular para atender una determinada pretensión. Se trata entonces de determinar si los procesos judiciales, ordinarios o especiales, resultan hábiles para proteger con eficiencia el derecho o garantía constitucional vulnerado o si, por el contrario, es el amparo constitucional la vía procesal apta para ello.

---

51 La profesora Rondón De Sansó, en una frase que resumía claramente esta problemática, afirmaba que el amparo "es una carga explosiva. Usado bien, para los buenos fines, es la vía rápida para llegar a la justicia. Usado mal, puede hacer estallar todo el sistema procesal". Hildegard, Rondón De Sansó, *Amparo Constitucional*, Editorial Arte, Caracas, 1988.

En definitiva, en el análisis del carácter extraordinario del amparo constitucional se juega muchas veces la suerte de esta institución. Este requisito sin duda alguna ha servido para evitar el desbordamiento de esta institución, pues lamentablemente nuestra práctica forense no siempre ha indicado la prudencia necesaria en la utilización de este remedio extraordinario. Sin embargo, muchas veces -y esto es bastante lamentable- este requisito ha servido para salir ligeramente del paso de una acción de amparo constitucional, pues se usa este requisito de excusa para no entrar en un debate complicado, pero no por ello necesario y urgente, de algún conflicto constitucional. Es más, la reciente jurisprudencia de la Sala Constitucional pareciera haber llevado este requisito a los límites más extremos, al punto que pareciera existir una tendencia a considerar que siempre habrá remedios ordinarios efectivos, lo que sin lugar a dudas no se compadece con la realidad y mucho menos con las necesidades ciertas del ciudadano.

Creemos que cuando un juez de amparo constitucional rechaza la acción, bien sea en el momento de pronunciarse sobre la admisibilidad o en el momento de producir su sentencia definitiva, debe razonar claramente los motivos de su decisión, explicando por qué los mecanismos judiciales alternos son lo suficientemente eficaces en la práctica para tutelar la pretensión constitucional que se le presenta, para de esta forma no dejar ningún sabor a injusticia o a ligereza.

En definitiva, la ineficacia real de los mecanismos judiciales alternos en un caso, proporciona bastante objetividad como para que se pueda revocar una decisión judicial que rechace con ligereza e injusticia una acción de amparo constitucional. Y lo más importante es, que la Sala Constitucional, como órgano cúspide de la justicia constitucional, delinee con precisión, certeza y justicia los casos en que no proceden las acciones de amparo constitucional debido a que las vías paralelas son lo suficientemente idóneas para acoger las pretensiones constitucionales reparadoras de los agraviados.

VII. EL PROCEDIMIENTO PARA TRAMITAR LAS ACCIONES DE AMPARO CONSTITUCIONAL

La Ley Orgánica de Amparo consagró un procedimiento (artículos 13 y siguientes) destinado a regular las distintas etapas del proceso de amparo constitucional, sin embargo con motivo de la entrada en vigencia de la Constitución de 1999, la Sala Constitucional del Tribunal Supremo de Justicia consideró necesario realizar, por vía jurisprudencial, unas modificaciones a la Ley Orgánica de Amparo[52].

No pretendemos aquí entrar a polemizar sobre la conveniencia o no de esta reforma legislativa realizada por vía jurisprudencial, pero creemos importante resaltar algunas consideraciones relacionadas con la decisión creadora del nuevo procedimiento de amparo. En primer lugar conviene advertir el riesgo que constituye diseñar un procedimiento judicial mediante una simple decisión jurisdiccional, ello por dos razones, i) porque las decisiones judiciales, incluso las dictadas por la Sala Constitucional del Tribunal Supremo, no tienen la misma divulgación que las leyes de la República, tan es así que el procedimiento creado anteriormente, también por vía jurisprudencial, para tramitar las acciones de amparo contra sentencia fue constantemente ignorado por muchos tribunales de instancia; y ii) porque entendemos que el diseño de los procesos judiciales amerita de un debate más profundo, participativo y ponderado, del que puede realizarse con motivo de una decisión judicial. En efecto, para establecer o modificar normas de procedimiento es imprescindible que exista un amplio consenso dentro del foro, en el cual se puedan llevar todas las sugerencias y planteamientos necesarios para que sean objeto de debate. Creemos que el apresuramiento en las modificaciones legislativas muchas veces traen muchos más problemas que los que se pretenden solucionar.

El otro punto que consideramos importante destacar se refiere al hecho de que en nuestro criterio, las modificaciones introducidas por la nueva Constitución de 1999, en nada afectaban el espíritu o el texto de las normas contenidas en la Ley Orgánica de Amparo. Todos los principios señalados en el artículo 27 de la Constitución de 1999 se encontraban ya recogidos en la Ley Orgánica de Amparo. En efecto, difícilmente pueda negarse que el procedimiento diseñado en esta Ley fuera uno de los más breves de nuestro ordenamiento jurídico. Igualmente, las propias normas de la Ley estipulaban que el procedimiento era gratuito, público, con ausencia de formalismos y combinando acertadamente los principios de oralidad y escritura.

En todo caso, debemos destacar que independientemente de que se esté o no de acuerdo con la justificación de esta decisión de la Sala Constitucional, la misma tiene aplicación *vinculante* para todos los jueces de la República, según lo dispone el artículo 335 de la Constitución y actualmente son las normas vigentes para la tramitación de los procesos de amparo

---

52 Véase sentencia N° 7 del 1-02-00, Sala Constitucional del Tribunal Supremo de Justicia, caso: *José A. Mejía B.*

constitucional, con algunas otras breves modificaciones realizadas en otros fallos.

También es importante resaltar que no por ello ha quedado derogada la Ley Orgánica de Amparo, pues ella mantiene su vigencia en todo lo que no contradice al fallo de la Sala Constitucional. Es más la sentencia hace constantes remisiones a la Ley Orgánica de Amparo para complementar las nuevas pautas procedimentales.

El fallo pasó a regular el procedimiento común de los amparos constitucionales, en la siguiente forma:

"1.   Con relación a los amparos que no se interpongan contra sentencias, tal como lo expresan los artículos 16 y 18 de la Ley Orgánica de Amparo Sobre Derechos y Garantías Constitucionales, el proceso se iniciará por escrito o en forma oral conforme a lo señalado en dichos artículos; pero el accionante además de los elementos prescritos en el citado artículo 18 deberá también señalar en su solicitud, oral o escrita, las pruebas que desea promover, siendo esta una carga cuya omisión produce la preclusión de la oportunidad, no solo la de la oferta de las pruebas omitidas, sino de la producción de todos los instrumentos escritos, audiovisuales o gráficos, con que cuenta para el momento de incoar la acción y que no promoviere y presentar con su escrito de interposición oral; prefiriéndose entre los instrumentos a producir los auténticos. El principio de libertad de medios regirá estos procedimientos, valorándose las pruebas por la sana crítica, excepto la prueba instrumental que tendrá los valores establecidos en los artículos 1359 y 1360 del Código Civil para los documentos públicos y en el artículo 1363 del mismo Código para los documentos privados auténticos y otros que merezcan autenticidad, entre ellos los documentos públicos administrativos.

Los tribunales o la Sala Constitucional que conozcan de la solicitud de amparo, por aplicación de los artículos de la Ley Orgánica de Amparo sobre Derechos y Garantías Constitucionales, admitirán o no el amparo, ordenarán que se amplíen los hechos y las pruebas, o se corrijan los defectos u omisiones de la solicitud, para lo cual se señalará un lapso, también preclusivo. Todo ello conforme a los artículos 17 y 19 de la Ley Orgánica de Amparo sobre Derechos y Garantías Constitucionales.

Admitida la acción, se ordenará la citación del presunto agraviante y la notificación del Ministerio Público, para que concurran al tribunal a conocer el día en que tendrá lugar la audiencia oral, la cual tendrá lugar, tanto en su fijación como para su práctica, dentro de las noventa y seis (96) horas a partir de la última notificación efectuada. Para dar cumplimiento a la brevedad y falta de formalidad, la notificación podrá ser practicada mediante boleta, o comunicación telefónica, fax, telegrama, correo electrónico, o cualquier medio de comunicación interpersonal, bien por el órgano jurisdiccional o bien por el Alguacil del mismo, indicándose en la notificación la fecha de la comparecencia del presunto agraviante y dejando el Secretario del órgano jurisdiccional, en autos, constancia detallada de haberse efectuado la citación o notificación y de sus consecuencias.

En la fecha de la comparecencia que constituirá una audiencia oral y pública, las partes, oralmente, propondrán sus alegatos y defensas ante la Sala Constitucional o el tribunal que conozca de la causa en primera instancia, y esta o este decidirá si hay lugar a pruebas, caso en que el presunto agraviante podrá ofrecer las que considere legales y pertinentes, ya que este es el criterio que rige la admisibilidad de las pruebas. Los hechos esenciales para la defensa del agraviante, así como los medios ofrecidos por él se recogerán en un acta, al igual que las circunstancias del proceso.

La falta de comparecencia del presunto agraviante a la audiencia oral aquí señalada producirá los efectos previstos en el artículo 23 de la Ley Orgánica de Amparo Sobre Derechos y Garantías Constitucionales.

La falta de comparecencia del presunto agraviado dará por terminado el procedimiento, a menos que el Tribunal considere que los hechos alegados afectan el orden público, caso en que podrá inquirir sobre los hechos alegados, en un lapso breve, ya que conforme al principio general contenido en el artículo 11 del Código de Procedimiento Civil y el artículo 14 de la Ley Orgánica de Amparo Sobre Derechos y Garantías Constitucionales, en materia de orden público el juez podrá tomar de oficio las providencias que creyere necesarias.

En caso de *litis consorcios* necesarios activos o pasivos, cualquiera de los *litis consortes* que concurran a los actos, representará al consorcio.

El órgano jurisdiccional, en la misma audiencia, decretará cuáles son las pruebas admisibles y necesarias, y ordenará, de ser admisibles, también en la misma audiencia, su evaluación, que se realizará en ese mismo día, con inmediación del órgano en cumplimiento del requisito de la oralidad o podrá diferir para el día inmediato posterior la evacuación de las pruebas.

Debido al mandato constitucional de que el procedimiento de amparo no estará sujeto a formalidades, los trámites como se desarrollarán las audiencias y la evacuación de las pruebas, si fueran necesarias, las dictará en las audiencias el tribunal que conozca del amparo, siempre manteniendo la igualdad entre las partes y el derecho de defensa. Todas las actuaciones serán públicas, a menos que por protección a derechos civiles de rango constitucional, como el comprendido en el artículo 60 de la Constitución de la República Bolivariana de Venezuela, se decida que los actos orales sean a puerta cerrada, pero siempre con inmediación del tribunal.

Una vez concluido el debate oral o las pruebas, el juez o el Tribunal en el mismo día estudiará individualmente el expediente o deliberará (en los casos de los Tribunales colegiados) y podrá:

a).- decidir inmediatamente; en cuyo caso expondrá de forma oral los términos del dispositivo del fallo; el cual deberá ser publicado íntegramente dentro de los cinco (5) días siguientes a la audiencia en la cual se dictó la decisión correspondiente. El fallo lo comunicará el juez o el presidente del Tribunal colegiado, pero la sentencia escrita la redactará el ponente o quien el Presidente del Tribunal Colegiado decida.

El dispositivo del fallo sustituirá los efectos previstos en el artículo 29 de la Ley Orgánica de Amparo Sobre Derechos y Garantías Constitucionales, mientras que la sentencia se adaptará a lo previsto en el artículo 32 *ejusdem*.

b).- Diferir la audiencia por un lapso que en ningún momento será mayor de cuarenta y ocho (48) horas, por estimar que es necesaria la presentación o evacuación de alguna prueba que sea fundamental para decidir el caso, o a petición de alguna de las partes o del Ministerio Público.

Contra la decisión dictada en primera instancia, podrá apelarse dentro de los tres (3) días siguientes a la publicación del fallo, la cual se oirá en un sólo efecto a menos que se trate del fallo dictado en un proceso que, por excepción, tenga una sola instancia. De no apelarse, pero ser el fallo susceptible de consulta, deberá seguirse el procedimiento seguido en el artículo 35 de la Ley Orgánica de Amparo Sobre Derechos y Garantías Constitucionales, esto es, que la sentencia será consultada con el Tribunal Superior respectivo, al cual se le remitirá inmediatamente el expediente, dejando copia de la decisión para la ejecución inmediata. Este Tribunal decidirá en un lapso no mayor de treinta (30) días. La falta de decisión equivaldrá a una denegación de justicia, a menos que por el volumen de consultas a decidir se haga necesario prorrogar las decisiones conforma al orden de entrada de las consultas al Tribunal de la segunda instancia.

Cuando se trate de causas que cursen ante tribunales cuyas decisiones serán conocidas por otros jueces o por esta Sala, por al vía de la apelación o consulta, en cuanto a las pruebas que se evacuen en las audiencias orales, se grabará o registrarán las actuaciones, las cuales se verterán en actas que permitan al juez de la Alzada conocer el devenir probatorio. Además, en la audiencia ante el Tribunal que conozca en primera instancia en que se evacuen estas pruebas de lo actuado, se levantará un acta que firmarán los intervinientes. El artículo 189 del Código de Procedimiento Civil regirá la confección de las actas, a menos que las partes soliciten que los soportes de las actas se envíen al Tribunal Superior.

Los Jueces Constitucionales siempre podrán interrogar a las partes y a los comparecientes.

Como puede apreciarse, el procedimiento es bastante sencillo y expedito, pues básicamente todo se resuelve en la audiencia constitucional oral y pública, donde las partes exponen sus argumentos y pruebas frente al juez, y éste, luego de escuchada las partes, debe dictar el dispositivo de su decisión, la cual luego deberá ser publicada, en forma completa, dentro de los 5 días siguientes a dicha audiencia. Muchos han criticado que se trata de un procedimiento demasiado atropellado y que imposibilita el estudio adecuado de conflictos constitucionales de envergadura, pero hasta los momentos se sigue insistiendo en este procedimiento.

1. *Las medidas cautelares dentro del proceso de amparo constitucional*

Aún cuando el proceso de amparo es breve y sumario, resulta factible que para el momento de la decisión definitiva de la acción, el daño denunciado se haya convertido en irreparable, por lo que el fallo perdería su eficacia[53]. En estos casos existe la posibilidad de que el juez acuerde una medida cautelar o preventiva que impida que se produzca un gravamen de difícil reparación en la parte solicitante. Lo que si luce a todas luces inconstitucional -por ser contrario al derecho a la defensa y al debido proceso- es que pueda existir un proceso judicial carente de medidas preventivas que tiendan a resguardar la igualdad de las partes en el proceso y la garantía de la efectividad de la futura decisión.

La Sala Constitucional ha comulgado con la idea de la supervivencia de las medidas cautelares en el proceso de amparo constitucional diseñado por esa misma Sala en la sentencia del 1° de febrero de 2000, declarando la procedencia de medidas cautelares innominadas en el propio acto de admisión de la solicitud[54].

Incluso, la Sala Constitucional ha señalado que para la procedencia de las medidas cautelares dentro de los procesos autónomos de amparo constitucional no es necesario que el accionante demuestre los requisitos tradicionales de procedencia de toda cautela[55].

Sin embargo, hemos considerado que siempre debe ser necesario el análisis de los requisitos de procedencia de toda cautela, claro está con la velocidad que un proceso de amparo requiere. Con la simple lectura de la solicitud de amparo el Juez constitucional puede desprender la presunción

---

53. Piénsese sobre todo en los procesos que se ventilan ante tribunales colegiados, donde en alguno de ellos se aplica el procedimiento para la elaboración y discusión de las decisiones establecido en la Ley Orgánica del Tribunal Supremo de Justicia, lo que implica, indudablemente, la imposibilidad práctica de cumplir con los lapsos fugaces establecidos en la sentencia del 1° de febrero de 2000. Además, no puede pasarse por alto a la gran cantidad de amparos que se presentan ante los tribunales, lo que genera cierto retardo judicial, por lo que se hace más necesaria la dotación de poderes cautelares al juez constitucional.

54 Véase sentencia del 24-02-00, caso: *G. Rodríguez.*

55 Véase sentencia del 24-03-00, caso: *Corporación L'Hotels, C.A.,*

de buen derecho necesaria para decidir si acuerda o no la medida solicitada y el peligro que le impone el transcurso del tiempo necesario para decidir la acción principal. Ello, en la mayoría de las veces, no requiere de muchas complicaciones.

2. La sentencia de amparo constitucional

Con el nuevo procedimiento de amparo constitucional, consagrado en la decisión dictada por la Sala Constitucional el 1° de febrero de 2000, se exige que se dicte el dispositivo del fallo una vez terminada la audiencia constitucional y en presencia de las partes, para luego cumplir con la obligación de publicar un fallo debidamente motivado, dentro de los 5 días siguientes al pronunciamiento judicial verbal.

Además, según lo dispuesto en la Ley Orgánica de Amparo, la sentencia de amparo debe contener un pronunciamiento expreso sobre la temeridad de la acción, junto con la orden de cumplimiento obligatorio, dentro del plazo acordado por el juez. Adicionalmente, el juez puede condenar en costas al perdidoso, en caso que considere que no tuvo motivos serios para litigar.

3. Los recursos contra la sentencia dictada en primera instancia

De conformidad con lo dispuesto en el artículo 35 de la Ley Orgánica de Amparo, contra la decisión de una acción de amparo constitucional podrá intentarse el recurso de apelación dentro de los 3 días siguientes a la fecha de la publicación de la decisión definitiva, publicación que –como vimos antes– debe ocurrir dentro de los 5 días siguientes a la celebración de la audiencia constitucional, en donde el juez constitucional debe haber anunciado el dispositivo de su sentencia.

La misma norma consagraba la llamada *consulta obligatoria*, lo que implicaba que independientemente de que las partes dejasen de apelar, el expediente debía subir a la alzada para una nueva revisión. Sin embargo, la Sala Constitucional declaró inconstitucional dicha consulta obligatoria, de tal manera que si las partes no apelan en su debida oportunidad, la sentencia quedará firme, salvo la posibilidad de que sea revisada por la Sala Constitucional, en caso de contener errores grotescos de interpretación constitucional[56].

---

56 Sentencia de fecha 22-06-05, caso: *Ana Mercedes Bermúdez*. La facultad que tiene la Sala Constitucional para revisar sentencias definitivamente firmes de amparo se encuentra prevista en el artículo 336 de la Constitución. Se trata de una importante potestad que por su complejidad y dispersión sería imposible sistematizar en este trabajo.

4. El procedimiento de segunda instancia

En caso de que cualquiera de las partes ejerza la apelación, conforme a lo dispuesto en el artículo 35 de la Ley Orgánica de Amparo, el tribunal remitirá inmediatamente copia certificada de lo conducente al Tribunal Superior respectivo, para que éste conozca de la apelación ejercida. Esta misma norma dispone que el lapso que tiene el Tribunal Superior para decidir la apelación es de 30 días.

Durante ese plazo, las partes tienen la libertad de presentar sus escritos de fundamentos de apelación o de contestación a ésta en cualquier momento siempre y cuando no haya transcurrido el plazo que tiene el juez de alzada para decidir. Somos del criterio que una futura reforma de la Ley Orgánica de Amparo debería establecer un lapso expreso para que las partes presenten sus escritos de fundamentos de la apelación y de contestación a la apelación. Ello daría mayor seguridad jurídica a las partes y evitaría que la decisión de la causa se retrasara.

5. Los poderes de ejecución del juez de amparo constitucional

No es ningún secreto para nadie que el momento clave de la justicia es la ejecución del fallo, ya que es cuando el perdedor debe aceptar la decisión del tercero imparcial y proceder a cumplir lo ordenado. La ejecución es la hora de la verdad y muchas veces la conciencia jurídica de un país se mide cuando se ejecutan los fallos.

En este sentido, la Ley Orgánica de Amparo establece lo siguiente:

"Artículo 29.- el Juez que acuerde el restablecimiento de la situación jurídica infringida ordenará, en el dispositivo del fallo de la sentencia, que el mandamiento sea acatado por todas las autoridades de la República, so pena de incurrir en desobediencia a la autoridad.

Artículo 30.- Cuando la acción de amparo se ejerciere con fundamento en violación de un derecho constitucional, por acto o conducta omisiva, o por falta de cumplimiento de la autoridad respectiva, la sentencia ordenará la ejecución inmediata e incondicional del acto incumplido.

Artículo 31.- Quien incumpliere el mandamiento de amparo constitucional dictado por el Juez, será castigado con prisión de seis (6) a quince (15) meses".

Adicionalmente, la misma Ley tipifica un delito especial para el caso en que el sujeto obligado decida no cumplir voluntariamente con el dispositivo del fallo (desacato).

En virtud de ello, la Sala Constitucional ha establecido en su decisión n° 1962 del 7 de septiembre de 2004, que el mandamiento de amparo se ejecuta *inmediatamente*, so pena de incurrir en desacato, conforme con lo que establecen los artículos 29, 30, 31 y 32 de La Ley Orgánica de Amparo sobre Derechos y Garantías Constitucionales.

Ahora bien, para concretar el poder de ejecución del fallo, los jueces de amparo no disponen de una fórmula o catálogo especial para obligar al agraviante reticente. Por ello, no puede más que privar el sentido común del juez a la hora de mover las piezas que sean necesarias para dar efectividad a sus decisiones. En definitiva, el juez de amparo dispone de las más amplias facultades para hacer cumplir, y a la mayor brevedad posible, lo sentenciado, incluso ordenando la intervención de la fuerza pública.

La sentencia de amparo constitucional debe limitarse a ordenar el inmediato reestablecimiento de la situación jurídica infringida, absteniéndose en principio de imponer cualquier indemnización a que haya lugar, pues ésta deberá solicitarse a través de las vías judiciales correspondientes. Esto es lo que se conoce comúnmente como el efecto netamente restablecedor de la acción de amparo constitucional.

Por último es importante resaltar, que la Sala Constitucional ha establecido la *extensión de los efectos de las sentencias* de amparo constitucional a otras personas que aún no habiendo ejercido esta acción, se encuentren en la misma situación de víctima de violación del derecho constitucional[57]. De esta manera la Sala ha determinado que en ciertas acciones de amparo constitucional como en otras acciones de carácter general, si son declaradas con lugar, sus efectos se hacen extensibles a todos los que se encuentren en la misma e idéntica situación así no hayan sido partes en el proceso:

> "Una de las características de algunas sentencias del ámbito constitucional es que sus efectos se apliquen a favor de personas que no son partes en un proceso, pero que se encuentren en idéntica situación a las partes, por lo que requieren de la protección constitucional, así no la hayan solicitado con motivo de un juicio determinado".

> "Resulta contrario a la eficacia del proceso, a su idoneidad y a lo célere (expedito) del mismo, que sí las partes de un juicio obtienen una declaratoria de infracción constitucional de derechos que vulneran su situación jurídica, otras personas que se encuentran en idéntica situación y que han sufrido la misma infracción, no puedan gozar del fallo que restablezca tal situación jurídica de los accionantes, y tengan que incoar una acción cuya finalidad es que se reconozca la misma infracción, así como la existencia de la misma situa-

---

57 En la sentencia del caso *Haydee Margarita Parra Araujo contra el Ministerio del Interior y Justicia* de fecha 17-12-2001 de la Sala Constitucional.

ción vulnerada y su idéntico restablecimiento, con el riesgo de que surjan sentencias contrarias o contradictorias.

El restablecimiento de la situación jurídica, ante la infracción constitucional, tiene que alcanzar a todos lo que comparten tal situación y que a su vez son perjudicados por la violación, ya que lo importante para el juez constitucional, no es la protección de los derechos particulares, sino la enmienda de la violación constitucional, con el fin de mantener la efectividad y supremacía constitucional; y en un proceso que busca la idoneidad, la efectividad y la celeridad, como lo es por excelencia el constitucional, resulta contrario a los fines constitucionales, que a quienes se les infringió su situación jurídica, compartida con otros, víctima de igual transgresión, no se les restablezca la misma, por no haber accionando, y que tengan que incoar otras acciones a los mismos fines, multiplicando innecesariamente los juicios y corriendo el riesgo que se dicten sentencias contradictorias".

VIII. OTROS INSTRUMENTOS EN EL SISTEMA DE JUSTICIA CONSTITUCIONAL

Ciertamente el sistema de control constitucional, de protección constitucional o de justicia constitucional en Venezuela, es al menos en teoría, uno de los más amplios en el Derecho Procesal Constitucional. En efecto, además del amparo constitucional aquí expuesto, el ordenamiento jurídico ha consagrado una serie de acciones o recursos para la protección de la Constitución, algunos de los cuales están consagrados directa y expresamente en la Constitución, y otros han sido producto de la creación y desarrollo jurisprudencial por la Sala Constitucional, todos los cuales fueron recogidos en la Ley Orgánica del Tribunal Supremo de Justicia[58] (LOTSJ)[59].

Por razones de espacio en el presente ensayo, pasamos a mencionarlos brevemente a continuación, refiriéndonos en *primer lugar* a aquellos cuya competencia ha sido concentrada en la Sala Constitucional del Tribunal Supremo de Justicia:

---

58 Para algunos estudios sobre el sistema de justicia o control constitucional bajo la Constitución venezolana de 1999, ver Jesús María, Casal H., *Constitución y Justicia Constitucional*, UCAB, Caracas, 2004; Allan R., Brewer Carías, *El sistema de justicia constitucional en la Constitución de 1999*. EJV, Caracas, 2000; y Margarita, Escudero León, *El control de la constitucionalidad sobre las ramas legislativa y ejecutiva del Poder Público*, UCV, Caracas, 2005.

59 Ley Orgánica del Tribunal Supremo de Justicia, fue publicada en la *Gaceta Oficial* nº 37.942 de fecha 20 de mayo de 2004.

1. *Acción popular de inconstitucionalidad de las leyes* nacionales, estadales y ordenanzas municipales y los *demás actos de rango legal,* es decir, de ejecución directa e inmediata de la Constitución (Constitución, art. 336, numerales 1, 2, 3 y 4; y LOTSJ art. 5 numerales 6, 7 8 y 9).

2. Solicitud del Presidente de la República o de la Asamblea Nacional de la *conformidad de los tratados internacionales con la Constitución,* antes de su ratificación (Constitución, art. 336, numeral 5; y LOTSJ art. 5 numeral 10).

3. *Revisión* en todo caso, aun de oficio, de la constitucionalidad de los *decretos que declaren estados de excepción* dictados por el Presidente de la República (Constitución, art. 336, numeral 6; y LOTSJ art. 5 numeral 11).

4. *Acción o recurso por omisión del poder legislativo* municipal, estadal o nacional, cuando haya dejado de dictar las normas o medidas indispensables para garantizar el cumplimiento de esta Constitución, o las haya dictado en forma incompleta; y establecer el plazo y, de ser necesario, los lineamientos de su corrección (Constitución, art. 336, numeral 7; y LOTSJ art. 5 numeral 12).

5. *Acción o recurso por omisión de cualquiera de los órganos que ejerzan el Poder Público de rango nacional,* respecto a obligaciones o deberes establecidos directamente por la Constitución (LOTSJ art. 5 numeral 13).

6. *Recurso para dirimir las controversias constitucionales* que se susciten entre cualesquiera de los órganos del Poder Público (Constitución, art. 336, numeral 9; y LOTSJ art. 5 numeral 15).

7. *Recurso de revisión de las sentencias* definitivamente firmes de amparo constitucional y de control de constitucionalidad de leyes o normas jurídicas dictadas por los demás tribunales de la República (Constitución, art. 336, numeral 10; y LOTSJ art. 5 numeral 16).

8. *Recurso de revisión de las sentencias dictadas por las demás Salas del Tribunal Supremo de Justicia,* cuando se denuncie la violación de principios jurídicos fundamentales contenidos en la Constitución o los tratados internacionales (creada jurisprudencialmente con base en el art. 336, numeral 10 de la Constitución; y LOTSJ art. 5 numeral 4).

9. *Solicitud de avocamiento* de la Sala Constitucional, al conocimiento de una causa determinada, cuando se presuma la *violación de principios jurídicos fundamentales contenidos en la Constitución o los tratados internacionales,* aun cuando por la razón de la materia y en virtud de la Ley, la competencia esté atribuida a otra Sala del TSJ (creada jurisprudencialmente con base en el art. 336, numeral 10 de la Constitución; y recogida en la LOTSJ arts. 18 y 5 numeral 4).

10. *Consulta obligatoria* formulada por los jueces que hayan previamente ejercido el *control difuso de la constitucionalidad de las normas desaplicándolas* a un caso concreto, mediante el examen abstracto y general de la constitucionalidad de dicha norma (LOTSJ art. 5 numeral 22).

11. *Solicitud* del Presidente de la República, antes de su promulgación, de la *constitucionalidad del carácter orgánico de las leyes* dictadas por la Asamblea Nacional, y de los Decretos con Fuerza de Ley que dicte el Presidente de la República en Consejo de Ministros mediante Ley Habilitante (Constitución, art. 203; y LOTSJ art. 5 numeral 17).

12. *Solicitud* del Presidente de la República sobre la *inconstitucionalidad de las leyes sancionadas por la Asamblea Nacional ("veto presidencial traslativo")* (Constitución, art. 214; y LOTSJ art. 5 numeral 21).

13. *Recurso de interpretación autónoma y abstracta de la Constitución* (creado jurisprudencialmente por la Sala Constitucional con base en el artículo 335 de la Constitución, ver sentencias números 1077/2000, 1347/2000, 1387/2000 y 1415/2000, entre otras),

14. *Recurso frente a las controversias* que puedan suscitarse con motivo de la *interpretación y ejecución de los tratados internacionales* suscritos y ratificados por la República (LOTSJ art. 5 numeral 23).

En *segundo lugar* se encuentran los *recursos contenciosos administrativos* contra los reglamentos y demás actos administrativos tanto normativos como individuales por razones de inconstitucionalidad (Constitución, arts. 259, 266 numeral 5; y LOTSJ art. 5 numerales 30 y 31).

En *tercer lugar* están todos *los demás recursos ordinarios o extraordinarios contra las decisiones judiciales* en general previstos en los ordenamientos procesales (apelación, casación, nulidad, y otros), que se fundamenten en violaciones de la Constitución.

Por *último*, pero no menos importante, debemos resaltar, que en virtud del sistema mixto, paralelo o completo de control de la constitucionalidad de las leyes que existe en Venezuela, todos los jueces tienen atribuida la falcultad-deber de *desaplicar* en los procesos bajo su conocimiento, *las normas jurídicas contrarias a la Constitución*. Dicha facultad para ejercer el llamado *control difuso* existente en Venezuela desde el siglo XIX, ha sido reconocida a nivel Constitucional en 1901 y en 1999, al disponerse que "Todos los jueces o juezas de la República, en el ámbito de sus competencias y conforme a lo previsto en esta Constitución y en la ley, están en la obligación de asegurar la integridad de esta Constitución" por lo que "En caso de incompatibilidad entre esta Constitución y una ley u otra norma jurídica, se aplicarán las disposiciones constitucionales, correspondiendo a los tribunales en cualquier causa, aun de oficio, decidir lo conducente." (Constitución art. 334; y LOTSJ art. 5, Tercer Parágrafo). Sin embargo, como hemos visto, en virtud de la atribución de la Sala Constitucional para garantizar la supremacía y efectividad de las normas y principios constitucionales como máximo y último intérprete de esta Constitución, las interpretaciones que establezcan los tribunales e incluso las demás Salas del

Tribunal Supremo de Justicia, están sujetas a la revisión de la Sala Constitucional. Por ello, dada la responsabilidad de velar por la uniforme interpretación y aplicación de la Constitución, a las interpretaciones que establezca la Sala Constitucional sobre el contenido o alcance de las normas y principios constitucionales, se les asignó expresamente un valor "vinculante" para las otras Salas del Tribunal Supremo de Justicia y demás tribunales de la República (Constitución, art. 335). Dada nuestra falta de experiencia con el derecho judicial, no ha sido tarea fácil por parte de la Sala Constitucional determinar cuáles partes de las sentencias constitucionales son las que deben considerarse como interpretaciones vinculantes, más allá del *obiter dictum* bastante generalizado.

LEGISLACIÓN

I. LEY ORGÁNICA DE AMPARO SOBRE DERECHOS Y GARANTÍAS CONSTITUCIONALES 1988

(Publicada en *Gaceta Oficial* N° 34.060 de 27-9-88.
La Ley Orgánica fue originalmente promulgada en
Gaceta Oficial N° 33.891 de 22-1-88).

EL CONGRESO DE LA REPÚBLICA DE VENEZUELA

Decreta:

la siguiente

LEY ORGÁNICA DE AMPARO SOBRE DERECHOS Y GARANTÍAS CONSTITUCIONALES

TÍTULO I

DISPOSICIONES FUNDAMENTALES

Artículo 1

El derecho a ser amparado

Toda persona natural habitante de la República, o persona jurídica domiciliada en ésta, podrá solicitar ante los Tribunales competentes el amparo previsto en el artículo 49 de la Constitución, para el goce y el ejercicio de los derechos y garantías constitucionales, aun de aquellos derechos fundamentales de la persona humana que no figuren expresamente en la Constitución, con el propósito de que se restablezca inmediatamente la situación jurídica infringida o la situación que más se asemeje a ella.

La garantía de la libertad personal que regula el habeas corpus constitucional, se regirá por esta Ley.

Artículo 2

Motivo de la acción

La acción de amparo procede contra cualquier hecho, acto u omisión provenientes de los órganos del Poder Público Nacional, Estadal o Municipal. También procede contra el hecho, acto u omisión originados por ciudadanos, personas jurídicas, grupos u organizaciones privadas, que hayan violado, violen o amenacen violar cualquiera de las garantías o derechos amparados por esta Ley.

Se entenderá como amenaza válida para la procedencia de la acción de amparo aquella que sea inminente.

Artículo 3

La acción de amparo contra normas

También es procedente la acción de amparo, cuando la violación o amenaza de violación deriven de una norma que colida con la Constitución. En este caso, la providencia judicial que resuelva la acción interpuesta deberá apreciar la inaplicación de la norma impugnada y el Juez informará a la Corte Suprema de Justicia acerca de la respectiva decisión.

Pretensión de amparo conjunta con la acción popular de inconstitucionalidad

La acción de amparo también podrá ejercerse conjuntamente con la acción popular de inconstitucionalidad de las leyes y demás actos estatales normativos, en cuyo caso, la Corte Suprema de Justicia, si lo estima procedente para la protección constitucional, podrá suspender la aplicación de la norma respecto de la situación jurídica concreta cuya violación se alega, mientras dure el juicio de nulidad.

Artículo 4

La acción de amparo contra decisiones judiciales

Igualmente procede la acción de amparo cuando un Tribunal de la República, actuando fuera de su competencia, dicte una resolución o sentencia u ordene un acto que lesione un derecho constitucional.

En estos casos, la acción de amparo debe interponerse por ante un tribunal superior al que emitió el pronunciamiento, quien decidirá en forma breve, sumaria y efectiva.

Artículo 5

La acción de amparo contra actos administrativos,
vías de y hecho y conductas omisivas de la Administración

La acción de amparo procede contra todo acto administrativo, actuaciones materiales, vías de hecho, abstenciones u omisiones que violen o amenacen violar un derecho o una garantía constitucionales, cuando no exista un medio procesal breve, sumario y eficaz, acorde con la protección constitucional.

Pretensión de amparo conjunta con el recurso
contencioso administrativo

Cuando la acción de amparo se ejerza contra actos administrativos de efectos particulares o contra abstenciones o negativas de la Administración, podrá formularse ante el Juez Contencioso-Administrativo competente, si lo hubiere en la localidad conjuntamente con el recurso contencioso administrativo de anulación de actos administrativos o contra las conductas omisivas, respectivamente, que se ejerza. En estos casos, el Juez, en forma breve, sumaria, efectiva y conforme a lo establecido en el artículo 22, si lo considera procedente para la protección constitucional, suspenderá los efectos del acto recurrido como garantía de dicho derecho constitucional violado, mientras dure el juicio

Parágrafo Único. Cuando se ejerza la acción de amparo contra actos administrativos conjuntamente con el recurso contencioso-administrativo que se fundamente en la violación de un derecho constitucional, el ejercicio del recurso procederá en cualquier tiempo, aún después de transcurridos los lapsos de caducidad previstos en la Ley y no será necesario el agotamiento previo de la vía administrativa.

TÍTULO II

DE LA ADMISIBILIDAD

Artículo 6

Causales de inadmisibilidad de la acción

No se admitirá la acción de amparo:

Cesación de la vulneración

1.   Cuando hayan cesado la violación o amenaza de algún derecho o garantía constitucionales, que hubiesen podido causarla;

Amenazas imposibles e irrealizables

2.	Cuando la amenaza contra el derecho o la garantía constitucionales, no sea inmediata, posible y realizable por el imputado;

Situaciones irreparables

3.	Cuando la violación del derecho o la garantía constitucionales, constituya una evidente situación irreparable, no siendo posible el restablecimiento de la situación jurídica infringida;

Se entenderá que son irreparables los actos que, mediante el amparo, no puedan volver las cosas al estado que tenían antes de la violación;

Acciones consentidas

4.	Cuando la acción u omisión, el acto o la resolución que violen el derecho o la garantía constitucionales hayan sido consentidos expresa o tácitamente, por el agraviado, a menos que se trate de violaciones que infrinjan el orden público o las buenas costumbres.

Se entenderá que hay consentimiento tácito, cuando hubieren transcurrido los lapsos de prescripción establecidos en leyes especiales, o en su defecto seis (6) meses después de la violación o la amenaza al derecho protegido.

El consentimiento expreso es aquél que entraña signos inequívocos de aceptación.

Recurso a otros medios judiciales de amparo

5.	Cuando el agraviado haya optado por recurrir a las vías judiciales ordinarias o hecho uso de los medios judiciales preexistentes. En tal caso, al alegarse la violación o amenaza de violación de un derecho o garantía constitucionales, el Juez deberá acogerse al procedimiento y a los lapsos establecidos en los artículos 23, 24 y 26 de la presente Ley, a fin de ordenar la suspensión provisional de los efectos del acto cuestionado;

Decisiones de la Corte Suprema de Justicia

6.	Cuando se trate de decisiones emanadas de la Corte Suprema de Justicia;

Suspensión de garantías constitucionales

7.	En caso de suspensión de derechos y garantías constitucionales conforme al artículo 241 de la Constitución, salvo que el acto que se impugne no tenga relación con la especificación del decreto de suspensión de los mismos. **(PÁRRAFO DEROGADO TÁCITAMENTE).**

8.   Cuando esté pendiente de decisión una acción de amparo ejercida ante un Tribunal en relación con los mismos hechos en que se hubiese fundamentado la acción propuesta.

TÍTULO III

DE LA COMPETENCIA

Artículo 7

Competencia por la materia y el territorio de los Tribunales de Primera Instancia

Son competentes para conocer de la acción de amparo, los Tribunales de Primera Instancia que lo sean en la materia afín con la naturaleza del derecho o de las garantías constitucionales violados o amenazados de violación, en la jurisdicción correspondiente al lugar donde ocurrieren el hecho, acto u omisión que motivaren la solicitud de amparo.

En caso de duda, se observarán en lo pertinente, la normas sobre competencia en razón de la materia.

Si un Juez se considerare incompetente, remitirá las actuaciones inmediatamente al que tenga competencia.

Del amparo de la libertad y seguridad personales conocerán los Tribunales de Primera Instancia en lo Penal, conforme al procedimiento establecido en esta Ley.

Artículo 8

Competencia del Tribunal Supremo de Justicia

La Corte Suprema de Justicia conocerá, en única instancia y mediante aplicación de los lapsos y formalidades previstos en la Ley, en la Sala de competencia afín con el derecho o garantía constitucionales violados o amenazados de violación, de las acciones de amparo contra los hechos, actos y omisiones emanados del Presidente de la República, de los Ministros, del Consejo Supremo Electoral y demás organismos electorales del país, del Fiscal General de la República, del Procurador General de la República o del Contralor General de la República.

Artículo 9

Competencia de otros Tribunales

Cuando los hechos, actos u omisiones constitutivos de la violación o amenaza de violación del derecho o de las garantías constitucionales se produzcan en lugar donde no funcionen Tribunales de Primera Instancia, se interpondrá la acción de amparo ante cualquier Juez de la localidad, quien decidirá conforme a lo establecido en esta Ley. Dentro de las veinticuatro (24) horas siguientes a la adopción de la decisión, el Juez la enviará en consulta al Tribunal de Primera Instancia competente.

Artículo 10

Acumulación de autos

Cuando un mismo acto, hecho u omisión en perjuicio de algún derecho o garantía constitucionales afectare el interés de varias personas, conocerá de todas estas acciones el Juez que hubiese prevenido, ordenándose, sin dilación procesal alguna y sin incidencias, la acumulación de autos.

Artículo 11

Inhibiciones y recusaciones

Cuando un Juez que conozca de la acción de amparo, advirtiere una causal de inhibición prevista en la Ley, se abstendrá de conocer e inmediatamente levantará un acta y remitirá las actuaciones, en el estado en que se encuentren, al Tribunal competente.

Si se tratare de un Magistrado de la Corte Suprema de Justicia, el Presidente de la Sala convocará de inmediato al Suplente respectivo, para integrar el Tribunal de Amparo.

En ningún caso será admisible la recusación

Artículo 12

Conflictos de competencia

Los conflictos sobre competencia que se susciten en materia de amparo entre Tribunales de Primera Instancia, serán decididos por el Superior respectivo. Los trámites serán breves y sin incidencias procesales.

TÍTULO IV
DEL PROCEDIMIENTO

Artículo 13

Legitimación activa

La acción de amparo constitucional puede ser interpuesta ante el Juez competente por cualquier persona natural o jurídica, por representación o directamente, quedando a salvo las atribuciones del Ministerio Público, y de los Procuradores de Menores, Agrarios y del Trabajo, si fuere el caso.

Prioridad del proceso

Todo el tiempo será hábil y el Tribunal dará preferencia al trámite de amparo sobre cualquier otro asunto.

Artículo 14

Carácter de orden público

La acción de amparo, tanto en lo principal como en lo incidental y en todo lo que de ella derive, hasta la ejecución de la providencia respectiva, es de eminente orden público.

Las atribuciones inherentes al Ministerio Público no menoscaban los derechos y acciones de los particulares. La no intervención del Ministerio Público en la acción de amparo no es causal de reposición ni de acción de nulidad.

Artículo 15

Carácter de la intervención del Ministerio Público

Los Jueces que conozcan de la acción de amparo no podrán demorar el trámite o diferirlo so pretexto de consulta al Ministerio Público. Se entenderá a derecho en el proceso de amparo el representante del Ministerio Público a quien el Juez competente le hubiere participado, por oficio o por telegrama, la apertura del procedimiento.

Artículo 16

*Carácter gratuito del procedimiento y
forma de interposición de la acción*

La acción de amparo es gratuita por excelencia, para su tramitación no se empleará papel sellado ni estampillas y, en caso de urgencia, podrá interponerse por vía telegráfica. De ser así, deberá ser ratificada personalmente o mediante apoderado dentro de los tres (3) días siguientes. También procede su ejercicio en forma verbal y, en tal caso, el Juez deberá recogerla en un acta.

Artículo 17

Carácter inquisitorio

El Juez que conozca de la acción de amparo podrá ordenar, siempre que no signifique perjuicio irreparable para el actor, la evacuación de las pruebas que juzgue necesarias para el esclarecimiento de los hechos que aparezcan dudosos u oscuros.

Se entenderá que hay perjuicio irreparable cuando exista otro medio de comprobación más acorde con la brevedad del procedimiento o cuando la prueba sea de difícil o improbable evacuación.

Artículo 18

Contenido de la solicitud

En la solicitud de amparo se deberá expresar:

1. Los datos concernientes a la identificación de la persona agraviada y de la persona que actúe en su nombre, y en este caso con la suficiente identificación del poder conferido;

2. Residencia, lugar y domicilio, tanto del agraviado como del agraviante;

3. Suficiente señalamiento e identificación del agraviante, si fuere posible, e indicación de la circunstancia de localización;

4. Señalamiento del derecho o de las garantías constitucionales violados o amenazados de violación;

5. Descripción narrativa del hecho, acto, omisión y demás circunstancias que motiven la solicitud de amparo;

6. Y, cualquiera explicación complementaria relacionada con la situación jurídica infringida, a fin de ilustrar el criterio jurisdiccional.

En caso de instancia verbal, se exigirán, en lo posible, los mismos requisitos.

Artículo 19

Correcciones a la solicitud

Si la solicitud fuere oscura o no llenare los requisitos exigidos anteriormente especificados, se notificará al solicitante del amparo para que corrija el defecto u omisión dentro del lapso de cuarenta y ocho (48) horas siguientes a la correspondiente notificación. Si no lo hiciere, la acción de amparo será declarada inadmisible.

Artículo 20

Cuestiones de competencia infundadas

El Juez que haya suscitado una cuestión de competencia manifiestamente infundada será sancionado por el Superior con multa no menor de cinco mil bolívares (Bs. 5.000,oo) ni mayor de diez mil bolívares (Bs. 10.000,oo).

Artículo 21

Principio de la igualdad procesal

En la acción de amparo los Jueces deberán mantener la absoluta igualdad entre las partes y cuando el agraviante sea una autoridad pública quedarán excluidos del procedimiento los privilegios procesales.

Artículo 22

El mandamiento de amparo en forma inmediata inaudita parte (ANULADO)[*]

El Tribunal que conozca de la solicitud de amparo tendrá potestad para restablecer la situación jurídica infringida, prescindiendo de consideraciones de mera forma y sin ningún tipo de averiguación sumaria que la preceda.

En este caso, el mandamiento de amparo deberá ser motivado y estar fundamentado en un medio de prueba que constituya presunción grave de la violación o de la amenaza de violación.

Artículo 23

Solicitud de informe al agraviante

Si el Juez no optare por restablecer inmediatamente la situación jurídica infringida, conforme al artículo anterior, ordenará a la autoridad, entidad, organización social o a los particulares imputados de violar o amenazar el derecho o la garantía constitucionales, que en el término de cuarenta y ocho (48) horas, contadas a partir de la respectiva notificación, informe sobre la pretendida violación o amenaza que hubiere motivado la solicitud de amparo.

La falta de informe correspondiente se entenderá como aceptación de los hechos incriminados.

---

[*]   Este artículo 22 fue anulado por la antigua Corte Suprema de Justicia, en Corte Plena, mediante sentencia de 21-5-96, por inconstitucionalidad, por violación del derecho a la defensa. Véase en *G.O. Extraordinaria* N° 5071 de 29-5-96.

Artículo 24

Contenido del informe

El informe a que se refiere el artículo anterior contendrá una relación sucinta y breve de las pruebas en las cuales el presunto agraviante pretenda fundamentar su defensa, sin perjuicio de la potestad evaluativa que el artículo 17 de la presente Ley confiere al Juez competente.

Artículo 25

Desistimiento de la acción

Quedan excluidas del procedimiento constitucional del amparo todas las formas de arreglo entre las partes, sin perjuicio de que el agraviado pueda, en cualquier estado y grado de la causa, desistir de la acción interpuesta, salvo que se trate de un derecho de eminente orden público o que pueda afectar las buenas costumbres.

El desistimiento malicioso o el abandono del trámite por el agraviado será sancionado por el Juez de la causa o por el Superior, según el caso, con multa de dos mil bolívares (Bs. 2.000,oo) a cinco mil bolívares (Bs. 5.000,oo).

Artículo 26

Audiencia pública y oral de las partes y lapso de decisión

El Juez que conozca del amparo, fijará dentro de las noventa y seis (96) horas siguientes a la presentación del Informe por el presunto agraviante o de la extinción del término correspondiente, la oportunidad para que las partes o sus representantes legales expresen, en forma oral y pública, los argumentos respectivos.

Efectuado dicho acto, el Juez dispondrá de un término improrrogable de veinticuatro (24) horas para decidir la solicitud de amparo constitucional.

Artículo 27

Sanciones disciplinarias al funcionario imputado

El Tribunal que conozca de la solicitud de amparo remitirá copia certificada de su decisión a la autoridad competente, a fin de que resuelva sobre la procedencia o no de medida disciplinaria contra el funcionario público culpable de la violación o de la amenaza contra el derecho o la garantía constitucionales, sin perjuicio de las responsabilidades civiles o penales que le resulten atribuibles.

A tal efecto, el Tribunal remitirá también los recaudos pertinentes al Ministerio Público.

Artículo 28

Sanciones en caso de acciones temerarias

Cuando fuese negado el amparo, el Tribunal se pronunciará sobre la temeridad de la acción interpuesta y podrá imponer sanción hasta de diez (10) días de arresto al quejoso cuando aquélla fuese manifiesta.

Artículo 29

Obligatoriedad del mandamiento de amparo

El Juez que acuerde el restablecimiento de la situación jurídica infringida ordenará, en el dispositivo de la sentencia, que el mandamiento sea acatado por todas las autoridades de la República, so pena de incurrir en desobediencia a la autoridad.

Artículo 30

Ordenes de hacer

Cuando la acción de amparo se ejerciere con fundamento en violación de un derecho constitucional, por acto o conducta omisiva, o por falta de cumplimiento de la autoridad respectiva, la sentencia ordenará la ejecución inmediata e incondicional del acto incumplido.

Artículo 31

Sanciones al incumplimiento del mandamiento de amparo

Quien incumpliere el mandamiento de amparo constitucional dictado por el Juez, será castigado con prisión de seis (6) a quince (15) meses.

Artículo 32

Contenido de la sentencia

La sentencia que acuerde el amparo constitucional deberá cumplir las siguientes exigencias formales:

A) Mención concreta de la autoridad, del ente privado o de la persona contra cuya resolución o acto u omisión se conceda el amparo;

B) Determinación precisa de la orden a cumplirse, con las especificaciones necesarias para su ejecución;

C) Plazo para cumplir lo resuelto.

Artículo 33

Costas

Cuando se trate de quejas contra particulares, se impondrán las costas al vencido, quedando a salvo las acciones a que pudiere haber lugar.

No habrá imposición de costas cuando los efectos del acto u omisión hubiesen cesado antes de abrirse la averiguación. El Juez podrá exonerar de costas a quien intentare el amparo constitucional por fundado temor de violación o de amenaza, o cuando la solicitud no haya sido temeraria.

Artículo 34

Sanciones a los jueces

El Consejo de la Judicatura registrará como falta grave al cumplimiento de sus obligaciones la inobservancia, por parte de los jueces, de los lapsos establecidos en esta Ley para conocer y decidir sobre las solicitudes de amparo.

Artículo 35

Apelación y consulta

Contra la decisión dictada en primera instancia sobre la solicitud de amparo se oirá apelación en un solo efecto. Si transcurridos tres (3) días de dictado el fallo, las partes, el Ministerio Público o los Procuradores no interpusieren apelación, el fallo será consultado con el Tribunal Superior respectivo, al cual se le remitirá inmediatamente copia certificada de lo conducente. Este Tribunal decidirá dentro de un lapso no mayor de treinta (30) días.

Artículo 36

Efectos de la sentencia de amparo

La sentencia firme de amparo producirá efectos jurídicos respecto al derecho o garantía objetos del proceso, sin perjuicio de las acciones o recursos que legalmente correspondan a las partes.

Artículo 37

Efectos de la sentencia de desestimación

La desestimación del amparo no afecta la responsabilidad civil o penal en que hubiese podido incurrir el autor del agravio, ni prejuzga sobre ninguna otra materia.

TÍTULO V

DEL AMPARO DE LA LIBERTAD
Y SEGURIDAD PERSONALES

Artículo 38

Amparo de la libertad y seguridad personales

Procede la acción de amparo para proteger la libertad y seguridad personales de acuerdo con las disposiciones del presente Título.

A esta acción le serán aplicables las disposiciones de esta Ley pertinentes al amparo en general.

Artículo 39

Legitimación y competencia judicial por el territorio

Toda persona que fuere objeto de privación o restricción de su libertad, o se viere amenazada en su seguridad personal, con violación de las garantías constitucionales, tiene derecho a que un Juez competente con jurisdicción en el lugar donde se hubiese ejecutado el acto causante de la solicitud o donde se encontrare la persona agraviada, expida un mandamiento de habeas corpus.

Artículo 40

Competencia de los Juzgados de Primera Instancia
en lo Penal y consulta a los Superiores

Los Juzgados de Primera Instancia en lo Penal son competentes para conocer y decidir sobre el amparo de la libertad y seguridad personales. Los respectivos Tribunales Superiores conocerán en consulta de las sentencias dictadas por aquellos.

Artículo 41

Solicitud y apertura de averiguación sumaria e Informe

La solicitud podrá ser hecha por el agraviado o por cualquier persona que gestione en favor de aquel, por escrito, verbalmente o por vía telegráfica, sin necesidad de asistencia de abogado, y el Juez, al recibirla, abrirá una averiguación sumaria, ordenando inmediatamente al funcionario bajo cuya custodia se encuentre la persona agraviada que informe dentro del plazo de veinticuatro (24) horas, sobre los motivos de la privación o restricción de la libertad.

Las solicitudes referidas a la seguridad personal se tramitarán, en cuanto les resulten aplicables, conforme a las previsiones de este artículo.

Artículo 42

Mandamiento de habeas corpus

El Juez decidirá en un término no mayor de noventa y seis (96) horas después de recibida la solicitud, la inmediata libertad del agraviado o el cese de las restricciones que se le hubiesen impuesto, si encontrare que para la privación o restricción de la libertad no se hubieren cumplido las formalidades legales.

El Juez, caso de considerarlo necesario, sujetará esta decisión a caución personal o a prohibición de salida del país de la persona agraviada, por un término no mayor de treinta (30) días.

Artículo 43

Consulta de la decisión

El mandamiento de habeas corpus o, en su defecto, la decisión que lo niegue, se consultará con el Superior, al que deberán enviarse los recaudos en el mismo día o en el siguiente.

La consulta no impedirá la ejecución inmediata de la decisión y el Tribunal Superior decidirá dentro de las setenta y dos (72) horas después de haber recibido los autos.

Artículo 44

Duración de las detenciones policiales y administrativas

Las detenciones que conforme a la Ley, ordenen y practiquen las autoridades policiales u otras autoridades administrativas, no excederán de ocho (8) días. Las que pasen de cuarenta y ocho (48) horas deberán imponerse mediante resolución motivada. Quedan a salvo las disposiciones legales aplicables al proceso penal.

Artículo 45

Detenciones por las autoridades de policía judicial

Cuando se hubiere cometido un hecho punible, las autoridades de policía que, de acuerdo con la ley, sean auxiliares de la administración de justicia, podrán adoptar, como medidas provisionales de necesidad y de urgencia, la detención del presunto culpable o su presentación periódica, durante la averiguación sumaria, a la autoridad respectiva. En cualquiera de los dos supuestos anteriores, la orden deberá ser motivada y constar por escrito.

Artículo 46

Duración de las detenciones

En el caso del artículo anterior, el detenido deberá ser puesto a la orden del Juez competente, dentro del término de ocho (8) días.

Artículo 47

Garantías de los detenidos

La autoridad que tuviere bajo su guarda o custodia a cualquier persona detenida, estará en el deber de permitirle, conforme a las normas reglamentarias correspondientes, comunicación con su abogado y con sus parientes más cercanos.

Artículo 48

Normas supletorias

Serán supletorias de las disposiciones anteriores las normas procesales en vigor.

Artículo 49

Norma derogatoria

Quedan derogadas las disposiciones legales vigentes que colidan con la presente Ley.

Dada, firmada y sellada en el Palacio Federal Legislativo, en Caracas a los diecisiete días del mes de septiembre de mil novecientos ochenta y ocho. Año 178 de la Independencia y 129 de la Federación.

El Presidente,
Reinaldo Leandro Mora

El Vicepresidente, (Encargado)
Humberto Celli

Los Secretarios,
Héctor Carpio Castillo
José Rafael García

Palacio de Miraflores, en Caracas, a los veintisiete días del mes de septiembre de mil novecientos ochenta y ocho. Año 178 de la Independencia y 129 de la Federación.

Cúmplase.

(L.S.)

Simón Alberto Consalvi
Encargado de la Presidencia de la República

Refrendado.

(Los Ministros)

II. COMPETENCIA JUDICIAL

SENTENCIA N° 1 DE LA SALA CONSTITUCIONAL DEL TRIBUNAL SUPREMO DE JUSTICIA EN LA CUAL ESTABLECE LAS NORMAS DE COMPETENCIA JUDICIAL EN MATERIA DE AMPARO[1].

CASO: *EMERY MATA MILLÁN VS. VARIOS*

20 DE ENERO DE 2000

Antes de examinar la admisibilidad de la solicitud de amparo presentada, es menester que esta Sala Constitucional establezca la cuestión relacionada con su competencia para conocer de la acción propuesta. Al respecto se observa lo siguiente:

En la recientemente promulgada Constitución de la República Bolivariana de Venezuela se creó el Tribunal Supremo de Justicia; a este Tribunal, por intermedio de su Sala Constitucional, le corresponde, conforme a lo dispuesto en el último aparte del artículo 266 de la Constitución, ejercer la jurisdicción constitucional. Además, las interpretaciones que haga la Sala Constitucional, en ejercicio de esa jurisdicción, son de carácter vinculante para las otras Salas de este Supremo Tribunal y demás Tribunales de la República (como se desprende del contenido del artículo 335 *ejusdem*).

La jurisdicción constitucional comprende, entre otros asuntos, no sólo declarar la nulidad de las leyes y demás actos de los órganos que ejercen el poder público, dictados en ejecución directa o inmediata de la Constitución o que tengan rango legal (artículo 334 de la Constitución de la República Bolivariana de Venezuela), sino también la revisión de las sentencias de amparo constitucional y de control de constitucionalidad de las leyes o normas jurídicas dictadas por los Tribunales de la República, en los térmi-

---

1   *Revista de Derecho Público*, N° 81, EJV, Caracas, 2000, pp. 225-229.

nos establecidos por la ley orgánica respectiva (numeral 10 del artículo 336 de la Constitución).

Si bien es cierto, que la Constitución dispone la promulgación de una Ley Orgánica para regular el ejercicio de la facultad prevista en el numeral 10 del artículo 336 de la Constitución, es principio aceptado en la doctrina constitucional, que los preceptos orgánicos son de inmediata aplicación por todos los poderes públicos, y, en particular, por los órganos a los que la disposición constitucional se refiere. Exista o no las normas que desarrollen la regulación constitucional, ésta es plenamente eficaz por si misma y, por lo tanto, establece pautas para el funcionamiento del órgano al que se refiera la norma constitucional. En consecuencia aún cuando no haya sido dictada la ley que desarrolle el precepto constitucional, la disposición contenida en el numeral 10 del artículo 336 de la Constitución, es de aplicación inmediata por la Sala Constitucional.

Por tanto, esta Sala establece que ha sido facultada en materia de amparo de la siguiente forma:

Por ser función de esta Sala, según el artículo 335 de la Constitución, la interpretación de dicha Carta Magna, es claro que la materia de su conocimiento abarca las infracciones constitucionales, como lo demuestran las atribuciones, que la Constitución de la República Bolivariana de Venezuela otorga a la Sala Constitucional en su artículo 336. Esta circunstancia la convierte en la Sala que por la materia tiene la competencia para conocer, según el caso, de las acciones de amparo constitucional propuestas conforme a la Ley Orgánica de Amparo Sobre Derechos y Garantías Constitucionales. Por otra parte, debido a su condición de juez natural en la jurisdicción constitucional, la competencia que contempla el artículo 8 de la Ley Orgánica de Amparo sobre Derechos y Garantías Constitucionales ha desaparecido, ya que la materia constitucional corresponde a esta Sala (téngase presente que la creación de una Sala con competencia constitucional, origina un criterio orgánico para delimitar la competencia en el cual se encuentran comprendidos, necesariamente, todos los asuntos relacionados con la Constitución).

Por las razones expuestas, esta Sala declara que, la competencia expresada en los artículos 7 y 8 de la ley antes citada, se distribuirá así:

1.- Corresponde a la Sala Constitucional, por su esencia, al ser la máxima protectora de la Constitución y además ser el garante de la supremacía y efectividad de las normas y principios constitucionales, de acuerdo con el artículo 335 de la Constitución de la República Bolivariana de Venezuela, el conocimiento directo, en única instancia, de las acciones de amparo a que se refiere el artículo 8 de la Ley Orgánica de Amparo sobre Derechos y Garantías Constitucionales, incoadas contra los altos funcionarios a que se refiere dicho artículo, así como contra los funcionarios que actúen por delegación de las atribuciones de los anteriores. Igualmente, corresponde a esta Sala Constitucional, por los motivos antes expuestos, la competencia para conocer de las acciones de amparo que se intenten contra las decisiones de última instancia emanadas de los Tribunales o Juzgados Superiores de la República, la Corte Primera de lo Contencioso Administrativo y las Cortes de Apelaciones en lo Penal que infrinjan directa e inmediatamente normas constitucionales.

2.- Asimismo, corresponde a esta Sala conocer las apelaciones y consultas sobre las sentencias de los Juzgados o Tribunales Superiores aquí señalados, de la Corte Primera de lo Contencioso Administrativo y las Cortes de Apelaciones en lo Penal, cuando ellos conozcan la acción de amparo en Primera Instancia.

3.- Corresponde a los Tribunales de Primera Instancia de la materia relacionada o afín con el amparo, el conocimiento de los amparos que se interpongan, distintos a los expresados en los números anteriores, siendo los Superiores de dichos Tribunales quienes conocerán, las apelaciones y consultas que emanen de los mismos, de cuyas decisiones no habrá apelación ni consulta.

4.- En materia penal, cuando la acción de amparo tenga por objeto la libertad y seguridad personales, será conocida por el Juez de Control, a tenor del artículo 60 del Código Orgánico Procesal Penal, mientras que los Tribunales de Juicio Unipersonal serán los competentes para conocer los otros amparos de acuerdo la naturaleza del derecho o garantía constitucional violado o amenazado de violación, que sea afín con su competencia natural. Las Cortes de Apelaciones conocerán de las apelaciones y consultas de las decisiones que se dicten en esos amparos.

5.- La labor revisora de las sentencias de amparo que atribuye el numeral 10 del artículo 336 de la vigente Constitución a esta Sala y que será desarrollada por la ley orgánica respectiva, la entiende esta Sala en el sentido de que en los actuales momentos una forma de ejercerla es mediante la institución de la consulta, prevista en el artículo 35 de la Ley Orgánica de Amparo Sobre Derechos y Garantías Constitucionales, pero como la institución de la revisión a la luz de la doctrina constitucional es otra, y las instituciones constitucionales deben entrar en vigor de inmediato, cuando fuera posible, sin esperar desarrollos legislativos ulteriores, considera esta Sala que en forma selectiva, sin atender a recurso específico y sin quedar vinculado por peticiones en este sentido, la Sala por vía excepcional puede revisar discrecionalmente las sentencias de amparo que de acuerdo a la competencia tratada en este fallo, sean de la exclusiva competencia de los Tribunales de Segunda Instancia, quienes conozcan la causa por apelación y que por lo tanto no susceptibles de consulta, así como cualquier otro fallo que desacate la doctrina vinculante de esta Sala, dictada en materia constitucional, ello conforme a lo dispuesto en el numeral 10 del artículo 336 de la Constitución de la República Bolivariana de Venezuela.

Este poder revisorio general, lo entiende la Sala y lo hace extensivo a todo amparo, en el sentido que si el accionante adujere la violación de un determinado derecho o garantía constitucional, y la Sala considerare que los hechos probados tipifican otra infracción a la Constitución, no alegada, la Sala puede declararla de oficio.

Reconoce esta Sala que a todos los Tribunales del país, incluyendo las otras Salas de este Supremo Tribunal, les corresponde asegurar la integridad de la Constitución, mediante el control difuso de la misma, en la forma establecida en el artículo 334 de la Constitución de República Bolivariana de Venezuela, pero ello no les permite conocer mediante la acción de amparo las infracciones que se les denuncian, salvo los Tribunales competentes para ello que se señalan en este fallo, a los que hay que agregar los previstos en el artículo 9 de la Ley Orgánica de Amparo Sobre Derechos y Garantías Constitucionales.

Consecuencia de la doctrina expuesta es que el llamado amparo sobrevenido que se intente ante el mismo juez que dicte un fallo o un acto procesal, considera esta Sala que es inconveniente, porque no hay razón alguna para que el juez que dictó un fallo, donde ha debido ser cuidadoso en la aplicación de la Constitución, revoque su decisión, y en consecuencia trate de reparar un error, creando la mayor inseguridad jurídica y rompiendo el principio, garante de tal seguridad jurídica, que establece que dictada una sentencia sujeta a apelación, ella no puede ser reformada o revocada por el Juez que la dictó, excepto para hacer las aclaraciones dentro del plazo legal y a petición de parte. Tal principio recogido en el artículo 252 del Código de Procedimiento Civil está ligado a la seguridad jurídica que debe imperar en un estado de derecho, donde es de suponer que las sentencias emanan de jueces idóneos en el manejo de la Constitución, y que por tanto no puedan estar modificándolas bajo la petición de que subsane sus errores. Las violaciones a la Constitución que cometan los jueces serán conocidas por los jueces de la apelación, a menos que sea necesario restablecer inmediatamente la situación jurídica infringida, caso en que el amparo lo conocerá otro juez competente superior a quien cometió la falta, diferente a quien sentenció u ordenó el acto qué contiene la violación o infracción constitucional, en estos casos, los que apliquen los artículos 23, 24 y 26 de la Ley Orgánica de Amparo Sobre Derechos y Garantías Constitucionales.

Cuando las violaciones a derechos y garantías constitucionales surgen en el curso de un proceso debido a actuaciones de las partes, de terceros, de auxiliares de justicia o de funcionarios judiciales diferentes a los jueces, el amparo podrá interponerse ante el juez que esté conociendo la causa, quien lo sustanciará y decidirá en cuaderno separado.

Con esta posibilidad, se hace evidente la necesidad de mantener esta importante manifestación del amparo constitucional debido a la ventaja de ser dictada dentro del mismo proceso en el cual se produce la lesión o amenaza de lesión de derechos constitucionales, manteniéndose así el principio de la unidad del proceso, al no tener que abrirse causas procesales distintas - con los retardos naturales que se producirían- para verificar si efectivamente se ha producido la violación denunciada. Igualmente, se lograría la inmediación del juez con la causa que se le somete a conocimiento, la cual no sólo incidiría positivamente en la decisión del amparo interpuesto, sino que también pudiera aportar elementos de juicio necesarios para tomar medidas, bien sean cautelares o definitivas, en la causa principal y en el propio amparo.

Dentro de la interpretación de las normas constitucionales que puede realizar esta Sala, conforme al citado artículo 335, se encuentra, como se dijo, el establecer el contenido y alcance de las normas constitucionales, por lo que normas que colidan con la Constitución de la República Bolivariana de Venezuela, quedan sin efecto alguno, y así se declara.

Consecuente con la doctrina sobre la competencia que la Sala desarrolla en este fallo, así como con el principio antes expuesto que las leyes cuyos artículos no colidan con la Constitución, continúan vigentes, pasa la Sala a interpretar la competencia de los tribunales que deban conocer los amparos previstos en el artículo 5° de la Ley Orgánica de Amparo Sobre Derechos y Garantías Constitucionales.

Dicho artículo, a juicio de esta Sala, no colide con la Constitución. y por lo tanto, tiene plena vigencia, y según él, las acciones de amparo pueden ejercerse conjuntamente con el recurso contencioso administrativo de nulidad de actos administrativos o contra las conductas omisivas.

Al estar vigente el citado artículo 50, surge una excepción a la doctrina sobre la competencia en materia de amparo, contenida en este fallo, y es que los tribunales, incluyendo las Salas de este Supremo Tribunal, que conozcan de procesos de nulidad de actos administrativos de efectos particulares, o contra negativas o abstenciones de la Administración, mediante recursos contenciosos administrativos, podrán a su vez conocer de los amparos previstos en el artículo 5° de la Ley Orgánica de Amparo Sobre Derechos y Garantías Constitucionales, siempre que el recurso de nulidad o por abstención de la Administración, no se funde en una infracción directa e inmediata de la Constitución, y siempre que la acción de amparo no se encuentre caduca.

Resultado de la doctrina que se expone, es que las Salas de este Tribunal Supremo de Justicia que conocen amparos que no se han ejercido conjuntamente con recursos contenciosos administrativos, remitirán a esta Sala las acciones de amparo que venían tramitando, mientras que la Sala Político-Administrativa y la Sala Electoral seguirán conociendo los amparos que se ejercieron o se ejerzan conjuntamente con el recurso contencioso administrativo o electoral de anulación de actos o contra las conductas omisivas.

Con relación a los amparos autónomos que cursan en la actualidad ante las otras Salas de este Tribunal Supremo, considera esta Sala Constitucional que la competencia por la materia se determina por la naturaleza de la cuestión que se discute, siendo tal competencia de orden público, por lo que respecto a dicha competencia *ratione materiae* no se aplica el artículo 3 del Código de Procedimiento Civil, según el cual la competencia se determina conforme a la situación de hecho existente para el momento de la presentación de la demanda, sino que ella será determinada por la materia, la cual dentro de la jurisdicción constitucional, por los motivos aquí señalados, la ha asumido está Sala en materia de amparo en la forma establecida en este fallo.

Determinados como han sido los criterios de competencia en materia de amparo que regirán en dicha materia, y que por imperativo del artículo 335 de la carta magna, es de carácter vinculante para las otras Salas de este máximo organismo jurisdiccional, así como para los demás Tribunales de la República, pasa esta Sala a pronunciarse respecto a su competencia para conocer de la presente acción, y al efecto observa que, la misma ha sido ejercida en contra del Ministro y Vice-Ministro del Interior y Justicia, por lo cual, de conformidad con el artículo 8 de la Ley Orgánica de Amparo Sobre Derechos y Garantías Constitucionales y con el criterio que en esta oportunidad se establece, esta Sala es la competente para conocer del amparo interpuesto, y así se declara.

III. NORMAS DE PROCEDIMIENTO

EXTRACTO DE LA SENTENCIA N° 7 DE LA SALA CONSTITUCIONAL DEL TRIBUNAL SUPREMO DE JUSTICIA EN LA CUAL LA SALA CONSTITUCIONAL ADAPTÓ EL PROCEDIMIENTO DE AMPARO PREVISTO EN LA LEY ORGÁNICA DE AMPARO SOBRE DERECHOS Y GARANTÍAS CONSTITUCIONALES A LAS PRESCRIPCIONES DE LOS ARTÍCULOS 27 Y 49 DE LA CONSTITUCIÓN DE LA REPÚBLICA BOLIVARIANA DE VENEZUELA, QUE PREVÉN COMO CARACTERÍSTICAS DEL PROCEDIMIENTO DE AMPARO, LA ORALIDAD Y AUSENCIA DE FORMALIDADES, Y EL DERECHO AL DEBIDO PROCESO, RESPECTIVAMENTE[1].

CASO: JOSÉ A. MEJÍA B. Y OTROS VS. JUZGADO DE CONTROL VIGÉSIMO SEXTO DE PRIMERA INSTANCIA DEL CIRCUITO JUDICIAL PENAL DEL ÁREA METROPOLITANA DE CARACAS

1° DE FEBRERO DE 2000

.... Por mandato del artículo 27 de la Constitución de la República Bolivariana de Venezuela, el procedimiento de la acción de amparo Constitucional será oral, público, breve, gratuito y no sujeto a formalidades. Son las características de oralidad y ausencia de formalidades que rigen estos procedimientos las que permiten que la autoridad judicial restablezca inmediatamente, a la mayor brevedad, la situación jurídica infringida o la situación que más se asemeje a ella.

La aplicación inmediata del artículo 27 de la vigente Constitución, conmina a la Sala a adaptar el procedimiento de amparo establecido en la

---

1   *Revista de Derecho Público,* N° 81, EJV, Caracas, 2000, pp. 246-251.

Ley Orgánica de Amparo sobre Derechos y Garantías Constitucionales a las prescripciones del artículo 27 *ejusdem*.

Por otra parte, todo proceso jurisdiccional contencioso debe ceñirse al artículo 49 de la Constitución de la República Bolivariana de Venezuela, que impone el debido proceso, el cual, como lo señala dicho artículo, se aplicará sin discriminación a todas las actuaciones judiciales, por lo que los elementos que conforman el debido proceso deben estar presentes en el procedimiento de amparo, y por lo tanto las normas procesales contenidas en la Ley Orgánica de Amparo sobre Derechos y Garantías Constitucionales deben igualmente adecuarse a las prescripciones del citado artículo 49.

En consecuencia, el agraviante, tiene derecho a que se le oiga a fin de defenderse, lo que involucra que se le notifique efectivamente de la solicitud de amparo; de disponer del tiempo, así sea breve, para preparar su defensa; de la posibilidad, que tienen todas las partes, de contradecir y controlar los medios de prueba ofrecidos por el promovente, y por esto el procedimiento de las acciones de amparo deberá contener los elementos que conforman el debido proceso.

Ante esas realidades que emanan de la Constitución de la República Bolivariana de Venezuela, la Sala Constitucional, obrando dentro de la facultad que le otorga el artículo 335 *ejusdem,* de establecer interpretaciones sobre el contenido y alcance de las normas y principios constitucionales, las cuales serán en materia de amparo vinculantes para los tribunales de la República, interpreta los citados artículos 27 y 49 de la Constitución de la República Bolivariana de Venezuela, en relación con el procedimiento de amparo previsto en la Ley Orgánica de Amparo sobre Derechos y Garantías Constitucionales, distinguiendo si se trata de amparos contra sentencias o de los otros amparos, excepto el cautelar, de la siguiente forma:

1.- Con relación a los amparos que no se interpongan contra sentencias, tal como lo expresan los artículos 16 y 18 de la Ley Orgánica de Amparo sobre Derechos y Garantías Constitucionales, el proceso se iniciará por escrito o en forma oral conforme a lo señalado en dichos artículos; pero el accionante además de los elementos prescritos en el citado artículo 18 deberá también señalar en su solicitud, oral o escrita, las pruebas que desea promover, siendo esta una carga cuya omisión produce la preclusión de la oportunidad, no solo la de la oferta de las pruebas omitidas, sino la de la producción de todos los instrumentos escritos, audiovisuales o gráficos, con que cuenta para el momento de incoar la acción y que no promoviere y presentare con su escrito o interposición oral; prefiriéndose entre los instrumentos a producir los auténticos. El principio de libertad de medios regirá estos procedimientos, valorándose las pruebas por la sana critica, excepto la prueba instrumental que tendrá los valores establecidos en los artículos 1359 y 1360 del Código Civil para los documentos públicos y en el artículo 1363 del mismo Código para los documentos privados auténticos y otros que merezcan autenticidad, entre ellos los documentos públicos administrativos.

Los Tribunales o la Sala Constitucional que conozcan de la solicitud de amparo, por aplicación de los artículos de la Ley Orgánica de Amparo sobre Derechos y Garantías Constitucionales, admitirán o no el amparo, ordenarán que se amplíen los hechos y las pruebas, o se corrijan los defectos u omisiones de la solicitud, para lo cual se señalará un lapso, también preclusivo. Todo ello conforme a los artículos 17 y 19 de la Ley Orgánica de Amparo sobre Derechos y Garantías Constitucionales.

Admitida la acción, se ordenará la citación del presunto agraviante y la notificación del Ministerio Público, para que concurran al tribunal a conocer el día en que tendrá lugar la audiencia oral, la cual tendrá lugar, tanto en su fijación como para su práctica, dentro de las noventa y seis (96) horas a partir de la última notificación efectuada. Para dar cumplimiento a la brevedad y falta de formalidad, la notificación podrá ser practicada mediante boleta, o comunicación telefónica, fax, telegrama, correo electrónico, o cualquier medio de comunicación interpersonal, bien por el órgano jurisdiccional o bien por el Alguacil del mismo, indicándose en la notificación la fecha de comparecencia del presunto agraviante y dejando el Secretario del órgano jurisdiccional, en autos, constancia detallada de haberse efectuado la citación o notificación y de sus consecuencias.

En la fecha de la comparecencia que constituirá una audiencia oral y pública, las partes, oralmente, propondrán sus alegatos y defensas ante la Sala Constitucional o el tribunal que conozca de la causa en primera instancia, y esta o este decidirá, si hay lugar a pruebas, caso en que el presunto agraviante podrá ofrecer las que considere legales y pertinentes, ya que este es el criterio que rige la admisibilidad de las pruebas. Los hechos esenciales para la defensa del agraviante, así como los medios ofrecidos por él se recogerán en un acta, al que las circunstancias del proceso.

La falta de comparecencia del presunto agraviante a la audiencia oral aquí señalada producirá los efectos previstos en el artículo 23 de la Ley Orgánica de Amparo Sobre Derechos y Garantías Constitucionales.

La falta de comparencia del presunto agraviante dará por terminado el procedimiento, a menos que el Tribunal considere que los hechos alegados afectan el orden público, caso en que podrá inquirir sobre los hechos alegados, en un lapso breve, ya que conforme al principio general contenido en el artículo 11 del Código de Procedimiento Civil y el artículo 14 de la Ley

Orgánica de Amparo Sobre Derechos y Garantías Constitucionales, en materia de orden público el juez podrá tomar de oficio las providencias que creyere necesarias.

En caso de litis consorcios necesarios activos o pasivos, cualquiera de los litis consortes que concurran a los actos, representará al consorcio.

El órgano jurisdiccional, en la misma audiencia, decretará cuáles son las pruebas admisibles y necesarias, y ordenará, de ser admisibles, también en la misma audiencia, su evacuación, que se realizará en ese mismo día, con inmediación del órgano en cumplimiento del requisito de la oralidad o podrá diferir para el día inmediato posterior la evacuación de las pruebas.

Debido al mandato constitucional de que el procedimiento de amparo no estará sujeto a formalidades, los trámites como se desarrollarán las audiencias y la evacuación de las pruebas, si fueran necesarias, las dictará en las audiencias el tribunal que conozca del amparo, siempre manteniendo la igualdad entre las partes y el derecho de defensa. Todas las actuaciones serán públicas, a menos que por protección a derechos civiles de rango constitucional, como el comprendido en el artículo 60 de la Constitución de la República Bolivariana de Venezuela, se decida que los actos orales sean a puerta cerrada, pero siempre con inmediación del tribunal.

Una vez concluido el debate oral o las pruebas, el juez o el Tribunal en el mismo día estudiará individualmente el expediente o deliberará (en los caso de los Tribunales colegiados) y podrá:

a) decidir inmediatamente; en cuyo casó expondrá de forma oral los términos del dispositivo del fallo; el cual deberá ser publicado íntegramente dentro de los cinco (5) días siguientes a la audiencia en la cual se dictó la decisión correspondiente. El fallo lo comunicará el juez o el presidente del Tribunal Colegiado, pero la sentencia escrita la redactará el ponente o quien el Presidente del Tribunal Colegiado decida.

El dispositivo del fallo surtirá los efectos previstos en el artículo 29 de la Ley Orgánica de Amparo Sobre Derechos y Garantías Constitucionales, mientras que la sentencia se adaptará a lo previsto en el artículo 32 *ejusdem*

b) Diferir la audiencia por un lapso que en ningún momento será mayor de cuarenta y ocho (48) horas, por estimar que es necesaria la presentación o evacuación de alguna prueba que sea fundamental para decidir el caso o a petición de alguna de las partes o del Ministerio Público.

Contra la decisión dictada en primera instancia, podrá apelarse dentro de los tres (3) días siguientes a la publicación del fallo, la cual se oirá en un sólo efecto a menos que se trate del fallo dictado en un proceso que, por excepción, tenga una sola instancia. De no apelarse, pero ser el fallo susceptible de consulta, deberá seguirse el procedimiento seguido en el artículo 35 de la Ley Orgánica de Amparo Sobre Derechos y Garantías Constitucionales, esto es, que la sentencia será consultada con el Tribunal Superior respectivo, al cual se le remitirá inmediatamente el expediente, dejando copia de la decisión para la ejecución, inmediata. Este Tribunal decidirá en un lapso no mayor de treinta (30) días. La falta de decisión equivaldrá a una denegación de justicia, a menos que por el volumen de consultas a decidir se haga necesario prorrogar las decisiones conforma al orden de entrada de las consultas al Tribunal de la segunda instancia.

Cuando se trate de causas que cursen ante tribunales cuyas decisiones serán conocidas por otros jueces o por esta Sala, por la vía de la apelación o consulta, en cuanto a las pruebas que se evacuen en las audiencias orales, se grabarán o registrarán las actuaciones, las cuales se verterán en actas que permitan al juez de la Alzada conocer el devenir probatorio. Además, en la audiencia ante el Tribunal que conozca en primera instancia en que se evacuen estas pruebas de lo actuado, se levantará un acta que firme los intervinientes. El artículo 189 del Código Procedimiento Civil regirá la confección de las actas, a menos que las partes soliciten que los soportes de las actas se envíen al Tribunal Superior.

Los Jueces Constitucionales siempre podrán interrogar a las partes y a los comparecientes.

2. Cuando el amparo sea contra sentencias, las formalidades se simplificarán aún más y por un medio de comunicación escrita que deberá anexarse al expediente de la causa donde se emitió el fallo, inmediatamente a su recepción, se notificará al juez o encargado del Tribunal, así como a las partes en su domicilio procesal, de la oportunidad en que habrá de realizarse la audiencia oral, en la que ellos manifestarán sus razones y argumentos respecto a la acción. Los amparos contra sentencias se intentarán con copia certificada del fallo objeto de la acción, a menos que por la urgencia no pueda obtenerse a tiempo la copia certificada, caso en el cual se admitirán las copias previstas en el artículo 429 del Código Procedimiento Civil, no obstante en la audiencia oral deberá presentarse copia auténtica de la sentencia.

Las partes del juicio donde, se dictó el fallo impugnado podrán hacerse partes, en el proceso de amparo, antes y aún dentro de la audiencia pública, mas no después, sin necesidad de probar su interés. Los terceros coadyuvantes deberán demostrar su interés legítimo y directo para intervenir en los procesos de amparo de cualquier clase antes de la audiencia pública.

La falta de comparecencia del Juez que dicte el fallo impugnado o de quien esté a cargo del Tribunal, no significará aceptación de los hechos, y el órgano que conoce del amparo, examinará la decisión impugnada.

ÍNDICE ALFABÉTICO DE LA LEY

(Los números remiten a los artículos de la Ley Orgánica y los que preceden al paréntesis corresponde al ordinal del artículo citado anteriormente)

ÍNDICE GENERAL

INTRODUCCIÓN GENERAL
AL RÉGIMEN DEL DERECHO DE AMPARO A
LOS DERECHOS Y GARANTÍAS CONSTITUCIONALES
(EL PROCESO DE AMPARO)

Por Allan R. Brewer-Carías

EL AMPARO CONSTITUCIONAL
EN VENEZUELA

Por: Carlos M. Ayala Corao

Rafael J. Chavero Gazdik

LEGISLACIÓN

TEXTO DE LA LEY